中国科学院教材建设专家委员会规划教材
全国高等医药院校规划教材

案例版™

供药学、药物制剂、临床药学、中药学、制药工程、医药营销等
药学类专业使用

药物毒理学

主　编　谭毓治　唐圣松

副主编　郝丽英　段志文　徐　彭　曾　靖

编　者　（以姓氏笔画为序）

王素军（广东药学院）
吕　莉（大连医科大学）
刘晓平（皖南医学院）
张晓一（长治医学院）
周　源（湖南师范大学医学院）
段志文（沈阳医学院）
郝丽英（中国医科大学）
唐圣松（南华大学）
徐　彭（江西中医学院）
徐莉春（徐州医学院）
曾　靖（赣南医学院）
谭毓治（广东药学院）
戴　滨（广东医学院）

科学出版社

北　京

郑 重 声 明

为顺应教育部教学改革潮流和改进现有的教学模式,适应目前高等医学院校的教育现状,提高医学教学质量,培养具有创新精神和创新能力的医学人才,科学出版社在充分调研的基础上,引进国外先进的教学模式,独创案例与教学内容相结合的编写形式,组织编写了国内首套引领医学教育发展趋势的案例版教材。案例教学在医学教育中,是培养高素质、创新型和实用型医学人才的有效途径。

案例版教材版权所有,其内容和引用案例的编写模式受法律保护,一切抄袭、模仿和盗版等侵权行为及不正当竞争行为,将被追究法律责任。

图书在版编目(CIP)数据

药物毒理学:案例版 / 谭毓治,唐圣松主编. —北京:科学出版社,2009
(中国科学院教材建设专家委员会规划教材 · 全国高等医药院校规划教材)
ISBN 978-7-03-026292-9

Ⅰ. 药… Ⅱ. ①谭… ②唐…　Ⅲ. 药物学:毒理学-医学院校-教材
Ⅳ. R99

中国版本图书馆 CIP 数据核字(2009)第 239040 号

策划编辑:周万灏　李国红 / 责任编辑:周万灏　李国红 / 责任校对:刘亚琦
责任印制:赵　博/ 封面设计:黄　超

科学出版社 出版
北京东黄城根北街 16 号
邮政编码: 100717
http://www.sciencep.com
北京凌奇印刷有限责任公司印刷
科学出版社发行　各地新华书店经销
*
2009 年 12 月第　一　版　　开本:787×1092　1/16
2025 年　1 月第十次印刷　　印张:14 1/2
字数:391 000
定价:49.80 元
(如有印装质量问题,我社负责调换)

前　言

药物毒理学(drug toxicology)是研究药物对机体有害交互作用的科学，是近年来逐步从毒理学和药理学中分化和独立出来的新兴学科，涉及药物毒性评价、安全应用和风险管理等重要内容，是药学科学的重要组成部分。2003 年 8 月，国内首次出版了《药物毒理学》本科教材，从此，《药物毒理学》走进了药学专业和临床药学专业的课堂。

本教材通过总论(药物毒理学原理)、药物靶器官毒性及其他毒性、药物非临床安全性评价、临床药物毒理学概论及药物不良反应监测等板块诠释了药物毒理学，使药物毒理学内容更加丰富充实、更加贴近实际。本教材的另一个特色是在每章中引入 1 ~3 个相关案例，并根据案例提出有关问题，将本章教学重点在问题中提出，通过案例引导教学，丰富教学内容，提高学习效果。

本教材在编写过程中，得到科学出版社和广东药学院的大力支持，在此谨致谢忱。参加本教材编写的人员均有丰富的相关著作编写或药物毒理学授课经历，书稿经多次修订，但由于药物毒理学是一门新的学科，还在不断形成和发展中，虽然我们做了很大的努力，但限于作者的水平，加上时间仓促，疏漏和错误之处在所难免，恳请广大师生批评指正。

编　者

2009 年 9 月

目　录

第1篇　总　论

第2篇　药物靶器官毒性及其他毒性

第 3 篇 药物非临床安全性评价

第 4 篇 临床药物毒理学与药物不良反应监测

第1篇 总 论

第1章 绪 论

教学要求

1. 掌握药物毒理学的概念与特点
2. 熟悉药物毒理学主要学科任务、研究领域
3. 了解药物毒理学研究方法

案例 1-1

药物性损害现已成为主要致死疾病之一,仅次于心脏病、癌症、慢性阻塞性肺疾病、脑卒中。据报道,美国医院患者发生药物性损害而死亡的病例每年约为 10 万。药物性损害已对人类健康构成威胁,成为一个全球性的问题,引起人们的广泛关注。

问题:

1. 药物毒性作用有哪些类型?
2. 药物毒性作用的机制是什么?
3. 如何防治药物毒性?
4. 如何监测管理药物引起的不良反应/事件?

案例 1-1 中所提出的问题,为药物安全性问题敲响了警钟,这些问题就是我们即将学习的课程——药物毒理学所关注和需要解决的问题。

药物毒理学(drug toxicology)是研究药物对机体有害交互作用的科学,它包括两方面的内容:一是研究药物对机体的有害作用及规律,称为药物毒效动力学;二是机体对产生有害作用的药物的处置,称为药(毒)代动力学,即研究机体对其吸收、分布、代谢和排泄的规律。

药物毒理学作为一门课程是进入 21 世纪后提出来的,从学科的渊源来说,药物毒理学与毒理学、药理学的关系密切,是近年来逐步从毒理学和药理学中分化和独立出来的新兴学科。迄今为止,国外至今尚无专门论述药物毒理学的教材和著作,2003 年 8 月,国内首次出版了《药物毒理学》本科教材,从此,《药物毒理学》走进了药学专业和临床药学专业的课堂。

与毒理学和药理学比较,药物毒理学存在的意义在哪里?药理学是研究药物与机体相互作用及其规律的科学,其主要目的在于研究药物的有效性与安全性,指导临床合理用药。而药物毒理学只研究药物对机体产生的毒性作用、毒理学机制以及药物中毒的防治措施,从而更有针对性地为药物安全应用和风险防范提供服务。毒理学主要研究化学物质(也包括其他各种有害因素如核素、微波等物理因素以及生物因素)与生物机体的有害交互作用。与毒理学其他分支不同,药物毒理学只研究用于或潜在用于临床的药物对机体的有害交互作用。与

环境毒物和工业毒物不同的是，药物是人类主动用于诊断、预防和治疗疾病的特殊化学物质，并且在广泛用于临床之前，经过了严格的动物试验和临床试验，因而药物毒理学有其自身的内涵和特点。

一、药物毒理学产生背景

药物具有两重性，既可产生治疗作用，又会产生损害人体健康的不良反应。表 1-1 初步统计了 20 世纪发生的 10 多起重大药害事件，造成 2 万多人死亡，1 万多人伤残。正是这些生命的代价，引起了各国政府和药品主管部门对药物毒理学的重视，制定了一系列政策法规，以确保药物研制和应用的安全，从而推动了药物毒理学的研究和发展。1937 年，美国的磺胺酏剂（二甘醇作溶剂）事件，促使美国国会颁布了《食品、药品及化妆品法》，规定药物上市之前除了要进行临床试验之外，还要进行毒理学研究。1952 年，人们发现氯霉素引起再生障碍性贫血后，美国医学会所属的药物与化学会首次建立了药物不良反应官方登记制度。1961 年，“反应停”事件发生后，世界卫生组织成立了药物不良反应监测中心，英国、美国和西欧各国都加强了对药品上市的监督检查力度。长期的医疗实践表明：很多药物虽然经过药品主管部门严格审批才得以上市，并且质量检验合格，在正常用法和用量的情况下，仍然会有一部分用药者会出现不良反应，甚至导致伤残或死亡。近年来，药害事件仍然时有发生，如苯丙醇胺（PPA）增加出血性中风的风险，西立伐他汀引起的横纹肌溶解事件等，激起了人们对药物毒性作用、毒作用机制以及风险控制的强烈关注，药物毒理学应运而生，并逐步成为人们与药物风险做斗争的有力武器。

表 1-1　20 世纪重大药害事件简表

年代	药物(用途)	毒性反应	受害地区	受害人数
1889~1950	甘汞(驱虫、牙粉、通便)	汞中毒	欧、美、亚	死亡儿童>585 人
1900~1949	蛋白银(抗炎、消毒)	银质沉着症	欧、美	>100 人
1930~1960	醋酸铊(头癣)	铊中毒	各国	死亡>10000 人
1922~1970	氨基比林(解热镇痛)	粒细胞缺乏	各国	死亡>2082 人
1940	硫代硫酸钠金(风湿、哮喘)	肝肾骨髓损害	各国	约 1/3 用药者
1935~1937	二硝基酚(减肥)	白内障	欧、美	万人失明，1 人死亡
1937	磺胺酏，二甘醇作溶剂(抗菌消炎)	肝肾损害	美国	358 人中毒，107 人死亡
1953	非那西丁(解热镇痛)	肾损害、溶血	欧、美、加	死亡 500 人，肾病 2000 人以上
1954	二碘二乙基锡(治疖疮、粉刺)	神经毒性、脑炎、失明	法国	死亡 110 人，中毒 270 人
1956	三苯乙醇(治高脂血症)	白内障、阳痿、脱发	美国	>1000 人
1959~1961	反应停(治妊娠反应)	海豹样畸形儿	欧、美、日	>10000 人，死亡 5000 人
1960	异丙肾上腺素气雾剂(平喘)	严重心律失常、心衰	英、美、澳	死亡 3500 人
1963~1972	氯碘喹啉(治肠炎)	骨髓变性、失明	日本	中毒>7856 人，死亡率 5%
1933~1972	己烯雌酚(治先兆流产)	阴道腺癌(女)	美国	>300 人
1968~1979	普拉洛尔(抗心律失常)	角膜、心包、腹膜损害	美国	>2257 万人

二、药物毒理学学科任务和研究领域

药物毒理学是以生命科学和化学知识为基础，以科学试验（包括动物试验和临床试验等）为手段，为药物的安全应用和毒性防治提供基本理论、基本知识和科学的思维方法。药物毒理学的基本任务有三个方面：一是阐明药物毒作用、毒理学机制、毒作用靶器官和毒作用防治措施，为药物安全应用提供理论依据；二是为开发新药和已上市药物提供毒理学评价；三是为药物风险管理提供理论和实验依据。

毒理学三大研究领域（描述性研究、机制性研究和管理性研究）的许多内容与药物毒理学的学科任务也是相互衔接的，也可以作为药物毒理学的研究领域。

1. 描述性研究 也称描述毒理学（descriptive toxicology），研究者通过设计合理的动物毒性试验，观察药物对动物的毒性反应，获得相应的数据和资料。描述性研究通常只考虑药物毒性的结果，为药物安全性评价或其他需要提供毒理学资料。作为药物毒理学描述性研究的主要项目有：药物的急性毒性试验、长期毒性试验，特殊毒性包括遗传毒性、生殖毒性、致癌性等；药物产生毒性的量效关系；机体对药物（毒物）的处置过程；此外，还有药物刺激性试验、过敏性试验等。这些描述性研究可以为药物毒理学机制研究提供重要线索，提出假设从而促进药物毒理学机制的研究，也是管理毒理学工作者进行药物风险评价和风险管理的重要内容和依据。

2. 机制性研究 也称机制毒理学（mechanistic toxicology），在此项研究中，研究者关心的重点是了解药物对机体毒作用的细胞、分子及生化机制，阐明药物对机体产生毒性的生物学过程。这在确定药物致癌、致畸等有害事件是否可能在人类出现危险性的评估中很有价值。

3. 管理性研究 也称管理毒理学（regulatory toxicology），研究者的工作是依据描述性研究和机制性研究提供的资料，决定受试药物是否许可按规定的使用目的生产上市，生产销售后是否存在一定的危险性。在药物研究中，新药临床前安全性评价内容就属于这一研究领域，新药研制单位提供的药物毒理学研究资料和其他资料，政府药品管理部门，如我国的食品药品监督管理局、美国的FDA等，将决定相应药品是否安全、是否能够进行临床研究或是否能生产上市。

药物毒理学的三大研究领域（描述性研究、机制性研究和管理性研究）虽然各有特点、各自的侧重点不同，但它们又相互联系、相互影响，每一方面对药物的安全性评价都是非常重要的。

知识拓展 **药品风险管理的措施**

通过药品安全性监测发现问题，进而随着评价的深入，分时、分事采取不同的风险管理措施，这是目前国际药品行政监管部门通常的作法。主要包括：沟通、信息对外发布、实施重点监测、修改说明书、暂停、召回、撤市、救治、补偿机制等方面。这些管理控制措施可以逐一采用，也可以同时采用。

三、药物毒理学研究方法

根据不同的研究目标，药物毒理学试验可采用整体动物、动物器官、组织、细胞进行。这些又可分为体内试验（in vivo test）和体外试验（in vitro test）。还有上市药物毒性的临床观察与研究、药物流行病学调查和上市药物风险管理研究。

1. 整体试验 整体试验的优点在于能同时测定药物的多种效应，全面反映各方面毒性作用，可长期观察慢性毒性反应。缺点是整体试验影响因素较多，难以进行代谢和机制研究。在药物毒理学研究中，常用的实验动物有大鼠、小鼠、豚鼠、家兔、犬和猴等。如药物急性毒性试验、长期毒性试验、一般药理学试验等，均采用哺乳动物的整体试验。在研究时，可根据试验要求，选择适当的实验动物，控制性别、年龄、遗传特征等，提高实验结果参考价值，使之更接近临床用药实际。

2. 体外试验 体外试验的优点在于影响因素少、易于控制；可进行深入的机制和代谢研究；也较为经济。缺点是不能全面反映毒作用，难以观察长期毒性，研究结果不能作为毒性评价的最后依据。在进行药物急性毒作用筛选、毒理学机制和生物转化过程的深入研究时，常采用体外试验，即采用动物的离体器官、培养的细胞或细胞器、生物模拟系统等进行药物毒理学研究。

3. 临床研究 在医疗实践中和新药临床试验中,可观察到药物引起的中毒事件,以及中毒的处理和治疗,这些药物对人体的毒理学资料,是临床药物毒理学研究的重要内容。

4. 药物流行病学研究 运用流行病学的原理和方法,研究人群中药物的利用及其效应,其目的是给社会、药品管理部门、医疗单位及预防保健机构选择最佳用药方案,提供药物利用及药品安全性、有效性信息,提出有助于医疗、保健、药事管理和医疗保险行政决策的意见和建议,最终实现人群的安全合理用药。药物流行病学的研究方法常用的有描述性研究、分析性研究和实验性研究。

四、展　望

生命科学的迅猛发展,生命科学的前沿知识,如分子生物学、毒理基因组学(toxicogenomics)、蛋白质组学等在药物毒理学的应用,加上人民对高质量的医疗服务的需求不断提高,对药物毒理学知识的需求与广泛关注,必将大大推动药物毒理学进一步发展和提高。可以预料,在不久的将来,药物毒理学会分枝散叶、枝繁叶茂,逐步形成相应的分支学科,如分子药物毒理学(应用分子生物学理论和技术研究药物毒性、毒理学机制和毒性防治措施)、环境药物毒理学(研究环境残留抗菌药对病原微生物耐药性与致病性影响,研究环境残留药物对人及其食物链影响)、中药毒理学(研究中药毒性、毒理学机制及其防治措施)等。

Summary

Drug toxicology can be defined as the science that deals with harmful interactions between drug and living systems. Its basic tasks include:

(1) to clarify the role of drug toxicity, toxicology mechanisms, target organ toxicity and prevention & treatment measures of drug toxicity, and to provide a theoretical basis for the safe use of drugs.

(2) to evaluate toxicity of new drugs and listed drugs.

(3) to provide a theoretical and experimental basis for risk management of drugs.

思　考　题

1. 药物毒理学的基本概念是什么?与药理学和毒理学比较,它的特点是什么?
2. 简述药物毒理学主要学科任务、研究领域。
3. 简述药物毒理学研究方法。

(谭毓治)

第 2 章　药物（毒物）效应动力学

教学要求

1. 掌握药物的毒性作用
2. 掌握激动剂、拮抗剂的概念
3. 熟悉 LD_{50}、LOAEL、NOAEL、TI、MOS 毒性作用参数，了解其他参数
4. 熟悉药物（毒物）毒性作用的途径与步骤，熟悉终毒物的概念，了解毒性作用的机制

研究药物对机体的有害作用及规律称为药物毒效动力学，如果我们把药物视为毒物，研究它们的毒性作用及规律就属于毒物效应动力学（toxicodynamics，简称毒效学）。

第 1 节　药物的毒性作用

药物进入机体后，对所分布的靶组织、器官或全身可发生损害作用，即毒性作用。药物均是通过了严格的安全性评价后方可使用，其在一般剂量下并无明显毒性，只有在用药剂量过高、用药时间过长，或用药者为过敏体质、遗传异常时才会出现毒性作用。

一、一般毒性反应（toxic reaction）

由于用药剂量过大、用药时间过长或药物在体内蓄积过多，药物可对体内靶组织、器官产生危害反应。但通过临床前药物安全性评价一般可以预知，因此应该避免在临床应用中发生。其中药物的急性毒性一般多损害循环、呼吸、神经系统，而慢性毒性一般多损害肝、肾、骨髓、内分泌等系统。如镇静催眠药地西泮过量后，可导致中枢抑制（昏迷）和呼吸抑制的急性中毒；而利福平在治疗结核病时，虽然是常用量，但抗结核需长期用药，可对肝脏造成慢性损伤。

二、变态反应（allergic reaction）

非肽类药物作为半抗原与机体蛋白结合后，经过机体免疫系统的敏化作用而发生的反应，称为变态反应，也称为过敏反应（hypersensitive reaction）。常见于过敏体质者。其临床反应性质与药物固有的效应及所用剂量均无关，用药理拮抗剂解救无效。反应程度差异很大，从轻微的皮疹、发热至造血系统抑制、肝肾功能损伤、休克甚至死亡。可能只有一种症状，也可能多种症状同时出现，停药后反应逐渐消失，再用时可能再次发生。致敏物质可能是药物本身，也可能是其代谢物或制剂中的杂质（如中药注射液中的微粒）。皮肤过敏试验可发现某些类型的过敏反应，但许多类型仍无法预知。

三、致癌毒性（carcinogenesis）

药物的致癌性可以是长期用药产生的毒性，主要通过损伤遗传物质导致肿瘤发生，如抗

肿瘤药破坏 DNA 的结构，可诱发新的肿瘤；也可通过非遗传物质损伤途径致癌，如干扰抑癌基因表达。

四、生殖毒性和发育毒性 (reproductive and developmental toxicity)

案例 2-1 **己烯雌酚与少女阴道癌**

1966 年至 1969 年间，美国波士顿市妇科医院在短时间内收治了 8 位十多岁的女性阴道癌患者，比同年龄组 20 世纪以来报道的阴道癌总数还要多。通过流行病学调查，证明这种情况与患者母亲在怀孕期间服用己烯雌酚保胎有关，服药妇女所生的女儿患此癌的危险性比不服此药的大 132 倍。在发现这 8 个病例后，其他医院也陆续有相关报道。到 1972 年，各地共报告 91 个 8~25 岁的阴道癌病例，其中 49 名患者的母亲在怀孕期间服用过己烯雌酚。

问题：

1. 己烯雌酚所致少女阴道癌这种毒性特点是什么？
2. 其毒理学机制是什么？

生殖毒性主要针对育龄人群，用药后分别对生殖系统、与生育相关的神经系统或内分泌系统产生的毒性效应，如配子细胞（精子、卵细胞）异常、不孕不育、流产等。

发育毒性则特指孕期用药，药物直接对胚胎产生的影响。在胚胎器官形成期接触药物，可导致胎儿形态畸形；在其他发育阶段接触药物，可导致功能异常或发育迟缓，如胚胎发育的后三分之一阶段，神经、生殖系统分化尚未完善，药物可致婴儿出生后生理反射和行为的异常，以及生殖系统形态功能的异常。对药物生殖毒性的评价可涉及药物对子代的生殖系统的影响，即多代生殖毒性评价（multigenerational study）。如案例 2-1 所述，己烯雌酚引起少女阴道癌，这种不良反应要在十几年甚至二十年后的下一代身上才暴露出来。研究表明，己烯雌酚与雌激素受体结合后可干扰人的内分泌，诱发生殖器病变与肿瘤。

五、致突变与遗传毒性 (mutagenesis and genetic toxicity)

一些药物可损伤人的遗传物质而发生致突变作用，从而产生对人体本身及其后代的影响。按照引起的后果或遗传物质的变化，药物的致突变作用可分为：①显微镜下可见的细胞染色体畸变或细胞微核形成，如细胞染色体数目与结构的改变；②不能直接观察到的大分子遗传物质损伤，如碱基取代和移码突变。药物对遗传物质损伤后如不能使细胞存活，则后果相对较轻；如果细胞尚能存活，则后果相当严重，根据损伤的细胞类型不同而呈现不同的毒性作用，可产生血液系统的疾病，甚至出现癌变与畸变等后果。

六、特异质反应 (idiosyncrasy)

由于用药者有先天性遗传异常，对某些药物反应特别敏感，出现的反应性质可能与常人不同，但仍与药物固有药理作用基本一致，反应严重程度与剂量成比例，药理拮抗药解救可能有效。这种反应不是免疫异常反应，因此没有预先致敏过程。这是一种药理遗传异常所致的反应，如红细胞内缺乏 6-磷酸葡萄糖脱氢酶的患者，服用抗疟疾药伯氨奎后，由于不能迅速补充

NADPH,体内还原型谷胱甘肽急剧下降,因此不能保护红细胞膜而发生溶血,并因不能将高铁血红蛋白还原为血红蛋白,而引起高铁血红蛋白血症。

七、依赖性(dependence)

药物与机体相互作用,使用药者产生一种强迫性的定期用药行为,以体验某种精神效应,并避免不用药所致的不适,这就是药物的依赖性。同一人可对多种药物产生依赖性。药物依赖性分为躯体依赖性(physical dependence)和心理依赖性(psychologic dependence)。躯体依赖是由于机体对反复使用的药物产生了适应,视其为机体所必需,一旦停药,用药者将发生一系列的生理功能紊乱,即戒断症状;心理依赖性指用药后产生的欣快、满足感,精神上不能自制,有强烈的周期性用药的欲望。

第2节 剂量-效应关系

药物对机体的毒性作用与其剂量之间的关系为剂量-反应关系(dose-response relationship)或剂量-效应关系(dose-effect relationship)。药物(毒物)随着剂量的增加,其对机体的毒性反应(效应)也相应增加。以剂量为横坐标,毒性反应(效应)为纵坐标,可得出剂量-反应(效应)曲线(图2-1)。剂量-反应(效应)关系研究在毒理学中有重要的意义,是判断某种外源物与机体出现的某种损害作用存在因果关系的重要依据,有关参数可用于比较不同外源物的毒性。

一、量反应和质反应的概念

(一) 量反应(gradual response)

生物个体、器官或组织暴露一定剂量的药物(毒物)后,发生的生物学改变是连续增加或减少的量变,如有机磷酸酯类使血液中胆碱酯酶的活力降低,四氯化碳引起血清中谷丙转氨酶的活力增高,苯使血液中白细胞计数减少等。此种变化的程度可用计量单位来表示,如毫克、单位、毫米等。毒理学称量反应为效应。

(二) 质反应(quantal response)

暴露某一药物(毒物)后,群体中出现的反应只能以“有”或“无”、“异常”或“正常”、“死亡”或“存活”等计数资料来表示,这种效应以发生反应的个体在群体中所占的百分率或比值来表示,如死亡率、肿瘤发生率等。毒理学称质反应为反应。

二、量反应与量反应曲线

(一) 游离器官、组织的量反应

游离器官、组织和完整动物均可观察到量反应,但实际上两者有差别。对游离器官、组织来说,分析和描述其量反应远比整体动物简单,这是因为游离器官、组织缺乏多种整体干预机制,如整体动物的神经和内分泌调节机制。

1. 激动剂

(1) 完全激动剂(full agonist):能与受体结合产生最大效应(E_{max})。激动剂的量效关系见

图 2-1A，此图表示药物浓度[D]与效应 E 的关系呈双曲线。如果以效应 E 与对数浓度 lg[D]作图时，就可得一 S 形曲线，其中部近似直线，该处斜率大则药效激烈，斜率小则药效温和(图 2-1B)。

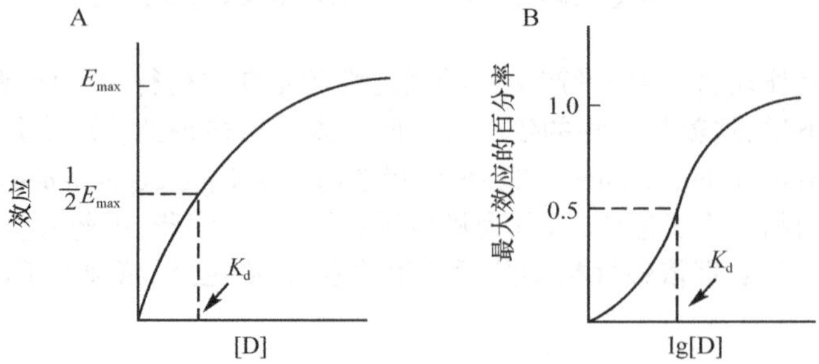

图 2-1 激动剂的量效曲线

K_d：平衡解离常数(引起最大效应一半时的药物浓度)

A. 激动剂的量效关系；B. 效应 E 与对数浓度 lg[D]作图所得曲线

(2) 部分激动剂(partial agonist)：具有一定的亲和力，但内在活性低，与受体结合后只能产生较弱的效应。即使增加浓度，也不能达到完全激动剂那样的最大效应，却因占据受体而能拮抗激动剂的部分生理效应。

2. 拮抗剂(antagonist)

(1) 竞争性拮抗剂(competitive antagonist)：拮抗剂与激动剂相互竞争结合相同的受体，而拮抗剂的内在活性为零，结合受体后非但不产生效应，还妨碍激动剂与受体结合。其与受体的结合可逆，增加激动药的剂量，因竞争优势可取消拮抗药的作用，使量效曲线平行右移，最大效应 E_{max} 不变(图 2-2A)。

(2) 非竞争性拮抗剂(non-competitive antagonist)：拮抗剂不与激动剂竞争相同受体，但它与受体的结合不可逆，即使不断提高激动剂浓度，也不能达到单独使用激动剂的最大效应。非竞争性拮抗剂可使激动剂最大效应 E_{max} 下降，量效曲线下移(见图 2-2B)。

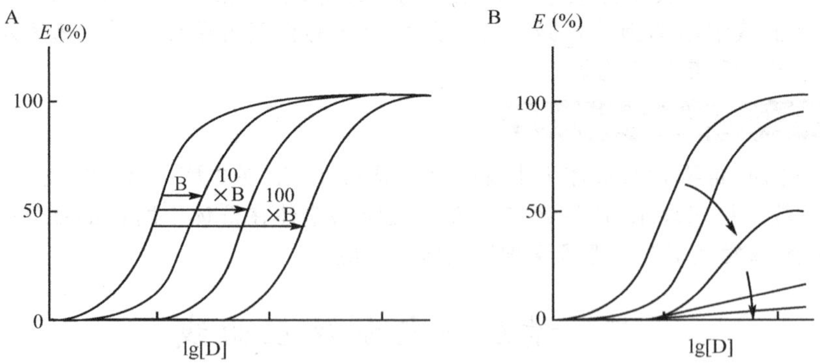

图 2-2 竞争性拮抗药和非竞争性拮抗药的量效关系

A. 竞争性拮抗剂；B. 非竞争性拮抗剂

(3) 化学性拮抗剂：化学性拮抗剂与激动剂结合后，可使激动剂灭活。

(4) 功能性拮抗剂：其本身是另一种受体系统的激动剂，此受体系统被激动后引起与原激动剂相反效应。如果激动剂和功能性拮抗剂在同一细胞中起作用，则是严格意义上的功能性拮抗剂；如果激动剂和功能性拮抗剂作用于不同的细胞或器官，引起相反的效应，则又称为生理拮抗剂。

案例 2-2

患儿,男性,4个月,因呼唤无应答,大量出汗4小时入院。追问病史:母亲27岁,体重48kg,大量饮酒(约有500ml白酒)后喂奶,患儿吃奶后未醒。入院体格检查:体温35.5℃,脉搏130次/min,血压60/32 mmHg,神志不清,压眶反射存在,前囟凹陷,面色苍白,大汗,双侧瞳孔等大等圆,对光反应迟钝,全身皮肤发绀,四肢末端湿冷,肌张力减低。实验室检查:血常规正常,血糖1.5mmoL/L。诊断:急性酒精中毒。治疗:患儿平卧头侧位,清理呼吸道,吸氧,保暖,建立静脉通路,给予纳络酮0.01mg/kg加生理盐水稀释后缓慢静脉推注,静脉补液(维生素B_1、维生素B_6和能量合剂)。0.5小时后患儿无明显好转,重复上述剂量,3小时后苏醒,生命体征稳定,18小时后离院。

分析:

纳络酮为阿片受体拮抗剂,能够阻断酒精的中枢抑制作用。

(二) 在整体动物的量反应

前面讨论了药物(毒物)和游离器官、组织效应之间的关系,但为了检测药物(毒物)的毒性,还必须研究人、动物或其他的整体生物暴露后,实际发生的效应。很多类型的效应能被表示成量反应,例如生长速率(体重)、器官重量、血压和葡萄糖水平的改变等。不同的药物(毒物)在不同的条件下,所引起的效应可能不同,剂量-效应曲线可呈不同类型。如有机磷化合物可使血液中胆碱酯酶和羧酸酯酶的活力降低,如将纵坐标换算成抑制百分率,则剂量-效应关系曲线分别为双曲线型(羧酸酯酶)和直线型(胆碱酯酶),见图2-3。在整体动物中剂量-效应关系很复杂,一般难以给出通用的数学模型。

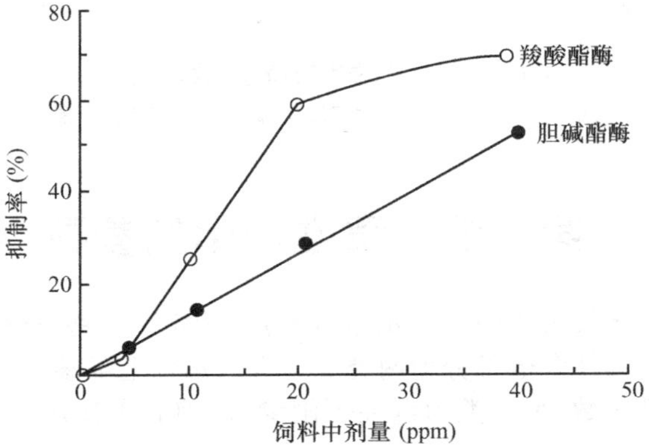

图2-3 敌杀磷对胆碱酯酶和羧酸酯酶抑制作用的剂量-效应关系

三、质反应和剂量-反应曲线

在特定的剂量下,某种毒效应是否发生,如死亡或肿瘤发生等,这就是质反应,以发生反应的个体在群体中所占的百分率或比值来表示效应强度,如死亡率、肿瘤发生率。

剂量-反应曲线反映了人体或实验动物对药物(毒物)的毒性作用易感性的分布。群体中的个体对药物(毒物)的毒性作用的易感性不一致,有的高有的低,整个群体一般呈正态分布(图2-4A),随着剂量增加,群体中累积易感性也呈现S形(图2-4B)。在S曲线的两端,剂量的变化引起的反应变化较缓和,但在曲线中点处,剂量微小的变化就可以引起反应的较大增减,因此,引起一半个体发生反应的剂量对某一药物(毒物)有特征性,如半数有效量(ED_{50})、半数中毒量（TD_{50}）半数致死量（LD_{50}）。实际上更为常见的剂量-反应曲线是非对称的S形曲线，一端较长，另一端较短（图2-4 C、D），其反映个体对某药物（毒物）的毒作用易感性成偏态分布。

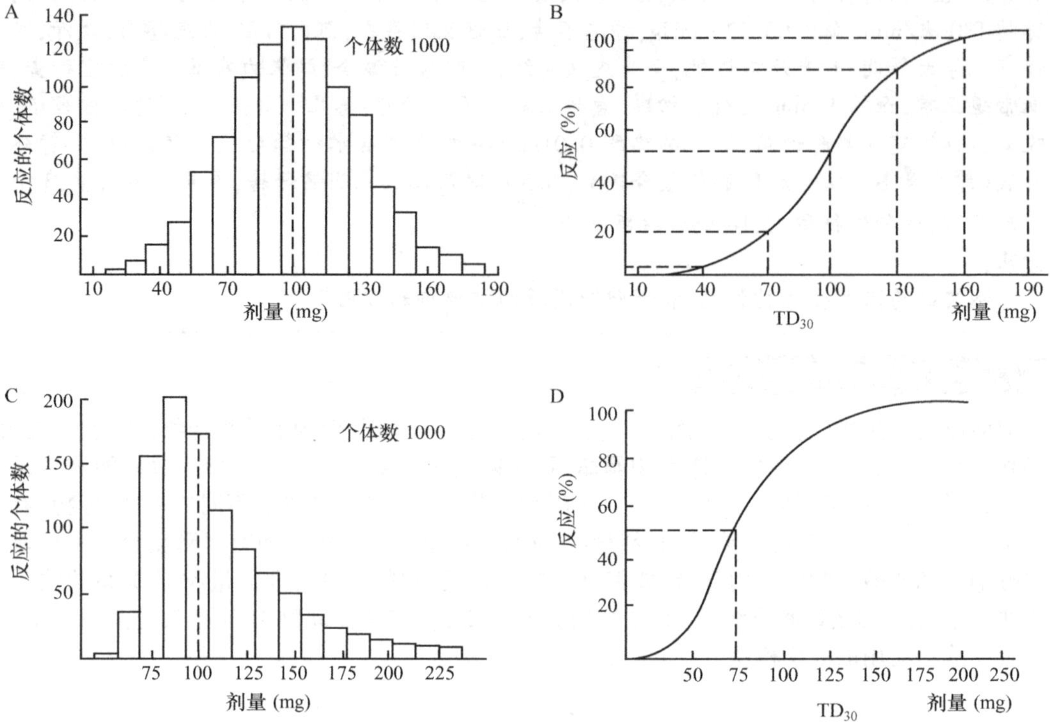

图2-4　不同群体的剂量-反应关系

A. 正态分布频数；B. 正态分布累积频数；C. 偏态分布频数；D. 偏态分布累积频数

第3节　毒性作用的参数

为了定量地描述或比较药物（毒物）的毒性作用，规定了一些毒性参数和安全限值。在实验动物体内试验得到的毒性参数可分为两类。一类为毒性上限参数，如在急性毒性试验中以死亡为终点的各项毒性参数；另一类为毒性下限参数，即有害作用的阈剂量和最大无有害作用剂量。

（一）致死剂量

1. 绝对致死剂量（LD_{100}）　外源物引起一组受试实验动物全部死亡的最低剂量或浓度。

2. 半数致死剂量（LD_{50}）　外源物引起一组受试实验动物半数死亡的剂量或浓度。它是一个经过统计处理计算得到的数值，常用来表示急性毒性的大小。LD_{50}越小，表示外源物的毒性越强；反之LD_{50}数值越大，则毒性越低。与LD_{50}相似的毒性参数有半数致死浓度（LC_{50}），例如，使一组实验动物在经呼吸道暴露外源物一定时间（一般固定为2或4小时）后，死亡50%所需的浓度（mg/m^3）。

3. 最小致死剂量（MLD，LD_{01}）　最小致死剂量指一组受试实验动物中，外源物仅引起个别动物死亡的最小剂量或浓度。

4. 最大非致死剂量（LD_0）　最大非致死剂量指一组受试实验动物中，外源物不引起动物死亡的最大剂量或浓度。

(二) 观察到有害作用的最低水平(lowest observed adverse effect level,LOAEL)

在规定的暴露条件下,通过实验和观察,与适当的对照比较,一种外源物引起机体(人或实验动物)形态、功能、生长、发育或寿命等有害改变的最低剂量或浓度。

(三) 未观察到有害作用水平(no observed adverse effect level, NOAEL)

在规定的暴露条件下,通过实验和观察,一种外源物不引起机体(人或实验动物)形态、功能、生长、发育或寿命等有害改变的最高剂量或浓度。有时这些形态、功能、生长、发育或寿命等改变可能检测到,但被判断为非损害作用。

在具体的实验研究中,比 NOAEL 高一个剂量组的实验剂量就是 LOAEL。应用不同品系实验动物、暴露时间、染毒方法和指标观察有害效应,可得出不同的 LOAEL 和 NOAEL。在利用 NOAEL 或 LOAEL 时应说明测定的是什么效应,什么群体,什么染毒途径,研究期限。急性、亚急性、亚慢性和慢性毒性试验都可分别得到各自的 LOAEL 或 NOAEL。因此,在讨论 LOAEL 或 NOAEL 时应说明具体条件,并注意该 LOAEL 有害作用的严重程度。LOAEL 或 NOAEL 是评价外源物毒作用与制订安全限值的重要依据,具有重要的理论和实践意义。

(四) 阈值(threshold)

一种外源物使机体开始发生效应的剂量或浓度,即低于阈值时效应不发生,而达到阈值时效应将发生。一种物质对每种效应(有害作用和非有害作用)都可分别有一个阈值,易感性不同的个体对某种效应可有不同的阈值,同一个体对某种效应的阈值也可随时间而改变。但是遗传毒性致癌物和生殖细胞致突变物的剂量-反应关系是否存在阈值尚没定论,通常认为是无阈值(零阈值)。

(五) 安全限值

设定安全限值是为了保护人群健康,暴露低于此浓度和时间,不会观察到任何直接和(或)间接的有害作用。制定安全限值的前提是从动物实验或人群调查中得到 LOAEL 或 NOAEL。安全限值可以是每日容许摄入量(ADI)、可耐受摄入量(TI)、参考剂量(RfD)、参考浓度(RfC)或最高容许浓度(MAC)等。

对毒效应无法确定阈值的外源物,其在零浓度以上的任何剂量,都存在某种程度的危险性。对于致癌物和致突变物不能利用安全限值的概念,只能引入实际安全剂量(virtual safety dose,VSD)的概念。致癌物的 VSD,是指低于此剂量,致癌物能以 99% 可信限水平使超额癌症发生率低于 10^{-6},即 100 万人中癌症超额发生低于 1 人。各种毒性参数和安全限值的剂量大小顺序见图 2-5。

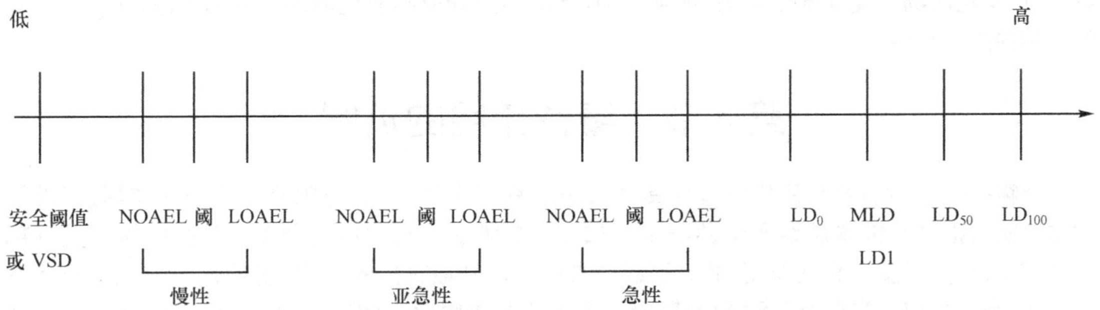

图 2-5 各种毒性参数和安全限值的剂量轴

(六) 治疗指数(therapeutic index, TI)和安全范围(margin of safety,MOS)

$TI = LD_{50}/ED_{50}$,常用来评价药物的安全性,TI 越大,药物的安全性越高。但毒性小的药物并非绝对安全,如青霉素的 TI 很大,但它并不安全,可导致过敏性休克;TI 小的药物有时还需要用，如抗肿瘤药。

但治疗指数不够完善，没考虑到药物剂量-反应关系的斜率。如图 2-6，A、B 两药的 LD_{50} 和 ED_{50} 都相同，因此 TI 相同，但由于两药的剂量-反应曲线的斜率不同，A 药在 99% 有效（ED_{99}）时还没有动物死亡，而 B 在其 ED_{99} 时已有超过 1% 的动物死亡，说明 A 药比 B 药安全。因此引入了安全范围（$MOS = LD_{01}/ED_{99}$），它确定了最小致死量与最大有效量之间的距离。

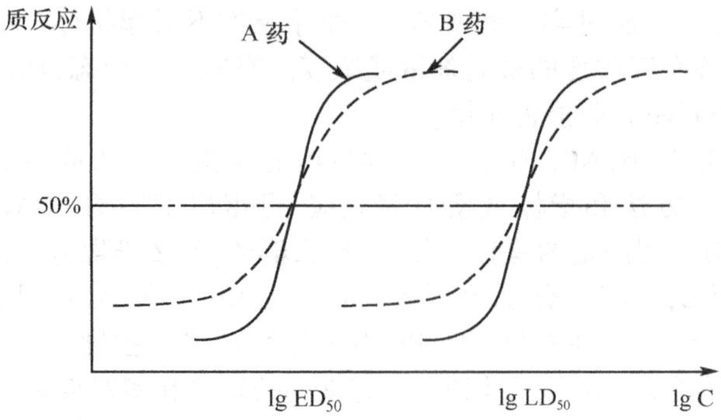

图 2-6 药物 A、B 的治疗指数比较

（七）毒作用带（toxic effect zone）

毒作用带是表示化学物质毒作用特点的参数，分为急性毒作用带与慢性毒作用带。急性毒作用带（acute toxic effect zone，Z_{ac}）为半数致死剂量与急性阈剂量的比值，即 $Z_{ac} = LD_{50}/Lim_{ac}$。$Z_{ac}$ 值小，说明化学物产生轻微损害到急性死亡的剂量范围窄，引起死亡的危险性大；反之，则说明引起急性中毒死亡的危险性小。

慢性毒作用带（chronic toxic effect zone，Z_{ch}，）为急性阈剂量与慢性阈剂量的比值，即 $Z_{ch} = Lim_{ac}/Lim_{ch}$。$Z_{ch}$ 值大，说明急性阈剂量与慢性阈剂量之间的剂量范围大，由轻微的慢性毒效应到明显的急性中毒之间剂量范围宽，易被忽视，故发生慢性中毒的危险性大；反之，则说明发生慢性中毒的危险性小。

（八）强度（potency）和效能（efficacy）

为了比较外源物间的毒作用，可比较其强度和效能。强度是指能引起等效反应的相对浓度或剂量，反映药物与受体的亲和力，值越小强度越高；效能是指效应所能达到的极限（E_{max}），反映外源物的内在活性。

第 4 节 毒性作用的机制

药物（毒物）的毒性作用机制包括其进入靶器官组织的方式、与靶分子的相互作用、局部器质与功能的损害及机体最终产生的结果。如图 2-7 所示，当药物（毒物）仅存在机体的关键部位，没有与靶分子发生相互作用，此时引起的毒性作用是最直接的方式（途径 a）。如药物进入肾小管，阻碍尿生成。当药物（毒物）与靶分子发生相互作用后，可引起细胞功能紊乱或损伤（途径 b）。如河豚毒素与 Na^+ 通道结合后，阻滞 Na^+ 通道，抑制神经传导。机体可对这些损伤进行修复，但损伤超过修复能力和（或）修复功能失常时，就产生毒性作用（途径 c），如组织坏死、癌症和纤维化等。

阐明药物（毒物）毒性作用的机制可以估计它们引起有害作用的可能性，预测毒性作用的结果，建立防护或对抗毒性效应的措施，指导设计低毒性的药物等。

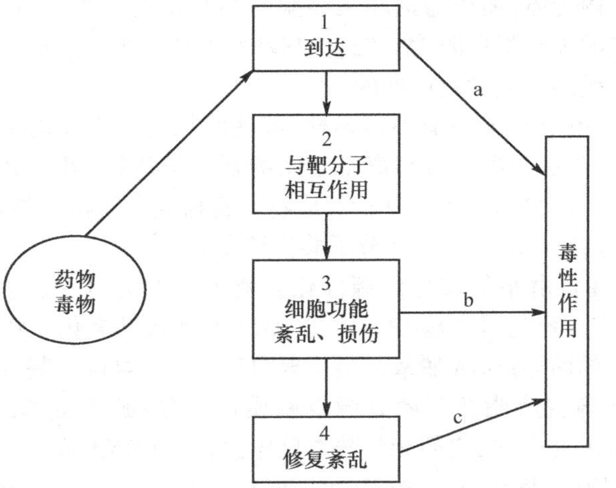

图 2-7　药物(毒物)毒性作用的途径与步骤

一、终毒物与靶组织

终毒物(ultimate toxicant)是在靶组织发挥毒性作用的原形药物(毒物)、它们的代谢产物或在生物转化中产生的活性氧和活性氮等物质。毒性强度主要取决于终毒物在作用部位的浓度及持续时间。终毒物可与内源性靶分子(如受体、酶、DNA、大分子蛋白、脂质等)相互作用,并导致它们结构和(或)功能的改变。靶部位的终毒物浓度,取决于其在靶位增加或减少的相对动态过程。

二、终毒物与靶分子的反应

药物(毒物)的毒性作用最初由终毒物与靶分子的相互作用所介导,继而呈现一系列的生化反应,最终导致各个水平的功能障碍或损伤,如靶分子本身、细胞器、细胞、组织和器官,甚至整个机体。由于是终毒物和靶分子的反应激发了毒性效应,因此必须考虑终毒物和靶分子反应的类型、靶分子的属性、毒物对靶分子的效应。

(一) 靶分子的属性

药物(毒物)毒性作用的靶分子通常是内源性生物大分子,如DNA和蛋白质,但小分子物质(如膜脂质)也可作为毒性作用的靶分子。

终毒物首先接触的靶通常是与其代谢有关的酶或邻近的细胞结构。例如:抗甲状腺药甲巯咪唑在体内被甲状腺过氧化物酶灭活,它可以与该酶形成活性自由基代谢物;四氯化碳经细胞色素P-450活化后,可损害催化它代谢的酶及其邻近的微粒体膜。活性代谢物如果在形成的位点找不到适当的内源性分子,其可能向邻近扩散,直至找到结合的靶点。

并非所有终毒物的靶点都与产生损害作用有关。如当CO与P-450中的铁结合几乎不产生毒性,尽管其与血红蛋白结合引起严重毒性。因此,确定靶分子与药物毒性是否有关,可根据这些因素来判断:①终毒物是否能与靶点结合并进一步影响其功能。②终毒物在靶位是否达到有效浓度。③终毒物改变靶点的方式与其毒性机制是否相关。

(二) 终毒物和靶分子反应的类型

1. 非共价键结合　该类结合属于极性作用(如离子键),表现为药物(毒物)及其活性代谢物与一些膜受体、细胞内受体、离子通道和某些酶的相互作用。如士的宁与脊髓棘突运动神经甘氨酸受体结合,佛波醇酯与蛋白激酶 C 结合,华法林与维生素 K_2及 3-环氧还原酶结合等。由于键能相对低,非共价键结合通常是可逆的。

2. 共价键结合 共价键结合具有不可逆性,能从结构上改变体内生物大分子,因此在药物毒理学上有重要意义。带有非离子或阳离子基团的亲电子药物,可与机体生物大分子(如蛋白质、核酸)中的亲核基团发生反应,形成共价加成物。药物或毒物在生物转化过程中可产生自由基(如 HO·和 CCl_3·),它们能与生物大分子共价结合。

3. 去氢反应 中性自由基易获得内源性化合物上的 H 原子,使这些化合物成为自由基。巯基(R—SH)去氢后生成巯基自由基(R—S·),成为其他巯基氧化产物磺酸类(R—SOH)和双硫化物(R—S—S—R)的前体;DNA 脱氧核糖去氢可产生 C—4′自由基,该基团经过水解后导致 DNA 链断裂;脂肪酸去氢生成脂肪基团并激发脂质过氧化;游离氨基酸或蛋白氨基酸残基的 CH_2基团去氢后成为羰基化合物,它们能与胺类反应,从而与 DNA 或其他蛋白交叉联结。

4. 电子转移 药物(毒物)可使血红蛋白上的 Fe^{2+}氧化成 Fe^{3+},导致高铁血红蛋白血症;而苯胺类(如非那西丁)、酚类化合物(如 5-羟基伯氨喹)能与血红蛋白共氧化,形成高铁血红蛋白和过氧化氢。

5. 酶反应 一些毒素能对特殊靶蛋白起酶催化作用。如蓖麻毒蛋白导致核糖体水解碎裂,阻断蛋白合成。一些细菌毒素催化 ADP-核糖从 NAD^+转移到特定蛋白质。蛇毒含有损毁生物分子的水解酶。

值得注意的是,以上的反应并不是单一的,具有多种活性的外源物或其代谢物可经多种方式与各种靶分子反应。

(三) 靶分子的毒效应

1. 靶分子功能障碍 某些药物(毒物)能激活靶分子而模拟内源性配体的作用,如吗啡激活阿片受体。多数药物则抑制靶分子的功能,如阻滞离子转运、抑制酶的活性等。如阿托品与靶分子结合阻滞神经递质与受体结合。

内源蛋白分子与毒物相互作用而改变构象或结构时,其功能会受到损伤。许多蛋白分子的关键部位(如巯基),对其催化活性或聚合成大分子的能力非常重要,药物(毒物)如与该类基团反应,可干扰这些基团的上述功能。

药物(毒物)可与 DNA 共价结合影响其功能。例如:黄曲霉素与鸟嘌呤共价结合,使腺嘌呤取代胞嘧啶与鸟嘌呤配对,导致错误氨基酸在蛋白质中表达,这与黄曲霉素引起的 *ras* 原癌基因和 *P*53 抑癌基因的突变有关;多柔比星可嵌入 DNA 双螺旋折叠间,推动邻近碱基对分开,由于阅读框移位而造成 DNA 模板错误。

2. 破坏靶分子结构 终毒物还可通过交叉联结或碎裂作用改变靶分子的结构。如氮芥类烷化剂能与细胞骨架蛋白、DNA 或 DNA 蛋白复合体形成交叉联结,破坏它们的结构。

一些靶分子在受到外源物攻击后极易自动降解,如自由基 $Cl_3COO^·$和 $HO^·$可使脂肪酸去氢而发生脂质过氧化降解。脂质过氧化作用不仅破坏细胞膜脂质,而且还产生自由基(如 $LOO^·$、$LO^·$)和亲电子基(如 4-羟壬醛)等毒物,它们易与邻近的分子(如膜蛋白等)发生反应,也可渗透到较远部位与靶分子(如 DNA)反应。

3. 形成新抗原 药物(毒物)或其代谢物与体内大分子的结合物有时具有抗原性,能激发免疫反应。如细胞色素 P-450 将氟烷转化为一种亲电子基(氯化三氟乙酰基),它能作为一种半抗原与肝内各种微粒体或细胞表面蛋白结合,诱导抗体生成,这种免疫反应与氟烷导致的肝炎样综合征有关。药物与蛋白的加成物可激发免疫反应,介导药源性狼疮及药源性粒细胞缺乏症。引起这些反应的药物具有典型的亲核基团,包括芳香胺类(普鲁卡因胺、磺胺类)、肼类(肼屈嗪、异烟肼)、巯基类(丙硫氧嘧啶、甲巯咪唑、卡托普利)。

三、细胞功能紊乱导致的毒性

器官的协调活动有赖于每个细胞能执行精确的程序,长期程序决定细胞的命运,即细胞分裂、分化或凋亡;而短期程序则控制分化细胞进行的活动,决定其分泌物质的多少、紧张或松弛、转运或代谢营养成分的节奏。

为了执行这些程序,细胞具有合成、代谢、动力学、转运、能量产生系统、细胞膜和细胞器等功能与结构,以维持其本身的统一性(内部功能),并支持其他细胞的生命活动(外部功能)。

药物(毒物)引起的细胞功能紊乱与靶分子功能有关。如靶分子与调节作用有关,可呈现基因表达失控和(或)短暂的细胞活动失调;若靶分子主要与细胞内部维持作用有关,则产生的功能紊乱可影响细胞的生存(图 2-8);如药物(毒物)与行使细胞外部功能的靶点作用,则能影响其他细胞以及由它所组成的器官或系统的功能。

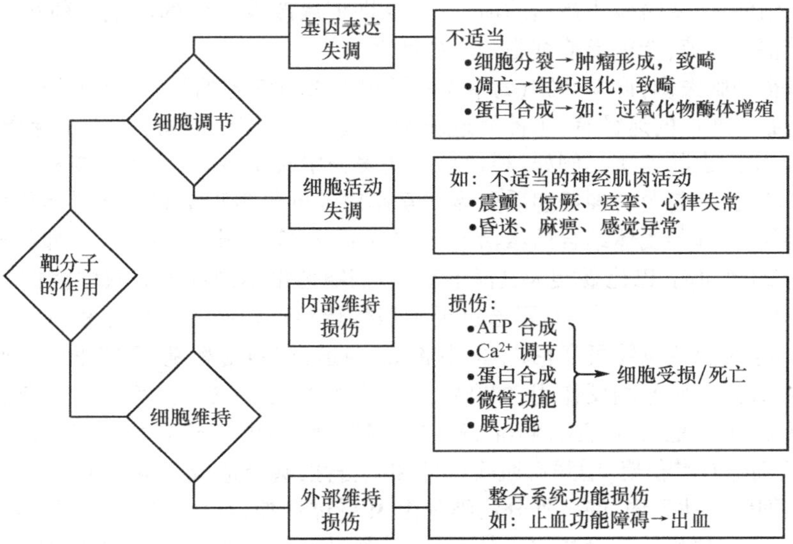

图 2-8 细胞调节或维持功能的改变

(一) 细胞调节紊乱

1. 基因表达失调

(1) 转录失调:遗传信息从 DNA 转录到 mRNA,主要通过一系列转录因子与基因调控或启动子区的相互作用。药物可与基因启动区域、转录因子或转录前复合物相互作用,从而影响转录。药物(毒物)可模拟内源配基(如激素)与转录因子结合,影响基因表达,详见表 2-1。

表 2-1 模拟内源配基活化转录因子的药物及其毒效应

内源性配基	药物	活化转录因子	毒效应
皮质醇	甾体类抗炎药	糖皮质激素受体	淋巴细胞凋亡、颚裂
雌二醇	乙炔雌二醇、己烯雌酚	雌激素受体	乳腺癌、阴道癌、肝癌
全反式视黄酸	13-顺-视黄酸代谢物	视黄酸受体	致畸(颅面、心脏、胸腺畸形)
聚不饱和脂肪酸	贝特类(氯贝丁酯)、邻苯二甲酸酯	过氧化物酶增殖体-活化受体	大鼠肝癌、过氧化物酶增殖、蛋白合成改变(CYP4A1↑)
Zn^{2+}	Cd^{2+}	金属反应元素结合转录因子	金属硫蛋白合成增加

(2) 信号转导失调:一些细胞外信号分子(如细胞因子、激素、生长因子等),经信号转导最终都能活化转录因子。任何干扰信号转导到转录因子的因素,都能影响转录因子对基因表达的调节。例如:外源诱导物激活转录因子 Nrf2,可上调一系列具有抗毒作用的二相酶基因的表达,对抗氧化、抗肿瘤有重要意义;而烷化剂可通过干扰信号通路和基因表达,引起胸腺细胞凋亡。

(3) 信号产生失调:垂体激素作用于外周内分泌腺细胞的表面受体,促进其生产并分泌外周激素,同时垂体激素的产生又受到外周激素的负反馈调控。干扰这些通路可严重影响垂体激素的分泌,并依次影响外周激素的生产和分泌。例如:苯巴比妥可增强甲状腺素的排泄,从而降低血中甲状腺素的水平,这就降低了甲状腺素对垂体的反馈性抑制作用,从而增加垂体促甲状腺激素(TSH)分泌。TSH 分泌增加,则刺激甲状腺体细胞分裂增生,这是其引起甲状腺肿或甲状腺肿瘤的原因。垂体激素分泌减少则产生相反的不良反应,导致外周腺体退化与细胞凋亡,如雌激素反馈性抑制垂体促性腺激素分泌,导致男性睾丸萎缩。

2. 细胞活动失调 细胞的活动由膜受体信号分子调控,膜受体通过调节 Ca^{2+} 进入胞浆或刺激细胞内第二信使,改变磷酸化蛋白的活性,并立即依次改变细胞的功能。药物(毒物)能通过干预相应信号耦联环节,严重影响细胞的生命活动。

(1) 电兴奋细胞失调:许多药物(毒物)可影响可兴奋细胞的活动,如神经细胞、骨骼肌、心肌和平滑肌细胞。通过的途径有:①神经递质水平改变。药物(毒物)可干预递质合成、储存和释放,或从受体附近去除递质。例如:利舍平可耗竭去甲肾上腺素、5-羟色胺和多巴胺而引起多种不良反应。②药物(毒物)-神经递质受体相互作用。可分为直接和递质受体作用的激动剂和拮抗剂,间接影响配基与受体结合的激活剂(activator)和抑制剂(inhibitor)。如蘑菇毒素是抑制性 $GABA_A$受体的激动剂,巴比妥类为其激活剂,它们随剂量不同都可导致中枢抑制。③药物-信号转导相互作用。一些药物(毒物)可通过干预信号转导过程而改变神经和(或)肌肉活动。许多植物、动物毒素和合成毒物可激活电压门控 Na^+通道,增强由配基-门控正离子通道产生的兴奋作用;而阻断该通道则起相反作用,如麻痹。④药物-信号终端相互作用。抑制正离子输出可延长细胞的兴奋,如洋地黄毒苷抑制 Na^+,K^+-ATP 酶,增加细胞 Na^+浓度,使 Ca^{2+}/Na^+交换而减少 Ca^{2+}输出,导致细胞 Ca^{2+}积聚,增强心肌收缩性和兴奋性,甚至造成严重心律失常。

(2) 其他细胞活动失调:许多外分泌细胞由 M 受体调控,有机磷农药中毒后出现的流涎、流泪、支气管分泌等现象均为刺激这些受体所致,阿托品可阻断这些受体,出现相反作用,如口干。磺酰脲类可抑制胰腺 B 细胞的 K^+通道,促进胰岛素分泌,二氮嗪则以相反的机制减少胰岛素分泌。

(二) 细胞维持的毒性

多细胞有机体中,细胞必须维持其结构和功能的完整性, 并为其他细胞提供支持,药物(毒物)可影响这些功能而产生毒性作用。

1. 细胞内维持损伤(中毒细胞死亡机制) 细胞为了生存必须合成内源性分子,整合大分子复合物、膜和细胞器以维持其内环境稳定,并产生能量供机体生命活动。药物(毒物)干扰这些功能可影响细胞的生存,导致中毒细胞死亡,主要机制有:

(1) ATP 合成受损:许多毒物可影响线粒体 ATP 合成过程,它们可分成 4 类:①干扰氢离子的传递链,如氟乙酸盐抑制三羧酸循环和辅助因子的产生。②抑制电子经由电子输送链传递给氧,如鱼藤酮和氰化物。③干扰氧传递给终端电子运载体细胞色素氧化酶,所有引起低氧症的化合物最终均作用在这点。④抑制氧化磷酸化关键的 ATP 合酶的活性。

(2) Ca^{2+}超载:细胞内 Ca^{2+}可被精细调节,通过细胞膜对 Ca^{2+}的不透性可使细胞内外 Ca^{2+}浓度差 10000 倍,并通过转运机制将 Ca^{2+}从胞浆中除去。药物(毒物)可通过打开 Ca^{2+}通道或损伤生物膜促进 Ca^{2+}内流,抑制 Ca^{2+}外流。Ca^{2+}超载是许多器官组织病变的基础,如心肌细胞 Ca^{2+}超载是凋亡的前提。

（3）其他：药物（毒物）也可影响其他细胞的基本结构或功能导致其死亡。如：①脂溶性溶剂、表面活性剂等可直接损伤细胞膜。②氨基糖苷类抗生素等可损伤溶酶体。③次毒蕈环肽等毒素可损坏细胞骨架。④鹅膏蕈碱、乙醛等影响线粒体蛋白合成。

2. 细胞外维持受损　药物也可干预细胞对其他细胞、组织和器官提供的支持。例如肝细胞产生并向循环释放蛋白质和营养成分，并从循环除去胆固醇和胆红素，分别将其转化为胆酸和胆红素葡萄糖醛酸苷，继而将它们排入胆汁消除。药物中断这些过程将对机体和肝脏均有损害。药物还可影响肝产生凝血因子，并未损伤肝脏本身，却可导致机体出血致死，这是华法林灭鼠药的作用机制。降糖氨酸 A 可抑制糖异生，从而限制向脑组织供应葡萄糖而产生快速致死作用。

四、修复或错误修复

许多药物（毒物）能改变生物大分子，如果这些大分子未经修复，可导致机体生物学的高度损害。修复机制可发生在分子、细胞和组织水平，其中分子水平的修复涉及蛋白、脂质和 DNA，而组织水平的修复则体现为凋亡和增生（包括细胞和细胞外基质）。

（一）分子修复

1. 蛋白修复　许多蛋白的巯基为其功能所必需，如受体、酶、细胞骨架蛋白和转移因子等，蛋白巯基可被氧化成蛋白二硫化物、蛋白-谷胱甘肽混合二硫化物和蛋白二硫化物酸，这些损伤可被酶还原逆转。硫氧还原蛋白和谷氧还原蛋白是体内广泛存在的内源性还原物，它们的巯基会被氧化，但在戊糖磷酸途径中，葡萄糖-6-磷酸脱氢酶产生的 NADPH 可使它还原再生。从细胞色素 b_5 转移电子产生的氧化血红蛋白，可通过 NADH-依赖性细胞色素 b_5 还原酶再生。

2. 脂质修复　脂质过氧化的修复过程很复杂，该过程需要一系列还原剂及谷胱甘肽过氧化物酶和还原酶的参与。含有脂肪酸过氧化氢的磷脂易被磷脂酶 A_2 水解，过氧化的脂肪酸被游离脂肪酸取代，该过程也需要 NADPH 参与。

3. DNA 修复　尽管核 DNA 具有高度活泼的亲电子基，但由于折叠在染色体中并有若干修复机制，故相当稳定。

（1）直接修复：某些共价 DNA 修饰可直接由酶逆转。较小的加成（如附着于鸟嘌呤 O^6 位的甲基）可由烷基转移酶去除。在 DNA 修复时，烷基转移酶将加成物转移到其半胱氨酸残基上，同时自身也被灭活、降解。

（2）切除修复：不引起主要螺旋的损害由碱基切除方式修复，在该过程中改变的碱基由特异性 DNA-糖基酶辨认，并水解 N-糖苷键释放改变的碱基，在 DNA 分子中生成脱嘌呤或脱嘧啶（AP）位点，AP 核酸内切酶辨认并除去该位点，由 DNA 聚合酶将正确的核苷酸补上并由连接酶封口。

（3）重组修复：在 DNA 复制开始前，如没有形成大的加成物或链内嘧啶二聚体，就会出现重组修复。该复制可导致同源物（姐妹染色单体）形成，但为不同的 DNA 二倍体，即一条在其子链上有一个大的复制后裂隙，另一条在复制叉的对边合成完整的双链。这条完整的双链用于填补损伤的姐妹链中的复制后裂隙。该现象称为“姐妹染色体交换”，是 DNA 损伤经重组修复的一个指标。

（二）细胞修复

细胞损伤的修复并不多见，大多数组织的细胞在损伤后就会死亡，剩余的活细胞会分裂而取代丢失的细胞。成熟的神经组织没有增殖能力，但外周神经轴损伤后需要巨噬细胞和施万细胞参与修复。巨噬细胞通过吞噬作用除去碎屑，并产生细胞因子激活施万细胞增生，同时产生神经生长因子（NGF），在细胞表面表达 NGF 受体、分泌神经细胞黏附分子和细胞基质分子。在与新生的轴突一起移行时，施万细胞起到向导作用，并诱导轴突与靶细胞的连接。

(三)组织修复

组织损伤后可通过对损害细胞去除和组织增生而修复,受损的细胞也可通过凋亡和坏死两种方式去除。

1. 凋亡 凋亡是机体清除不需要的细胞组织(包括受损细胞)的一种主动清除方式,又称为程序性死亡。药物严重损害一些组织可产生凋亡,其有二重性:①凋亡可阻止损伤细胞坏死和炎症反应继续进行,阻止炎症组织释放细胞因子而造成损伤;②凋亡如发生在特殊组织却往往有较严重的病理后果,如药物(毒物)损伤神经细胞诱发凋亡,但神经细胞不能再生,只好由胶质细胞填充。

2. 增生 现存细胞通过分裂增生使丢失的细胞获得取代。或通过细胞外取代的方式,外部细胞黏附到损害区域进行分裂增生。

3. 组织损伤的副反应 被损伤细胞可激活巨噬细胞和内皮细胞产生其他调节因子,引起一些反应,如炎症、急性期蛋白异常合成等。

(1) 炎症:微循环改变和炎症细胞聚集是炎症的标志,主要由巨噬细胞诱发。巨噬细胞在组织损伤时分泌细胞因子,如肿瘤坏死因子(TNF)和白细胞介素-I(IL-1)。这些细胞因子依次刺激邻近的基质细胞(如内皮细胞、纤维母细胞)释放调节因子,引起局部微循环扩张及毛细血管渗透性增加。激活的内皮细胞也释放化学趋化因子、脂质产物和细胞间黏附分子(ICAM)促进循环中的白细胞向损伤组织游走。浸润的白细胞也合成调节因子扩散炎症反应。

巨噬细胞及白细胞被募集到损伤部位产生自由基和水解酶,如具高反应性的羟自由基(HO·)、一氧化氮(NO·)。粒细胞释放溶酶体酶、髓过氧化物酶到细胞外,催化过氧化氢和氯离子生成强氧化剂次氯酸(HOCl)。所有这些活性化学物质及释放的溶酶体酶,都是炎症细胞的毁坏性产物。虽然可以在炎症部位抗微生物活性,但也同时损伤邻近的健康组织。

(2) 改变蛋白合成:炎性因子 IL-6、IL-1 和 TNF 作用于细胞表面受体,分别增加或减少编码某些阳性或阴性急性期蛋白的基因转录。许多肝脏急性期蛋白(如 C 反应蛋白)被释放到血液,在血清中水平升高,是诊断组织损伤、炎症和肿瘤的指标。

阳性急性期蛋白除有诊断价值,还可减轻组织损伤、促进修复。α_2-巨球蛋白和 α_1-反向转运酶可抑制损伤细胞释放溶酶体酶及募集白细胞。阴性急性期蛋白包括一些血浆蛋白(如清蛋白、甲状腺运载蛋白、转铁蛋白)、细胞色素 P450 和谷胱甘肽-S-转移酶,后两种酶参与外源物质代谢,在组织损伤急性期可显著改变药物的生物转化和毒性。

(3) 其他:损伤部位活化的巨噬细胞和内皮细胞释放的细胞因子也能激发神经激素反应。如 IL-1、TNF 和 IL-6 改变下丘脑体温调定点,产生发热;IL-1 和 IL-6 作用在垂体,导致 ACTH 释放,依次刺激肾上腺皮质生产、释放可的松,可的松又可抑制细胞因子的产生。

(四)修复不全导致的损伤

修复不全可发生在分子、细胞和组织水平,许多损伤类型可同时涉及不同水平,其中严重的结果有组织坏死、纤维化和致癌。

1. 组织坏死 多数分子水平的损伤可被修复机制逆转,如果修复机制有效运行,细胞水平的损伤也可得以逆转或终止。如氧化性毒物不会很快引起脂质碎裂,只有在机体不能提供修复自由基损伤的内源性抗氧化剂(如 α-维生素 E)时,才会出现膜损伤。可见只有在分子修复机制不能正常运行时,分子损伤不可逆而转化为细胞坏死。

细胞损伤发展为组织坏死可通过细胞凋亡和细胞增殖得以修复。损伤的细胞可激发凋亡,凋亡过程可阻止损伤细胞坏死和炎症反应的继续进行,这可终止毒性伤害的进一步发展。与损伤细胞相连的细胞可增生,能终止损伤的扩大,该反应在细胞损伤后不久就可开始。给予大鼠低剂量四氯化碳数小时后,就可检测到肝脏中大量的有丝分裂细胞,这种早期分裂细胞对修复损伤组织和防止坏死是必需的。

组织出现坏死是由于药物(毒物)剂量过高,使损伤超过机体的修复能力,或机体各种修复能力相对不足。

2. 纤维症　纤维症是一种以异常组分在细胞外过度沉积为特征的病理状态。肝纤维症或肝硬化常见于长期饮酒或其他外源物中毒。博莱霉素和胺碘酮可导致肺纤维症,多柔比星可造成心脏纤维症,接触电离辐射可引起许多器官纤维症。

修复不全是纤维症的主要因素,细胞损伤激发大量细胞增生和细胞外基质生成,细胞外基质连续生成可发展为纤维症,该过程由非实质细胞产生的细胞因子控制,TGF-β 是调节基质过度生成的主要细胞因子。

案例 2-3

患者,男性,63 岁,因间断性胸闷、气短 20 天入院。高血压病史 10 年,平时坚持口服降压药物。心电图示心房颤动;心脏超声示:左房扩张,主动脉瓣钙化伴少量反流,二、三尖瓣钙化伴少量反流,左室收缩功能减低,射血分数 43%;X 线胸片示心肺膈未见异常。诊断为老年退行性心脏瓣膜病,主动脉瓣钙化伴关闭不全,心功能不全,心律失常,心房颤动,高血压病 2 级。给予降压、扩冠、抗凝治疗,予胺碘酮 0.2g 每日 3 次口服,7 天后改为每日 2 次。5 天后患者出现咳嗽,咳少量黄痰,双肺底可闻及少许湿性啰音,予抗生素静脉滴注无效,两肺啰音渐加重,呈爆裂音。复查 x 线胸片示:双肺纹理粗重,见广泛网状影,双肺间质纤维化。停用胺碘酮,咳嗽逐渐消失,两肺呼吸音变清,20 天后复查 X 线胸片恢复正常。根据病史、症状、体征、X 线胸片及治疗情况,诊断为胺碘酮肺毒性(早期)。

3. 致癌　化学致癌与各种修复功能障碍有关,如 DNA 修复失败、凋亡失败、细胞增殖终止失败。

(1) DNA 修复失败:这是致突变、致癌的起始阶段。药物(毒物)与 DNA 反应可引起损害,如形成加成物、氧化修饰碱基、DNA 螺旋断裂等。一般情况下,这些损伤可被修复。反之,就引起亲代遗传的改变(突变),或出现蛋白质编码错误,如果是调节细胞生长和增生的蛋白出错,癌症就可能产生。

(2) 凋亡失败:凋亡可清除 DNA 受损的细胞,是防止突变、致癌的最初反应。癌前细胞或突变细胞比正常细胞具有更高的凋亡活性,如果凋亡失败,这些细胞将得以生长。

Summary

Drug toxicodynamics is to study how a drug exerts toxic effect on the body. The toxic effect can be characterized by the dose-response relationship and described by some parameters such as LD_{50}, LOAEL, NOAEL and TI etc. The mechanisms underlining the toxic effect are also the main content.

思　考　题

1. 药物的毒性作用有哪些?
2. 拮抗剂有哪些?
3. 什么是毒物的 LOAEL 和 NOAEL?
4. 简述药物(毒物)毒性作用的途径与步骤。
5. 什么是终毒物?

(刘晓平)

第 3 章 药物（毒物）代谢动力学

教学要求

1. 掌握生物转化的两相过程，熟悉其类型和特征及影响生物转化的因素
2. 掌握肾脏排泄的特点，熟悉其他排泄途径
3. 掌握动力学主要参数的概念及意义，掌握消除动力学的概念及类型。熟悉相关公式、模型及曲线特征，了解相关计算。掌握药物毒物代谢动力学的概念
4. 熟悉影响药物（毒物）分布的因素及在组织中的储存方式
5. 了解药物吸收的几种主要方式和影响因素

药物进入机体可被视为外源物（xenobiotics），机体对它的处置过程（disposition）是吸收、分布、代谢和排泄。外源物从接触机体（暴露）到进入血液的过程称为吸收（absorption）；通过血流分散到全身组织细胞中的过程为分布（distribution）；在组织细胞中，外源物经各种酶的催化，发生化学结构或物理性质变化的过程称为代谢（metabolism）或生物转化（biotransformation）；代谢产物和部分未被转化的母体物被排除体外的过程为排泄（excretion）。这四个过程可简称为ADME 过程（ADME progress）。

药物的毒性作用取决于其在靶器官（组织）中的浓度与维持时间。ADME 中的每一过程都可导致药物浓度或维持时间在靶器官（组织）的变化，如药物吸收的快慢、分布的多少、转化的速率、排泄的快慢等，从而影响药物对相应靶器官（组织）的毒性。把药物视为毒物，研究其在体内ADME 过程的规律，就属于毒物代谢动力学（toxicokinetics，简称毒代学）。了解此内容有助于临床合理用药，确定靶器官（组织）与药物中毒的联系，预防及治疗药物中毒。

第 1 节 跨膜转运

一、生物膜的结构

药物（毒物）在体内的吸收、分布、代谢和排泄都必须进出各类细胞，透过各类细胞器膜，这些膜性结构总称为生物膜（biomembrane）。生物膜是一种可塑且具有流动性的脂质与蛋白质镶嵌的双层结构。它不仅是内外环境物质交换的屏障，而且是很多重要生化反应和生命现象发生的场所，一些药物可作用于生物膜而产生毒性作用。

二、药物（毒物）的转运方式

跨膜转运的方式：非选择性转运（non-selective transport）、选择性转运（selective transport），见图 3-1。

（一）非选择性转运

1. 简单扩散（simple diffusion） 大部分药物（毒物）是具有一定脂溶性的小分子有机化合物，它们可先溶于膜的脂质成分而后扩散到另一侧。简单扩散过程可受下列因素的影响：

(1) 生物膜两侧的浓度差:浓度差越大,扩散越快。

(2) 药物(毒物)在脂质中的溶解度:溶解度可用脂/水分配系数(lipid/water partition coefficient)表示,即一种物质在脂相和水相的分配达到平衡状态时的分配率比值。药物(毒物)的脂/水分配系数大,其在脂膜中的溶解度就大,就更容易透过生物膜。但药物(毒物)必须先溶于体液才能抵达生物膜,因此水溶性太低也不利于其通过生物膜。

(3) 药物(毒物)的解离状态:药物(毒物)在水溶液中分解成为带电荷离子的过程称为解离。药物50%离子化时溶液的pH为pK_a,为一药物固有定值。药物(毒物)的解离受其pK_a和所在溶液pH的影响。例如:苯甲酸的pK_a等于4,在pH=1的介质中,完全不解离,为分子型,易透过生物膜;pH=4时,则50%解离;在pH=7的介质中完全解离,为离子型,不能透过生物膜,这种障碍称为离子障(ion-trapping)。胃液pH变化范围为1.5~7,尿液为5.5~8,如此大的pH变化范围对那些脂溶性适中的药物(毒物)可能产生显著的临床意义。如苯巴比妥为弱酸性,其在碱性尿中解离增多,不易跨膜重吸收,比在酸性尿中排泄快7倍,故在中毒时应碱化尿液。吗啡呈弱碱性,体液中的药物可持续扩散入胃内酸性环境,然后解离,重吸收少,多次洗胃可清除胃内及体内的药物,以免它们进入较为碱性的肠道后被再吸收。

2. 滤过(filtration)　滤过是水溶性物质随同水分子经生物膜的亲水性孔道透过生物膜的过程。凡分子大小和电荷与膜上孔状结构相适应的溶质皆可滤过转运,转运的动力为生物膜两侧的流体静压梯度差和渗透压差。

(二) 选择性转运

选择性转运分为载体转运(carrier-medicated transport)和膜动转运(cytosis)。

1. 载体转运　细胞膜上有许多特殊的跨膜蛋白,控制体内一些重要的内源性生理物质(如糖、氨基酸、神经递质、金属离子)和外源物进出细胞。跨膜蛋白在细胞膜的一侧与这些物质结合后,发生构型改变,在细胞膜的另一侧将它们释出,这种转运方式称为载体转运(图3-1)。载体转运分为主动转运(active transport)和易化扩散(facilitated diffusion)两种方式。①主动转运可逆浓度梯度进行转运,转运过程消耗能量。②易化扩散需要载体,顺浓度差由高浓度向低浓度扩散性转运,不消耗能量。因此,易化扩散又称为被动转运(passive transport)。

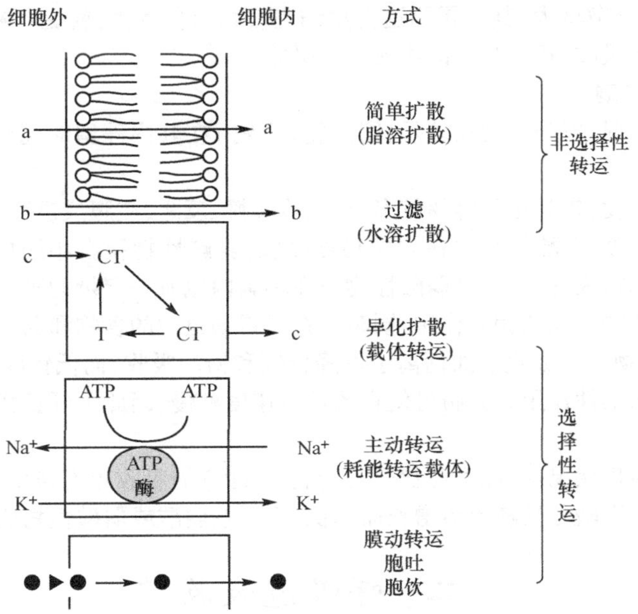

图3-1　药物(毒物)的转运模式

2. 膜动转运 膜动转运是细胞与外界环境交换一些大分子物质的过程,在转运过程中生物膜结构发生变化。转运过程具有特异性、选择性,并消耗能量,如一些大分子颗粒物质被吞噬细胞由肺泡去除。膜动转运又可分为胞吞作用(endocytosis)和胞吐作用(exocytosis),前者是将细胞表面的大分子颗粒物转运入细胞内的过程,后者是将大分子颗粒物由细胞内运出的过程。在胞吞作用中,如果被摄入的物质为固体则称为吞噬(phagocytosis),如为液体则称为胞饮(pinocytosis)。侵入细胞的细菌或病毒、组织碎片、铁蛋白、偶氮色素等都可通过吞噬作用被细胞清除。所以胞吞和胞吐作用对体内药物或异物的清除具有重要意义(图 3-1)。

第2节 吸 收

吸收是指药物(毒物)从接触部位进入血液循环的过程,主要途径是经过呼吸道、胃肠道及皮肤。为加快药物的吸收,可采取静脉或肌肉注射等方式。

药物(毒物)从吸收部位到体循环的过程中就开始被消除,如乙醇可被胃黏膜中的醇脱氢酶氧化。从胃肠道吸收入门静脉系统的药物(毒物),在到达全身血循环之前必先经过肝脏,其中一部分会被肝脏代谢。这些使药物(毒物)进入血循环的有效量减少的作用,都被称为首关消除(fist pass elimination)或首关效应(first pass effect)。药物的首关消除高时,机体可利用的有效药量减少,要达到治疗浓度,必须加大用药剂量,但剂量加大,代谢产物会明显增多,可能出现代谢产物的毒性反应。因此,对于首关消除高的药物,当决定采用大剂量口服时,应先了解其代谢产物的毒性作用或消除过程。

一、胃肠道吸收

胃肠道吸收是药物(毒物)进入机体的重要途径,小肠是主要吸收部位。

影响胃肠道吸收的因素

1. 药物(毒物)的性质 液体物质易于吸收,固体物质在胃肠道内溶解度低时吸收差。同一种固体物质,如果分散度大,其与胃肠道上皮细胞接触面积就大,就更容易被吸收。脂溶性物质较水溶性物质易于吸收,解离状态的物质不易吸收。

2. 机体方面的影响

(1) 胃肠蠕动情况:胃肠道蠕动较强,则药物(毒物)在其内停留时间较短,吸收较少;反之有利于吸收。

(2) 胃肠道充盈度:胃肠道内容物较多时,吸收减慢;反之,空腹或饥饿状态下容易吸收。

(3) 胃肠道酸碱度:弱酸性物质在胃中易被吸收,弱碱性物质在小肠内易被吸收。但由于小肠黏膜的吸收面积很大,故即使是弱酸性物质在小肠内也有一定量的吸收。

(4) 胃肠道内各物质间的相互作用:同时存在于胃肠道中的食物和药物(毒物)可发生相互作用,从而影响某一物质的吸收。如钙离子可降低镉和铅的吸收,而低钙膳食可增加铅、镉的吸收,因而增强铅、镉的毒性作用。脂肪可使胃的排空速度减慢,因此可延长药物(毒物)在胃中停留时间,促进其吸收。

(5) 某些特殊生理状况:特殊生理状况对药物(毒物)的吸收也有影响。如:妊娠和哺乳可增加铅和镉的吸收。胃酸分泌随年龄增长而降低,可影响弱酸或弱碱性物质的吸收。

二、呼吸道吸收

经呼吸道吸收的物质主要有气体、可挥发性固体或液体的蒸气、各种气溶胶以及细微的颗粒物质等。一些吸入性麻醉药(乙醚)和气雾剂(异丙肾上腺素)可通过呼吸道吸收。一些外源物可与细菌、病毒以及植物花粉、孢子等形成固体气溶胶,气溶胶和颗粒物进入呼吸道后可在呼吸道中沉积储留,少数水溶性较高的物质可通过简单扩散进入血液,大部分颗粒可随同气流到达终末细支气管和肺泡内,沉积并附着于细胞表面,对机体造成一定的损害。

(一) 吸收特点

气体与蒸气主要通过简单扩散被吸收。①肺泡壁和毛细血管壁及间质总厚度约1mm左右,气体由肺泡进入毛细血管的路程很短,极易透过;而且肺泡与肺泡之间的毛细血管极为丰富,由肺泡进入血液的气体很快就被血液带走,所以肺的吸收迅速。②有些药物(毒物)可直接经肺静脉进入全身血液循环,并在全身组织器官分布,避免了肝脏的首关消除作用,故毒性可能较强。

(二) 影响因素

1. 血/气分配系数(blood/gas partition coefficient) 气体由肺泡进入血液,再由血液进入各组织细胞,当这两个速率相等时,气体的吸收即达到动态平衡。此时气体在血液中的浓度与其在肺泡气中的浓度之比,称为血/气分配系数,每种气体的分配系数为一常数。如乙醚为12.1,氟烷为2.3。血/气分配系数越大,药物在血液中溶解度越高,越易被吸收,反之亦然。

2. 肺的通气量与血流量 如果气体的血/气分配系数较低,气体在血中的溶解度小,即使增加通气量,也不能使吸收入血的气体增多,还必须增加血流量,使从肺泡进入血液的气体尽快得到稀释,有利于气体进入血液,气体的吸收才能增加。反之,血/气分配系数较高的气体,极易由肺泡吸收进入血液,因此增加通气量即呼吸频率或每分钟通气量就能增加吸收。

三、皮肤吸收

一些药物(毒物)与皮肤接触时,可通过皮肤屏障进入血液循环。例如,氯仿可透过完整健康的皮肤引起肝损害,有机磷杀虫剂和汞可经皮肤吸收引起中毒。

(一) 吸收特点

药物(毒物)经皮肤吸收主要是以简单扩散的方式,通过表皮或皮肤附件(如汗腺管、皮脂腺和毛囊)吸收。吸收分为两个阶段,第一阶段为穿透角质层的屏障作用,速度较慢;第二阶段为吸收阶段,经过颗粒层、棘细胞层、生发层和真皮,各层细胞都富有孔状结构,不具屏障功能,药物(毒物)极易透过,然后通过真皮中大量毛细血管和毛细淋巴管而进入全身循环。

(二) 影响因素

1. 药物(毒物)的理化性质 在通过角质层时,脂溶性药物(毒物)透过角质层的速度与其脂/水分配系数成正比,非脂溶性的极性物质的吸收与其分子量有关,分子量较小的较易穿透角质层被吸收。

2. 皮肤的完整性 人体不同部位皮肤对药物(毒物)的吸收能力存在差异,角质层较厚的部位(如手掌、足底)吸收较慢,阴囊、腹部皮肤较薄,药物(毒物)较易被吸收。

3. 其他因素 血流速度和细胞间液流动加快,吸收也快;皮肤大量排出汗液,药物(毒物)容易在皮肤表面的汗液中溶解、黏附,延长它们与皮肤的接触时间,也有助于吸收。

第3节 分　布

药物(毒物)被吸收入血循环的同时即开始分布,是通过血循环向各器官、组织、细胞扩散的过程。其程度取决于器官、组织中血流量的大小,以及它从毛细血管床扩散进入特定器官、组织、细胞的速率,在分布的初期主要靠血流量,而在分布后期则主要依赖于药物(毒物)与组织的亲和力。

一、血浆蛋白结合率

药物(毒物)被吸收入血液后一部分与血浆蛋白结合,另外的部分处于游离状态。只有游离状态的药物(毒物)才能通过毛细血管壁,到达靶位发挥作用。一种药物(毒物)与血浆蛋白结合的量与其被吸收入血的量的比值,称为血浆蛋白结合率。药物与血浆蛋白结合有以下特点:

1. 可逆 药物(毒物)与血浆蛋白的结合是可逆的,其在血液中维持结合与游离的动态平衡。药物(毒物)被吸收进入血液后,部分与血浆蛋白结合,但随着其游离型浓度的降低(分布到组织或被消除),与血浆蛋白结合的药物(毒物)又可解离。

2. 储存 药物(毒物)与血浆蛋白结合后分子变大,不能通过毛细管壁而暂时"储存"在血液中,使其不能到达靶位发挥作用。

3. 置换 药物(毒物)与血浆蛋白结合的特异性低,而可供药物(毒物)结合的血浆蛋白及结合位点有限,多个物质可能竞争结合同一蛋白或相同位点而发生置换现象。如某药的血浆蛋白结合率为99%(即只有1%的药物起效),当被另一结合率高的药物置换1%时,则游离型药物浓度理论上可增加100%或更高,因此导致中毒。这从药物毒理学角度而言非常重要,因为两个蛋白结合率高的药物合用时,彼此间极易相互置换,从而使游离浓度骤然升高,在常用剂量下就可发生严重的毒效应,且中毒原因不易被发现。如甲苯磺丁脲与华法林合用,两药的血浆蛋白结合率均大于90%,可因相互置换导致低血糖或出血现象。另外,老龄人肝脏合成血浆蛋白的能力下降,血浆中可供药物结合的蛋白储备能力降低,也易出现毒性效应,因此应该酌情减少常规用药量。有些药物也可与血浆蛋白结合率高的内源性物质竞争结合位点,如胆红素被置换出来后,可造成严重的脑组织损伤,称为核黄疸。

案例 3-1

患儿,男性,3岁,误服多塞平片2g,1小时后,出现昏迷、谵妄、吞咽困难入院。体温37.8℃,脉搏132次/min,呼吸24次/min,血压98/68mmHg,双瞳孔等大等圆,光反射迟钝,四肢肌张力降低,腹壁反射、提睾反射消失,腱反射减弱。予常规洗胃、吸氧、补液、利尿等综合治疗,患儿昏迷、谵妄长达10小时。静脉注射白蛋白10g,4小时后患儿精神好转,谵妄渐消失。此后病情稳定,观察5天无反跳出院。

分析:

多塞平为三环类抗抑郁药,成人每日用量不超过150mg,该患儿误服2g导致中毒。该药血浆蛋白结合率为90%,由于服药过量,药物与血浆蛋白结合饱和,游离浓度高,静脉输入白蛋白可直接提供药物结合位点,使游离型药物浓度迅速降低,从而缓解中毒症状,为药物的代谢、排泄创造条件。

二、药物(毒物)的分布

(一)分布及再分布

药物(毒物)被吸收后,首先向血流量大的器官分布,血液供应愈丰富的器官分布得愈多。但随着时间的延长,药物(毒物)可从这些器官再分布到血流不丰富的器官。另外,有些物质可选择性地分布在某些器官或组织。

(二)影响因素

影响药物(毒物)分布的因素主要是跨膜扩散率和器官血液灌流率。当血流稳定时,药物(毒物)通过生物膜进入组织中的速度,主要受跨膜扩散率的制约。若药物(毒物)的跨膜扩散率快,其进入组织的速度则主要受器官血液灌流率的影响,血液愈丰富,灌流愈大的器官,药物(毒物)分布也越多。除受上述因素影响外,还和药物(毒物)与器官组织的亲合力及其代谢速度有关。

三、分布过程中的屏障

某些组织、器官具有阻止或减缓药物(毒物)进入机体的生理功能,即屏障作用。在毒理学中较为重要的屏障有血-脑屏障、胎盘屏障和皮肤屏障。

(一) 血-脑屏障

脑是血流量较大的器官,但药物(毒物)在脑组织中的浓度一般较低,这是由于存在血-脑屏障。在组织学上,脑毛细血管内皮细胞间紧密联接,血管基膜外还有一层星状细胞包围,药物(尤其是脂溶性小的药物)较难穿透并进入脑脊液,这是进化过程中大脑形成的自我保护机制。有些药物在治疗量时,虽有部分可通过血-脑屏障,但不会出现明显的毒性,只有当剂量过高时可产生明显的毒性。如青霉素的毒性非常小,但当大剂量快速静脉给药时,可有较多量的药物通过血脑屏障,引起头痛和惊厥。

(二) 胎盘屏障

胎盘屏障是指胎盘绒毛与子宫血窦间的屏障。以前认为这道屏障可阻挡药物(毒物)对胚胎的影响,现已阐明由于母亲与胎儿之间交换营养成分与代谢物质的需要,这种结构的通透性与一般毛细血管并无显著差别,只是可能在功能上起到屏障作用:①到达胎盘的母体血流量少,使进入母体中的药物(毒物)再进入胎儿血循环的速度较慢。②胎盘具有一定的生物转化作用,可转化部分药物(毒物),减轻它们对胚胎的毒性。值得注意的是,几乎所有的药物都能穿透胎盘屏障进入胚胎血液循环,因此在妊娠期间应该慎用或禁用对胚胎发育有影响的药物。

(三) 皮肤屏障

皮肤由表皮、真皮、皮下组织和皮肤附属器、血管、淋巴管、神经及肌肉组成,其中表皮、真皮和皮下组织构成一个完整的屏障结构,对于机械性、物理性、化学性及生物性刺激有保护作用,并防止体液丢失。药物(毒物)主要透过表皮角质层细胞后被机体吸收,其次是毛囊、皮脂腺、汗管等。如果表皮或其角质层丧失,皮肤的通透性会明显增加。机体不同部位因角质层的厚度不同,吸收作用也不同,如阴囊的吸收作用较强。如果角质层的水合程度高,吸收作用也增强,脂溶性物质更易被皮肤吸收,药物中的软膏、硬膏可促进吸收,霜剂可少量吸收,粉剂、水剂很难被吸收,一些有机溶媒可以增加皮肤的吸收。

四、药物(毒物)在组织中的储存

药物(毒物)可结合或溶解在机体的某些部位,如脂肪、肝脏或骨骼等器官、组织,这些部位对药物(毒物)的分布有重要影响。有时药物(毒物)发生毒性作用的靶组织或靶器官,并非一定是其分布浓度最高的组织。例如,铅在成人体内90%以上分布于骨骼,但却对分布较少的肾、中枢和外周神经及造血系统有选择毒性。因此,不能简单地考虑药物(毒物)分布的体液区域(如血浆、细胞间液、细胞内液)和比率,还要关注它们与组织细胞的特殊亲和力及其蓄积储存的器官、组织。

1. 与血浆蛋白结合

2. 在肝和肾组织储存　在机体各种器官组织中,肝和肾可通过主动转运或与组织结合的机制,比其他组织富集更多的外源物。如肝、肾组织中含有金属硫蛋白,可与多种金属离子结合,从而使金属离子储存在这些组织中。

3. 在脂肪组织储存 许多药物(毒物)具有高的脂溶性,进入人体内后很容易通过生物膜进入组织细胞,因此亲脂性药物(毒物)易分布于脂肪组织,甚至蓄积储存起来,如硫喷妥、地西泮、氯丙嗪都有一定的脂肪蓄积。

4. 在骨骼组织中储存 一些工业毒物和环境毒物(如氟、铅等),以及四环素、氟喹诺酮类等药物容易在骨骼组织中储存。

案例 3-2

患儿,女性,1998 年 3 月 17 日生,1999 年 8 月 15 日因腹泻在一家市级医院输注阿米卡星(丁胺卡那霉素),共两针各为 0.1g。2000 年 2 月起家属发现该患儿对声音无反应,经多家医院检查发现双耳听力完全丧失,经会诊被确定为药物中毒性耳聋。

分析:

阿米卡星属氨基糖苷类抗生素,此类药物易蓄积于内耳淋巴液,损伤耳蜗听神经和前庭神经,可导致听力减退及永久性耳聋。因此,孕妇和哺乳期妇女、婴幼儿(6 岁以下)、65 岁以上老人应禁用该类药物,且各类人群均应按《常用耳毒性药物临床使用规范》用药。

第 4 节 生物转化(代谢)

药物(毒物)被吸收进入机体后,将发生一系列化学变化并形成一些分解产物或衍生物,此过程称为生物转化(代谢)。这一过程能使药物(毒物)的脂溶性降低,水溶性增高,通过产生毒性较小而水溶性较大的代谢物,能促使其从体内清除。但是,有些药物(毒物)经生物转化后可产生活(毒)性较原形物更大的中间产物或终末产物。例如,磺胺类药物(SMX)可经代谢生成 SMX-NO,SMX-NO 可激活细胞免疫导致皮炎。

肝脏是生物转化的主要场所,其他组织器官(例如,肺、肾、肠道、脑、皮肤等)也具有一定的生物转化能力,它们的代谢能力及代谢容量都远低于肝脏,但有些药物(毒物)在这些组织中的代谢转化有特殊的意义。药物(毒物)未经肝脏的生物转化而直接分布至全身,对机体的损害作用相对较强。

药物(毒物)的生物转化过程一般分为两相反应。一相反应(phase I reaction)主要包括氧化(oxydation)、还原(reduction)和水解(hydrolysis),该反应过程可使药物(毒物)分子出现一个极性集团,使其易溶于水,并可进行后续的二相反应;二相反应(phase Ⅱ reaction)主要为结合反应(conjugation),药物(毒物)或经一相反应形成的中间代谢产物,与体内一些极性小分子物质相互结合,形成极性更大的分子,有利于排出体外。

一、I 相反应

(一) 反应类型

I 相反应的类型、反应通式及转化的代表药物见表 3-1。

表 3-1 I 相反应的类型

反应类型	反应通式	酶类型	转化药物
1. 氧化			
脂肪族羟化	$R \rightarrow ROH$	微粒体酶	司可巴比妥
芳香族羟化	$Ar \rightarrow ArOH$	微粒体酶	苯妥英
N 去烷基	$R_1-N(CH_3)-R_2 \rightarrow R_1-NH-R_2$	微粒体酶	地西泮

续表

反应类型	反应通式	酶类型	转化药物
O去烷基	R—O—CH_3→ROH	微粒体酶	可待因
硫氧化	R_1—S—R_2 → R_1—S(=O)—R_2	微粒体酶	氯丙嗪
醇类氧化	R—CH_2OH→RCHO	非微粒体酶	乙醇
醛类氧化	RCHO→RCOOH	非微粒体酶	乙醇
胺类氧化	RCH_2NH_2→RCHO+NH_3	非微粒体酶	肾上腺素、组胺
嘌呤氧化	Ar(N)→Ar(O)	非微粒体酶	茶碱
2. 还原			
硝基还原	$ArNO_2$→$ArNH_2$	非微粒体酶	氯硝西泮
醛类还原	RCHO→RCH_2OH	非微粒体酶	水合氯醛
酮类还原	R_1—C(=O)—R_2 → R_1—CH(OH)—R_2	非微粒体酶	纳洛酮
3. 水解			
酰胺键水解	R_1—CONH—R_2→R_1COOH+R_2NH	微粒体酶	利多卡因、普鲁卡因胺
酯键水解	R_1COOR_2→R_1COOH+R_1OH	非微粒体酶	乙酰胆碱、普鲁卡因

(二)细胞色素P-450酶系

催化氧化反应最主要的酶系是微粒体细胞色素P-450酶系(cytochrome P-450, CYP-450),细胞色素P-450是一种含亚铁的卟啉蛋白,即血红素蛋白。细胞色素P-450与CO结合后,最强吸收光带在450nm处,因此而得名。

细胞色素P-450酶系的氧化功能在不同组织器官中存在一定的差异。肝脏中细胞色素P-450氧化酶主要催化多种药物(毒物)的氧化反应,也参与少数内源物(如类固醇)的代谢过程。肺、皮肤和小肠黏膜中的细胞色素P-450氧化酶催化多环芳烃类等外源物,具有一定的毒理学意义。

细胞色素P-450酶系对药物(毒物)的氧化过程见图3-2。氧化型P-450(Fe^{3+})首先与外源物RH_2结合形成一种复合物,再在NADPH-P-450还原酶的作用下,由NADPH提供一个电子,使其转变为还原型P-450(Fe^{2+})复合物,此复合物和一个分子氧结合形成含氧复合物,然后在NADH-

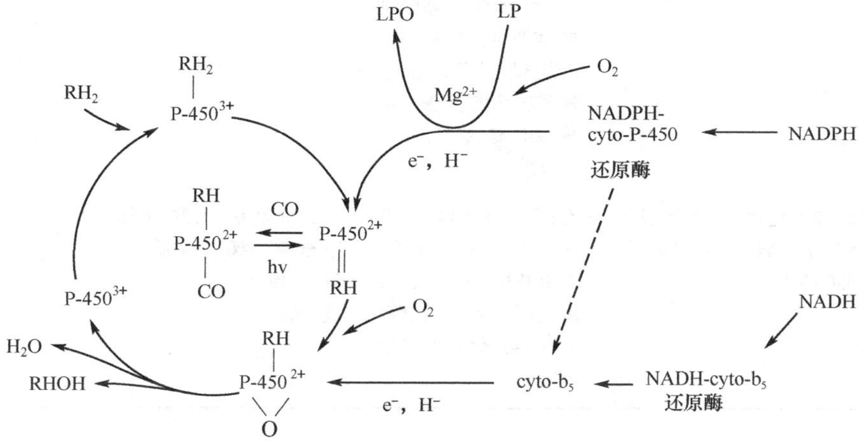

图3-2 细胞色素P-450酶氧化循环过程

P-450还原酶的作用下，由NADH提供一个电子，使复合物中的O_2活化为氧离子，氧离子与RH生成氧化产物（RHOH）而被释放，同时释放出一个分子的H_2O，此时P-450(Fe^{2+})变为P-450(Fe^{3+})，再次参与氧化过程。

P-450酶系是一组由许多同功酶组成的超基因大家族，这为氧化反应的多样性和广谱性提供了基础。根据家族、亚家族和单个酶进行三级分类，家族、亚家族分别用阿拉伯数字和大写英文字母表示，同一家族的酶则根据被发现的先后顺序用阿拉伯数字编序。其中与药物代谢关系密切的酶有：CYP1A2、CYP2C9、CYP2C19、CYP2D6、CYP2E1、CYP3A4等，见表3-2。

表3-2 主要P-450酶及其特征

	存在部位	特征反应	底物	抑制剂	诱导剂	种族慢代谢百分率(%)
CYP1A2	肝脏占CYP-450的13%	非那西丁的O脱乙基	咖啡因、阿米替林、氯氮平、氟哌利多醇、利多卡因、美西律、萘普生、非那西丁、普罗帕酮、茶碱、维拉帕米、华法林、雌二醇、乙酰苯胺、他克林	西咪替丁、异烟肼、氧氟沙星、诺氟沙星、环丙沙星、红霉素	苯巴比妥、苯妥英、利福平、奥美拉唑、吸烟(多环芳烃)	12%白种人
CYP2C9	肝脏	甲苯磺丁脲的甲基羟化	双氯芬酸、苯妥英、替尼酸、吡罗昔康、替诺昔康、S-华法林、甲苯磺丁脲、格列吡嗪、环氟拉嗪、布洛芬、苯妥英	磺胺苯吡唑、去甲氟西汀	利福平	2%~6%白种人
CYP2C19	肝脏	S-美芬妥英的C^4-羟化	地西泮、普萘洛尔、S-美芬妥英、苯妥英、丙咪嗪、氯胍、兰索拉唑、奥美拉唑，环己巴比妥	酮康唑、氟乙烯、去甲舍曲林	利福平	2%~6%白种人 15%~17%中国人 18%~23%日本人
CYP2D6	肝脏占CYP-450的2%	美沙芬的O-脱甲基化	阿米替林、阿普林定、卡托普利、桂利嗪、氟卡尼、丙米嗪、氯氮平、奋乃静、帕罗西汀、可待因、恩卡尼，氟西汀、氟桂利嗪、美西律、普萘洛尔、比索洛尔、卡维地洛、昂丹司琼、司巴丁、派克普林、曲匹隆、利培隆、右美沙芬	奎尼丁、育享宾、苯海拉明、氟西汀	苯巴比妥、利福平、地塞米松	3%~10%白人 <2%中国人、日本人、美国黑人
CYP2E1	肝脏和其他组织占CYP-450的7%	氧唑沙宗的6-羟化	对乙酰氨基酚、咖啡因、恩氟醚，异氟烷、氨苯砜、对硝基酚、苯乙烯、茶碱、小分子物质(乙醇、丙酮、四氯化碳、醋氨酚等)	二乙二硫氨基甲酸酯、双氢辣椒素、戒酒硫	乙醇、丙酮、异烟肼	

续表

	存在部位	特征反应	底物	抑制剂	诱导剂	种族慢代谢百分率(%)
CYP3A4	肝脏和肠道占CYP-450的30%	睾酮的6-β羟化	对乙酰氨基酚、地西泮、替尼泊苷、阿司咪唑、环磷酰胺、布地奈德、卡马西平、氨苯砜、环孢素、雌二醇、茶碱、利多卡因、丙米嗪、特非那丁、氟他胺、足叶乙苷、他莫昔芬、氯沙坦、洛伐他汀、维拉帕米、硝苯地平、尼莫地平、奥美拉唑、长春碱、紫杉醇、可的松、硫氮䓬酮、利托那韦	三乙酰竹桃霉素、酮康唑、葡萄柚汁、氟西汀、维拉帕米、克拉霉素、红霉素、特非那丁	苯巴比妥、卡马西平、利福平、地塞米松	

二、Ⅱ相反应

发生结合反应的药物(毒物)一般含有亲核中心(如—OH、—SH、—NH_2),在不同种类转移酶的催化下,它们与体内小分子物质(如葡萄糖醛酸、谷胱甘肽等)结合,结合物一般将随同尿液或胆汁排泄,Ⅱ相反应的主要类型见表3-3。

表3-3　Ⅱ相反应的主要类型

反应类型	酶	底物类型	结合基团来源
葡萄糖醛酸结合	葡萄糖醛酸转移酶	酚、醇、羧酸、胺硫基	尿苷二磷酸葡萄糖醛酸
硫酸结合	硫酸转移酶	酚、醇、芳香胺	3'-磷酸腺苷-5'-磷酰硫酸
乙酰基结合	乙酰辅酶A	芳香胺、胺	乙酰辅酶A
甲基结合	甲基转移酶	酚、胺	S-腺苷蛋氨酸
甘氨酸结合	酰基转移酶	羧酸、酰基辅酶A衍生物	甘氨酸
谷胱甘肽结合	GSH-S-转移酶(GST)	环氧化物、卤化物、硝基	谷胱甘肽(GSH)

三、影响生物转化的因素

(一)代谢酶的多态性

肝药酶大多受多态性基因控制,存在着种族、年龄及性别的差异,人群有强(快)代谢型(extensive metabolizers,EMs)和慢代谢型(poor metabolizers,PMs)之分。而肝药酶遗传多态性可以引起临床药动学特征变异,导致药物不良反应以及治疗失败,了解肝药酶的多态性可以指导临床个体化用药,减少不良反应。

1. CYP2D6　CYP2D6是第一个被发现的药物代谢遗传多态性的P-450酶,个体差异达1000倍。根据异喹胍在机体内的代谢率,人群中CYP2D6可分两种表型,大部分个体具有至少一个完整的CYP2D6等位基因及其功能,称为强代谢型;少部分个体有基因功能缺陷或基因缺失,称为弱代谢型。PMs由于CYP2D6酶活性低,对相应化学致癌物的代谢活化作用弱,因此在暴露于相同的环境时,PMs表型的个体患癌风险应低于EMs表型的个体。

2. CYP1A1 经3-甲基胆蒽诱导后，CYP1A1催化芳香烃羟化反应的活性，与其诱导前活性的比值，称为CYPlAl的诱导性。CYPlAl诱导性具有高度的遗传性，人群呈三态分布：高诱导性、中诱导性和低诱导性。现发现3个决定CYPlAl基因遗传多态性的点突变，分别为m1、m2、m3，这3个突变的发生频率都具有种族差异。

3. CYP2E1 CYP2E1在肝脏中含量丰富，其在食道、胃、肠、肾、鼻腔等肝外组织也有不同程度的表达。目前已鉴定的CYP2E1底物达75种之多，它可通过去烷基反应使亚硝胺类致癌物代谢活化，导致癌症。CYP2E1基因存在多个限制性内切酶片段长度多态性，其中内含子6的Dra I和5'端Pst I及Rsa I位点多态性可影响CYP2E1的表达。

4. CYP3A4 野生型CYP3A4 * 1A个体对于化疗药物所致的白血病有更高的发生率，研究发现这与CYP3A4催化代谢表鬼臼毒素有关。表鬼臼毒素、依托泊苷（VP-16）、替尼泊苷（鬼臼噻吩苷）（VM-26）、异环磷酰胺（1FOS）、长春碱（VBL）及长春地辛等均为CYP3A的底物，CYP3A将表鬼臼毒素代谢成表鬼臼毒素儿茶酚和表鬼臼毒素醌代谢产物，而这些代谢产物具有强损伤DNA的作用。CYP3A4 * 1B突变型因减少CYP3A4的表达并降低CYP3A4酶的活性，可减少表鬼臼毒素儿茶酚代谢物的产生。

5. CYP2C19 该酶基因的遗传多态性是S-美芬妥英羟化代谢缺陷的分子基础。S-美芬妥英C^4-羟化在人群中分强代谢者（EMs）和弱代谢者（PMs），已发现CYP2C19至少存在5种突变基因，除Ile331Val变异不影响CYP2C19活性外，其他突变均使CYP2C19酶活性丧失。除S-美芬妥英外，奥美拉唑、氯胍也主要经CYP2C19氧化代谢。近20%的亚洲人为CYP2C19的突变纯合子形式，导致弱代谢型，奥美拉唑单剂量药时曲线下面积亚洲人比白种人增加近40%，因此，对于亚洲患者中的弱代谢型患者，应调低剂量进行治疗。

6. 谷胱甘肽-S-转移酶（glutathlone-S-transferases，GSTs） 谷胱甘肽-S-转移酶是一类多功能的二聚蛋白家族，主要催化还原型谷胱甘肽（GSH）与亲电子物质的结合反应，使其失去结合DNA的活性。研究发现GSTM1基因纯合或杂合性缺失都会导致解毒功能的缺失而增加患癌风险。GSTM1基因纯合性缺失即GSTM1（-/-）基因型在高加索人群中的频率为50%左右，在其他种族人群的频率介于30%～90%之间。

7. *N*-乙酰基转移酶（N-acetyhransferaaes，NATs） *N*-乙酰基转移酶有NATl、NAT2两型。NATl几乎在所有组织中高表达，能催化对氨基水杨酸（PAS）和对氨基苯甲酸（PABA）等物质的乙酰化代谢。NAT2选择性地在肝和肠中表达，能催化异烟肼等20多种肼类化合物和具有致癌性的芳香胺或杂环胺类化合物的乙酰化，人群按代谢活性分三类：慢乙酰化型、快乙酰化型和中间乙酰化型。慢乙酰化型由于乙酰辅酶A的相对缺乏，导致维生素B_6的缺乏，引起周围神经炎。异烟肼经NAT2转化为乙酰化异烟肼，进一步的代谢物具有肝毒性，因此快代谢者服用异烟肼后，易产生肝毒性。东方人快乙酰化型较多，因此异烟肼导致的肝毒性的可能性也较大。普鲁卡因胺、肼屈嗪、氨苯酚、苯乙肼、氯硝西泮等药也存在快、慢乙酰化代谢，快代谢型患者需加大药量才能控制相应症状。

8. 甲基转移酶（methyltransferase） 甲基转移酶为催化甲基结合反应的酶，根据甲基化的化学基团不同可分为氧位（O-）、硫位（S-）及氮位（N-）甲基转移酶。

儿茶酚O-甲基转移酶（eatechol O-methyltransferase，COMT）广泛分布于人体各组织，其底物包括多巴胺、去甲肾上腺素、肾上腺素等神经递质及左旋多巴、甲基多巴等儿茶酚胺类药物。该酶活性表现出常染色体共显性遗传特征，其遗传多态性是由COMT基因发生单碱基突变引起，Vall08纯合子（$COMT^{HH}$）比Metl08纯合子（$COMT^{LL}$）的酶活性要高3～4倍。

硫嘌呤甲基转移酶（thiopurine methyltransferase，TPMT）在肝和肾组织中含量最高，主要催化芳香及杂环类巯基化合物（如巯基嘌呤核苷酸、咪唑硫嘌呤、6-硫鸟嘌呤等）的S-甲基化反应。6-巯基嘌呤（6-MP）是无内在活性的药物，必须通过体内一系列代谢生成巯基嘌呤核苷酸（TGNs）后，才能发挥抗白血病作用，同时也产生骨髓抑制的毒性作用。红细胞TPMT活性在多数人群中呈多态性分布(约90%为高酶活性,6%~11%为中等酶活性,0.3%为低酶活性),并表现为常染色体共显性遗传特征。基因突变构成的纯合子或杂合子使TPMT酶活性下降,此时应用6-MP,能使细胞内TGNs蓄积,有导致骨髓抑制和继发性肿瘤的危险。野生型TPMT患者,应用6-MP时,细胞内TGNs浓度很低,骨髓抑制少,但疗效下降可能增加白血病的复发率。

9. 尿苷二磷酸-葡萄糖醛酸转移酶(UDP-glucuronosyltransferase,UDPGT) UDPGT分布广,肝脏内的酶活性最高。它能催化类固醇、甲状腺激素、胆红素、短链脂肪酸、胆汁酸的葡萄糖醛酸化。Gilbert综合征和Crigler-Najjar综合征患者由于遗传变异导致UDPGT表达量减少,使体内胆红素的葡萄糖醛酸化反应障碍,分别引起非结合胆红素血症和轻度慢性高胆红素血症。甲苯磺丁脲、利福霉素、交沙霉素、对乙酰氨基酚、依立替康等药物需经葡萄糖醛酸化代谢,Gilbert综合征患者对它们的代谢能力下降,使它们的毒性增加。

10. 乙醛脱氢酶(aldehyde dehydrogenase,ALDH) 乙醇在体内主要由乙醇脱氢酶(ADH)和CYP2E1水解成乙醛和甲酮,乙醛继由ALDH水解成乙酸。ALDH2缺损时,不能迅速代谢由乙醇代谢生成的乙醛,这是乙醇敏感的主要原因。已发现至少有7种不同基因编码的ALDH(ALDH1、ALDH2…ALDH7),只有ALDH1和ALDH2是人体肝脏内的两种主要同工酶。ALDH2表现出遗传多态性,ALDH2缺乏者不能有效代谢乙醛。大约有半数日本人和中国人肝内ALDH2功能缺乏,但在白种人和黑人中,未发现有这种酶功能缺失。

11. 丁酰胆碱酯酶(butyrylcholinesterase,BChE) BChE又名血清胆碱酯酶或假性胆碱酯酶,在人体内主要催化代谢琥珀胆碱、普鲁卡因、辛可卡因、丁卡因、阿司匹林等药物。BChE的活性在人群中呈遗传多态性分布:使用常规剂量的肌松药琥珀胆碱使多数患者肌肉麻痹持续仅2~6分钟,但少数患者肌肉麻痹可持续1小时以上,不得不借助机械通气以维持呼吸,后来查明患者血中的非典型BChE对琥珀胆碱的亲和力很低,不能迅速水解代谢进入血中的琥珀胆碱,使其肌松作用时间延长。非典型BChE个体在应用普鲁卡因或氯普鲁卡因时,皮肤麻醉或硬膜外麻醉的作用时间明显延长,甚至出现毒性反应。

(二) 代谢酶的诱导和抑制

1. 代谢酶的诱导 一些药物(毒物)可使某些代谢过程的催化酶活力增强或酶的含量增加,此种现象称为酶的诱导,凡具有诱导效应的物质称为诱导物。诱导的结果可促进其他外源物的生物转化,在微粒体混合功能氧化酶(P-450)诱导过程中还观察到滑面内质网增生。

酶诱导物大多是一些有机化合物,包括某些药物、杀虫剂、工业化学物、多环芳烃等。诱导物对药物(毒物)毒性作用的影响具有双重性:如果一种药物(毒物)经生物转化产生无毒或减毒的代谢物,则酶诱导可加强解毒作用;相反,如果一种外源物经代谢转化为毒性中间产物,酶诱导则可促进和加强该药物(毒物)的毒性作用,如用3-甲基胆蒽诱导后,能促进苯并芘的致癌作用。

关于酶诱导的机制目前尚未完全清楚,不同诱导物的诱导机制可完全不同。例如苯巴比妥类的诱导机制可能在于内质网的增生和酶蛋白合成的增加,同时也可能刺激mRNA的合成并降低酶的分解速度。

2. 代谢酶的抑制 一些药物(毒物)对代谢酶的抑制作用分以下几种类型:

(1) 竞争性抑制代谢酶:几种药物(毒物)的生物转化过程都受到同一酶系的催化,因而两种物质可出现竞争性抑制。如1,2-亚乙基二醇和甲醇均经醇脱氢酶代谢活化而导致毒性,临床上给予乙醇治疗,因乙醇与此酶有更大的亲和力,故可降低1,2-亚乙基二醇和甲醇的代谢活化。

(2) 特异性抑制某一种酶:例如,对氧磷能抑制羧酸酯酶,促使对硫磷水解速度减缓。β-二乙基氨基苯丙基乙酯(SKF-525A)和胡椒基丁醚与P-450的结合而抑制其活性。

(3) 直接破坏代谢酶:一些外源物如四氯化碳、氯乙烯、肼的代谢产物可与P-450共价结合,破坏其结构和功能。

(4) 减少代谢酶的合成:如氯化钴抑制参与血红素合成的δ-氨基酮戊酸合成酶,并增加血红素氧化酶活性,故可抑制P-450酶系活性。

(5) 变构作用:如一氧化碳可与P-450结合,引起变构作用,阻碍其与氧结合。

(三) 代谢饱和状态

机体代谢的饱和状态对药物(毒物)的代谢有影响,从而影响其毒性作用。例如,溴化苯在体内首先转化成具有肝毒作用的溴化苯环氧化物,如果摄入剂量较小,约有75%的溴化苯环氧化物可与为谷胱甘肽结合,并以溴苯基醚磺氨酸的形式排出。但如摄入的剂量较大,则仅有45%可按上述形式排泄。当摄入剂量过大时,因谷胱甘肽的量相对不足,甚至出现谷胱甘肽的耗竭,结合反应能力降低,因而未经结合的溴苯环氧化物与DNA或RNA以及蛋白质的反应增强,出现毒性作用。

(四) 其他

年龄、性别和营养状况都可影响代谢。肝微粒体酶功能在初生和未成年机体中尚未发育成熟,老年又开始衰退,其功能均低于成年,对药物(毒物)的代谢以及解毒能力较弱。一般雄性成年大鼠对许多药物(毒物)的代谢转化能力高于雌性。在动物试验中,如果蛋白质供给不足,则微粒体活力降低。

第5节 排 泄

排泄是药物(毒物)以其原形或代谢产物形式通过排泄器官或分泌器官排出体外的过程。一般药物(毒物)及其代谢产物主要经尿排泄,其次经粪排泄。挥发性物质主要经肺呼气排泄,有些药物(毒物)通过汗液和乳汁排泄。

一、肾脏排泄

肾脏是最重要的药物(毒物)排泄器官,其对药物(毒物)的排泄方式分为肾小球滤过和肾小管分泌,肾小管对已进入尿内的药物(毒物)有部分重吸收。肾功能受损时,以肾脏排泄作为主要消除途径的药物(毒物)消除速度减慢,可产生蓄积。

(一) 肾小球滤过

肾小球毛细血管膜孔较大,除与血浆蛋白结合的结合型药物(毒物)外,游离型药物(毒物)及其代谢产物均可经肾小球滤过。滤过速度取决于药物(毒物)分子量和其血浆浓度。血浆蛋白结合可延缓滤过速度,药物(毒物)滤过速度与肾小球滤过率正相关。

(二) 肾小管分泌

近曲小管细胞能以主动方式将药物(毒物)自血浆分泌入肾小管。经同一机制分泌的药物(毒物)可发生竞争性抑制,通常分泌速度较慢的可抑制分泌速度较快的药物(毒物)。丙磺舒可竞争性地抑制经同一机制排泄的其他药物(如青霉素),两药合用后青霉素血药浓度增高,疗效增强。丙磺舒也可通过同样机制使对氨水杨酸及头孢噻啶的毒性增强。噻嗪类利尿药、水杨酸盐、保泰松等与尿酸竞争肾小管分泌机制而引起高尿酸血症,诱发痛风。

一些药物(毒物)和近曲小管上的主动转运载体的亲和力,高于和血浆蛋白的亲和力,因此和肾小球滤过不同,这些药物(毒物)经肾小管分泌的速度不受血浆蛋白结合的影响。如对氨马尿酸的血浆蛋白结合率约90%,但90%的药物在一次通过肾脏时即被分泌入肾小管内。

(三) 肾小管重吸收

药物(毒物)主要在远曲小管以被动扩散的方式被重吸收,且受解离状态的影响。

二、消化道排泄

血中药物(毒物)可通过胃肠道壁被动扩散入胃肠道腔,位于肠上皮细胞膜上的P-糖蛋白也可直接将它们分泌入肠道。被分泌到胆汁内的药物(毒物)及其代谢产物经胆道及胆总管进入肠腔,可再经小肠上皮细胞重吸收,经肝脏后又进入血液循环,这种在肝脏、胆汁、小肠间的循环称肝肠循环(hepatoenteral circulation)。肝肠循环可延长药物(毒物)的半衰期和作用维持时间,若中断其肝肠循环,半衰期和作用时间均可缩短。强心苷中毒后,口服考来烯胺可在肠内和强心苷形成络合物,中断其肝肠循环,加快其从粪便中排泄,此为该药物中毒的急救措施之一。

三、呼吸道排出

在体内未分解的气态药物(毒物)及挥发性液态药物(毒物)均可经呼吸道排出。排出方式为通过细胞膜被动扩散,其速度取决于肺泡壁两侧药物(毒物)的分压差。血/气分配系数较小者排出较快,血/气分配系数较大的排出较慢。如乙醚溶解度高,所以排出缓慢,麻醉后苏醒慢;而氟烷溶解度低,排泄迅速,苏醒迅速。在血中溶解度低的气体排出速度受血流灌注限制,而溶解度高的气体排出速度受通气量限制。

四、其他途径的排泄

药物(毒物)也可经唾液和泪液排泄,但量很少,经唾液进入口腔的药物(毒物)吞咽后可被再吸收。由于乳汁酸度较血浆高,故碱性药物在乳汁内的浓度较血浆内浓度略高,酸性药物则相反。非电解质类(如乙醇、尿素)易进入乳汁达到与血浆相同的浓度,吗啡可通过乳汁排泄使婴儿成瘾。药物(毒物)也可经头发和皮肤排泄,但量很少,测定这些组织内的有毒金属含量具有法医学意义。

案例 3-3

患儿,男性,足月顺产,出生时体重2千克,出生当天便发生呕吐、四肢抽动等症状,因产妇自述有吸毒史,初步诊断为"海洛因依赖症",即转某专科医院行戒毒治疗,治疗效果明显,逐渐康复后出院。

分析:

该婴儿的"毒瘾"系其母亲通过胎盘经血液传给婴儿,尽管该婴儿的母亲早在分娩前就进行了戒毒,但她体内的海洛因浓度仍较高。另外,母乳喂养时海洛因还会通过乳汁传递给婴儿,因此有吸毒史的母亲应采用其他方式代替母乳喂养。

第6节 动 力 学

药物(毒物)在体内经历吸收、分布和消除(代谢和排泄)的过程,可以用相应的参数来描述其规律。

一、吸 收

药物(毒物)从接触部位进入血液循环的量和速度,对该物质产生的效应有重要意义,吸收的量越多,速度越快,产生的效应就越强。

(一) 曲线下面积(area under the curve, AUC)

药物(毒物)通过非静脉途径进入机体,其被机体吸收的具体量是无法测量的。在实验过程中,一般先给实验对象用某一个量的药物,在其后若干时间点抽取血液并测定其中药物浓度,把所有的点再连成的一条曲线,被称为时-量曲线(C-T 曲线),该曲线下的面积可看做吸收入体内的药量,如图 3-3。

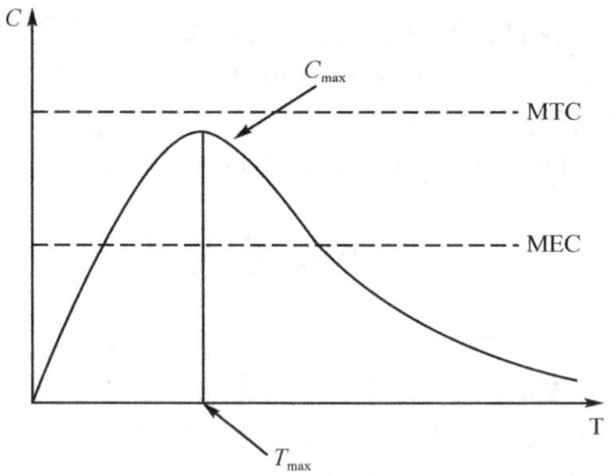

图 3-3 血管外给药血浆药物浓度的变化

C_{max}为峰浓度;T_{max}为达峰时间;MTC 为最低中毒浓度;MEC 为最低有效浓度

AUC 可以根据模拟的曲线函数用积分法直接算出,也可以用梯形法和后续介绍的相关参数推算。

$$\mathrm{AUC}=\int_0^{\infty} C\mathrm{d}T \tag{1}$$

式中:C 为浓度,T 为时间。

(二) 生物利用度(bioavailability)

生物利用度指药物(毒物)被机体吸收利用的程度,用 F 表示,根据需要,有以下 3 种形式。

1. 绝对生物利用度 $F=\frac{A}{D}\times 100\ \%$ (2)

A 为实际吸收量,D 为给药量。

2. 表观生物利用度 $F=\frac{\text{血管外给药 AUC}}{\text{静脉给药 AUC}}\times 100\ \%$ (3)

由于绝对生物利用度不能实际测量,一般用表观生物利用度来表示某物质通过血管外给药(或接触)被机体利用的程度。

3. 相对生物利用度 $F=\frac{\text{检品 AUC}}{\text{标准品 AUC}}\times 100\ \%$ (4)

在鉴定某新型制剂被机体吸收的程度时,要计算其相对生物利用度,相对于不同的标准药品,其相对生物利用度也不同,有大于 100% 的情况,说明该制剂吸收多于标准品。

(三) 峰浓度(C_{max})和达峰时间(T_{max})

C_{max}是药物(毒物)被机体吸收后所能达到的最高浓度。对于药物来说,其应该高于最低有效浓度(minimum effect concentration, MEC),但又不能超过最低中毒浓度(minimum toxicity concentration, MTC)。T_{max}是开始接触药物(毒物)后,药物(毒物)在血液中达到 C_{max} 的时间,该时间越短,药物起效就越快,见图 3-3。

二、分布和消除

药物(毒物)吸收后在体内的分布和消除情况非常复杂,为了便于理解与分析,可依靠不同的数学模型,如经典动力学模型(一室模型、二室模型)或生理动力学模型,有些模型也包括了吸收的内容。

(一) 经典动力学模型(房室模型)

药物(毒物)吸收后在体内各部分的分布是不均一的,可将机体划分为若干个"房室",来模拟它在体内的分布状况,再根据药物(毒物)在房室间的动态平衡关系列出微分方程,并推导出描述其代谢特征的动力学参数。但是这种人为划分的房室不具有实际的解剖学空间和生理学功能。

1. 一室模型　当药物(毒物)被吸收进入血液循环后,立即均匀分布到全身体液和各组织器官,并迅速达到动态平衡,这时可将整个机体看做一个房室。

(1) 一级消除:一级消除指药物(毒物)的消除速率与其体内浓度(浓度的一次方)成正比,因为消除速率 dC/dT 与其体内浓度 C 的比值不变,又称之为恒比消除。绝大部分药物(毒物)是通过该方式消除的。其关系见图 3-4。

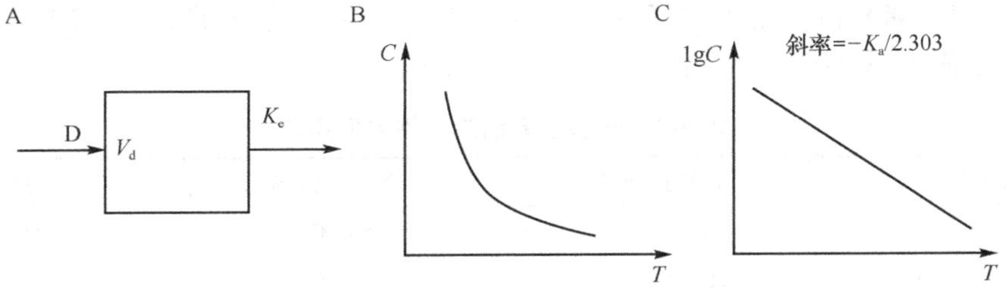

图 3-4　静脉单次给药一室模型一级消除

A. 模型图;B. 浓度-时间曲线;C. 对数浓度-时间曲线

根据图 3-4A,设该房室内的药物浓度为 C,变化的时间为 T,按一级消除的定义建立微分方程:

$$-dC/dT=K_eC \quad (K_e\text{为消除速率常数,浓度变化为负值}) \tag{5}$$

积分后得:

$$C_T=C_0e^{-K_eT} \quad (C_0\text{、}C_T\text{分别为 0、}T\text{ 时的浓度}) \tag{6}$$

两边取以 10 为底的对数得:

$$\lg C_T=\lg C_0-\frac{K_e}{2.303}T$$

可见浓度的对数 $\lg C_T$ 与时间 T 成直线关系,斜率为 $-K_e/2.303$,截距为 $\lg C_0$,如图 3-4C。一种药物(毒物)通过静脉进入机体后,在不同时间点取血并测定该物质的浓度,做浓度对数—时间图,可以根据回归直线的截距 a 和斜率 b 求出 C_0 和 K_e 两个参数。

$$C_0=\lg^{-1}a \tag{7}$$

$$K_e=-2.303b \tag{8}$$

由 C_0 和 K_e 两个参数,可以推导出 V_d 和 $T_{1/2}$ 两个重要参数。

1) 表观分布容积(V_d):它表示理论上药物(毒物)在机体内的分布体积。

$$V_d=\frac{X_0}{C_0} \tag{9}$$

X_0为用药量，单位为 mg/kg，C_0的单位为 mg/L，V_d的单位为 L/kg，乘以体重(kg)后单位变为 L。可见 V_d是一个推导出来的理论数字，并非药物(毒物)真正占有的生理容积，但可大致估计药物(毒物)在体内分布范围的宽窄。V_d的大小受药物(毒物)脂溶性、血浆蛋白结合率、组织蓄积等因素的影响，不同药物(毒物)的 V_d不同，但对某个药物(毒物)来说，其 V_d是基本恒定的，因此它是描述药物(毒物)在体内分布特征的指标。

知识拓展　　表观分布容积与药物分布

一个 70 kg 体重的人，当药物 V_d小于 5L 时，表明药物仅分布于血液；V_d为 10～20L 时，表明药物分布到细胞外液；当于 V_d为 25～30L 时，表明药物分布到细胞内液；V_d超过 70L 时，表明药物在体内有蓄积，例如，氯丙嗪的 V_d高达 200 L，其脂溶性高，蓄积于脂肪中，停药 6 周在尿中仍可检出。

2）消除半衰期($T_{1/2}$)：消除半衰期指血液中药物(毒物)浓度下降一半所需的时间。

$$T_{1/2}=\frac{0.693}{K_e} \tag{10}$$

它与 K_e成反比，由于一级消除的药物(毒物)K_e是恒定的，因此其 $T_{1/2}$也是恒定的。它表示药物(毒物)消除速度的参数，药物(毒物)消除只与 $T_{1/2}$有关，$T_{1/2}$短，则药物(毒物)消除快，见表 3-4。消除速率常数(K_e)是 $T_{1/2}$的另一种表达形式，它也表示药物(毒物)消除速度的快慢，其单位为 h^{-1}，K_e值大，说明消除速率快。

表 3-4　一级速率消除与体内累积量

半衰期个数	体内残留药量(%)	被消除药量(%)	多次用药累积量(%)
1	50.00	50.00	50.00
2	25.00	75.00	75.00
3	12.50	87.50	87.50
4	6.25	93.50	93.50
5	3.12	96.88	96.88
6	1.56	98.44	98.44
7	0.78	99.22	99.22

3）血浆清除率(CL)：血浆清除率指在单位时间内，机体能清除多少表观分布容积的药物(毒物)。

$$CL=V_dK_e \tag{11}$$

其单位为 L/h 或 L/(h·kg)。由于 V_d和 K_e都是定值，因此 CL 也是定值，它是机体清除药物(毒物)速率的另一种表达方式。根据清除途径不同，可分为肾清除率、肝清除率等，总清除率等于各种清除率的总和。

[例 3-1]　某人被静脉注射氯霉素 500mg，得血浆药物浓度-时间数据如表 3-5，分析氯霉素动力学参数。

表 3-5　直线回归法求一室模型动力学参数

用药后时间(T)	0.5	1	2	4	6	8	12
血药浓度(C)	10.3	8.9	6.6	3.8	2.0	1.1	0.33
lg$C$	1.013	0.949	0.819	0.580	0.301	0.0414	−0.481

A. 初步判断模型：做浓度对数-时间图，如果各点连成直线，可按一室模型分析(图 3-4C)。

B. 直线回归:以 $\lg C$ 对 T 做直线回归,得回归方程

$$y=1.0825-0.130x\ ,\ (r=-0.9999)$$

C. 各动力学参数为:

$$K_e=(-2.303)\times(-0.130)=0.299\ (\mathrm{h^{-1}})$$

$$C_0=\lg^{-1}1.0825=12.09\ (\mathrm{mg/L})$$

$$T_{1/2}=0.693/0.299=2.32\ (\mathrm{h})$$

$$V_d=500/12.09=41.36\ (\mathrm{L})$$

4) 稳态浓度(C_{ss}):药物(毒物)等量、等间隔进入血液循环,其血浆浓度不断上升,当药物(毒物)的进入量与清除量达到动态平衡时,其浓度在某一范围内波动,又称为坪浓度(见图 3-5)。恒速静脉输注可看做一种间隔最小的多次等量、等间隔给药。

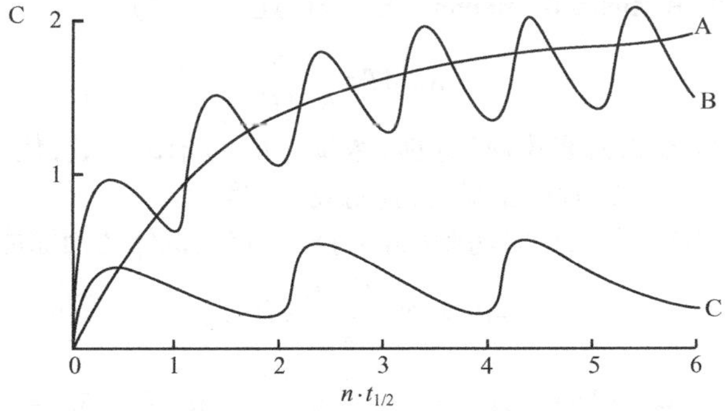

图 3-5　连续等间隔给药的时间—浓度曲线

A. 静脉滴注;B. 每个半衰期肌内注射一个剂量;C. 每 2 个半衰期肌内注射 1/2 剂量

从表 3-4 可以看出,4 个 $T_{1/2}$可达 C_{SS}的 93.5%,7 个 $T_{1/2}$达 C_{SS}的 99.22%,可见达到 C_{SS}的时间只与 $T_{1/2}$有关,其实无论用药剂量大小、用药间隔长短,6.64 个 $T_{1/2}$就基本达到稳态(99% C_{SS})。给药间隔越短,C_{ss}波动越小,如恒速静脉输注的 C_{ss}波动最小。每次给药剂量越大,C_{ss}值越高(图 3-5)。

总之,在描述药物(毒物)的消除动力特征时,以其血浆浓度的对数值与时间作图(时—量曲线),如能符合一条直线,则该药物(毒物)符合一室模型一级速率。大多数药物(毒物)在体内的过程属一级速率过程,如通过被动转运机制经呼吸道、皮肤和消化道吸收,细胞内外液的转移,肾小球过滤,以及低浓度下经酶催化的生物转运过程等。

(2) 零级消除:药物(毒物)以恒定的速率消除,与其体内浓度无关,又称恒量消除。通常写成消除速率与浓度的零次方成正比,以区别一级消除(图 3-6)。

$$-\mathrm{d}C/\mathrm{d}T=KC^0-K\quad (K\text{ 为常数})\tag{12}$$

积分得:$C_T=C_0-KT$

可见浓度 C_T与时间 T 成直线关系,斜率为$-K$,截距为 C_0(图 3-6A)。

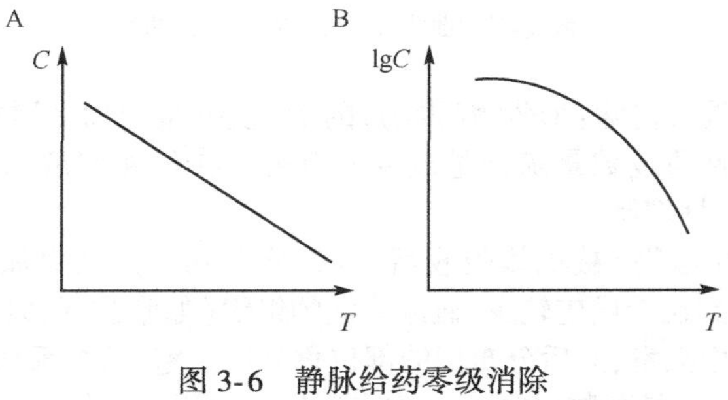

图 3-6　静脉给药零级消除

A. 浓度-时间曲线;B. 对数浓度-时间曲线

零级消除时，单位时间内机体消除药物（毒物）的量或浓度为一定值，以非对数浓度与时间作图为一直线。这种消除很少见，多为体内药物（毒物）的量远超过酶或其消除机制的限量，而且消除能力远小于一级消除。如乙醇过量时，既以零级消除。

零级消除动力学有下列特征：①血浆浓度的时—量（非对数）曲线为一直线。②药物（毒物）在任何时间的清除速率是一常数，为恒量衰减。③药物（毒物）的半衰期随初始浓度或剂量增加而增加。

（3）混合消除：当药物（毒物）进入过多时，它在体内的转运或转化过程可表现为一级和零级混合的速率过程，即在低浓度时服从一级动力学，高浓度时服从零级动力学。后者可能因为药物（毒物）的量超过了机体对其消除的极限，参与此过程的酶或载体系统达到饱和，导致消除速率减慢，如果此时药物（毒物）还在进入机体，其体内药物（毒物）的总量将随剂量增加而不成比例地急剧增加，导致毒性效应的急剧增强。具有这种性质的动力学过程，亦称为非线性动力学或饱和消除动力学，可用 Michaelis-Menten 公式来描述（图 3-7）。

$$-dC/dT=\frac{V_{max}C}{K_m+C} \tag{13}$$

V_{max}为最大消除速率，C为血浆药物（毒物）浓度。K_m为米氏常数，代表消除能力，数值等于达到最大消除速率一半（$V_{max}/2$）时的血浆药物（毒物）浓度。

1）当$K_m \gg C$时，C忽略不计，此时药物（毒物）没有超过机体的消除能力，根据式（13）得：

$$-dC/dT=\frac{V_{max}C}{K_m}=K_eC \tag{14}$$

由于K_m和V_{max}都为常数，故$\frac{V_{max}}{K_m}$也是常数，可看做是一个常数K_e，故方程此时变为一级消除。

2）当$K_m \ll C$时，K_m忽略不计，此时药物（毒物）超过机体的消除能力，根据式（15）得：

$$-dC/dT=\frac{V_{max}C}{C}=V_{max}=K \tag{15}$$

V_{max}为常数，故方程此时变为零级消除。V_{max}是相对于机体转化、转运能力的最大速度，但并不随体内药物（毒物）量的增加而增大，故清除能力有限。其$T_{1/2}$也是变化的，应以K_m和V_{max}描述其消除特征。

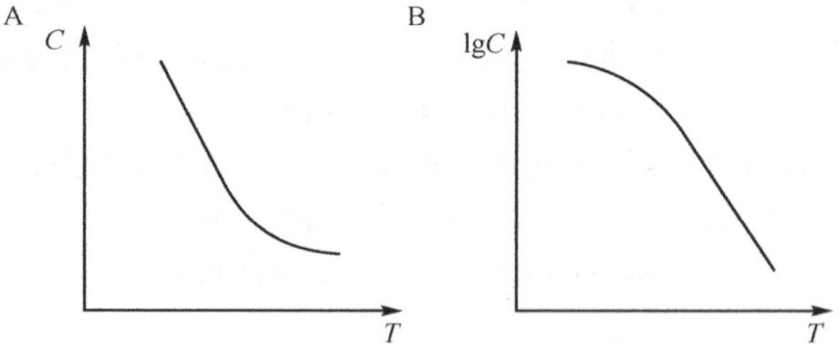

图 3-7　静脉给药混合消除

A. 浓度-时间曲线；B. 对数浓度-时间曲线

下列情况提示存在混合消除：①药物（毒物）的$T_{1/2}$随剂量增加而增加。②AUC 与剂量不成正比关系。③排泄物的性质或数量随剂量改变而改变。④经相同的酶转化或转运的药物（毒物）在消除上可发生竞争性抑制。

2. 二室模型　药物（毒物）被机体吸收后，首先分布到全血及血流丰富的器官（如肾、脑、心、肝、肺），然后再分布到血量供应较少、血流缓慢的组织（如脂肪、肌肉、皮肤、骨骼等），因此将首先分布到的部位称为中央室，然后分布到的部位称为周边室，其关系如图 3-8。中央室和周边室之间的转运是可逆的，K_{12}是药物（毒物）从中央室转运至周边室的一级速率常数，K_{21}是其从周边室转移至中央室的一级速率常数，K_{10}是从中央室消除的速率常数。

药物(毒物)经静脉途径进入机体且符合一级消除,其时-量曲线在前段下降迅速,主要反映了药物(毒物)从中央室向周边室的分布过程,以及同时存在的消除过程,此段称为分布相(α相);后段曲线下降趋缓,反映了药物(毒物)的消除过程,此段称为消除相(β相)。

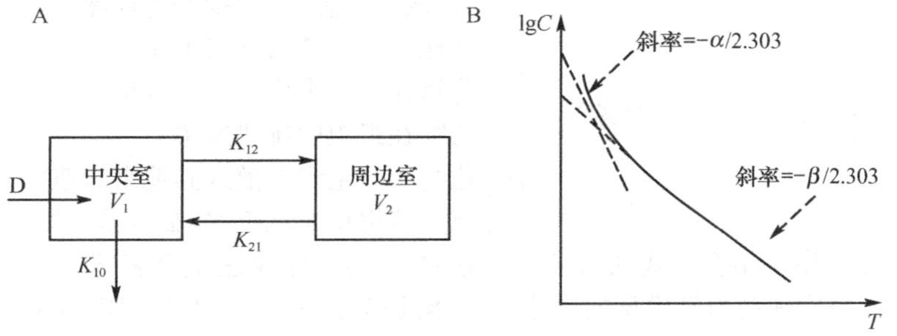

图 3-8 静脉给药二室模型

A. 为模型图;B. 时-量(对数)曲线

(二) 生理动力学模型(Physiologically Based Toxicokinetics, PBTK)

1. 基本概念 经典动力学模型虽已广泛使用,但存在一些缺陷:①模型的基本单位"房室"仅是一个数学上的抽象概念,缺乏实际的解剖学、生理学意义。②所得资料不能在不同种属之间套用,如动物实验资料不能推及人。

生理动力学模型是将药物(毒物)的体内过程,同一些生理、生化参数之间建立数学联系,克服了经典房室模型仅是数学概念的缺点。生理动力学模型亦由"房室"组成,但这些"房室"分别代表着与药物(毒物)在体内分布有关的脏器、组织或体液,它们之间又相互联系,故称之为"生理室",如图 3-9。

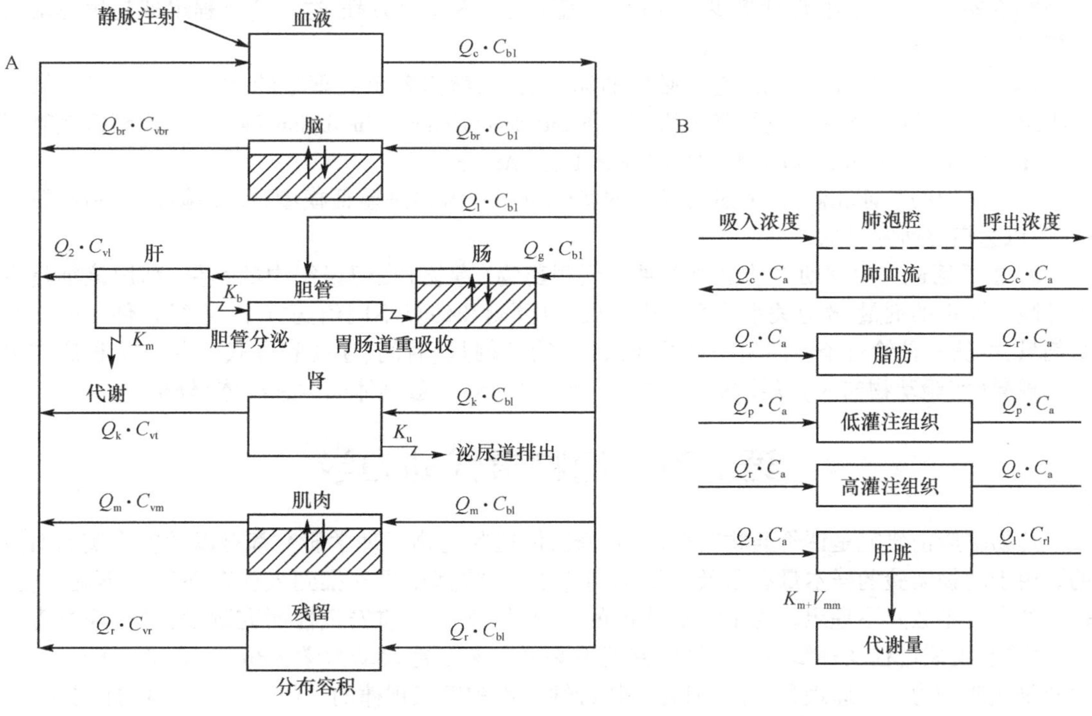

图 3-9 静脉注射苯巴比妥(A)和吸入苯(B)的生理模型

A:bl=血液,br=脑,l=肝,g=胃肠道,k=肾,m=肌肉,r=残留量;

B:a=肺泡腔,f=脂肪,p=低灌注组织,r=高灌注组织, l=肝脏;Q 为血流速率

药物(毒物)经过血流的传送,透过生物膜进入相应的生理室,在透过生物膜时受到血流灌注速率和生物膜通透性的影响,在室内物质可能发生损耗(转化或排泄),这样根据药物(毒物)进出各室以及损耗的平衡关系,其在某一组织累积速率应有下列等式:

$$\text{药物在某一组织累积速率}=\begin{cases}(\text{进入该组织血流速率}\times\text{血药浓度})\\+(\text{其他组织扩散入该组织速率})\\-(\text{药物在组织中生物转化速率}\\-(\text{药物在组织中排泄速率})\\-(\text{药物由该组织扩散入其他组织速率})\\-(\text{流出该组织血流速率}\times\text{血药浓度})\end{cases}$$

药物(毒物)进出各室均结合上式列出一个微分方程,有若干生理室就有若干微分方程,所形成的微分方程组即是生理动力学模型的表达方式,解微分方程组得出各组织、器官药物(毒物)的浓度—时间关系。采用这种生理、生化相关的动力学模型,可基本阐述药物(毒物)在体内动态增加或减少的真实情况。

2. PBTK 模型的建立过程

(1) 设计血流图:先根据生理学和解剖学的知识,设计联络各器官(房室)的生理模型血流图(如图 3-9)。设计应突出重点,尽量满足研究目的和要求,其他方面尽量简化。

(2) 参数资料的收集:通常必需下列资料:①解剖学方面(如器官的容积及组织的大小等)。②生理学方面(如血流速率和酶反应速率等)。③热力学方面(如化学物与蛋白质结合的等温线等)。④转运和转化(如膜的通透性,化学物的转运机理以及生物转化等)。⑤化学物的理化性质(如亲脂性、电离性、分配系数等)。多数资料可从文献查得,但部分还需要通过实验得到。

(3) 建立平衡方程式:每一不同的器官(房室)必须分别写出各自的 3 亚室(血管腔、细胞间隙、细胞内)物质平衡方式。根据质量平衡原则,对每一生理室可以列出一个微分方程描述药物(毒物)在室内动态变化,设计多少个生理室,就可写出多少个方程,这一套方程组即是生理动力学模型的表达方式。

(4) 动物实验和方程求解:进行必要的动物实验,解由各个生理室的微分方程构成的微分方程组,可用计算机软件如连续模拟语言(advanced continuous simulation Language)、模拟控制程序(simulation control program)、MATLAB、Excel 及 SAS 等。

(5) 模型的验证和修订:通过对模型的实际应用和考察来验证模型,反复验证,不断修订和完善,以达最终研究目的。

3. 主要用途 生理动力学模型主要是预测药物(毒物)在靶组织中的剂量,利用该剂量可为危险性评定的剂量-效应关系研究提供基础,可预测和估算不同给药方案、途径条件下的靶组织剂量,可从一种给药条件向另一种给药条件(给药剂量、时间、途径和方式)、从一个种属向另一个种属(实验动物向人)以及从一个群体向另一群体(一般群体向敏感群体)外推。

第 7 节 药物毒代动力学

药物临床前研究是评价药物安全性的基础,但这些药物毒理学研究都是以动物为实验对象的。由于动物实验的样本量有限及种属不同等因素,将其结果外推到人就存在很多不确定性,得出的安全系数并不理想。为了增加外推的可靠性,在临床前安全性研究阶段,进行药物毒性发生机理、发展过程及种属间的差异研究就很必要。药物毒代动力学(drug toxicokinetics)是应用药物代谢动力学的原理和方法,研究药物毒性发生和发展规律的一门科学。其目的在于:

(1) 描述动物发生的药物毒性反应与毒性剂量间的量效关系和时效关系。

(2) 了解药物大剂量与吸收率之间的关系。

(3) 确定药物在体内的蓄积部位与程度,预测药物毒性作用的靶器官(组织),并解释中毒机制。

(4)明确重复给药对动力学的影响。

(5)明确是药物本身还是其代谢产物引起的毒性反应。

(6)探索毒性反应种属间的差异,明确动物毒性剂量与推荐临床用量间的关系。

药物毒代动力学研究不同于药物代谢动力学研究,前者是在毒性实验条件下进行的研究,用于解释毒性机制,而不是描述药物基本代谢的动力学特征;后者是在治疗量下研究药物体内过程的规律。但是两者又互相联系,它们的分析方法相同,已获得的药物代谢动力学数据可为药物毒代动力学研究提供参考。

Summary

Toxicokinetics is essentially to study how a substance gets into the body and what happen to it in the body. Four processes are involved in toxicokinetics. Absorption is about the substance entering the body. Distribution is about the substance moving from the site of entry to other areas of the body. Biotransformation (metabolism) is bout the body changing the substance into new chemicals (metabolites). Excretion is about the substance or its metabolites leaving the body. These four processes are called ADME progress.

Drug toxicokinetics is to probe the cause and development of the drug toxic effect in animals under toxic doses. It may provide information useful in interpretation of the toxicity observed in a given species and also illustrates how intrinsic interspecies differences of toxic effect, which help to extrapolate the toxicity data from animals to human in drug risk assessment.

思 考 题

1. 从跨膜扩散的角度谈弱酸性药物中毒的解救。
2. 药物(毒物)与血浆蛋白结合有哪些特点?
3. 什么是药物代谢的一相反应和二相反应?
4. 影响生物转化的因素有哪些?
5. 什么是混合消除?它有何特点?
6. 比较说明生理动力学模型和经典动力学模型。
7. 谈谈药物毒代动力学与药物代谢动力学的不同与联系。

(刘晓平)

第2篇　药物靶器官毒性及其他毒性

第4章　药物对肝脏的毒性作用

教学要求

1. 掌握药物引起肝脏毒性作用的类型和机制
2. 掌握常见的引起肝损伤药物的毒作用机制及解救
3. 熟悉肝损伤的检测与评价方法
4. 了解药物对肝脏损伤的生理学与形态学基础

肝脏是人体的主要代谢器官,主要负责处置包括药物在内的外源性化学物质。肝脏的生理状态和代谢功能可直接影响药物的代谢过程,而药物在肝脏内的代谢转化也可能损害肝功能。肝脏是机体最易受药物损伤的器官之一。

第1节　药物致肝脏损伤的生理学与形态学基础

一、药物致肝脏损伤的生理学功能

肝脏在循环系统中的独特的位置决定了它具有重要的生理功能。肝脏具有肝动脉和门静脉双重血液供应,来自胃肠道和腹腔的血液首先经过肝脏的过滤作用然后进入体循环。外源性物质不论是通过胃肠道吸收,经门静脉进入肝脏还是通过体循环,都可以在肝脏摄取或转化。肝脏是遭遇所摄入营养素、维生素、药物、环境毒物等的第一个器官,因而最易直接受到药物等的损害。

肝脏具有巨大的代谢能力,它能够代谢多种外源性化合物,大多数药物经过代谢灭活作用增加极性,但也有少数药物经过代谢形成毒性产物,也就是说代谢并不总是解毒,也可使肝脏成为毒作用的靶器官。如解热抗炎药物对乙酰氨基酚,可在体内经过肝脏微粒体 P-450 生物转化。

二、药物致肝脏损伤的形态学基础

肝脏的基本组织结构按其功能提出两种概念:小叶(lobule)和腺泡(acinus)。经典的观点认为,六边形或六角棱柱形的肝小叶是肝脏的基本结构单位,小叶由围绕着终末肝静脉(中央静脉)放射状分布的肝细胞索组成,小叶的边角是含有门静脉和肝动脉分支(小叶间动静脉)以及小胆管(小叶间胆管)的汇管区,由门静脉和肝动脉进入汇管区的血液混合后进入窦状隙,沿着肝细胞索渗透过滤,最终汇入终末肝静脉,经肝静脉出肝。肝小叶分为三个区带:小叶中心带、中间带和外周带,如图 4-1。进入肝脏的毒物由小叶外周流向中央区,故首先接触到毒物的是外

周带的肝细胞,而缺氧时则对中央静脉附近的肝细胞影响最大。进入肝脏的毒物或经肝细胞代谢的产物可通过血液循环经肾脏排泄,或随胆汁直接流入肠道而排出体外。有些毒物或代谢产物进入肠道后又可被肠壁重吸收,经门静脉返回肝脏,形成肠肝循环。

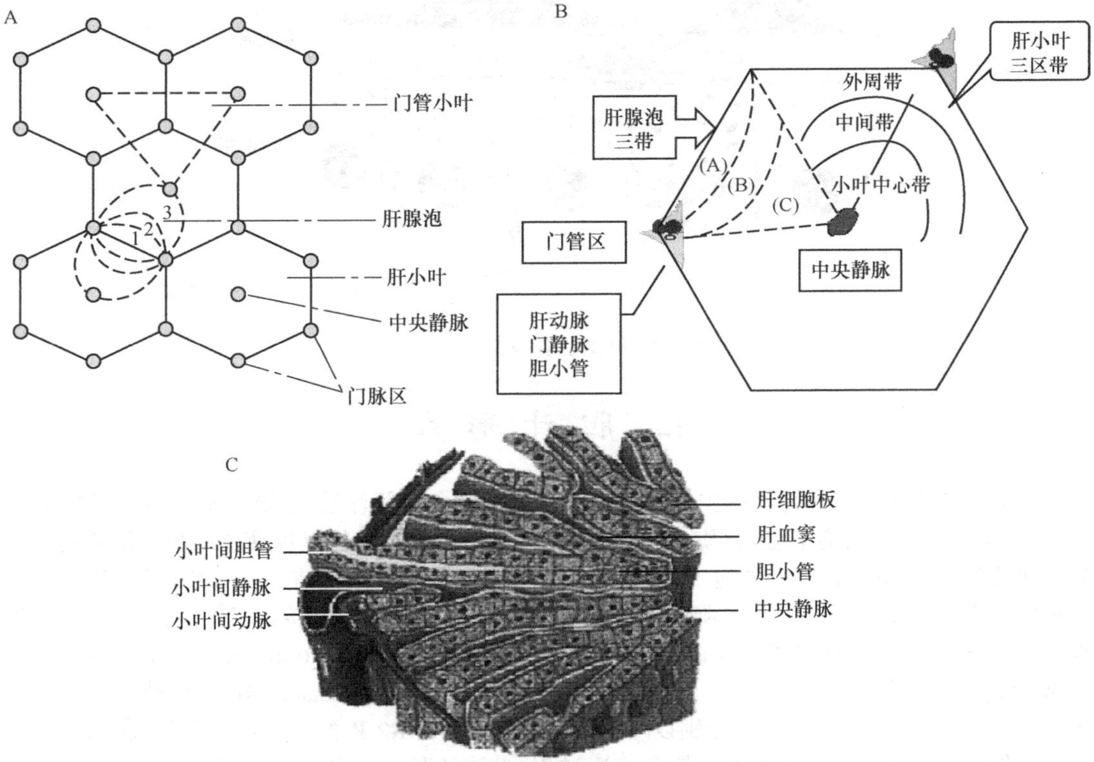

图 4-1　肝小叶与肝腺泡结构示意图

A. 带 1;B. 带 2;C. 带 3

肝腺泡是一个功能肝单位的概念,肝腺泡的基础是由来自汇管区延伸出来的门静脉和肝动脉的终末分支形成,分为三个带,如图 4-1:带 1 最接近血液的入口处,带 3 紧邻终末肝静脉,带 2 居二者之间。这种分带主要依据肝细胞的供血(氧)及细胞内容物的浓度梯度。进入腺泡的血液由含氧量较低的门静脉血(占肝总血流的 60% ~70%)和富氧的肝动脉血(30% ~40%)组成。在血液流经肝腺泡至终末肝静脉的过程中,氧迅速离开血液进入实质细胞以适应其高代谢的需要。在带 1,氧浓度约占 9% ~13%,而带 3 仅占 4% ~5%,带 3 的肝细胞接触的氧浓度明显低于带 1。另一个已经证实的腺泡梯度是胆汁酸梯度,生理浓度的胆汁酸在血液流经带 1 肝细胞时被有效地摄取,极少胆汁酸保留在流经带 3 肝细胞的血液中。沿着肝腺泡的肝细胞中蛋白质水平的不均一性反映了其代谢功能梯度,含有丰富线粒体的带 1 肝细胞在脂肪酸氧化、糖原合成、氨解毒形成尿素过程中占有显著优势。

人类肝中有几种类型肝细胞,如图 4-2。肝细胞(hepatocytes)又称实质细胞,约占人类肝脏总细胞的 80%,这类细胞形态较大,组成肝小叶的主要部分。这类细胞的数量占优势并具有对外来物质的代谢能力,成为毒性化学物质的主要靶点。肝血窦由内皮细胞衬覆,这类细胞小而量多,组成肝脏中剩余的大多数细胞。肝微血管也含有巨噬细胞,称做库普弗细胞(Kupffer cell),尽管其数量少,但在吞噬微小粒子和外来物中起重要作用,因此既是肝脏的一部分,也是免疫系统的一部分。它们可释放活性氧和细胞因子,在肝脏炎症反应中起重要作用。肝脏还含有 Ito 细胞(也称星形细胞),位于肝细胞和内皮细胞之间的狄氏腔中。这些细胞可能在胶原生成、维生素 A 储存和代谢中起重要作用。

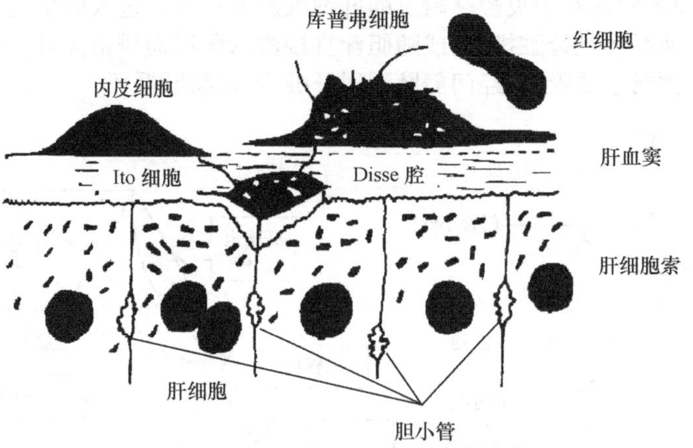

图 4-2 肝窦状隙及其周围细胞

三、胆 汁 形 成

肝脏也是胆汁代谢和转运的主要器官。胆汁是一种含有胆汁酸、谷胱甘肽(GSH)、磷脂、胆固醇、胆红素等有机阴离子、蛋白质、金属离子和其他外源化学物的黄色液体。胆汁形成是肝脏的特殊功能,胆汁形成过程中通过下列4种方式,使所含物质从血液进入相邻细胞腔形成胆汁。①液体和离子直接通过相邻肝细胞间隙扩散;②胆酸进入肝细胞内转运;③白三烯代谢物、磷脂、雌激素和许多药物通过若干蛋白,如多重有机阴离子转运体(multiple organic anion transporter,MOAT)进入肝细胞内与GSH结合或与多重耐药(muiti-drug resistant,MDR)P-糖蛋白结合后在胞内转运,如多柔比星和磷脂分别以MDR1-P糖蛋白、MDR2-P糖蛋白作为载体;④清蛋白通过胞饮和胞内转运作用。胆汁形成是个快速过程,上述4种方式的任何一种被药物干预,均可导致胆汁淤积或其他相关肝脏疾病发生,如图4-3。

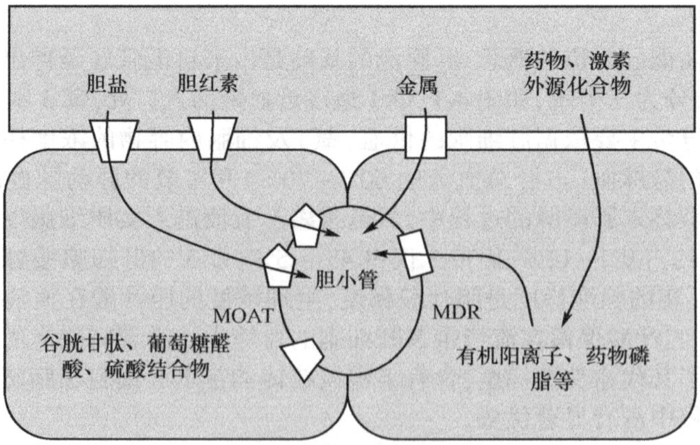

图 4-3 胆汁的形成

MOCT:多重有机阳离子转运体;MDR:多药耐药相关糖蛋白

上述在相邻细胞腔形成的胆汁,需要小管周细胞骨架ATP依赖性收缩而进入更大的胆管。该过程被药物,尤其是具有细胞毒药物或活性代谢物损伤,胆汁不能从其形成的细胞间隙畅通地汇入胆管,同样可以造成肝脏损伤。极少数毒物可通过胆道吸收,据称,甲基汞在胆囊里广泛的吸收是其半衰期长以及毒性的原因。

第2节 肝损伤类型

药物对肝脏损伤的类型各不相同,取决于所有药物性质、剂量、持续时间。损害的类型或表现的症状也与肝脏不同部位的易感性有关。某些类型是药物急性毒性的结果,如较高剂量对乙酰氨基酚引起的肝坏死,而其他类型仅出现在长期用药时,如氯丙嗪引起的胆汁淤积。常见的肝损伤有以下几类。

一、肝细胞蜕变或死亡

许多肝脏毒物可直接损伤肝细胞,导致细胞蜕变或死亡。肝脏细胞死亡的模式有两种,即坏死和凋亡。坏死的形成标志是细胞大块肿胀、渗漏,核染色质蜕变裂解、线粒体极端肿胀、质膜碎裂及细胞碎片形成,坏死局部炎症细胞浸润。而凋亡(程序性死亡)是机体用于清除不再需要或不再有正常功能细胞的正常生理过程。此时细胞通过内切酶活化、DNA 毁损而“自杀”。凋亡细胞在形成上与坏死细胞区别很大,通常保持质膜的完整性和收缩,产生细胞质浓缩和核染色密集,出现凋亡小体,但局部不形成炎症,不呈现炎症细胞浸润现象。肝细胞坏死时,由于质膜破损而使一些肝细胞内的酶逸出至细胞外,如乳酸脱氢酶(LTH)、转氨酶(丙氨酸氨基转移酶 ALT、天冬氨酸基转移酶 AST),在血清中浓度骤然升高,通过测定血清酶水平可了解药物对肝脏的损伤。

案例 4-1

患者,女性,66 岁,于入院前 3 个月因腰椎间盘突出症服中药治疗,逐渐出现食欲差、乏力、尿黄症状,来我院就诊。肝功检查:AST 1003U/L(8～40U/L),ALT 1301U/ L(1～31U/L),总胆红素 46.16μmol/L (3.42～20.52umol/L),直接胆红素 35.91μmol/L(0～6.84μmol/L),间接胆红素 10.26μmol/L,碱性磷酸酶 220 U/L,γ-谷氨酰转肽酶 400U/L;肝炎病毒学检测均为阴性。

问题:

1. 患者是什么原因引起的肝功能损害?
2. 此案例给我们的提示有哪些?

肝细胞坏死可呈病灶状、带状、全小叶弥漫状,如图 4-4。病灶细胞死亡可见单个或小簇随机散在细胞坏死。带状坏死指死亡细胞主要处于区域 1(门管周围)或区域 3(小叶中央)。许多药物可引起区域 3 细胞坏死,极少有药物特异性损伤区域 1 或区域 2。特定药物损伤区域定位信息有助于确定某种肝损伤敏感生化指标。如体内氨基比林细胞色素 P-450-依赖性代谢在区域 3 损伤后会降低,而在区域 1 损伤时则不会明显影响其代谢。

肝毒性药物引起细胞坏死可出现在肝脏不同的区域,分布广泛或大块出现。许多药物对肝脏的毒性仅引起某个区域坏死,即坏死仅局限在肝组织的特定区域。对乙酰氨基酚引起肝坏死,仅特征性地损害区域 3,该特定区域发生损害与药物代谢产物本身和毒性机制及代谢酶分布密切相关。一种药物对肝脏区域坏死作用也可由于使用另一种药物而改变,如通常造成小鼠区域 2 或 3 肝坏死的可卡因,在用苯巴比妥预处理动物后,则可引起区域 1 坏死。

有些药物引起的细胞坏死可遍布于整个肝脏,而不是局限在某个区域。坏死的范围变异很大,当肝细胞基本被累及时就出现片状坏死,如哌甲酯引起的广泛性肝坏死。这与病毒性肝炎和某些特异质肝损伤引起的广泛性肝坏死相似。由于肝细胞本身具有很强的再生能力,它经得起中等程度的片状坏死。若干天后坏死细胞可被清除,代之以再生细胞,重建其结构和功能。但如果损害的细胞过多,肝脏重建能力难以达到修复,则可造成肝细胞衰竭和死亡。

药物影响肝细胞内的细胞器和结构各不相同,主要的靶点可有以下几种:

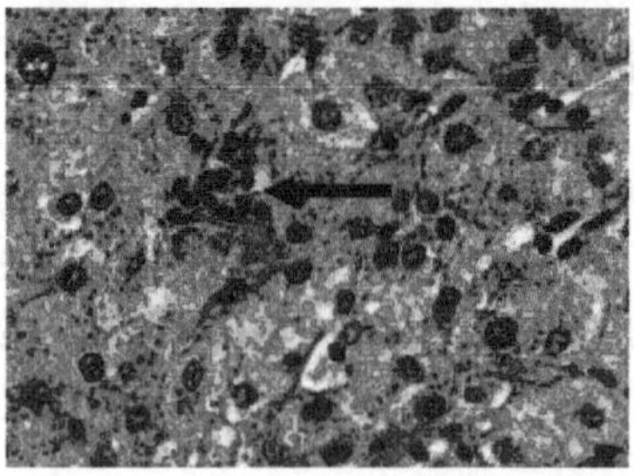

肝细胞广泛变性，箭头处可见“点状坏死”

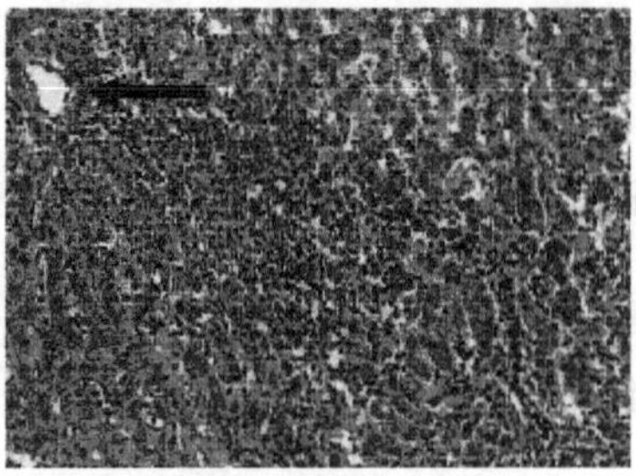

箭头为中央静脉，自左上至右下
可见“桥接坏死”

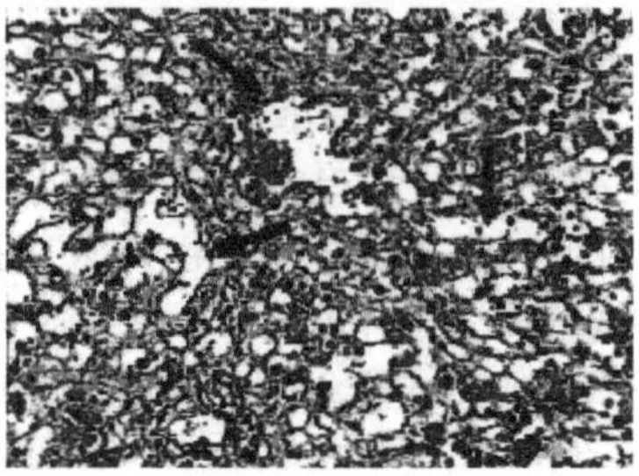

肝细胞“大片状坏死”
箭头示肝窦扩张，库普弗细胞增生活跃

图 4-4 肝细胞坏死

1. 线粒体 这些细胞器对能量代谢和 ATP 合成很重要，它们也能聚集和释放钙，细胞钙内环境稳定在细胞生命活动中起着重要作用。线粒体损伤后，失去调节水盐平衡能力，镜下可见水肿，线粒体膜扭曲并破裂，线粒体密度改变。可引起肝细胞线粒体损伤的药物（毒物）有核苷类似物、可卡因，四氯化碳等。

2. 质膜 围绕肝细胞，在维持细胞浆和外环境间离子平衡起重要作用。这种离子平衡可由于质膜离子泵损害、膜紧密连接丢失造成离子随浓度差进出细胞而受干扰。离子失控引起水进入细胞，造成细胞肿胀。质膜起泡也是对药物毒性的反应。可引起质膜损伤的药物（毒物）有对乙酰氨基酚、乙醇等。

3. 内质网 肝细胞内质网与蛋白和磷脂合成有关。它是药物生物转化的关键部位，并与线粒体一起分离释放钙离子促进钙的内环境平衡。在与各种药物接触中，位于内质网细胞色素 P-450 等酶，在药物诱导过程中表达增加。因为细胞内许多药物氧化代谢位于内质网中，也是形成药物活性代谢物的场所，这使其成为活化代谢药物毒性作用靶点，内质网损伤常出现形态膨胀。可引起内质网损伤的药物（毒物）有对乙酰氨基酚、可卡因、四氯化碳等。

4. 细胞核 药物损害细胞核的方式有多种。一些药物或活性代谢物能与细胞结合并产生诱变。诱变作用改变细胞核的关键功能而使细胞死亡，或使细胞癌变引起肿瘤。有些药物引起细胞核内消化染色质的核酸内切酶活化，导致细胞 DNA 消化失控而影响正常细胞功能。有些药物引起核内染色质错排，出现核膜、染色质结构、核仁排列改变等核形态损伤。可引起肝细胞核改变的药物（毒物）有肿瘤化疗药物抗代谢药、烷化剂、黄曲霉素 B、半乳糖胺、亚硝胺等。

5. 溶酶体 含有消化酶系（如蛋白水解酶），在异常损伤和衰老细胞中是很重要的组分。肝细胞被药物损伤后，溶酶体数量和体积常会增加。这些亚细胞结构并非药物的直接作用靶点，仅反映细胞对药物引起损害物质清除的水平增高。

药物对肝脏细胞毒性并不都会导致细胞死亡。细胞对药物刺激反应在形态异常上的变化通常能恢复，包括细胞肿胀、内质网膨胀、线粒体和染色质浓缩、质膜起泡。但更严重的形态变化则提出细胞不可恢复而进入坏死过程。正常情况下肝脏几乎没有凋亡细胞，当遇到肝毒性物质的乙醇等时,凋亡细胞数量可增加。有的药物如苯巴比妥使肝脏过度生长或体积增大。停药后肝脏又可恢复正常大小。该期间可见凋亡细胞增加,说明肝脏在恢复期部分是通过排除自身细胞而恢复正常尺寸。

二、脂 肪 肝

许多药物可引起脂质在肝脏积聚,当脂质含量超过总重量5%时称为脂肪肝或脂肪变性。脂肪变性是短期用药后常见的反应,其发生部位与药物引起坏死时相似。脂质以空泡形式积聚在胞浆中,通常可呈大而清楚的一个空泡,称为大泡脂肪变性或呈许多小空泡,称为微泡脂肪变性,如图4-5 。这些脂肪变性类型都是在某些疾病或用药情况下,特殊的肝毒性特征。如微小泡脂肪变性与四环素、丙戊酸钠、水杨酸盐、治疗免疫缺陷病毒感染的抗病毒苷类似物有关。大泡脂肪变性则与乙醇等有关。

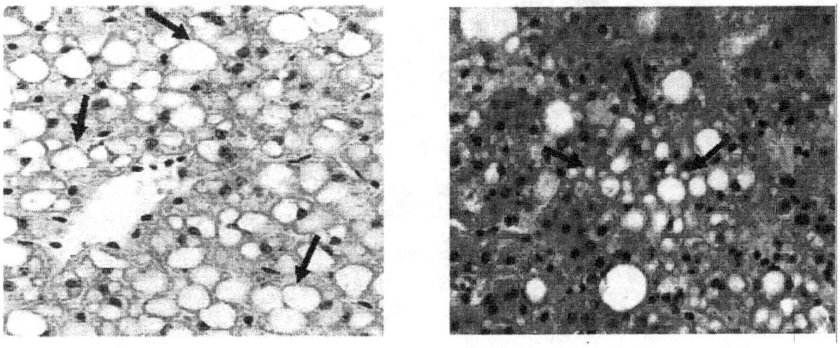

(左图箭头示大泡脂肪变性，右图箭头示微泡脂肪变性）

图4-5 肝脂肪变性

导致脂质在细胞中积聚的潜在化学作用有：

1. 脂蛋白合成抑制 一些药物可抑制肝脏中脂蛋白所需的蛋白合成,如嘌呤霉素。

2. 三酰甘油与脂蛋白结合降低 毒物四氯化碳具有这一作用。

3. 极低密度脂蛋白转运受干扰 如四环素可抑制极低密度脂蛋白转运出细胞,使其在胞内积聚。

4. 经由线粒体的脂质氧化损害 不饱和脂肪酯氧化是它们在肝细胞代谢的重要方式,氧化作用降低可导致其在细胞内积聚,毒物四氯化碳可抑制线粒体的脂质氧化过程。

5. 脂肪酯合成增加 肝脏可从乙酰辅酶A合成脂肪酸,脂肪酯合成增加可使细胞富含脂质,乙醇可引起该作用。

产生脂肪变性的原因往往多于上述一种。脂肪肝可单独产生,也可与肝细胞坏死共同出现,许多药物导致肝细胞损害由这两个原因引起。药源性脂肪变性在停药后可逆转,通常不会引起肝细胞坏死。

磷脂质病是脂肪变性的特殊形式,它由磷脂在肝细胞内积聚而成,可由一些药物引起,也可由磷脂代谢先天异常所致磷脂变性常可导致肝硬化。胺碘酮和对氯苯西胺等可引起肝细胞磷脂质病。

三、胆 汁 淤 积

胆汁淤积是由胆汁生成障碍和(或)胆汁流动障碍所造成的,如图4-6。许多药物可导致胆汁淤积,如阿米替林、氨苄西林、巴比妥类、卡马西平、氯丙嗪、丙咪嗪、西咪替丁、赛庚啶、依托红霉素、雌激素、氟哌啶醇、丙米嗪、甲基睾酮、苯妥英、甲苯磺丁脲、醋竹桃霉素、乙醇。导致胆汁流动异常的因素有若干种,其中许多是药源性胆汁淤积产生的基础。有些与收集并运送胆汁至胆囊的细胆管系统完整性有关,另一些则与胆汁形成和分泌异常有关。

有些胆汁淤积是由于各种严重的肝细胞损伤所致,正常的胆汁流动有赖于肝细胞的功能正常及肝脏细胞空间结构的正常。当肝脏受损时,可继发胆汁淤积。许多药物可引起原发性肝坏死并伴有少量胆汁淤积;有些药物可产生原发性胆汁淤积同时伴有肝坏死,如氯丙嗪、红霉素;还有一些药物引起胆汁淤积却几乎不伴有肝细胞损伤,如避孕药和同化激素。

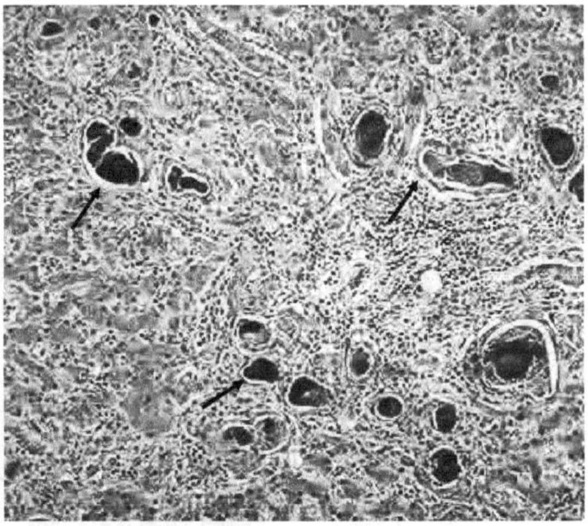

图 4-6 肝内胆汁淤积

四、血管损伤

血管内皮细胞损伤可导致血流受阻,继而引起组织缺氧。区带 3 的内皮细胞最易受损,因为在正常情况下,到达该区域细胞的血流氧分压也较低。细胞缺氧可引起坏死,长期持续损伤可产生纤维变性,严重情况下可出现致命的充血性肝硬化。茶叶中吡咯双烷类生物碱和口服避孕药及抗肿瘤药达卡巴嗪均会引起肝静脉闭塞等病变。

同化激素可引起紫癜肝,它是另一种血管损害,其特征为肝组织出现大而充满血液的空腔。紫癜肝的患者通常不出现临床症状,但这些空腔破裂可使血液进入腹腔。

五、肝硬化

在有害因素如药物或炎症反应反复刺激下纤维组织逐渐增多,肝脏难以修复损害的细胞,纤维组织形成独立的细胞墙。肝脏微循环变形引起细胞缺氧并重建,形成更多的纤维瘢痕组织。肝脏结构最终成为由纤维组织壁包绕互联的肝细胞结节。该病理过程称为肝硬化。肝硬化一旦发生便不可逆,血流通过肝脏因梗阻而造成门脉高压,继而从各种旁路绕道而减压,常可见旁路血管破裂造成内出血。肝脏将逐渐衰退直至衰竭。

长期饮酒以及服用含砷的药物和甲氨蝶呤可引起肝硬化。甲基多巴、呋喃妥因、异烟肼、双氯芬酸等可引起类病毒性肝炎特异质反应,这种情况称为慢性活动性肝炎,如果不及时停药,进一步发展也可导致肝硬化。

六、肿 瘤

亚硝酸盐、性激素、黄曲霉素、合成抗氧化剂、药酶诱导剂中苯巴比妥和具有遗传毒性的药物均有产生肝脏肿瘤的可能。其中一些药物对啮齿类动物具有致肿瘤作用,但在人类却很少见。

药物对肝脏损伤的类型和引起的药物总结于表4-1。

表4-1 肝脏损伤的类型和引起损伤的药物(毒物)

肝脏损伤类型	引起损伤的药物或毒物
肝细胞死亡	对乙酰氨基酚、异烟肼、氟烷
脂肪肝	四环素、水杨酸盐、丙戊酸、乙醇、CCl_4
胆汁淤积	氯丙嗪、环孢素A、雌激素、红霉素、乙醇、第一代头孢菌素
肝硬化	甲氨蝶呤、维生素A、乙醇、砷
血管损伤	口服避孕药、同化激素、吡咯双烷类生物碱
肿瘤	苯巴比妥、亚硝酸盐、黄曲霉素

第3节 肝损伤机制

药物可通过多种机制引起肝细胞蜕变和死亡。对有的药物肝脏毒性机制已很清楚。如半乳糖胺通过耗竭膜蛋白合成必要的三磷酸尿苷造成细胞死亡。但对大多数肝脏毒物,其引起肝细胞坏死的生化机制仍不清楚。通常有下列几种肝脏毒性机制:

一、自由基形成

四氯化碳(CCl_4)对肝脏毒性的机制研究得很深入,CCl_4 被 CYP 2E1 氧化成 CCl_3·自由基,CCl_3·自由基与细胞膜脂质共价结合,引起脂质过氧化,或可能同时与分子氧反应,形成活性更强的 CCl_3OO·自由基。3区的低氧浓度和 CYP 2E1 高活性有利于 CCl_3·自由基的形成,而1区的高氧浓度有利于 CCl_3OO·自由基的形成。在动物实验中观察到高压氧能减轻肝损害,可能是通过增加 CCl_3OO·自由基的行成,从而更快速解毒。

二、不可逆与大分子结合

如对乙酰氨基酚、可卡因。对乙酰氨基酚在高剂量时可引起小叶中央肝细胞坏死,CYP2E1将对乙酰氨基酚代谢活化为*N*-乙酰-对苯醌亚胺(NAPQI),在体内还原型谷胱甘肽(GSH)等保护因子含量充足的情况下,NAPQI与GSH结合而减毒,但在GSH被耗竭时NAPQI会与细胞内其他重要的生物大分子结合而导致肝损害。

三、破坏细胞骨架

鬼笔环肽及微囊藻素是肝血窦转运体的底物,可被血窦转运体大量转运于肝细胞中,通过影响在细胞骨架动力学中有重要作用的某些蛋白质,引起细胞骨架破坏。鬼笔环肽是由毒蕈产生的双环杆肽类抗肿瘤药,与微丝有强亲和作用,可稳定肌动蛋白纤维,抑制细胞骨架肌动蛋白丝在正常动力学重排过程中解聚,使细胞骨架网络明显改变,肌动蛋白网变硬,胆小管腔收缩性下降。微囊藻素是从蓝绿藻中分离出来的环肽毒素,是1型和2A型蛋白磷酸酶的强抑制剂,可导致细胞骨架蛋白超磷酸化,使微管肌动蛋白支架坍塌,肝细胞明显变形;同时胞质马达蛋白-动力蛋白超磷酸化使肝细胞的摄取和分泌功能降低。

四、线粒体损伤

用于治疗乙型肝炎和艾滋病感染的核苷类似物(齐夫多定、扎西他滨)和酒精滥用均可导致肝线粒体结构和功能改变,其基本作用机制为优先损伤线粒体DNA,而不是核DNA。当肝脏因线粒体功能严重缺陷,不能维持全身乳酸盐内平衡时易发生乳酸中毒,在不进行无氧酵解情况下甚至不能满足自身ATP需求,这是线粒体损伤最令人关注的问题。

五、胆汁淤积

在胆汁形成过程中,有六种致胆汁淤积的潜在机制。包括:①摄取抑制;②细胞骨架依赖性转胞吞作用降低;③分泌障碍(跨胆小管膜分泌障碍的原因既可能是转运体抑制,也可能是转运体脱离胆小管膜);④胆小管收缩性下降,使胆小管闭合能力下降,导致胆汁泄漏;⑤在胆小管腔与血液起封闭作用的细胞连接发生渗漏;⑥近胆小管区有毒物质高度蓄积所导致的有害作用,如图4-7。

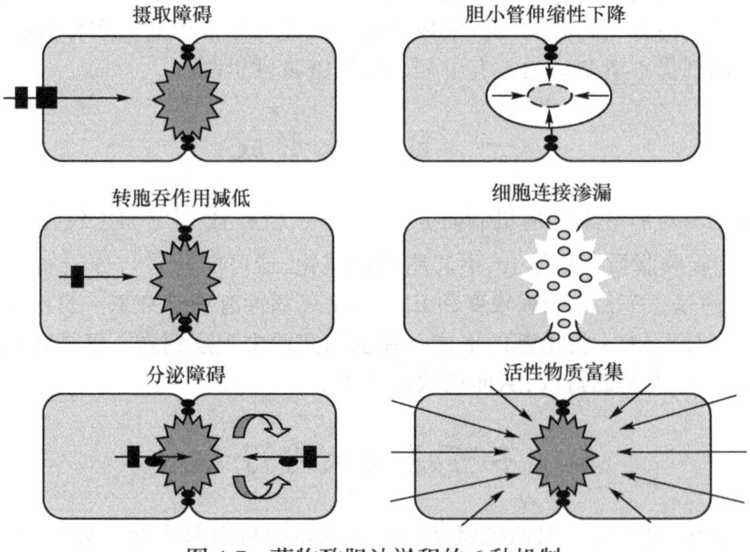

图4-7 药物致胆汁淤积的6种机制

六、免疫反应

这种肝毒性机制不多见,但很重要。这种情况很难预测,无量效关系,通常为特异质反应。最典型的例子是全身麻醉药氟烷。氟烷的活性代谢物可与蛋白结合,被结合蛋白在细胞表面表达后,被免疫系统识别为异物。然后机体免疫系统呈现细胞介导的反应,导致细胞破坏,如图4-8。该反应称为氟烷肝炎,发生率很低(约万分之一),但死亡率却有50%。类似的例子尚有二氯芬酸。

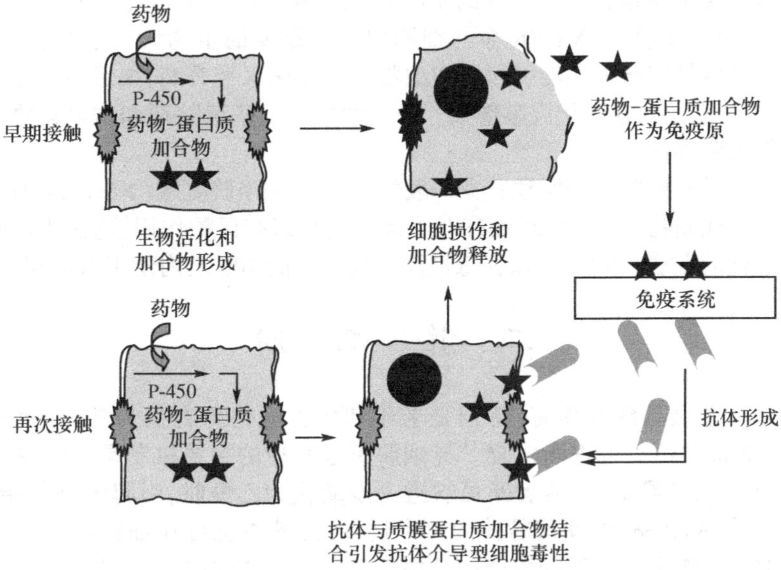

图4-8　氟烷引起的免疫介导型肝损伤

第4节　常见的引起急性肝损伤的药物

目前已确定具有肝毒性的药物数量超过1100种，除了各种化学药物以外，还包括植物药提取物、毒品（如可卡因、苯丙胺类），甚至近来发现一些传统药物中使用的赋形剂亦可导致肝毒性的发生。有些药物主要引起同一种肝脏疾病，如过量的对乙酰氨基酚导致急性肝细胞性肝炎，氯丙嗪导致过敏性胆汁淤积性肝炎。另外，还有些药物能够因人而异地引起多种类型的肝胆疾病，如卡马西平可以导致所有类型的急性肝炎、肉芽肿性肝炎的胆道炎。在众多药物中，以对乙酰氨基酚、异烟肼和氟烷三种药物引起的急性肝损伤最受重视，研究也最为充分。

一、对乙酰氨基酚

案例4-2

患者，男性，52岁，因自觉感冒服用对乙酰氨基酚（扑热息痛）每天4g口服治疗6天后（其间没有联用其他药物）出现恶心、呕吐、尿黄、轻微乏力。否认肝炎、结核、心脏病史。入院查肝功能发现GPT 2080.8mmol/L，GOT 1561.5mmol/L，TB 122.9mmol/L，DB 63.1μmol/L，TBA 201.6μmol/L，ALP 186.6U/L，GGTP 178.8U/L，LDH 516.4U/L。复查腹部B超，未见异常。多次查抗-HAV、HBsAg、抗-HCV、HCV-RNA、庚肝、戊肝抗体均阴性，排除了病毒性肝炎的可能，考虑口服“扑热息痛”引起的严重肝损害。经保肝对症治疗，症状渐缓解，肝功能恢复正常，痊愈出院。

问题：

1. “扑热息痛”引起肝功能损害的机制是什么？
2. “扑热息痛”引起肝功能损害的解救措施有哪些？
3. “扑热息痛”为非处方药物，所以服用它是非常安全的，这种观点是否正确？为什么？

对乙酰氨基酚是常用的解热镇痛药,但服用过量可致肝脏损害。一般认为,对乙酰氨基酚所引起的肝细胞毒性主要是因为在药物的生物转化过程中产生了毒性较大的自由基代谢产物*N*-乙酰对苯醌亚胺(NAPQI)。NAPQI 会与细胞内其他重要的生物大分子结合而导致肝损害。对乙酰氨基酚在体内外实验中均能引起肝细胞脂质过氧化水平升高,揭示在对乙酰氨基酚转化为 NAPQI 自由基的途径中有氧化应激现象。外源性的自由基清除剂和抗氧化物质能够抑制对乙酰氨基酚的肝细胞毒性。

对于解救过量对乙酰氨基酚所致肝炎一般使用*N*-乙酰半胱氨酸(NAC),其作用机制是中和已形成的有害活性代谢物,并且 NAC 治疗对母亲和胎儿都有保护作用,这是当前唯一比较成熟的治疗药物肝毒性的方法。NAC 应该在毒性反应发生后的 10h 之内使用以达到最佳保护效果。

二、异烟肼

抗结核药异烟肼会导致肝损害,特别是老年和快乙酰化患者更为常见,而在儿童和青少年中较少发生,通常停药后可逐渐恢复。异烟肼引起肝炎的主要机制是在肝中*N*-乙酰基转移酶的催化下代谢为乙酰异烟肼,后者又可被进一步氧化为乙酰肼,引起生物膜脂质过氧化,损害线粒体膜上 Ca^{2+}-ATP 酶,致使线粒体内 Ca^{2+} 过多;乙酰肼也可在细胞色素 P-450 酶催化下生成活性中间体(乙酰偶氮或其降解产物乙酰正离子和乙酰游离基),与肝细胞蛋白质、核酸等大分子共价结合,或者与谷胱甘肽结合而破坏肝细胞。异烟肼与利福平合用肝毒性显著增加,主要原因是利福平在肝中去乙酰化,为异烟肼的乙酰化提供乙酰基,加速异烟肼的代谢,同时利福平诱导肝药酶的活性,使异烟肼的代谢加快,从而加重肝脏的损害。

三、氟烷

氟烷性肝炎发生率虽然极低(1/6000~1/35000),但常为致命性暴发性肝坏死,其发生机制为氟烷代谢引起的免疫反应。氟烷在肝中主要通过细胞色素 P-4501E1 产生代谢物三氟乙酰氯化物(CF_3COCl),后者可与肝细胞内质网中含赖氨酸残基的 ε-氨基多肽结合形成新抗原,刺激机体产生相应抗体而导致肝脏损害。从氟烷性肝炎患者血清中分离的抗体可与多种肝内抗原发生反应,造成免疫性肝细胞损伤。用二硫砜可抑制氟烷代谢,提前使用可减少发生氟烷性肝炎的危险。

第 5 节 肝损伤的评价

一、体内评价试验

1. 血液学检测 血液检查能很好地了解肝脏损伤的性质和程度。有两种基本血液试验方法,一种是基于肝功能测定,可同时评价多种肝脏基本功能,如糖代谢、某种蛋白合成和胆汁分泌等。另一种是评价血中肝细胞内蛋白(如转氨酶,乳酸脱氢酶)水平是否异常升高,如在血中异常升高表示肝细胞本身被损害。

(1) 血清清蛋白:血清清蛋白在肝中合成后分泌入血。肝脏损伤后肝脏合成血清蛋白能力降低。

(2) 凝血酶原时间:肝脏也合成许多凝血因子,肝脏损伤使它们合成减少可导致凝血时间延长。与血清清蛋白相比,这项指标专一性相对差,因此是一项非特异性药源性肝损伤指标。

(3) 血清胆红素:肝脏能催化葡萄糖醛酸与血红蛋白分解产物胆红素结合,并分泌这种葡萄糖醛酸结合物进入胆汁。结合能力受损时,胆红素在血液中蓄积而出现黄疸。急性肝损伤、胆汁淤积性损伤或胆道梗死时,血清胆红素水平升高。该项指标并非特异性肝损伤指标,但通常作为一套试验评价指标。

（4）血清肝脏酶测定：细胞急性损伤后，常有细胞内酶和其他生物大分子逸出细胞进入血液。这些酶类在血中水平高于正常范围，往往是毒性的指标（见表 4-2）。

表 4-2　肝脏毒性的血清酶指标

酶	英文缩写	意义
丙氨酸氨基转移酶	ALT	主要存在于肝脏，升高主要反映肝细胞损伤
天冬氨酸氨基转移酶	AST	对肝脏特异性相对小，升高主要反映肝细胞损伤
碱性磷酸激酶	ALP	升高主要反映胆汁淤积等损伤
γ-谷氨酰转肽酶	γ-GT	升高主要反映胆汁淤积等损伤，肝损伤也升高
5′-核苷酸酶	5′ND	升高主要反映胆汁淤积等损伤
山梨醇脱氢酶	SDH	对肝脏具高度特异性，升高主要反映肝细胞损伤
鸟氨酸氨甲酰转移酶	OCT	对肝脏具高度特异性，升高主要反映肝细胞损伤

ALT、AST、ALP 和 γ-GT 在常规性肝功能评价中都要测定，以判断潜在的肝脏毒性。这些指标分别表示不同的操作意义。如使用对乙酰氨基酚可出现 ALT 和 AST 活性显著升高，但 ALP 活性却只有轻度增高。在酒精性肝脏疾病时，AST 活性通常高于 ALT，但在大多数其他肝细胞损伤时 ALT 活性却往往高于 AST。ALP 活性特异地反应胆汁淤积情况。血清 γ-GT 为一个极端灵敏的指标，饮酒后可有升高，但由于不是一个特异性指标，需要与其他试验结果一起评价。相比之下，OCT 和 SDH 对肝脏的专一性更强。

2. 肝脏排泄功能检测　最常用于检测肝损伤的方法有血清磺溴酞钠（BSP）排泄试验和靛青绿（ICG）试验。肝功能减退或衰竭时 BSP 和 ICG 从血中消失时间延长，通过测定血浆清除率可评价肝功能损伤的程度。不同试验动物 ICG 的生物半衰期（$t_{1/2}$）与每分钟清除量（%）不同（见表 4-3）。

表 4-3　不同试验动物 ICG 血浆清除率

动物	ICG 剂量（mg/kg）	$t_{1/2}$（min）	每分钟清除量（%）
大鼠	4	2.5	28
	8	4.0	17
	16	6.5	11
	32	8.5	8
	64	18.0	4
兔	8	1.5	46
	16	3.5	20
	32	7.0	10
犬	1	7.0	10
	2	17.0	4
	4	30.0	2

3. 肝脏化学组成改变的检测　最常用于评价肝损伤的肝脏化学组成成分有：

（1）脂质成分测定。

（2）葡萄糖-6-磷酸酶活性，此酶是肝脏的特异性酶，其活性与肝细胞内质网的完整性有关。

（3）肝纤维化测定，肝胶原蓄积是纤维化的基础，在胶原中羟脯氨酸含量高，所以羟脯氨酸含量是评价肝纤维化的生物学标志。

（4）脂质过氧化产物。

(5) 肝毒物及其代谢产物的形成与大分子共价结合。

4. 病理学检测 实验动物组织切片用光学或电子显微镜检查是最有价值的,可获得肝损伤区域和性质的直接资料。并可由此做初步机制判断,如出现脂肪肝可提示药物可能影响肝脏三酰甘油代谢和(或)脂蛋白分泌;小叶中央肝细胞坏死可能为细胞色素 P-450 生物转化药物所致,因为通常该酶主要活性存在于小叶中央细胞。线粒体形态改变作为早期毒性事件,可说明线粒体毒性是导致进一步细胞死亡的重要先兆。但形态学研究不能阐明一个药物对肝脏的毒性机制,必须通过其他方法加以论证。

二、体外评价试验

肝损伤的体外评价试验用于肝毒性筛选和机制研究。体外试验包括离体灌流肝试验、肝细胞毒性试验、原代肝细胞培养试验、肝匀浆试验以及肝切片孵育等。各种体外技术的优缺点见表 4-4。

表 4-4 肝脏毒性体外技术的优缺点

体外技术	优点	缺点
人 CYP 和 UGT 超微体	存在一个同工酶,不同的基因型,酶活性高	难以外推至人肝代谢和体内
人肝微粒体	可负担的个体、性别和种特异性生物转化研究	不适合定量的测量,只有 CYP 和 UGT
人肝细胞液	NAT、ST 和 GST 活性依赖于存在辅因子,酶活性高,个体、性别和种特异性生物转化研究	只有 NAT、ST 和 GST
人肝 S9	个体、性别和种特异性生物转化研究,I 相和 II 相研究	酶活性低于微粒体和胞液
人肝细胞系	易于培养,相对稳定的酶表达水平,CYPs 可诱导性	表达水平低
转基因细胞系	易于培养,较高的表达水平,研究 CYP 一种或一组同工酶	不完全表现体内情形,只表达几种同工酶
原代肝细胞	已很好地建立了方法和表征,可研究调节剂和酶诱导剂,仍有药物转运体并起作用	分离较复杂费时,仅能研究预先选择的细胞,在分离期间有细胞损害
肝薄片	完整的细胞交互作用,可进行形态学研究,可研究个体变异	渗透不充分,边缘上的细胞被损害,存活时间有限,仪器昂贵
分离的肝灌注	胆汁形成,三维结构	模型较复杂费时,存活时间有限,重复性差,人肝脏不可得

整体动物模型对评价肝损伤的发展及慢性损伤反应尤为重要。使用诱导剂、抑制剂、耗竭剂或失活剂能确定各种特定过程的作用,虽然非特异性作用的潜在影响常使结果难以解释。应用模型系统可在细胞、细胞器及分子水平上观察各种中毒事件,从而进一步加深了解化学物肝毒性的发生机制和关键因素。肝脏分离灌注,肝细胞分离及肝细胞组分分级分离等体外系统可在无其他系统的混杂影响下观察各种不同水平的肝损伤。采用共培养模型和采用某种化学物灭活某种特定的肝细胞能确定此种细胞的功能和不同细胞间的相互作用。采用高纯化的胆小管膜,可分泌胆汁的成对肝细胞及胆管细胞原代培养等技术,有可能在胆汁淤积领域取得进展。某些化学物的作用靶部位也已明确,此类化学物的实验研究有助于阐明肝脏各部分的损伤后果。应用转基因和基因敲除啮齿动物及其他分子生物学技术可进一步深入了解代谢活化和排泄过程在肝毒性发生中的重要作用。

Summary

Liver is the most common target organ of the drugs or toxic agents. The liver injury is based on its physiological functions and morphologic structures. There are a variety of types of injury, including liver cell death, fatty liver, cholestasis, blood vessel damage, cirrhosis and tumors. Some aspects of the mechanistic basis for hepatotoxicity are form of free radical, binding to macromolecule irreversiblly, dysequilibrium of calcium in internal environment, disruption of the cytoskeleton, mitochondrial damage, cholestasis and immune injury. The typical drugs that may cause hepatic damage are acetaminophen, isoniazid and fluothane ect.

思 考 题

1. 简述肝损伤的类型和主要代表药。
2. 药物导致肝细胞坏死的生化机制有哪些？
3. 长期服用对乙酰氨基酚引起肝损伤的机制是什么，如何解救？
4. 氟烷引起肝损伤的机制是什么？

(郝丽英)

第5章 药物对肾脏的毒性作用

教学要求

1. 掌握哪些药物可以引起肾脏毒性
2. 熟悉药物引起肾脏损伤的类型
3. 了解药物引起肾脏毒性的机制

肾脏不论在解剖结构上还是在生理功能上都是一个非常复杂的器官,不仅是主要的排泄器官,也是重要的内分泌器官,肾脏功能的完整性与机体内、外环境平衡密切相关,在代谢,废物排泄和对细胞外液容量调节,电解质组分,酸碱平衡等作用方面,肾脏都起着非常重要的作用。同时,肾脏还合成并释放激素和活性物质。因此,药物对肾脏的损伤将导致上述功能受损,并对全身代谢有严重影响。肾脏本身还具有很强的自我保护和修复能力以及去毒性机制,药物造成的肾脏损伤停药后可逆转,通常只有接触很高剂量肾毒性药物时,才会出现异常情况。因此,在临床治疗疾病过程中药物浓度过大,肾脏接触肾毒性物质时间过长,可能损伤肾脏并导致肾功能减退甚至衰竭,更为严重时还可引起死亡。因此,了解肾脏的解剖结构,功能特点与药物的毒性作用机理,对研究药物所致肾损害的特点、规律和机制具有重大意义。

第1节 肾脏损伤的生理学与病理学基础

一、肾脏损伤的生理学和形态学基础

肾单位是肾脏的基本结构与功能单位,每个肾约由100万个肾单位组成,肾单位由肾小球,肾小囊和肾小管组成。肾小管分为近曲小管、髓袢和远曲小管,集合管在功能上也可作为肾单位的一部分,参见图5-1。

肾小球是血液滤过器,肾小球滤过膜由毛细血管内皮细胞层,毛细血管基膜和内皮细胞足突组成,参见图5-2。肾小球滤过膜具有分子屏障和电荷屏障作用,基膜中层为致密层,含有硫酸类肝素,使滤过膜带负性电荷。通过同性电荷相斥的原理,阻止含负性电荷的清蛋白滤过,药物损伤基膜可导致清蛋白等漏出增多而引起蛋白尿。肾小球毛细血管间有系膜组织,包括系膜细胞和基质,起支架,调节肾小球滤过率,修补系膜,清除异物和基膜代谢废物等作用。药物可直接或间接导致肾小球系膜细胞和系膜基质弥漫增生,免疫球蛋白沉积,引起系膜增生性肾小球损伤。

药物从肾脏的清除率可以判断肾功能状态,尿清除速率是下面三个过程的净结果:肾小球滤过,肾小管重吸收和肾小管分泌。肾小球滤过和肾小管分泌率取决于药物在血浆中的浓度。肾小管重吸收率则取决于尿液中药物的浓度和pH(影响弱酸,弱碱性药物解离度)。因此,评价肾脏损伤的功能性测定指标有:

1. 肾小球滤过率 正常成人的肾小球滤过率约为125ml/min,肾小球滤过率是反映小球滤过功能的直接指标,而且还表明肾脏通过清除水浓缩尿液的能力。影响肾小球的药物(毒物)及导致肾血管疾病的药物(毒物),肾小球滤过率有很大影响。此外任何引起低血压或休克的药物均可降低肾小球滤过率。内生肌酐清除率的值很接近肾小球滤过率,故临床上常用它来推测肾小球滤过率。

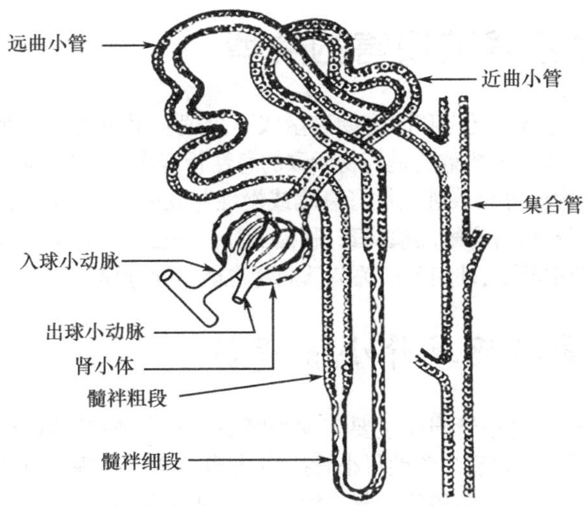

图 5-1　肾单位和肾血管的示意图

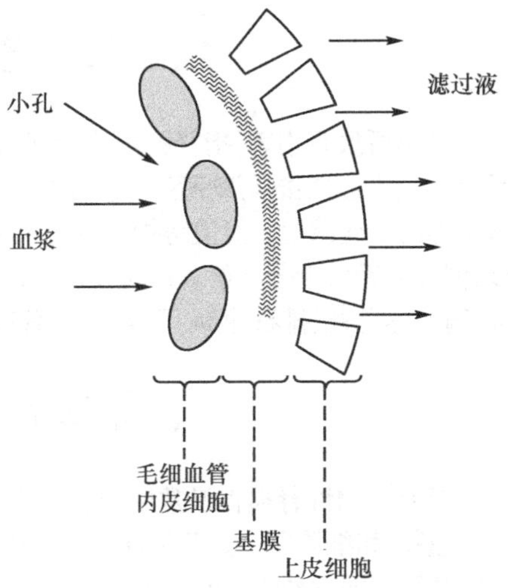

图 5-2　肾小球滤过膜结构

2. 血流量　当血液流经肾脏一次后，血浆中的有机酸对氨基马尿酸钠（PAH）可几近完全被肾脏清除，因此，PAH 清除率可用来代表肾血流量。当药物引起 PAH 清除率降低时，可能为活性分泌过程受损或肾血流量改变。

3. 排泄比　排泄比是另一种评价肾损伤的有效指标。排泄速率 = 肾内药物的血浆清除速率（ml/min）/正常人 GRF（ml/min）。如果此值小于 1.0，提示药物部分滤过，部分重吸收，也可能存在肾小管分泌；如果此值大于 1.0，则提示存在药物的肾小管分泌。完全重吸收物质如葡萄糖，排泄比为 0；完全被清除的物质如 PAH，其比值可达 5.0。

药物临床前评价动物实验，也采集肾脏损伤的非特异性指标，如肾脏重量、尿中蛋白含量、尿比重和渗透压，甚至排尿量的改变也可粗略表示药物毒性。

二、肾脏损伤的病理过程

肾脏功能具有代偿性，如果失去一个肾，另一个肾能够增加 40% ~ 60% 的肾小球滤过率，每个肾单位通过增加水和溶质的重吸收以维持渗透压平衡，肾功能检查可不出现异常。短期内代偿机制可保护器官，但长期代偿反应可导致慢性肾功能衰竭。据此如果药物导致肾脏轻微损伤，早期常可不察觉，长期服用肾毒性药物，代偿机制逐渐消失，可呈现肾脏功能低下。药物使肾小球压力增加可导致肾血管硬化及毛细血管丛退变，部分肾单位及其清除废物的能力丢失，可由其他肾单位代偿，同样的情况周而复始，最终可引起慢性肾功能衰竭，如图 5-3。

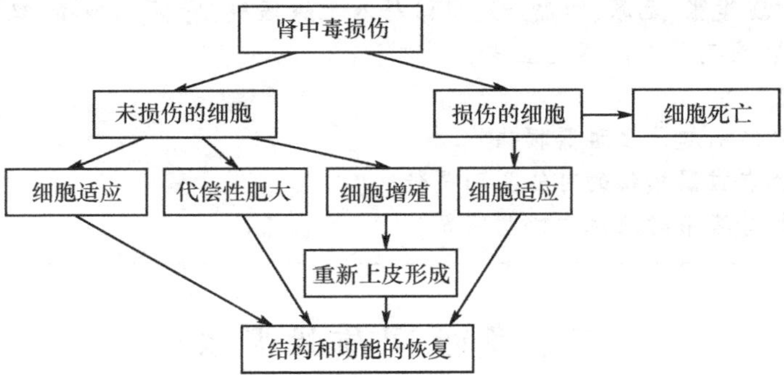

图 5-3　机体对肾毒性刺激的生理生化反应

第2节 药物致肾脏损害的类型

药物所致肾损害，指肾脏对治疗剂量药物的不良反应和因药物过量或不合理应用而出现的毒性反应，在不同类型的药物所致肾损害中，临床危害最为严重的是药物所致的急性肾衰竭，目前已得到临床医师的广泛重视。但值得指出的是，部分药物还可导致进展性肾衰竭或慢性肾衰竭，其病程进展缓慢，但临床后果十分严重。目前，已知可以引起肾损害有解热镇痛药、利福平等，中成药包括：龙胆泻肝丸、冠心苏合丸、排石冲剂、耳聋丸、一些减肥的中药等，外用药如关节镇痛膏也能引起肾损害。

一、急性肾小管坏死或肾小管损伤

这是药物性肾损害最常见的表现之一。急性肾小管损伤主要表现为肾小管上皮细胞肿胀、空泡变性、脱落和细胞凋亡。药物性肾损害程度较轻时，表现为急性肾小管损伤，损伤较重时表现为急性肾小管坏死。同一药物引起的肾损害可以急性肾小管损伤和急性肾小管坏死同时并存，或在受损早期表现以急性肾小管损伤为主，受损晚期以肾小管坏死为主。急性肾损伤可导致肾小球滤过率下降，如图5-4。引起急性肾小管坏死或急性肾小管损伤的药物中以氨基糖苷类最为常见。其他如头孢菌素、两性霉素B、万古霉素、造影剂、重金属(汞、铅等)、顺铂、阿昔洛韦等也可引起。急性肾小管损伤和急性肾小管坏死均表现为急性肾功能衰竭。

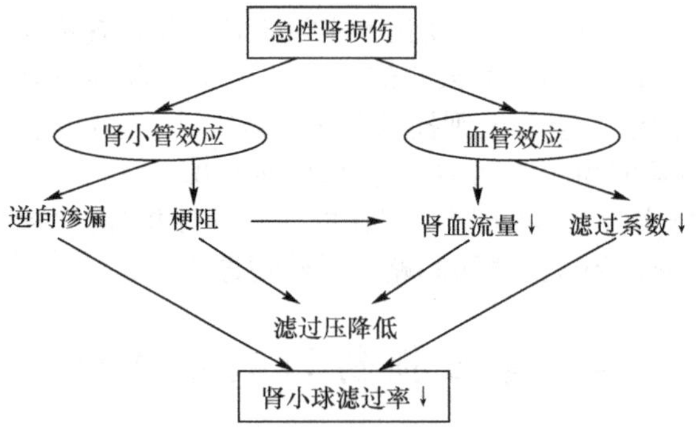

图5-4 急性肾功能衰竭降低肾小球滤过率的机制

案例5-1

患者，男性，49岁，因带状疱疹，给予阿昔洛韦1.0g加入500ml生理盐水静脉滴注。后外用阿昔洛韦软膏3日，发现未见好转，再次到诊所静脉滴注阿昔洛韦，在用药四分之三(约半小时左右)，患者自觉腰酸，腰痛，继续将余下的药液滴完，用药时间不到40分钟。其后5、6个小时出现腹胀、无尿、腰痛。遂急诊转入上级医院，肾区无扣痛，双下肢无浮肿，无恶心、呕吐、发热、头痛等其他不适症状。

问题：

1. 该患者可能引起什么脏器损伤？
2. 引起该患者脏器损伤的可能原因是什么？
3. 在应用阿昔洛韦时应注意哪些问题？

二、急性间质性肾炎

药物引起的急性间质肾炎常伴有药疹、药热、关节痛及淋巴结肿大等全身症状，但也可不伴上述症状。患者可有肾脏肿大,肾间质水肿,弥漫性淋巴及单核细胞浸润、嗜酸性粒细胞浸润,个别情况下可伴有小管损伤。引起急性间质性肾炎的药物以抗生素及非甾体抗炎药较为常见,以半合成青霉素引起者最为常见,多于用药首1~2周发病。其他如头孢菌素A、卡托普利、青霉胺、利福平、西米替丁、别嘌呤醇、喹诺酮类、伊米配能等也可引起急性间质性肾炎。任何其他可引起过敏的药物均有可能伴发急性间质性肾炎。

三、梗阻性急性肾功能衰竭

梗阻性急性肾功能衰竭是因尿流障碍而导致肾功能障碍甚至肾实质发生损害的一种类型。引起的药物有:磺胺、甲氨喋呤、阿昔洛韦、造影剂、二甲麦角胺新碱等。这些药物的结晶可阻塞肾小管或集合管,造成“肾内阻塞性”急性肾功能衰竭。

四、慢性间质性肾炎

药物引起的慢性间质性肾炎其肾脏病理主要表现为肾间质纤维化,肾小管萎缩和局灶性淋巴及单核细胞浸润。严重者可伴有局灶或完全性肾小球硬化。慢性间质性肾炎临床症状常不典型,往往通过实验检查发现慢性肾功能衰竭。引起慢性间质性肾炎的药物以止痛剂较为常见,其他如某些非固醇类抗炎药。某些金属制剂(顺铂、锂、铅、汞、镉等)、环孢素A、硝基化合物、甲氨喋呤等也可引起,近年发现某些含马兜铃酸的中药如关木通、马兜铃也可引起慢性间质性肾炎。

药物引起的肾小球疾病包括慢性或急性肾小球肾炎、微小病变型肾病、局灶性节段性肾小球硬化、膜性肾病和急进性肾小球肾炎。引起该类疾病的药物有很多,主要包括非固醇类抗炎药、海洛因、青霉胺、血管紧张素转化酶抑制剂等。

五、肾血管损害

有些药物可引起肾小动脉和毛细血管损害,致血压升高和肾功能损伤,如环孢素A等。而氟尿嘧啶、丝裂霉素、环孢素A等药引起的微血管病变和溶血性贫血,酷似溶血—尿毒综合征,有的药物可引起系统性血管炎,致死性肾小球肾炎和急性肾功能衰竭。

六、慢性肾功能衰竭

慢性肾功能衰竭是由于肾脏的肾单位严重受损,继而缓慢出现进行性肾功能减退致使肾脏不能维持其基本功能时,出现以代谢产物潴留、水电解质紊乱和酸碱平衡失调为主要表现的临床综合征,可出现在长期使用非甾体抗炎药,锂盐,环孢素A,抗生素治疗过程。通常认为肾功能衰退进展到后期是由初次损伤继发的相关病理过程,而非原发刺激部位的功能损伤。

慢性肾功能衰竭以肾小球滤过率渐进性和不可逆转性下降为特征,随着肾小球滤过率的下降,慢性肾功能衰竭可分为无症状期、氮质血症期、肾衰竭期和尿毒症期。有很多因素能够促进肾衰竭的恶化,肾毒性药物就是其中原因之一。

七、其　　他

狼疮样综合征也可因药物引起,其表现与系统性红斑狼疮相似,但累及肾脏者较少,如肼屈嗪、普鲁卡因胺、苯妥英钠、甲巯咪唑等可致狼疮样综合征。有的药物可引起抗利尿激素增多,致抗利尿激素过多综合征，远端小管水重吸收过多引起水肿、低钠血症等，如巴比妥、苯妥英钠、长春新碱、环磷酰胺和某些麻醉药等。

第3节 引起肾脏毒性的药物

案例 5-2

十年前，被确诊为“类风湿性关节炎”的孙女士，年仅36岁。此后的十余年间，吃药从未间断过。2006年初，孙女士发生了一次感冒。与常人的感冒不同，自孙女士感冒后，出现了腹胀、腹痛伴恶心的情况，去当地县人民医院检查了血、尿常规、B超、肾功能等，在医院住了10天，给了些降压、利尿药后，症状有所缓解。半年后，孙女士出现双下肢水肿情况，又进入同一医院，查血肌酐为467.0μmol/l，尿素氮26.67mmol/l。

问题：

1. 根据病史和实验室检查，孙女士除了患有类风湿性关节炎，还患有什么疾病？
2. 诊断患有该疾病的依据是什么？
3. 医生应该给予什么措施进行治疗？

一、非甾体抗炎药

非甾体抗炎药(NSAIDS)可引起肾损伤，参见图5-5，如阿司匹林、对乙酰氨基酚、萘普生、布洛芬、吲哚美辛、保泰松等。NSAIDS在使用过程中，可引起三种不同类型的肾毒性。第一种情况是在未使用大剂量NSAIDS后的数小时引起的急性肾功能衰竭，表现为少尿、肾血流量和肾小球滤过率减少，停药后通常可逆转。其机制可能涉及在正常情况下具有血管扩张作用的前列腺素，在使用NSAIDS抑制后，使体内的儿茶酚胺和血管紧张素占优势，导致肾血流量减少和肾局部缺血。

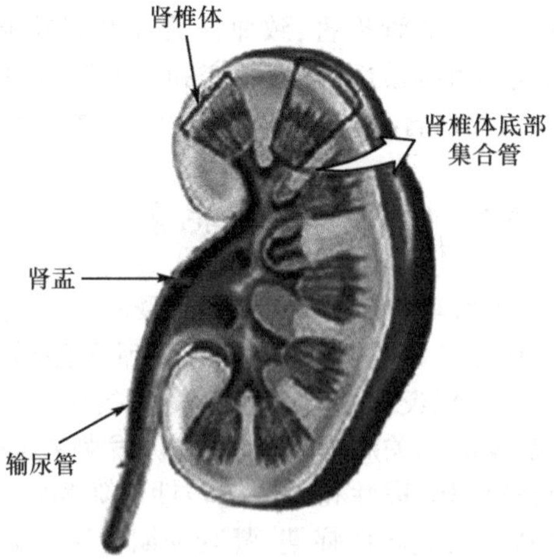

图5-5 非甾体类抗炎药物性肾病

然而，NSAIDS尤其是对乙酰氨基酚使用3年以上，则可导致不可逆的肾毒性，成为镇痛剂肾病(analgesic nephropathy)。大剂量使用对乙酰氨基酚引起肾毒性的特征为近曲小管坏死，伴有血浆尿素氮和血清肌酐增高，肾小球滤过率和PAH清除率降低，水、钠和钾分级排泄增加，尿中葡萄糖，蛋白和刷状缘酶系增高。这种肾毒性的发生率在西方国家差异较大，约有少于1%～

36%的患者需要肾透析。该肾病的原发性损害是乳头坏死伴慢性间质性肾炎。早期变化包括髓袢和整个乳头部毛细血管坏死。使用NSAIDS产生镇痛剂肾病的机制尚未阐明，可能与髓袢或乳头部慢性缺血继发肾血管收缩有关。也可能为细胞内反应性介质形成，继而激发氧化应激机制或与关键性细胞大分子共价结合。对乙酰氨基酚产生肾毒性的原因已较明确，主要在肾皮质被微粒体细胞色素P-450氧化酶系统氧化为有毒的代谢物所致。

较少出现的NSAIDS肾毒性是肾间质肾炎，主要表现为弥漫性间质水肿伴炎症细胞浸润。患者通常血清肌酐升高伴蛋白尿。如果此时停用NSAIDS，则肾功能可在1~3个月内得到改善。

二、氨基糖苷类抗生素

氨基糖苷类抗生素是由两个或三个氨基糖分子和一个非糖部分称苷元的氨基环醇通过醚键连接而成，此类抗生素引起的肾毒性发生，是由于本类药物主要经肾排泄并在肾皮质内蓄积所致。该类药物肾毒性特征为伴有肾小球滤过率降低，肾小管变性坏死，血清肌酐和尿素氮增加的非无尿性肾功能衰竭。中毒初期表现为尿浓缩困难而多尿，可能与髓袢升支粗段氯离子转运抑制有关。随后可出现蛋白尿、管型尿，严重者可发生氮质血症及无尿等，引起该肾毒性的发生率由高到低的药物依次为新霉素、卡那霉素、庆大霉素、链霉素。奈替米星的肾毒性虽是氨基苷类抗生素中最低者，但仍需注意。并且，这类药物与头孢噻吩、头孢唑啉、多黏菌素B、两性霉素B或万古霉素合用时，可增加肾毒性的发生。

氨基糖苷类抗生素引起肾毒性的组织学改变可见溶酶体变化，随后可见刷状缘、内质网、线粒体损伤，最终可出现小管细胞坏死。使用临床常用量后最早的损伤可见溶酶体数量增加和体积改变。溶酶体含有髓样小体，具有不确定的磷脂电子密度板状结构，氨基糖苷类产生肾脏磷脂，很可能为溶酶体水解酶如鞘磷脂和磷脂酶受抑制所致。

三、第一代头孢菌素

头孢唑啉、头孢噻吩大剂量应用有潜在肾毒性，可出现小管坏死。其机制为近曲小管有机离子转运系统将其分泌进入小管，在小管内浓缩达到具有毒性的高浓度所致。丙磺舒可与近曲小管内的有机阴离子分泌系统发生竞争作用，头孢菌素的肾毒性可被其减轻，因可使小管液内头孢菌素浓度降低。

四、其他药物

通常人们认为中草药安全，无毒副作用，其实有些中草药在超大剂量、超范围使用时，也会产生毒性影响。随着中草药应用地区和应用领域的扩大，某些中草药的肾脏毒性作用，也开始引起国内外临床工作者的广泛关注。例如关木通，在小剂量时可利尿，大剂量时可损害肾小管，导致急性肾功能衰竭，防己过长时间应用可引起慢性间质性肾炎。

两性霉素B引起的肾毒性：表现为肾小管性多尿、抗利尿激素抵抗性多尿、低血钾症和急、慢性肾功能衰竭。其原因可能是肾小球和肾单位近曲与远曲部位功能完整性受损。

在原有的肾功能不全的患者，长期大剂量使用四环素类药物可加剧该疾病，影响氨基酸代谢，从而增加氮质血症，该情况好发生于孕妇，故孕妇尤其伴有肾功能不全者应慎用。

环孢素A的临床肾毒性可表现在以下几个方面：急性可逆性肾损伤，急性血管损伤，慢性肾间质纤维化。急性肾损伤表现为剂量依赖性的肾血流量和肾小球滤过率减少，血浆尿素氮和肌酐增加。减少剂量可减轻症状。用药后尚可见血管病变和血栓性微血管病，可影响静脉和肾小球毛细血管，但不伴有炎症介质。长期治疗可导致肾间质纤维化等慢性病变。血清肌酐升高而肾小球滤过率降低，并伴有高血压、蛋白尿和肾小管坏死。还有一些个体,存在一些偶发的过敏反应机制的肾毒性。

第4节 肾脏的毒性作用机制

一、细胞死亡

很多化学物及其代谢产物可通过与肾脏细胞生物大分子共价结合、阻遏呼吸链、改变细胞膜通透性等途径,来损伤细胞结构和功能,引起细胞死亡。细胞死亡可通过凋亡和胀亡两种途径。凋亡是严格控制、有组织的过程,细胞体积减少,各细胞器保持完整。后期细胞分解为小块,可被周围的细胞或巨噬细胞吞噬而不引起炎症反应。细胞胀亡则与凋亡不同,常累及成片细胞,细胞器肿胀,细胞体积增加,破裂后会释放多种细胞成分从而引发炎症反应。许多毒物在较低的但可以引起损伤的剂量水平通过引发凋亡使细胞死亡,当毒物的浓度增加时,则由胀亡起主要作用。

二、活性中间代谢产物

毒物引起细胞损伤可有不同的机制,参见图5-6。某些毒物可能与某个或某类大分子高度亲和,通过改变大分子的活性造成细胞损伤,如汞和细胞的巯相结合。而有些化学物质本身并无毒性,只有生物转化成活性中间代谢产物才有毒性。生物活性中间产物,如烷化剂是亲电子物质,会和蛋白质、脂类等细胞成分相结合而引起细胞损伤。对乙酰氨基酚和氯仿在小鼠肾脏内通过P-450的作用代谢为活性中间产物*N*-乙酰-邻-苯喹啉胺和光气。活性中间代谢产物进一步与靶细胞大分子共价结合,影响大分子的正常生物活性,而造成细胞损伤。另外,化学物可以通过增加过氧化氢、超氧阴离子以及羟自由基等ROS的生成引起氧化应激造成间接损伤。

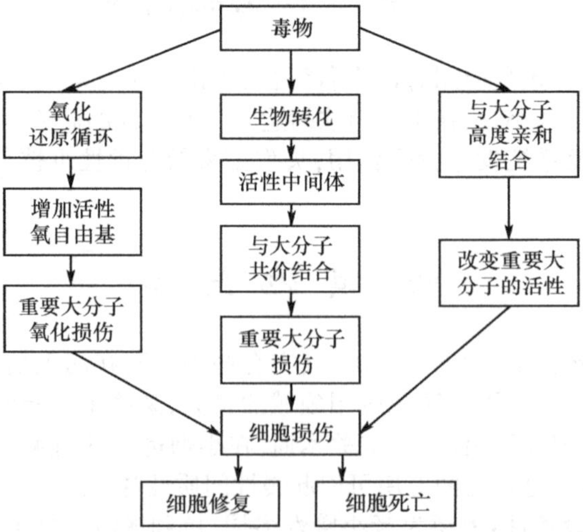

图5-6 共价结合或通过氧化应激而非共价结合等造成细胞损伤的机制

三、细胞容积和离子内稳态

肾脏主要是通过对离子的排泄和重吸收来调节和维持电解质平衡。肾小管上皮细胞的细胞体积和离子的动态平衡受到非常严格的控制,并且对其重吸收功能也有重要影响。毒物或药物可以通过与细胞膜反应增加离子的渗透性或通过抑制能量生成影响细胞体积和离子的动态平衡。例如，ATP的丢失将抑制维持细胞内离子平衡和膜流动性的膜上载体的活性。ATP减少后，Na^+，K^+-ATP酶活性降低，引起K^+外流和Na^+、Cl^-内流，细胞肿胀，离子平衡失衡，最终导致细胞膜破裂。

四、细胞骨架和细胞极性

毒物可能引起刷状缘缺失，质膜水泡化或改变膜的极性等，这些改变可能是毒物通过改变细胞骨架的组成以及细胞骨架与膜的相互作用造成的，也可能由于能量代谢的紊乱或钙和磷脂平衡失调造成的。在出现缺血的情况后，肾小管上皮细胞的极性出现了明显的变化。在正常状态下，肾小管上皮细胞的极性由特定的载体和酶决定。在体外ATP耗损和体内缺血情况下，Na^+，K^+-ATP酶从肌动蛋白骨架上分离下来，并从近端肾小管细胞的基膜分布到细胞顶部，此种酶的重新分布被认为是缺血损伤中出现Na^+减少和水重吸收的基本原理。

五、细胞钙的内稳态

钙作为第二信使在细胞的很多功能中起到了很重要的作用，同时，多种参与细胞活动的磷脂、蛋白质和很多分解酶的激活亦需Ca^{2+}的参与。钙离子在肾细胞内的分布很复杂，它不但可以与大分子相结合，也可存在于亚细胞房室中。最重要的细胞钙调节库是胞浆中的游离钙离子，依靠存在于胞膜和内质网上的各种泵和通道，克服细胞内外的浓度梯度，维持胞浆内游离钙离子的水平。胞质内自由Ca^{2+}的浓度持续升高或异常大量增加可以导致多种细胞损害。例如，胞质内自由Ca^{2+}的增加可以激活磷脂酶、蛋白酶等Ca^{2+}依赖的降解酶，进而造成细胞骨架的结构和功能异常。已知受到致死性损伤的细胞的线粒体可以通过一个低亲和力、高效率的Ca^{2+}转运系统积累Ca^{2+}。而该系统在正常细胞的Ca^{2+}调节中几乎不起作用，在细胞受损的状态下，Ca^{2+}的摄取可能促进ROS生成并造成损伤。

六、抗原-抗体反应

许多化学物及其代谢产物，作为外源性抗原或半抗原，与宿主蛋白相互作用，形成抗原-抗体复合物，沉积在肾内，产生损害作用，引起肾小管-间质病变或肾小球损害，其中大部分病理类型为急性间质性肾炎，少数为肾小球病变。可以作为外源性抗原的物质有麻疹病毒、乙型肝炎病毒、EB病毒，药物如青霉胺、金和汞制剂以及异种血清、类霉素等，这些抗原引起抗体反应并形成免疫复合物。免疫复合物的形成一种情况是抗体与肾小球内固有的不溶性肾小球抗原或植入在肾小球内的非肾小球抗原，在肾小球原位结合形成免疫复合物，二是血液循环内形成的可溶性抗原抗体复合物沉积于肾小球。药物可以作为半抗原与细胞蛋白或血清蛋白结合形成完全抗原，被抗原呈递细胞摄取，在某些刺激因子的协同下激活T辅助细胞。T辅助细胞一旦被激活，可以产生细胞因子，直接自然杀伤细胞、巨噬细胞等非特异性的效应细胞，可以使B细胞分化成浆细胞，产生特异性抗体，还可以使其他效应B细胞分化，介导迟发型过敏反应和细胞毒作用。某些药物的代谢产物与肾小管基膜结合成全抗原可刺激机体产生抗肾小球基膜抗体，介导部分急性间质性肾炎形成。

七、其　　他

此外，研究表明毒物或药物也可能通过影响线粒体、溶酶体、磷脂酶等的功能来损伤肾细胞正常的结构和功能，最终引起不同程度的肾损伤。

Summary

Kidney is one of the most common target organ of the drugs or toxic agents. The kidney injury is based on its physiological functions and morphologic structures. There are a variety of types of injury, including acute renal failure, acute interstial nephritis, obstructive renal failure, blood vessel damage and chronic renal failure. Some aspects of the mechanistic basis for kidney toxicity are form of cell apoptosis, toxic metabolites, dysequilibrium of ions in internal environment, disruption of the cytoskeleton and so on. The typical drugs that may cause kidney damage are paracetamol, aminoglycosides antibiotics and first generation antibiotics of cephaloporins.

思 考 题

1. 药物引起肾脏损伤的类型有哪些?
2. 常见的引起肾脏毒性的药物有哪些? 如何预防?
3. 药物引起肾脏损伤的毒性作用机制涉及哪些方面?

(郝丽英)

第 6 章 药物对呼吸系统的毒性作用

教学要求

1. 掌握药物对呼吸系统的毒性作用类型与机制
2. 熟悉呼吸系统的结构、功能与特点
3. 了解呼吸系统毒性的检测和研究方法

呼吸道(系统)是气体进入机体的门户,一些通过吸入给药的药物,首先进入呼吸道和肺脏,一方面药物可能对呼吸道和肺脏产生影响,另一方面药物经呼吸道和肺脏吸收到达其他组织和器官。除吸入给药外,其他途径吸收的药物也可到达肺脏,对肺脏产生影响。此外,肺脏对内、外源性化学物的代谢以及对外源性化学物的防御也起着重要作用,因此,如果药物对肺脏产生损伤,除影响呼吸功能外,也会对整个机体产生损害。

第 1 节 呼吸系统的结构、功能与特点

呼吸系统分为三个部分:鼻咽部、气管、支气管部和肺,参见图 6-1。

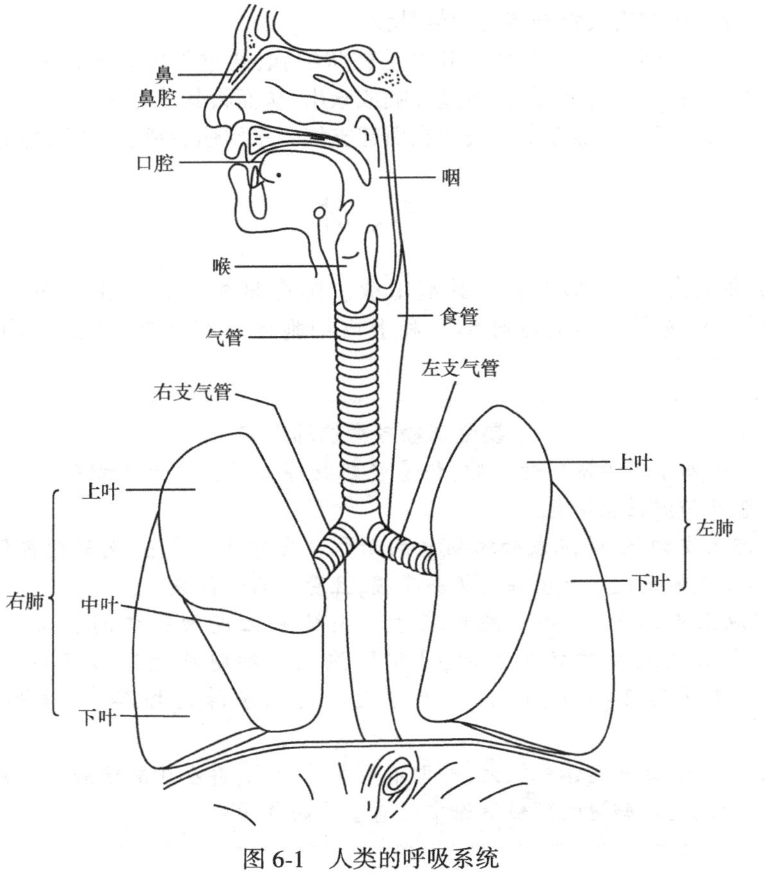

图 6-1 人类的呼吸系统

一、鼻 咽 部

鼻咽部包括鼻甲、会厌、声门、咽部和喉部，是吸入空气的入口和外源性化学物质进入机体的屏障。鼻孔和鼻腔对吸入的空气进行温度和湿度的调节，通过鼻毛的屏障和过滤作用阻挡、清除较大的颗粒物质。

知识拓展　　药物对鼻黏膜纤毛毒性评价及意义

包括药物在内的一些外源性化学物质，尤其是水溶性好的气态化学物，鼻腔可成为它们的靶器官，如损伤黏膜上皮和鳞状上皮。黏膜表面是一层顶部长有纤毛的假复层柱状上皮，内有分泌黏液的杯状细胞，所分泌的黏液覆盖在纤毛上。在正常情况下，纤毛协调一致地摆动，清除鼻腔内异物，具有清除作用。在病理状态下，纤毛运动和黏液分泌受到影响，就很容易感染各种急慢性呼吸道疾病。正因为如此，近年来，关于滴鼻剂对黏膜纤毛的毒性评价越来越受到关注。对于滴鼻剂和喷雾剂等鼻腔给药制剂，特别是需要较长时间用药的，应研究其对鼻黏膜组织和黏膜纤毛的毒性，从而避免对鼻黏膜组织及黏膜纤毛产生毒性作用，妨碍鼻腔的正常生理功能，增加感染几率。

二、气管、支气管部

其主要功能是把吸入的气体运送到肺部，并具有加热和湿润功能。人类气管壁和大支气管壁含有软骨环，在更小的支气管则转变为软骨盘。

覆盖在气管和支气管上的黏膜杯状和纤毛柱状细胞，通过不停地向口腔方向蠕动，把沉积在气管、支气管上的颗粒推向咽部，再通过吞咽或咳出，从而将其从呼吸道清除。

药物对气管和支气管的毒性主要表现在引起支气管平滑肌收缩，气道阻力增加，导致哮喘。

三、肺

肺由呼吸性细支气管、肺泡管和肺泡组成。肺泡是氧和二氧化碳在空气和血液之间进行交换的部位和场所。肺的巨噬细胞和上皮细胞还具有吞噬、清除异物及保护肺的作用。

知识拓展　　易受药物损害的肺细胞

肺组织含有四十多种不同的细胞，但易受药物损害的主要有Ⅰ型肺泡上皮细胞、Ⅱ型肺泡上皮细胞及肺泡巨噬细胞。

Ⅰ型肺泡上皮细胞：肺泡表面约90%的面积由此种细胞覆盖，为肺泡提供一个完整而薄的表面，易于气体通过。此型细胞极易受损，且受损后不能恢复。

Ⅱ型肺泡上皮细胞：此型细胞散在于Ⅰ型肺泡上皮细胞之间。当Ⅰ型肺泡上皮细胞受到毒物作用发生破坏脱落时，Ⅱ型肺泡上皮细胞可分化转变为Ⅰ型肺泡上皮细胞，转变在受损后2～4天可完成，但可造成气血屏障的增厚，气体弥漫功能发生障碍。

肺泡巨噬细胞：是一类体积较大、外型不规则的细胞，存在于肺泡腔或肺泡隔上。这种细胞具有吞噬作用，在肺泡的颗粒清除中起着重要的作用。

第2节 药物对呼吸系统的毒性作用类型与机制

根据药物引起呼吸系统毒性反应，可将其分为呼吸抑制、哮喘、间质性肺炎和肺纤维化、肺水肿、肺脂质沉积、鼻黏膜纤毛毒性等类型。

一、呼吸抑制

吗啡(morphine)对呼吸系统有抑制作用，使呼吸频率减慢、潮气量降低、每分通气量减少，急性中毒时，呼吸抑制是吗啡急性中毒致死的主要原因。吗啡的呼吸抑制作用与降低呼吸中枢对血液 CO_2 张力的敏感性以及抑制脑桥呼吸调整中枢有关。

巴比妥类药物，如苯巴比妥、戊巴比妥、异戊巴比妥等，服用10倍催眠剂量的巴比妥类药物，可引起中度中毒，15倍以上可引起严重中毒，表现为深度昏迷、呼吸抑制、血压下降、体温降低及肾衰竭。深度的呼吸抑制是急性中毒死亡的直接原因。

筒箭毒碱类药物，因阻断膈神经支配的呼吸肌神经肌肉接头的 N_2 受体，引起呼吸肌麻痹。琥珀胆碱中毒时，也可引起呼吸肌麻痹。

呋喃妥因可引起变态反应性肺炎，急性肺变态反应常见于开始用药后的第一周内，以老人较多见，表现为轻度或中度的流感样综合征，咳嗽、胸痛、发冷、发热及呼吸困难。亚急性或慢性肺反应因长期用药所致，表现为无力、咳嗽、呼吸困难及肺功能不好。

二、哮　　喘

哮喘临床表现为气管支气管对各种刺激因子的高敏感性反应，引起气道阻塞，呼吸困难和哮鸣等气道梗阻表现是其典型表现。一些药物在临床应用中，可引起药物性哮喘。

案例 6-1

患者，女性，48岁，因感冒服用阿司匹林，20分钟后，出现鼻部卡他症状，如发作性流涕、鼻痒、鼻塞、继之出现哮喘、发绀。

问题：

1. 患者是什么原因突发哮喘？
2. 阿司匹林引起哮喘的机制是什么？
3. 阿司匹林哮喘如何治疗？

1. 解热镇痛药　少数患者服用阿司匹林、吲哚美辛等药后，可诱发哮喘，称为"阿司匹林性哮喘"，其发生原因是由于本类药物抑制了花生四烯酸代谢过程中的环氧酶途径，使前列腺素(PGs)合成受阻，但本类药不抑制脂氧酶，从而造成花生四烯酸代谢过程中的脂氧酶途径的代谢产物白三烯合成增多，导致支气管痉挛引发哮喘，参见图6-2。

阿司匹林哮喘患者一旦误服解热镇痛药，在很短时间内就会引起哮喘发作，哮喘一旦发作，不论症状轻重，都要高度重视，轻者可采用对症治疗(如口服或注射氨茶碱)，重者要早加激素，有缺氧表现的要及时给氧，注意保持呼吸道畅通，危重者可行气管插管。另外，就是激素治疗，在病情较重时，可采用倍他米松加丙酸培氯松气雾剂的方法，即倍他米松0.5~1.0mg，每日3次，每日吸入丙酸培氯松气雾剂3次，每次按二下，症状一经缓解即着手减少口服激素的用量，最后倍他米松可减少至每天0.5mg或0.25mg，直至停药。

2. β受体阻断药　以普萘洛尔为代表的β受体阻断药，因其阻断支气管平滑肌上的 β_2 受体，导致支气管收缩，引发哮喘。

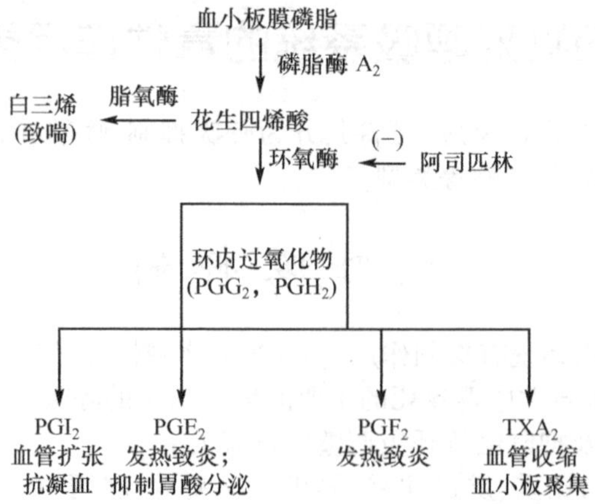

图 6-2 阿司匹林哮喘机制示意图

3. 拟胆碱药 乙酰胆碱、毛果芸香碱等可兴奋支气管平滑肌上的 M 受体，导致支气管收缩，引发哮喘。

4. 麻醉性药物 氯胺酮、普鲁卡因、利多卡因可引起支气管痉挛，其机制可能与组胺释放有关，或与过敏有关。

5. 其他 青霉素、头孢菌素、磺胺类、喹诺酮类、多黏菌素 B、新霉素、四环素、灰黄霉素和林可霉素等抗菌药物，胰蛋白酶、糜蛋白酶等酶类药物，疫苗、抗毒素和血清制品等生物制品，这些药物临床可引起哮喘，其机制主要通过特异性抗体 IgE 介导的 Ⅰ 型变态反应，引起支气管痉挛、哮喘，故常伴有过敏性荨麻疹或过敏性休克症状。

此外，临床报道可引起哮喘的药物还有：抗抑郁药丙米嗪、阿米替林；抗心律失常药奎尼丁、洋地黄等；抗结核病药利福平、异烟肼、乙胺丁醇、吡嗪酰胺、对氨基水杨酸等；降压药胍乙啶、利舍平、甲基多巴等。

三、药物性间质性肺炎和肺纤维化

案例 6-2

患者，男性，62 岁，因患恶性淋巴瘤，近 1 年来多次使用博莱霉素进行治疗，近日出现低热、干咳、气短、呼吸困难等症状。经检查，出现间质性肺炎和肺纤维化。

问题：

1. 该患者产生间质性肺炎和肺纤维化的病因是什么？
2. 应如何治疗？
3. 与博莱霉素有关吗？机制如何？

肺实质是气体交换的主要区域，主要由呼吸性细支气管、肺泡管、肺泡囊和肺泡组成，即各级支气管和肺泡结构。肺间质主要由肺泡、肺毛细血管和间质腔三部分组成，见图 6-3。

肺泡由两种不同的肺泡上皮细胞组成，Ⅰ 型细胞体形扁薄，约占 95%，是肺泡壁的主要结构细胞，起支撑肺泡的作用；Ⅱ 型细胞其功能是合成、储存和分泌肺泡表面活性物质，有降低肺泡表面张力，保持肺泡大小相对稳定的作用，约占 5%。相邻肺泡之间的空隙称间质腔。

肺纤维化(lung fibrosis)临床也称特发性肺纤维化，后期所见的是间质纤维化，其病理特点是肺泡间质染色的胶原纤维数量增多，生化指标是胶原蛋白数量增加。

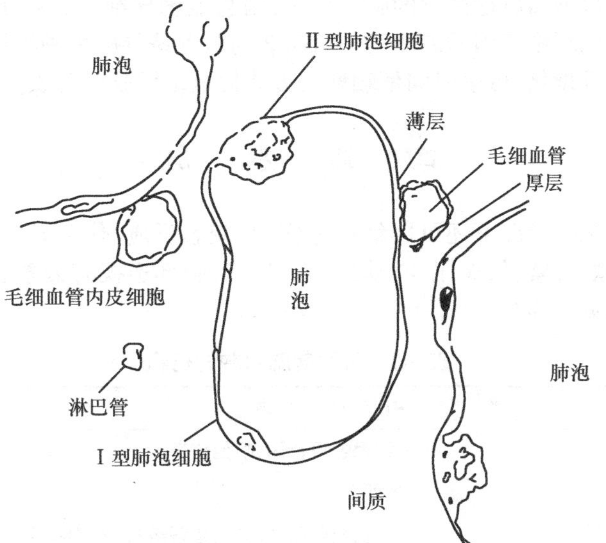

图6-3　肺泡、肺毛细血管和间质腔解剖结构示意图

药物引起间质性肺炎和肺纤维化发病情况可分为急性型和慢性型。急性型患者感到气促，X线胸片呈肺间质性炎性病变，停药后大多可恢复，但慢性发展到纤维化则吸收困难。用糖皮质激素治疗有一定疗效。

引起间质性肺炎和肺纤维化的药物包括甲氨蝶呤、博来霉素、胺碘酮、麦角新碱、肼屈嗪等。

博来霉素对肺脏上皮细胞和内皮细胞具有直接的细胞毒作用，能引起Ⅱ型上皮细胞增生及中性粒细胞、嗜酸粒细胞和巨噬细胞浸润，引起急性化学性肺炎，进而形成慢性肺纤维化，甚至呼吸衰竭。肺泡巨噬细胞等炎症细胞可释放肿瘤坏死因子、血小板衍生长因子等细胞因子，这些均对肺纤维化的形成产生作用，最后导致广泛肺纤维化。其病理特点是肺泡内蛋白性物质蓄积、毛细血管内皮细胞和Ⅰ型肺泡细胞的坏死，形成水肿和出血，迟延性Ⅱ型肺泡上皮细胞的增殖，最后肺纤维化使肺泡壁增厚。由于肺内缺少使博来霉素灭活的酶，因此，应用博来霉素期间应定期检查肺部情况，停药后注意随访，一旦发生肺部毒性反应，立即停止化疗，并用糖皮质激素治疗，可有一定效果。

环磷酰胺是免疫抑制剂和抗癌药，损伤全肺组织，可引起肺纤维化。其毒性机制可能是环磷酰胺被细胞色素P-450代谢成丙烯醛等活性代谢物，启动脂质过氧化作用。

引起肺损伤和纤维化的抗肿瘤药物还包括氯乙基亚硝基脲（BCNU）、白消安（二甲磺酸丁酯）、丝裂霉素C、金盐、苯丙氨酸氮芥和甲氨蝶呤，它们可引起间质胶原和Ⅱ型细胞增多。白消安和BCNU的肺损伤类似博来霉素，并伴有营养不良性钙化和肺骨化。丝裂霉素C对肺的毒性不如对骨髓，病理改变似博来霉素，有因肺损伤致死的报道。甲氨蝶呤引起的肺炎症明显，肺间质有单核细胞和嗜酸粒细胞浸润，肺内遍布多核细胞的结节性聚集。

胺碘酮为延长动作电位时程类抗心律失常药，长期应用约有10%的患者发生肺纤维化，甚至致死。胺碘酮可通过诱发机体的过敏反应，增加肺内巨噬细胞数目，并激活巨噬细胞等表达与分泌肿瘤坏死因子α（TNF-α）后者可与其他多种细胞因子，如血小板衍生生长因子、白介素-1、转化生长因子β（TGF-β）等协同作用，诱导纤维母细胞的增殖与活性，从而合成大量胶原纤维，导致肺纤维化。

卡莫司汀可导致急性肺纤维化，严重可致死。用药年龄与肺纤维化的程度及生存期的关系进行研究表明，与用药年龄密切相关，卡莫司汀治疗时的年龄越小，其死于肺纤维化的危险性越大。可能是由于发育中的肺组织对卡莫司汀的毒性更为敏感。

他莫昔芬被认为可增加放疗诱导的肺纤维化，因它能诱导细胞分泌 TGFβ，而 TGFβ 可抑制上皮细胞生长并引起成纤维细胞的趋化运动，TGFβ 与放射诱导的多种组织纤维化有关。

醛固酮可促进肺纤维化，可呈时间依赖性的方式促进组织胶原合成。

四、肺 水 肿

药物进入肺脏在某些情况下还可因细胞毒作用、变态反应、代谢异常等导致肺水肿。主要表现为突然气急、咳嗽、青紫、低血压、心动过速等症状，肺部透视有云絮状或大片状浸润阴影。可引起肺水肿的药物见表 6-1。

表 6-1 可引起肺水肿的药物

类别	引起肺水肿药物
镇痛药	美沙酮、可待因、喷他佐辛
镇静催眠药	地西泮
降压、利尿药	卡托普利、肼苯哒嗪、普萘洛尔、氢氯噻嗪、甘露醇、
钙拮抗剂	硝苯地平、地尔硫䓬、维拉帕米、
抗肿瘤药	甲氨蝶呤、多柔比星、丝裂霉素、环磷酰胺、阿糖胞苷

五、肺脂质沉积

一些具有阳离子双亲和性药物，可引起肺的脂质沉积。抗心律失常药物胺碘酮和减肥药对氯苯丁胺，阳离子双亲和性的化学结构，使得它们能与肺磷脂结合成难降解的复合物，抑制磷脂酶 A 和磷脂酶 B，干扰肺磷脂的正常代谢，使脂质在肺沉积。

胺碘酮可引起肺泡巨噬细胞和肺泡Ⅱ型细胞磷脂代谢的障碍，其基本病变是肺泡腔内泡沫细胞聚集、Ⅱ型细胞增生，最后引起肺间质纤维化。

六、鼻黏膜纤毛毒性

为了评价药物对鼻黏膜纤毛毒性，人们采用整体法，半在体法、离体法，以青蛙或蟾蜍为实验动物，以青蛙或蟾蜍上腭纤毛活动状态、动运持续时间等指标观察发现：给予盐酸普萘洛尔后，见有少量黏膜上皮脱落且纤毛运动立即停止。给予去氧胆酸钠后，黏膜表面杂乱，纤毛完全脱落，说明这两种药物对黏膜组织及纤毛运动有严重影响。盐酸普罗帕酮混悬液可使部分黏膜上皮脱落，残存纤毛的运动程度也均有减弱。电镜法的结果相仿，但损伤程度轻于盐酸普萘洛尔。对于上述严重影响鼻纤毛运动的药物，如制成滴鼻剂，则要考虑其纤毛毒性。

第 3 节 呼吸系统毒性的检测和研究方法

一、呼吸系统毒性的检测

呼吸系统毒性的检测常用的指标主要有两个方面：呼吸功能和形态学改变。

1. 呼吸功能 呼吸系统的主要功能是气体交换，当受到呼吸毒性药物或其他化学毒物作用时，往往会发生呼吸功能的改变，常用于人和实验动物呼吸功能的指标有如下几类：呼吸频率、肺通气阻力和肺顺应性、血气分析等。

2. 形态学检查　对呼吸系统产生毒性的药物，往往会引起形态学方面的变化。通过大体解剖和光镜观察，可发现急慢性的病理学改变。在研究药物对呼吸系统毒性时，观察要全面，除肺之外，鼻、喉、气道等均应观察。通过透射电子显微镜，可观察肺泡上皮细胞或毛细血管内皮细胞的退行性病变。

近年来，免疫组织化学方法、原位杂交技术、流式细胞分析等方法和技术已广泛应用于呼吸毒理学的研究，这些方法对研究药物对呼吸系统毒性的靶点（酶、蛋白质或特殊基因等）具有重要作用。

二、研究方法

1. 整体实验　应用整体动物研究药物对呼吸系统的毒性，对于全面系统了解药物对系统的毒性作用、毒作用靶点、毒性症状、恢复情况具有重要意义。常用于呼吸系统毒性研究的动物有大鼠、小鼠、豚鼠和仓鼠等。大鼠对慢性炎症、肺纤维化、肺癌的研究较为敏感，也常用于短期或长期吸入毒物的研究。豚鼠在呼吸道过敏反应的研究中使用较多，常用于制备哮喘模型。仓鼠对纤维诱导的肺间质皮瘤敏感，在工业毒理学研究中常常被用到。

2. 离体实验　离体实验由于排除了整体动物神经体液调节及反射性调节的影响，更适用于药物或毒物对呼吸系统损害的毒性机制的研究。常用的方法有离体肺灌流、离体气管或气管条、离体细胞培养等。

3. 支气管肺泡灌流　支气管肺泡灌流是用等渗的盐溶液冲洗和灌注气管与肺泡区表面，以便采集支气管和肺泡表皮脱落细胞和液体的一种方法，再通过对灌洗液细胞组成、功能特点及其他生化指标的分析，可对支气管肺泡区的炎性反应存在与否进行研究，从而判断毒性反应的严重程度和进展情况。

Summary

Drug-induced respiratory toxicity types mainly include respiratory depression, asthma, interstitial pneumonia & pulmonary fibrosis, pulmonary edema, pulmonary lipid deposition, nasal ciliotoxicity and so on. Their typical drugs are morphine, propranolol, bleomycin, captopril, amiodarone and propranolol, respectively.

思考题

1. 药物对呼吸系统毒性类型主要有哪几种？
2. 长期应用可引起肺纤维化的药物有哪些？

（谭毓治）

第7章 药物对神经系统的毒性作用

教学要求

1. 掌握药物对神经毒性的特点和常见的损害神经系统的药物
2. 熟悉神经系统的生理结构、功能与特点
3. 熟悉药物对神经系统的毒性作用类型与机制
4. 了解神经系统毒性的研究方法

神经系统是机体情感、思维、运动、神经内分泌功能、免疫功能及循环功能调节的中心。中枢神经系统是接受并且来自周围神经系统、内分泌系统和免疫系统的信息,整和这些信息并做出相应的反应。实际上神经系统在全身生理调控方面发挥主要作用,所有生理功能均受神经系统的影响和控制。因此,神经功能障碍所造成的危害远远超过了神经系统本身,而其他系统功能失调反过来也会改变神经系统的功能。同时,神经系统也容易受到许多毒物或药物的损伤。

第1节 神经系统结构、功能及特点

神经系统包括中枢神经系统(central nervous system,CNS)和周围神经系统(peripheral nervous system,PNS)两部分。中枢神经系统是位于颅腔和椎管内,包括脊髓和脑。周围神经系统是颅腔和椎管以外的神经系统,按功能可将周围神经系统分为传入神经(感觉)和传出神经(运动、植物神经)。

神经组织由神经元(neuron)和神经胶质细胞(neurogliocyte)组成。由相同功能的神经元和与之共生的神经胶质细胞以及内稳态组成的神经功能网络(functional network)是神经系统对机体各种功能活动调节的基础。

神经元能感应刺激和传导兴奋,是构成神经系统的结构和功能的基本单位。根据神经元的作用,可将其分为中间神经元、运动神经元、感觉神经元和神经内分泌神经元。神经元由胞体和突起(树突和轴突)两部分组成。神经元之间和神经元与效应器之间的接触形成了突触。神经冲动在神经纤维上的传导是依靠局部电流完成的;突触传递是通过突触末稍的神经递质释放来实现的。

神经胶质细胞与神经元不同,它们是可以分裂增殖的,其功能除对神经元起支持、保护、营养和绝缘等作用外,参与并保证神经元的功能活动,参与神经组织的生长发育过程。在中枢神经系统胶质细胞中,星型胶质细胞(astrocyte)与神经代谢、修复和神经元损伤密切相关,并支持血脑屏障作用;少突胶质细胞(oligodendrocyte)富含类脂质,围绕着中枢神经系统的轴突构成具有电绝缘作用的髓鞘,具有神经元的保护作用;小胶质细胞(microglia)具有吞噬作用;施万细胞(Schwann cell)在周围神经系统中,包裹着轴突形成髓鞘。

神经系统的特点表现在:血-脑屏障的存在保障了神经系统的独特地位;大脑对高能量需求的重要性;NS 的空间延伸,(轴索转运);保持脂质在脑中的丰富含量;通过突触间隙传递信息。

一、血-脑屏障(blood-brain barrier,BBB)

普通毛细血管内皮细胞之间存在4nm的间隙,可允许那些不能通过内皮细胞的物质通过,除了脂溶性的物质跨膜转运外,普通毛细血管中还存在丰富的胞饮作用。脑组织的毛细血管内皮细胞紧密相连,毛细血管外表面又为星形细胞所包围,形成了血浆与脑脊液之间的屏障即血-脑屏障,同时缺乏胞饮作用,限制了药物或其他物质的跨膜转运(图7-1)。只有一些脂溶性高的、非解离性药物或化合物可以通过血-脑屏障和完整的细胞膜。

应注意的是血-脑屏障对脊柱、神经节及脑部某些组织没有保护作用,受血-神经屏障(blood-nerve barrier,BBB)保护,血-神经屏障是由神经内膜中的血管与神经外鞘的扁平细胞提供。其作用不如血-脑屏障,因此,神经毒性对脊神经节比对中枢神经的神经细胞更敏感。

新生儿的血-脑屏障没有完全形成,早产儿的血-脑屏障则发育更差。这就使得新生儿、早产儿的大脑容易受到那些正常情况下无法进入神经系统的毒性物质的伤害,如游离胆红素较高,易致新生儿、早产儿核黄疸。

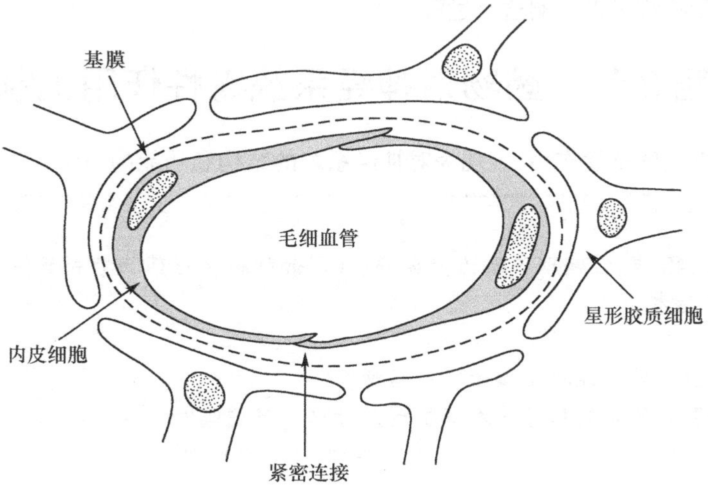

图7-1 血-脑屏障示意图

二、能量需求

神经系统的新陈代谢较快,如正常成人脑只占体重的2.5%,而脑的供血量却占全身供血量的15%;脑的耗氧量占全身耗氧量的20%。每100g脑组织每分钟需供血量50ml,耗氧量3.5 ml,消耗葡萄糖5.5 mg,以维持正常的能量代谢需要。因此神经系统不仅受外源化合物的直接作用,也因缺氧、缺血和低血糖而间接受损。

三、轴突转运

轴突转运系统可以把神经元合成的蛋白质从胞体转运到轴突的适当位置(神经元具有远距离分配物质的能力)。来自细胞体的蛋白质可顺向或逆向转运。神经元通过轴突转运可以向远处的轴突提供维持其功能和结构的蛋白。一些小囊泡也能逆向移动,向神经元胞体提供远端轴突的状态信息。神经元与轴突的这种关系,对认识药物对神经系统的毒性作用有重要意义。当神经元胞体产生致死性损害时,会沿着它的整条突起产生变性,具有神经元胞体及全体突起缺损的特征。神经元不能再生。当损害只局限于轴突水平时,轴突发生变性,而神经元胞体可以继续存活,这种病理变化称为轴突病(axonopathy)。当轴突残干再生时,损害的轴突有可能再生和恢复。但也有例外,如有机磷酸脂类引起的迟发性神经毒性,表现为选择性损害轴突和树突,病变自神经纤维远端开始,沿轴突向近端发展波及细胞体,形成"返死性神经元病"(dying-back neuropathy)。

四、髓鞘的形成与维护

在 CNS 和 PNS 中髓鞘分别由少突胶质细胞和施万细胞形成。髓鞘的维持依赖于许多膜蛋白以及髓鞘双层中特殊的脂质代谢。很多毒性物质或药物能干扰这个复杂的过程,导致髓鞘病。因此,要保持脂质在脑中的丰富含量。

五、神经递质

在神经系统中是依赖突触来传递细胞间的信息。一个神经元释放神经递质作为第一信使,这个递质作用于突触后受体使离子铁的通道开放或第二信使激活,导致细胞发生一系列变化。很多治疗药物和毒物都可以影响这个过程。

第 2 节　药物对神经系统毒性作用机制

药物对神经系统的毒性作用,表现为对神经系统的结构和功能的损伤。

案例 7-1

患者,女性,48 岁,经病理证实为卵巢癌,外周静脉给化疗药物紫杉醇,一周后出现手足感觉异常,指端麻木。

问题:

1. 紫杉醇引起的神经损害属于哪种类型?
2. 紫杉醇引起的神经损害其发病机制是什么? 可逆吗?

一、神经元损害

有些药物或毒性物质专门针对神经元,导致神经元损伤或死亡,称为神经元病(neuronopathy)。神经元损伤包括细胞浆、树突、轴突和髓鞘的变性,这些损伤是不可逆的。如果神经元的代谢率高、胞体支持的细胞周期长以及生物膜快速除极和复极,毒性物质对神经元的损害将会更大。可致神经元损伤的药物见表 7-1。

表 7-1　可致神经元损伤的药物

药物名称	神经症状	神经毒性细胞学基础
氯霉素	视神经炎、周围神经病	视网膜上神经元缺损、PNS 神经元变性
多柔比星	渐进性共济失调(动物)	背侧神经根细胞变性,PNS 神经元变性
乙醇	智力低下、听力障碍	小头畸形 大脑畸形
苯妥英钠	眼球震颤、共济失调	小脑 Purkinje 细胞变性
奎宁	视野缩小	视网膜神经节细胞空泡变性
链霉素	听力损伤	内耳细胞变性
维生素 E	震颤、兴奋过度(动物)	海马神经元缺损、杏仁核梨形皮层缺损

多柔比星通过嵌入DNA和干扰转录损伤PNS神经元，特别是背侧根部的神经节和自主神经节的神经元。这种对周围神经节细胞的选择性损伤已在动物实验中得到证实。由于这种神经节中的感觉和自主神经节没有血-脑屏障的保护，或者说血-神经屏障功能有限，因此，这些神经容易受到损伤。动物实验显示，如果破坏血-脑屏障，多柔比星可产生更广泛的毒性，损害皮层神经元和皮层下脑核神经元。

给予动物6-OH多巴胺后可以产生周围神经交感神经切除术的效果。6-OH多巴胺通过一定的摄取机制很快被转运到神经末梢，自身氧化后产生的氧化物质可以选择性的破坏交感神经。交感神经变性导致非偿性的副交感神经紧张，使心率减慢，胃肠道功能亢进。

氨基苷类抗生素具有前庭毒性、耳蜗毒性，庆大霉素对前庭毒性大于耳蜗毒性，链霉素、卡那霉素、阿米卡星则对耳蜗毒性大于前庭毒性，萘替米星与依替米星实验证实耳毒性低于庆大霉素和阿米卡星。耳毒性发生机制可能是内耳淋巴液药物浓度过高，损害内耳柯蒂器内、外毛细胞的糖代谢及能量代谢，导致内耳毛细胞膜上钠钾离子泵发生障碍，从而使毛细胞受损。

MPTP(1-甲基-4苯基-1,2,3,6-四氢吡啶)是哌替啶合成过程中的产物，其代谢物可以进入黑质，使多巴胺神经元变性甚至坏死。MPTP被证实从几小时到几天可以产生不可逆的帕金森病。尸解研究证实黑质中的多巴胺神经元可以发生明显的变性。药理实验中将其作为制备帕金森动物模型的工具药。

二、轴突损害

轴突损害是指毒性物质主要作用于轴突本身引起的损害。髓鞘包绕的轴突发生变性，而神经元的胞体仍保持完整。顺着轴突的长轴方向，毒性物质导致轴突"化学性横断"，即轴突远端发生横断性变性。

CNS与PNS轴突变性不同之处在于：PNS轴突可以再生，而CNS轴突不能再生。在PNS中神经胶质细胞和巨噬细胞可以给轴突的再生提供支持；而CNS从受损的髓鞘释放一种抑制因子，使星形胶质细胞形成瘢痕，干扰其再生。这种差异的相关性在于：PNS轴突变性后可以部分或完全恢复，而在CNS中这种变性是不可逆的。

轴突病变可以认为是轴突发生化学性横断的结果。现在有轴突毒性的药物越来越多。当轴突发生变性使，肢体远端的感觉和运动功能最早受累，导致"手套和袜子"神经病。随着时间的推移和损害的加重，会逐渐累及脊髓的长轴和近端的体表。可导致轴突损伤的药物列于表7-2。

表7-2 可导致轴突损伤的药物

神经毒剂	神经症状	神经毒性细胞学基础
氯喹	周围神经疾病，虚弱，无力	根背侧神经节轴突变性
秋水仙碱	周围神经疾病	轴突变性、神经元和微管聚集
氨苯砜	周围神经疾病主要累及运动功能	轴突变性
格鲁米特	周围神经疾病主要累及感觉功能	资料不充分
肼屈嗪	周围神经疾病	资料不充分
异烟肼	周围神经疾病，主要累及感觉功能，高剂量使出现共济失调	轴突变性
锂	昏迷、震颤、共济失调(可逆的)	资料不充分
甲硝唑	周围感觉神经疾病、共济失调、抽搐	轴突变性、有髓纤维受影响大、小脑神经核受损
呋喃妥因	周围神经疾病	轴突变性
紫杉醇	周围神经疾病	轴突变性、早期出现微管堆积
长春新碱	周围神经疾病	PNS中轴突变性，脊髓、鞘内神经丝改变

有机磷酸酯类(organophosphorus ester)是难逆性胆碱酯酶抑制剂,常被用作杀虫剂和塑料、石油产品的添加剂,它可以抑制乙酰胆碱酯酶,造成乙酰胆碱过剩。某些疏水性有机磷酸酯类很易进入神经系统,在神经系统中可使生物大分子磷酸化或烷基化,导致迟发性神经毒性。然而并不是所有的抑制胆碱酯酶的有机磷酸酯类都会导致神经毒性,说明胆碱酯酶可能不是其靶点。有机磷酸酯类可攻击多个靶点(酯酶),其中神经病理靶向酯酶(NET)的活性只能被具有神经毒性的有机磷酸酯类抑制。并且证实有机磷酸酯类对轴突毒性特异性的大小与NET抑制剂的强度之间存在着很好的相关性。

在急性大剂量接触有机磷酸酯类之后,并不会立即出现轴突病变的临床症状,一般会延迟7~10天,在PNS中轴突受到损伤后会很快得到修复,但反复接触此类毒物对变性可以产生耐受性。相反,脊髓长轴的轴突变性是渐进性的。有机磷酸酯类引起的迟发性神经毒性,病变有可能沿轴突向近端发展波及到细胞体,形成“返死式神经病”。

长春新碱(vincristine)、秋水仙碱(colchicine)和紫杉醇(paclitaxel,taxol)可引起微管相关性神经毒性。微管是构成细胞骨架和有丝分裂纺锤体的重要部分,也是轴突运输所必需的。它是神经毒物作用的易感位点之一。长春新碱和秋水仙碱可以与微管蛋白结合,抑制微管蛋白的亚单位形成微管,导致轴突运输的障碍,从而引起周围神经病。紫杉醇与长春新碱、秋水仙碱比较,轴突的形态变化是不同的,长春新碱和秋水仙碱的作用下轴突出现萎缩,轴突中很少有微管结构。相反,在接触了紫杉醇后轴突中微管大量聚集。但两种情况都会干扰轴突的快速转运,临床上患者都会出现周围神经病。

三、髓鞘损害

髓鞘可以为神经活动提供电绝缘保护。髓鞘缺损可以造成传导减慢,临近神经元的神经冲动传导紊乱。接触毒物可以导致髓鞘薄片剥离,即髓鞘内水肿(intramyelinic edema),髓鞘内水肿可以由碱性蛋白mRNA转录水平的改变引起,早期是可逆的;或选择性髓鞘缺损(demyelination)。在CNS中脱髓鞘后只有一小部分的髓鞘可以再生。在PNS中施万细胞具有髓鞘再生能力。如周围神经系统发生节段性脱髓鞘后,多个施万细胞进行髓鞘再生,会是结节体比正常长度短,从而成为脱髓鞘后留下的永久痕迹。

脱髓鞘所引起的症状取决于脱髓鞘的范围,如局限于中枢神经系统,则长上产生中枢神经系统障碍;如局限于外周神经系统,可以产生周围神经疾病;如弥漫性髓鞘病可以产生中枢和外周神经系统功能障碍性疾病。如胺碘酮是广谱抗心律失常药物,对心肌细胞多种离子通道都有抑制作用。它可以引起周围神经轴突变性和脱髓鞘,使施万细胞内充满脂质的溶酶体,引起周围神经疾病。哌克昔林是钙拮抗剂,该药可以导致周围神经脱髓鞘疾病。

四、影响神经递质功能

很多天然物质和化学合成药物都可以干扰神经传递过程,它们可以干扰神经冲动的传递,阻碍或加强突触间传递,阻碍神经递质的再摄取,干扰受体和第二信使系统。因为药物的靶位点遍布全身,所以应答反应是非局限性的。短期应用这些药物,其毒性反应是可逆转的,长期应用也可以造成不可逆的影响。这些药物的毒性机制与药理学作用机制是一致的。

1. 神经递质合成、代谢的改变和干扰神经递质的储存或释放与神经毒性 可卡因和安非他明可以抑制突触前膜摄取单胺类神经递质的酶,增加突触间隙多巴胺和去甲肾上腺素的浓度引起神经毒性,如图7-2。麻黄碱通过促进单胺类神经递质释放引起神经毒性。

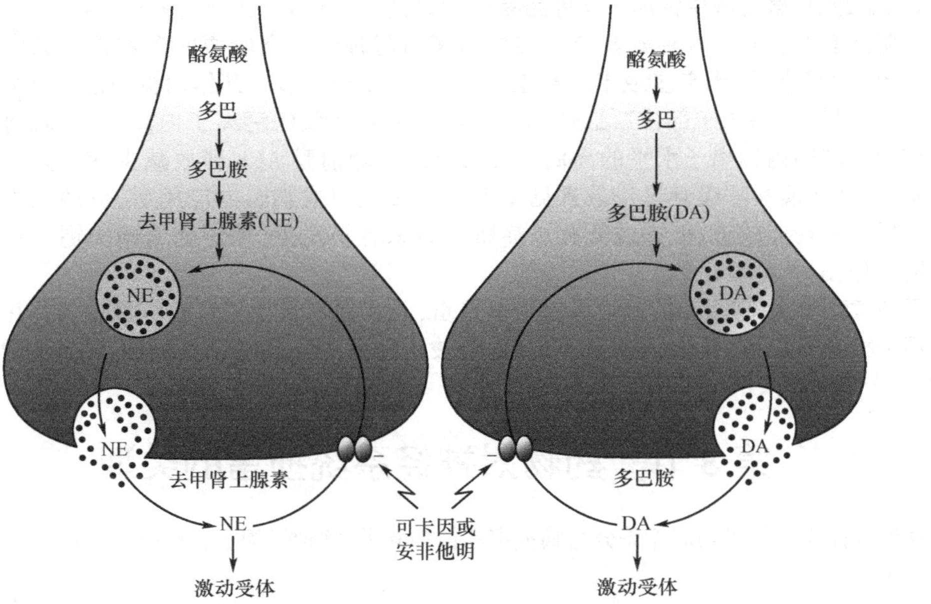

图 7-2 NE、DA 神经递质合成、储存和释放

利舍平常引起精神抑郁,因能干扰递质储存,耗竭去甲肾上腺素和多巴胺递质,导致精神抑郁,表现为情绪低落,言语减少,精神运动迟缓,常自责,甚至自杀。

异烟肼对神经系统的毒性作用可以表现在中枢和外周。常见的反应为外周神经炎,表现为手足麻木;中毒性的精神病,出现精神紊乱、不安、欣快、失眠等,还有步态不稳、肌肉震颤、抽搐甚至惊厥。其作用机制是异烟肼和维生素 B_6 结构相似,可以竞争同一酶系,使维生素 B_6 的排泄增加而致体内缺乏所致。维生素是 B_6 是氨基酸转氨酶和脱羧酶的辅酶,产生外周神经炎。当维生素 B_6 缺乏时,谷氨酸生成 γ-氨基丁酸出现障碍,引起中枢兴奋、失眠、烦躁不安、肌肉震颤,甚至惊厥、诱发精神病和癫痫发生。可用维生素 B_6 防治。具有精神病和癫痫患者慎用。

2. 受体、细胞信号传导与神经毒性 氯丙嗪(chlorpromazine)是抗精神失常药,其作用机制主要是阻断中枢多巴胺受体。其中阻断中脑皮质通路和中脑边缘系统通路的多巴胺受体,产生抗精神病作用。阻断黑质-纹状体通路的多巴胺受体会产生锥体外系功能障碍。临床表现为:①帕金森综合征(Parkinsoism):表情呆板,肌张力增高,动作迟缓,肌肉震颤、流涎等。② 静坐不能(akathisia):坐立不安,反复徘徊。③急性肌张力障碍(acute dystonia):多出现用药后 1~5 天。表现强迫性张口、伸舌、斜颈、吞咽困难、呼吸运动障碍等。④迟发性运动障碍(tardive dyskinsia),表现头面部不自主刻板运动,舞蹈样手足徐动症,出现口-舌-颊三联征,如吸允、舔舌、咀嚼等。早期发现停药可以恢复,也有停药后很难恢复,应用胆碱受体阻断药反而使之加重。造成迟发性运动障碍的原因可能与氯丙嗪阻断突触后膜多巴胺受体,使多巴胺受体数目增加,受体上调有关,目前尚难治疗。

烟碱广泛存在于烟草制品中,吸烟、药物剂量的烟碱可以兴奋外周神经的 N 受体,引起心率加快、血压升高、皮肤血管收缩等症状;兴奋中枢神经的 N 受体,表现为中枢兴奋(提神)、轻松,同时伴有脑电图变化。短期大量摄入烟碱后,对烟碱受体的作用可以表现出双相性,开始导致烟碱受体兴奋,兴奋过度会引起神经节和中枢神经的麻痹。表现为早期的恶心、心率加快、中枢兴奋,之后会出现明显的心率减慢、血压降低,还可以出现意识紊乱和昏迷。这种急性烟碱中毒在生活中是比较少见的。常见烟碱对神经系统的毒性表现在怀孕期间吸烟的妇女所生的孩子会出现注意力缺陷和认知障碍。

阿托品可进入中枢,通过阻断 M 受体,产生中枢兴奋、幻想,大剂量可以由兴奋转入抑制,引起中枢麻痹,昏迷甚至呼吸、循环衰竭。

3. 在细胞信号传导中钙离子与神经毒性　如氨基糖苷类抗生素、多黏菌素、新霉素等可引起神经肌肉麻痹。其中各种氨基糖苷类抗生素引起神经肌肉麻痹的严重程度顺序依次为妥布霉素<庆大霉素<阿米卡星或卡那霉素 < 链霉素 < 新霉素。其作用机制是药物可以与神经末梢突触前膜的“钙离子部位”结合，从而抑制了突触前膜的钙离子内流，神经肌肉耦联的形成是依赖于细胞内钙离子水平的高低，因此，导致突触前膜 ACh 释放减少，引起心肌抑制、血压下降、肢体瘫痪和呼吸衰竭。最常见于大剂量腹膜内或胸膜内应用后，也偶见于肌肉或静脉注射后。肾功能减退、血钙过低及重症肌无力患者易发生，服用葡萄糖酸钙和新斯的明可起到防治作用。

甲基黄嘌呤、咖啡因和茶碱常引起中枢兴奋，儿童大剂量使用可致惊厥。其作用机制是通过作用于相应的 G 蛋白耦联型受体，激活腺苷酸环化酶，使 cAMP 活性增强，并且同时抑制磷酸二酯酶，产生中枢兴奋作用。

第 3 节　药物对神经系统损害的类型

药物按损伤部位和功能障碍分为脑损害和精神异常、脑神经损害、脊髓损害、精神异常、周围神经损害等。

一、脑　损　害

脑损害可由于药物的直接毒性作用和变态反应而发病。药物引起的脑损害其病变包括炎性反应、弥漫性出血和髓鞘性病变。

药物所引致脑炎多由疫苗和抗毒血清引起，例如狂犬疫苗、牛痘疫苗、百日咳菌苗、破伤风抗毒素、白喉抗毒素蛇毒血清，是由变态反应所致。表现为头痛、意识障碍、失明、癫痫发作及各种局限性神经系统体征，死亡率高。据报道，磺胺甲噁唑-甲氧苄啶可致无菌性脑膜炎多次发作。青霉素脑室或鞘内注射，或大剂量静脉点滴可引起脑损害，出现意识障碍、肌阵挛、抽搐等。萘啶酸对神经系统的毒性可引起感觉障碍、视力下降、头痛、呕吐、意识模糊。

苯妥英钠、三甲双酮、吩噻嗪类、丙米嗪、利多卡因可以使兴奋递质增多而抑制递质减少，兴奋与抑制失衡导致癫痫发作。

药物引起的脑血管损害包括：①四环素类，喹诺酮类、磺胺类、维生素 A、维生素 D 和肾上腺皮质激素可致良性颅内压增高。其临床表现为头痛、呕吐、视神经乳头水肿，一般无局限性神经系统体征，脑脊液成分和脑室系统正常，及时停药，适当脱水降低颅内压治疗，预后良好。②肝素、双香豆素、6-氨基己酸、链激酶等抗凝血药可致严重的并发症颅内出血。③硝酸甘油可致脑梗死。④雌激素可致颅内动脉、静脉、静脉窦血栓，是由于长期用药，血中雌激素水平升高，促进血液凝固，同时减慢血流，导致血栓形成等。

主要是抗精神分裂症药物如吩噻嗪类、丁酰苯类、硫杂蒽类等。临床症状表现为肌张力增高、表情少、步态异常、静止性震颤、语言障碍。

甲基汞、乙醇、苯妥英钠、呋喃坦丁、甲喹酮可以引起小脑综合征。临床表现：肌张力增强或降低，姿态异常，共济失调，步态蹒跚。

二、脑神经损害

药物引起的颅神经损害主要有视神经损害和耳毒性。

乙胺丁醇、异烟肼、氯霉素、青霉素、普鲁卡因青霉素、地高辛、氯磺丙脲、甲苯磺丁脲、保泰松、麦角碱、奎宁、氯碘喹啉及有机砷可以损害视神经，但不多见。

氨基糖苷类抗生素、依他尼酸、呋塞咪、水杨酸盐、奎宁、奎尼丁等可以损害第Ⅷ对脑神经引起前庭功能和耳蜗神经的毒性。

三、脊髓损害

药物损害脊髓的表现有脊髓炎、上行性麻痹、脑脊髓神经根炎、下肢迟缓性瘫痪、蛛网膜下腔阻塞、蛛网膜炎、永久性脊髓炎等。如大剂量造影剂作股动脉至腹主动脉造影可产生横贯性脊髓炎,多数患者可致痉挛性截瘫后遗症;接种狂犬疫苗后可产生急性上行性麻痹;破伤风疫苗可致胸腰段脊髓炎;鞘内注射青霉素会引起永久性脊髓损伤;鞘内注射皮质激素易致蛛网膜炎。

四、精神异常

案例 7-2

患者,男性,65岁,因发热体温38.4℃,尿频尿急尿痛腰痛,尿常规检查蛋白(+),红细胞(-),白细胞(++)。诊断为泌尿系统感染。给诺氟沙星0.2g,3次/日,口服。第3日出现精神症状,狂躁,多动,砸东西,语无伦次,幻视幻听。诊断为诺氟沙星毒副反应。停药、更换抗菌药及对症处理后完全恢复正常。

问题:

1. 所致精神症状如何解释?
2. 哪些中枢性疾病应回避使用诺氟沙星?

药物引起的精神反应较多见,一般不严重。可引起严重的精神异常的药物主要是抗精神病药物镇静催眠药、抗组胺药。常与剂量和疗程有密切关系。药物导致精神异常表现多样化。类似精神分裂症与情感性精神病,可导致人格分裂,并出现幻想与妄想。异烟肼可引起的中毒性的精神病,出现精神紊乱、不安、欣快、失眠。利舍平会引起精神抑郁,因能干扰递质储存,耗竭去甲肾上腺素和多巴胺递质,导致精神抑郁,表现为情绪低落,言语减少,精神运动迟缓,常自责,甚至自杀。糖皮质激素通过提高中枢神经系统的兴奋性,出现欣快、失眠、激动甚至精神错乱。

喹诺酮类药物(如诺氟沙星、环丙沙星、依诺沙星)的部分结构与γ-氨基丁酸(GABA)拮抗剂相似,干扰GABA与受体结合,阻断GABA的中枢抑制作用,引起中枢兴奋,出现头晕、头痛、失眠,严重时导致精神症状,包括谵妄、恐惧、震颤、神经错乱、惊厥等。

五、周围神经损害

异烟肼、长春新碱、秋水仙碱可以引起周围神经损害。临床表现为感觉过敏如出现蚁行感、烧灼感、针刺感、皮肤麻木感;感觉迟钝如对温、冷、触、痛反应迟钝或消失。

第4节 神经系统毒性研究方法

随着神经与行为科学的发展,神经毒性评价指标和体系日益完善。在评价毒物毒性时,这些方法可以互相补充,现象可以得到很好的解释。神经系统相当复杂,单一的指标很难全面评价毒物的神经毒性,所以神经毒性评价的主要研究方向是把不同的指标组合起来进行成套实验。主要包括建立动物模型、形态学方法、电生理学方法、生化和分子生物学方法、神经细胞培养方法等。

1. 建立动物模型 选用对药物敏感性非常接近人类的动物,建立模拟人体神经系统病变的动物模型,将其应用于神经系统毒理学的研究,对阐明药物的中毒机制,寻找防治药物具有十分重要的意义。例如,利用 MPTP(1-甲基-4 苯基-1,2,3,6-四氢吡啶)其代谢物可以进入黑质,破坏巴胺神经元使其变性甚至坏死。可以制造帕金森病动物模型。研究这种疾病的治疗药及治疗方案。

2. 形态学方法 神经病理学的形态或组织学改变是确认神经损害及其病变程度的重要手段,也是确认神经毒性的最经典方法。一般首先进行肉眼观察。其次在光学显微镜下观察基本的病变,确定病变脑区后,可进一步作电镜检查。

3. 电生理学方法 神经电生理学指标已广泛应用于实验和临床研究。目前的方法主要用于评价感觉和运动神经的传导速度、神经肌肉功能、中枢感觉投射和脑电改变,常用方法见表 7-3。

表 7-3 应用神经电生理学检测神经毒性的方法

方法	测试功能	用途及特点
运动神经最大传导速度	粗大外周运动神经功能	应用较多,敏感性差,主要检测胫、尺神经
慢运动纤维传导速度	细长小神经功能	应用较少
感觉神经传导速度	感觉神经功能	技术要求高,主要检测正中、腓神经
肌电图	神经肌肉功能、去神经 状况和远端神经功能损害	去神经超敏感性引起重复电波、精细电极评价单条神经功能
脑电图	警觉性、脑损伤、兴奋状态	损伤定位
感觉诱发电位	中枢感觉通络	视觉、听觉、躯体感觉反应

4. 生化方法 根据神经病理变化与神经生物化学变化密切相关,其中一些敏感指标被作为神经毒性标记在临床和研究中应用。当神经毒物代谢发生障碍时,神经的能量代谢、糖、蛋白质及脂肪含量,RNA 和 DNA 及脑磷脂等含量会发生变化,可以测定各种成分的含量来反应病变及其程度。溶酶体酶、β-葡萄糖醛酸酶、β-半乳糖苷酶及酸性磷酸酶等的测定,可用于观察神经变性。测定神经递质及其有关的酶,有助于探讨毒物作用机制。

5. 神经细胞培养的方法 离体的神经、组织和细胞,在培养基中生长与分化,可用于神经系统毒理学的研究。脑、脊髓、神经节以及整个胚胎在适宜的培养基中都可以进行离体培养,采用电生理学、形态学、生化和分子生物学等多种手段,用于神经毒性的评价及作用机制的分析。

Summary

According to the different target of nervous to xicants, the effects of nervous toxicty may be divided into neuronal damage including the cytoplasm, dendrites, axon and myelin degeneration, axon damage caused byitself, myelin damages which lead to slower conduetion and disorder of the nerve impose conduction near the neurons, and impacts on the neurotransmitter's functions.

思 考 题

1. 药物对神经系统毒性类型主要有哪些?
2. 导致锥体外系功能障碍的药物有哪些?并简述其产生的原因及如何治疗?

(张晓一)

第 8 章　药物对内分泌系统的毒性作用

教学要求

1. 掌握药物对内分泌系统的毒性及作用及机制
2. 熟悉内分泌系统的结构、功能与特点
3. 了解内分泌系统毒性的检测和研究方法

内分泌毒理学主要研究化学物质或药物影响内分泌过程(包括激素的合成、分泌、调节和效应)和对内分泌腺体或细胞的损伤作用及机制。随着工业化的发展以及各种新药的上市,对内分泌系统产生毒性的物质逐年增多。内分泌器官在化学性损伤中,肾上腺损伤最为常见,其后依次为甲状腺、胰腺、垂体和甲状旁腺。与其他器官毒性作用相比,内分泌在药物或毒物作用下肿瘤的发生率较高,常见的是甲状腺、垂体和肾上腺肿瘤。

第 1 节　内分泌系统的组成和生理功能

内分泌系统是由内分泌腺和分散存在于某些组织和器官中的内分泌细胞组成的一个体内信息传递系统,它与神经系统相互联系,对体内外环境变化产生应答,共同调节机体的生理功能和内环境的稳定。内分泌主要的形态学特征是无导管系统,与一般的腺体在结构上的不同是没有排泄的管道。内分泌腺主要包括脑垂体、甲状腺、胰腺、肾上腺、甲状旁腺和性腺等。内分泌腺的结构特征是腺细胞排列成索状、团状或围成泡状,体积和重量都很小,有丰富的血管和神经通过。分泌多肽激素的内分泌细胞具有完善的粗面内质网结构和一个发达的高尔基体。激素在内质网中合成,然后在高尔基体中包装成颗粒。内分泌细胞中储存了大量的分泌颗粒,当细胞接收的特定的激素分泌信号时,微丝可以收缩将分泌颗粒导向细胞外缘,进行量子化释放。内分泌激素根据对靶器官距离不同可分为远距离分泌、旁分泌、自分泌和神经分泌。

第 2 节　药物对内分泌腺体的毒性作用

一、甲　状　腺

案例 8-1

患者,男性,38 岁,因甲状腺功能亢进,在医师建议下服用抗甲状腺药甲巯咪唑一年,甲亢症状控制良好,近来发现甲状腺部位肿大。

问题:

1. 患者为什么会出现甲状腺肿大?
2. 如何治疗甲状腺肿大?

甲状腺为人体最大的内分泌腺体,重约 15~25 克。甲状腺内有许多大小不等的腺泡,腺泡主要由腺泡上皮细胞构成,上皮细胞之间尚有少量的滤泡旁细胞。腺泡腔内充满胶质。胶质是腺泡上皮细胞分泌，主要成分是甲状腺球蛋白。滤泡旁细胞分泌降钙素。药物对甲状腺的毒性作用可能是多方面的，从甲状腺对碘的浓集、碘化酪氨酸形成、T_3、T_4的释放等过程都可能产生影响。药物对甲状腺的毒性作用临床上主要有三方面的表现：①甲状腺功能增强的表现，受累腺组织增生肥大，功能亢进，甲状腺激素分泌过多，基础代谢率显著增高，临床出现甲亢症状。②更多的情况是甲状腺功能低下，受累腺体组织体积增大，重量增加，腺泡腔扩大，大量胶质淤积；少数药物引起甲状腺萎缩，患者基础代谢率下降，临床出现甲状腺功能减退的症状。③甲状腺肿瘤。

药物对甲状腺损伤的机制尚未完全明了，但主要有以下两个方面。

1. 药物对甲状腺的直接作用　药物通过抑制甲状腺对碘的摄取、合成以及释放等机制影响甲状腺功能。有些药物因为降低了血中的T_3、T_4水平，反馈性的引起TSH分泌增多，作用于甲状腺，导致腺体的增生肿大，严重病例可出现压迫症状。药物对甲状腺毒性作用机制具体表现为以下几种方式。

（1）抑制甲状腺对碘的浓集：甲状腺是人体唯一能够浓集和利用碘的内分泌腺体，甲状腺含碘量占全身碘量的90%，甲状腺能够高度的浓集碘是因为腺泡上皮基膜上存在碘转运蛋白，它通过Na^+，K^+-ATP提供能量将碘逆浓度差转运入腺泡腔内。一些化学物质如ClO_4^-、TcO_4^-、RcO_4^-、SCN^-、Br^-和NO_3^-等可以和碘竞争碘转运蛋白，从而抑制碘在甲状腺的浓集。如给予TSH（促甲状腺激素）则促进碘在甲状腺的浓集。

（2）抑制过氧化物酶：临床用于治疗甲亢的药物有硫氧嘧啶类的甲巯氧嘧啶、丙硫氧嘧啶和咪唑类的甲巯咪唑、卡比马唑，这些药物通过抑制过氧化物酶，使甲状腺内浓集的碘不能够氧化成活性碘，从而阻止了酪氨酸的碘化以及碘化酪氨酸的缩合，甲状腺合成T_3、T_4减少。长期使用本类药物可使血清中甲状腺素水平显著下降，TSH分泌增多，以至增生、肿大、充血，严重者出现压迫症状。杀草强抑制甲状腺过氧化物酶，慢性中毒TSH分泌增多，以至甲状腺增生、肿大，并且可诱发其肿瘤。磺胺、氨基三唑也是通过这种机制影响甲状腺的功能。

（3）抑制甲状腺激素的释放：过多的碘能够抑制甲状腺激素的分泌，可能引起患者甲状腺肿大和功能低下。临床上使用大剂量的碘化物作为甲状腺功能亢进的短期治疗，目的是短时间内降低血清中的甲状腺素水平。大剂量的碘通过抑制甲状腺球蛋白水解，使已经合成的甲状腺素不能从球蛋白分离；其次，大剂量的碘对甲状腺过氧化物酶有抑制作用，使T_3、T_4合成减少；另外，大剂量的碘对垂体分泌TSH有抑制作用，甲状腺腺体萎缩。碳酸锂主要用于治疗躁狂症，其不良反应就有甲状腺机能低下，锂盐能抑制甲状腺素的释放，对甲状腺素的合成也有影响。

2. 药物对甲状腺的间接作用　某些毒物，如锰、汞、二硫化碳能够导致甲状腺功能损害。这些药物可以作用于中枢神经，刺激下丘脑和腺垂体分泌过多的促甲状腺激素，导致甲状腺增生肥大，功能亢进，甲状腺素的分泌过多反过来又会影响中枢神经功能，加重中枢神经系统的功能紊乱，形成恶性循环。因此，这类药物中毒的患者既有甲状腺损害的表现同时伴有中枢神经系统症状。

二、肾　上　腺

案例8-2

患者，女性，22岁，因系统性红斑狼疮服用泼尼松6月余，症状控制良好，自行停药一周，昨日感冒、发热，今日突感恶性、呕吐、乏力，出现低血压、休克。

问题：

1. 患者发生低血压、休克的可能原因是什么？
2. 如何有效处理低血压、休克？

肾上腺是由肾上腺皮质和组成，两者起源不同，皮质起源于中胚层，髓质起源于外胚层。肾上腺皮质占肾上腺总体积的80%～90%，皮质由外向内可分成三层，分别是球状带、束状带和网状带。球状带分泌盐皮质激素，主要为醛固酮和去氧皮质酮。束状带分泌糖皮质激素，主要为氢化可的松和皮质酮。网状带分泌少量性激素。肾上腺皮质激素的分泌分为基础分泌和应急分泌，基础分泌是机体日常活动时的一般性分泌，维持基本生理活动的需要。应急分泌是机体在应急的状态下分泌量的急剧增加，可达到基础分泌量的15～20倍。皮质激素的分泌还有明显的昼夜节律性，上午6～8时是一天的分泌最高峰以后逐渐下降，午夜12时为最低。

（一）肾上腺对毒物的敏感性及特点

内分泌腺体中，肾上腺对化学药物最敏感。目前报道超过100种化学物质可引起肾上腺皮质功能或结构改变，对肾上腺有损害的物质有金属类（铅、镉、锰、砷）、有机化合物（四氯化碳、乙醇、丙烯醛）、农药（滴滴涕、有机磷）、致癌剂（黄曲霉素、胆蒽）和临床用药（皮质醇、雄激素、雌激素、螺内酯）等。

肾上腺对药物敏感有以下几个原因：①肾上腺脂质丰富，血供充足。肾上腺含有用于合成类固醇激素的脂质，同时肾上腺血供非常丰富，因此，许多对肾上腺有损伤作用的药物多是一些亲脂性药物，很容易进入肾上腺，并且在肾上腺脂肪组织蓄积起来。②肾上腺含有代谢外来化学物质的酶，这些酶存在于线粒体和内质网中，对固醇类激素的合成起作用，许多外来的化学物质充当了酶的假性底物，被代谢成具有毒性的一类物质。其中细胞色素P-450对化学药物最为敏感。③肾上腺受到下丘脑-垂体前叶的调节。临床上使用的皮质激素类药物，可通过影响下丘脑和垂体的功能而影响肾上腺皮质的功能。

（二）药物对肾上腺的毒性作用

1. 常见的对肾上腺有毒性的化合物　短链脂肪族化合物、脂质沉积诱导物、两亲化合物。短链脂肪族化合物中丙烯腈、3-氨基丙腈、3-溴基丙腈等两端均带负基团的三碳化合物毒性最强，常引起坏死，尤其是束状带和网状带。脂质沉积诱导物有：氨鲁米特、氨苯丁酮和苯胺等，这类化合物引起中性脂肪与细胞的结合和蓄积，大量的脂肪聚集引起细胞器功能的降低和损伤，最终导致细胞死亡。肾上腺皮质的束状带和网状带是外来生化物质的主要靶点。氯喹、三苯乙醇、对氯苯丁等属阳离子两亲化合物在束状带和网状带引起磷脂质病，这类影响溶酶体功能的完整性，溶酶体超微结构膨大并充满膜性板和髓磷脂体。镜下可见磷脂质包容体。

2. 一些化合物可影响肾上腺皮质的线粒体和微粒体成分　如o,p′-DDD（氯苯二氯乙烷）可影响细胞色素P-450的代谢和毒性代谢产物的形成。o,p′-DDD抑制肾上腺皮质中胆固醇侧链裂解酶（P-450）和11β-羟化酶，使皮质醇合成受阻，在加单氧酶的作用下生成毒性物质，选择性的作用于肾上腺的束状带和网状带细胞，使之萎缩、坏死。但不影响球状带，故不影响醛固酮分泌，用于治疗不能手术切除的皮质癌或已转移患者以及手术后复发者，也可作为皮质癌切除后的辅助治疗。

四氯化碳（CCl_4）能引起脂质过氧化和细胞内大分子的共价结合，导致肾上腺网状带细胞的坏死。

氨鲁米特（氨基导眠能）可以竞争性抑制碳链裂解酶，阻滞了胆固醇转变为各种类固醇激素生物合成过程。

美替拉酮可干扰11-去氧皮质酮及11-去氧皮质醇分别转化为可的松和氢化可的松。

酮康唑抗真菌药，在大于抗真菌所需剂量时能抑制11β-羟化酶和阻止胆固醇向孕烯醇酮的转变，使肾上腺皮质激素合成减少。

3. 化学药物对肾上腺超微结构的损伤可以是多方面的　网状带和束状带受损最先收到损伤，严重病例也可波及到球状带。超微结构损伤可分为：内皮细胞损伤（丙烯腈）、线粒体损伤（氯苯二氯乙烷）、内质网破裂（三苯乙醇）、脂质聚合（氨鲁米特、氨苯丁酮和苯胺）等。

雌激素和雄激素则可以引起肾上腺增生性损害。

4. 药物也可通过影响下丘脑和腺垂体的功能来影响肾上腺皮质 有些药物首先损害下丘脑或垂体，使下丘脑分泌促肾上腺皮质激素释放因子（CRF）或垂体分泌促肾上腺皮质激素（ACTH）功能紊乱，进而影响到肾上腺皮质。

临床上长期使用肾上腺皮质激素治疗与自身免疫有关的疾病过程中常导致肾上腺皮质萎缩和功能不全。长期使用外来肾上腺糖皮质激素的患者，由于皮质激素负反馈的作用于垂体前叶，使垂体前叶 ACTH 分泌减少，肾上腺皮质发生萎缩，合成皮质激素功能下降。如遇突然停药，患者会出现急性肾上腺皮质功能不全的表现，包括头晕、恶心、呕吐、乏力、低血压甚至休克。剂量越大、疗程越长对患者肾上腺功能影响也越明显，临床上常采用上午一次性服用、隔日疗法等来减少对肾上腺的影响。

三、胰　　腺

胰腺根据细胞的组成和功能不同，可将其分为外分泌腺和内分泌腺两部分。外分泌腺是由腺泡和导管构成的浆液性复管泡状腺，主要负责分泌胰液，包括胰蛋白酶、胰脂肪酶、胰淀粉酶和电解质等。胰腺的内分泌部分按其细胞和分泌的激素可分为 A（α）细胞、B（β）细胞、D（δ）细胞、PP 细胞，A 细胞约占胰岛细胞的 20%，分泌胰高血糖素；B 细胞占胰岛细胞数的 60%～70%，分泌胰岛素；D 细胞占胰岛细胞数的 10%，分泌生长抑素；PP 细胞数量很少，分泌胰多肽。

（一）药物对胰岛 B 细胞的损伤

药物对胰腺内分泌组织的损伤中，B 细胞最常见，偶尔也会损伤 A 细胞。胰岛 B 细胞的损伤导致胰岛素分泌减少会出现高血糖，当血糖升高超过肾糖阈时出现临床尿糖阳性。由于葡萄糖的氧化发生障碍，机体功能不足，患者产生饥饿感，血糖升高患者口渴明显。因此，出现了临床上的多饮、多食、多尿和烦渴等表现。

有些化学药物对胰腺 B 细胞具有特异性损伤作用，常被用来制备糖尿病的动物模型。四氧嘧啶（阿脲 alloxan）注入动物体内，可选择性地损害胰岛的 B 细胞，使 B 细胞制造胰岛素的功能发生障碍而导致血糖过高发生动物糖尿病。这是由于四氧嘧啶化学性质极不稳定，在体内被代谢为 5-羟巴比妥酸，这种产物经过自身氧化产生大量的过氧化物、超氧阴离子和自由基等。易与巯基（主要是半胱氨酸）发生反应，而胰岛的 B 细胞中巯基含量较其他组织为多，故四氧嘧啶只选择性地损害胰岛的 B 细胞。

链脲佐菌素（STZ）是另一种对胰岛 B 细胞有特异性损伤的药物，属烷化剂，能干扰葡萄糖的转运，影响葡萄糖激酶的功能，诱导 DNA 双链的断裂。一次足量给予大鼠 STZ 造成 B 细胞大量损伤，胰岛素合成和分泌减少，引起糖代谢紊乱，导致糖尿病。多次小剂量腹腔注射 STZ 制得的模型与 T 淋巴细胞介导的 B 细胞不断破坏有关。

（二）药物增加胰岛素的分泌

生长激素使外周组织利用葡萄糖发生障碍，对胰岛素敏感性降低，刺激 B 细胞过度分泌，终致衰竭产生糖尿病。环丙庚哌啶、天门冬素酶、6-氨基尼克酰胺、2-脱氧葡萄糖可引起 B 细胞可逆性损伤。赛庚啶是一哌啶类化合物，可阻断组胺 H_1 受体和 5-HT 受体，有明显的抗胆碱和中枢抑制作用。临床上应用赛庚啶抗组胺及 5-羟色胺（5-HT）抑制垂体分泌 GH 及促糖皮质激素的作用，从 20 世纪 80 年代起，国内外学者开始用赛庚啶治疗糖尿病黎明现象取得了较好的疗效。研究表明赛庚啶及代谢产物能造成胰腺 B 细胞毒性和胰岛素耗竭。

临床用于治疗糖尿病的磺酰脲类药物，第一代磺酰脲类包括：甲苯磺丁脲、氯磺丙脲；第二代磺酰脲类包括：格列本脲、格列吡嗪、格列齐特、格列波脲、格列喹酮、格列美脲等。对正常人及胰岛功能尚存的糖尿病患者均有降血糖作用，但对严重糖尿病患者或完全切除胰腺的糖尿病患者则无效。其降血糖的机制是通过刺激胰岛B细胞释放胰岛素而发挥作用，用药后可见血中胰岛素增多，反复用药可见B细胞增生。研究表明胰岛B细胞膜含有磺酰脲受体及与之相偶联的ATP敏感的钾通道以及电压依赖性的钙通道。当磺酰脲药物与其受体结合后，可阻滞ATP敏感的钾通道从而阻滞钾外流，使细胞膜去极化，开放电压依赖性钙通道，胞内钙浓度增加，触发胰岛素分泌颗粒和细胞膜的融合，从而使胰岛素分泌至细胞外。磺酰脲类降糖药还可提高靶细胞对胰岛素的敏感性，增强胰岛素受体的数目和亲和力，以及抑制胰高血糖素分泌也是其降血糖的部分原因。阿司匹林、吲哚美辛和吡罗昔康等非甾体类抗炎药很少引起健康人的低血糖，但是糖尿病患者或是有肝、肾障碍者服用时，会出现低血糖反应。其降低血糖的机制现在还不清楚，可能与其促使胰岛B细胞分泌亢进，胰岛素水平升高有关。

乙醇中毒既可以引起低血糖也可能诱发急性胰腺炎，大剂量的乙醇可以刺激胰岛B细胞分泌胰岛素，产生低血糖。

第3节 药物内分泌毒性作用检测方法

内分泌系统最重要的功能是对体内外环境变化产生应答，与神经系统共同调节机体的生理功能和内环境的稳定。内分泌系统对药物或毒物高度敏感，内分泌系统受到药物的损伤会出现结构和功能的变化，体内激素的变化导致机体生长发育、代谢和功能等都会发生显著改变，药物对内分泌器官的毒性作用研究可分为形态学检测和功能学检测。形态学检测包括组织病理学方法、免疫组织学方法、分子杂交方法、图像分析技术和激光共聚焦扫描显微技术等。功能学检测包括激素的合成、释放、释放抑制、激素代谢等。

一、甲 状 腺

甲状腺是体内重要的调节代谢的内分泌腺，同时也参加机体的应急反应，急性及慢性腺体中毒时会出现甲状腺功能的变化，测定甲状腺功能的方法有：

1. 甲状腺激素合成功能测定 甲状腺激素合成功能测定包括甲状腺摄^{131}碘率、甲状腺显像、过氯酸盐排泌试验和甲状腺^{131}碘转换率测定等。甲状腺功能亢进时甲状腺对^{131}碘的摄取率显著增加，示踪^{131}碘进入甲状腺后，利用其能够释放释放出β射线(99%)和γ射线(1%)。γ射线射程远，在体外可测得，故可用于测定甲状腺摄碘功能。本试验对甲亢诊断价值较大，但是甲状腺功能正常的缺碘性甲状腺肿摄^{131}碘也可增高，故单凭本试验有时难以和甲亢鉴别。

2. 血循环中甲状腺激素浓度的测定 血循环中甲状腺激素浓度的测定包括总甲状腺激素测定、总三碘甲状腺原氨酸测定、反T_3测定和游离甲状腺激素测定等。血清甲状腺激素定量测定的方法学近年发展较快，总体的趋势是放射性的检测方法减少，非放射性的标记免疫技术逐渐增多，后者的优点是试剂稳定，结果显示快，试验准确性高，缺点是试剂和仪器较贵。

3. 甲状腺的外周组织代谢效应的检测 甲状腺的外周组织代谢效应的检测包括血游离T_4、T_3测定、T_3核内受体。

4. 下丘脑-垂体-甲状腺轴调节关系 下丘脑-垂体-甲状腺轴调节关系包括T_3抑制试验、血清TSH测定和TRH兴奋试验等。血清TSH放射免疫测定诊断原发性甲减最灵敏的一项指标，近年来随着实验灵敏度和精度的提高，正常值较以往试验值降低，各实验室之间的正常值也在趋于一致。

二、肾 上 腺

肾上腺是药物损伤最常见的内分泌腺，肾上腺的损伤导致机体激素分泌紊乱，应急能力显著下降，出现临床各种表现，肾上腺功能检测包括：

1. 肾上腺重量 肾上腺重量受ACTH影响，当垂体分泌ACTH增加时，肾上腺功能活动增强，腺体肥大，重量增加；垂体ACTH分泌减少时，肾上腺功能受到抑制，腺体萎缩，重量减轻。因此，肾上腺的重量能够粗略的反应肾上腺功能。

2. 血ACTH测定 药物可刺激机体产生应急反应，导致血ACTH水平增高，常用放射免疫方法测定。

3. 肾上腺维生素C含量 肾上腺含有丰富的维生素C，当药物中毒引起机体应急反应时肾上腺内维生素C含量迅速减少。急性中毒时肾上腺维生素C下降的速度和持续的时间与中毒的严重程度或ACTH水平正相关，因此，肾上腺维生素C的含量是急性中毒时评价肾上腺功能活动的灵敏、可靠指标。

4. 肾上腺内胆固醇含量 胆固醇是肾上腺合成激素的原料，当机体应急或药物中毒时皮质激素合成增多，皮质内的胆固醇迅速下降，且其下降的对数与中毒程度呈正相关。因此，急性中毒时测定肾上腺皮质内的胆固醇含量是了解肾上腺功能活动的一项可靠的指标。

5. 血总皮质醇、醛固酮、睾酮测定 有多种测定方法，放射免疫方法最敏感。正常人皮质醇分泌呈现明显昼夜周期波动，以早晨6~8am最高，以后逐渐降低，午夜11pm~2am最低，机体应激使皮质醇分泌显著增高。

三、胰　　腺

药物对胰腺的损伤表现为高血糖、尿糖、急性胰腺炎、慢性胰腺炎和胰腺癌等。因此，对胰腺功能常规检测有血糖、血脂、尿糖和尿酮等。

Summary

Toxicants can influence the endocrine function either by a direct effect on the glands influencing synthesis of hormones or by influencing their peripheral metabolism. Incidence rate of endocrine tumors resulting from toxicants is higher than other system.

思　考　题

1. 药物对甲状腺毒性作用有哪些类型？
2. 药物对肾上腺有哪些毒性？

（戴　滨）

第 9 章 药物对心血管系统的毒性作用

教学要求

1. 掌握药物对心血管系统的毒性作用机制
2. 熟悉常见心血管毒性药物及毒性作用
3. 了解心血管系统的结构、功能与特点

心血管系统由心脏和血管构成，其功能是为机体运输血液，通过血液将氧气、营养物质及激素等运送到组织，供组织利用，同时将机体代谢产生的废物带到肝、肾等器官排出体外。心血管系统通过血液的全身流动对机体内环境的稳定、体温调节以及血液防御功能的发挥都起到重要作用。心血管系统如果因为疾病或药物损伤，将对人体的生命活动产生重大影响。心血管系统由于其功能的特殊性，使其在与进入血液毒物接触中先受到损伤。然而，人们对环境中存在的对心血管毒物的毒性机制的了解甚少，临床上常用来治疗心血管疾病的药物(包括抗心律失常药、治疗充血性心力衰竭药等)本身就会对心血管产生毒性，研究药物对心血管系统的毒性机制及防治办法就显得极其重要。

第 1 节 心血管系统的正常结构和功能

一、心　　脏

1. 心脏的解剖结构和功能 心脏由左右心房和心室四个心腔和对应的瓣膜组成。心室壁由心内膜、心外膜和心肌层组成。心内膜表面是内皮细胞，内皮下为内皮下层，其中除结缔组织外，也含有少许平滑肌。皮下层与心肌膜之间是心内膜下层，由较疏松的结缔组织组成，其中含血管和神经。心肌层主要由心肌构成，心房的心肌较薄，心室的心肌较厚。心肌纤维呈螺旋状排列，大致可分为内纵、中环和外斜三层。心外膜是心包膜的脏层，其结构为浆膜，它的表层是间皮，间皮下面是薄层结缔组织，与心肌膜相连。心外膜中含血管和神经，并常有脂肪组织。心脏的中心纤维在心房肌和心室肌之间，是由致密结缔组织和腱索组成的支持性结构，构成心脏的支架，也是心肌和心瓣膜的附着处。心脏有节律的收缩和舒张，推动血液在全身运行。静脉血从腔静脉回到右心房和右心室，通过右心室的收缩将血液射入肺动脉，经过氧气交换的肺静脉血流入左心房和左心室，左心室将血液射入到主动脉，供全身组织的利用。心脏自身的供血来自主动脉根部分出的左右冠状动脉。

知识拓展　　　**心肌细胞增殖的特点**

心脏主要细胞是心肌细胞，它是心脏内最大的细胞，心肌细胞占心脏质量比例很大，但其数量只占心脏细胞总数的1/4，心脏成纤维细胞、血管细胞、浦肯野纤维和其他结缔组织细胞占心肌细胞的多数。成纤维细胞占非心肌细胞的90%。心肌细胞通常被认为是终末分化细胞，出生心肌细胞就不再分裂了，心肌体积的变大是因为心肌细胞肥大的原因。心肌梗死后心肌剩余细胞通过肥大的方式代偿心肌的功能。心脏成纤维细胞出生后却可以持续的增殖，心脏受损后成纤维细胞在受损组织处增殖，形成受损组织的纤维化和瘢痕化。从毒理学观点看受损的心肌组织增生能力有限和成纤维细胞的持续增生，导致心脏非常容易受到损伤。

2. 心脏传导系统 心脏的传导系统由窦房结、房室结、房室束、左右束支和浦氏纤维组成。窦房结是正常节律的起搏点，位于上腔静脉与右心房的交界处的心外膜下，受到神经体液因素调节。房室结位于房间隔右侧壁的后下方。是动作电位从心房传到心室的唯一正常通道，也是整个传导系统中传递速度最慢的地方。心脏毒物对传导系统的影响通常发生在该部位，常见各种类型的房室传导阻滞。

3. 心脏的电生理活动 心脏的基本电生理活动表现为静息电位和动作电位，心肌在静息状态时，膜内电位负于膜外，约为-90mV，细胞处在极化状态，这是由于心肌细胞内高浓度的 K^+外流所造成的。是 K^+离子的平衡电位。心肌细胞兴奋时，发生去极化进而复极化形成动作电位。在膜电位变化过程中，离子通道经历关闭，开放和失活的转变。动作电位按其电活动特点可分为 5 个时相。

0 相为快速去极，是 Na^+快速内流所致。

1 相为快速复极初期，由 K^+短暂外流所致。

2 相平台期为缓慢复极相，由 Ca^{2+}及少量 Na^+内流与 K^+外流所致。

3 相为快速复极末期，由 K^+外流所致。0 相至 3 相经历时程称动作电位时程。

4 相为静息期，非自律细胞的膜电位维持在静息水平。在自律性细胞则为自发性舒张期去极化。

二、血　管

动脉血管壁由血管内皮细胞、弹性纤维、平滑肌和胶原纤维构成。大动脉血管壁厚，管径粗，富含弹性纤维，有明显的可扩张性和弹性。中动脉平滑肌较多，其功能是将血液输送到各个器官组织，故又称为输送血管。小动脉管径细，平滑肌丰富，对血流阻力大，对维持动脉血压起重要作用。毛细血管由单层内皮细胞构成，通透性高，是进行物质交换的场所。静脉系统管径粗，管壁薄、可扩张性大、容量大循环血量的 60% ~70% 储存在静脉中，因此，静脉血管在血管系统中起着血液存储库的作用。

第 2 节　药物毒性作用的机制

一、干扰离子通道和离子稳态

心脏静息电位的形成、动作电位的产生以及兴奋-收缩偶联的完成等都依赖与心肌细胞内外离子的稳态和细胞膜上离子通道的正常开闭，任何影响心肌细胞内离子的稳定或干扰心肌离子通道的药物都可以产生心脏毒性，主要表现为各种类型的心律失常。特别值得注意的是临床上用来治疗心律失常的药物可以引起新的心律失常，这种药物引起的心律失常比原来的恶性度更高，对心脏的毒性更大，有些是致命的。

1. 干扰 Na^+通道 心肌细胞膜上的 Na^+离子通道的大量开放，Na^+在浓度梯度和电位梯度的驱动下大量进入细胞内，形成动作电位的 0 相去极化。决定 0 相去极化的 Na^+通道是一种快通道，激活快，开放速度也很快，当细胞膜除极化到 0mV 左右时通道快速关闭，Na^+离子内流停止。对心肌细胞膜 Na^+离子通道具有阻滞作用的药物有奎尼丁、普鲁卡因胺、丙吡胺、氟卡尼、普罗帕酮、利多卡因、苯妥英钠和美西律等。这类药物对心脏的影响包括降低自律性、减慢传导和延长有效不应期等。过度抑制也会对心脏产生不良反应包括低血压、心力衰竭、传导阻滞。

2. 干扰 K^+通道 在人类心脏中可表达许多不同的 K^+通道，这些通道可以被不同的化合物阻断。临床上治疗心律失常的药物胺碘酮、索他洛尔和溴苄胺等，能够阻断与复极化过程有关的 K^+钾通道，抑制 K^+外流，或增加内向电流如 Na^+和 Ca^{2+}内流。一方面延长有效不应期可以取消折返，抑制异常冲动，但可能导致心电图 Q-T 间期延长，引起尖端扭转型室性心律失常。三环类抗抑郁症药因为对 K^+通道有阻滞作用，对心脏也会产生毒性作用。

3. 干扰 Ca^{2+}通道 电压依赖性钙通道是位于细胞膜的跨膜异源多聚体蛋白质，它的开放与失活与电压关系密切。根据钙通道传导性和对电压敏感性的不同，又进一步分为L、T、N三种亚型。不同电压依赖性钙通道开放所需的膜电位不同，经各亚型内流的 Ca^{2+}所介导的细胞效应也有差异。容易受到药物影响的主要是L钙通道，通道被激活后，开放持续时间长，失活慢，是细胞兴奋过程中外 Ca^{2+}内流的主要途径。L型钙通道广泛存在于各种细胞中，尤其是心肌和血管平滑肌细胞，功能上与兴奋-收缩偶联、兴奋-分泌偶联有密切关系。维拉帕米、戈洛帕米、地尔硫䓬等通过阻滞 Ca^{2+}通道，发挥治疗高血压、心绞痛、心律失常、心力衰竭和心肌病等疾病。临床应用中会出现心脏方面的毒性，左室收缩功能降低的患者，钙通道阻滞药的负性肌力作用将会恶化心力衰竭。在心脏传导系统疾病的患者，钙通道阻滞药过度的负性频率和负性传导作用会导致心动过缓或心脏停搏。

4. 影响细胞内 Ca^{2+}的稳态 影响细胞内 Ca^{2+}的稳态是强心苷能抑制了心肌细胞膜上的 Na^+，K^+-ATP 酶，增加心肌细胞内游离 Ca^{2+}浓度，现在已经证实心肌细胞膜上的 Na^+，K^+-ATP 酶就是强心苷的受体。由于抑制了心肌细胞膜上的 Na^+，K^+-ATP 酶，细胞内 Na^+增多，进而通过 Na^+/ Ca^{2+}交换使心肌细胞内游离 Ca^{2+}增多、心肌收缩力增加。但 Ca^{2+}浓度的增高和 K^+浓度降低也是导致各种心律失常的主要原因。临床表现为室性早搏、二联律、三联律和房性、房室结性、室性心动过速，甚至危及生命的室颤。

二、改变冠脉血流和心肌能量代谢

儿茶酚胺类药物如肾上腺素对冠状动脉的影响是增加冠状动脉的供血，一方面肾上腺素可以激动心脏的 β_2受体使冠脉扩张，另一方面心肌代谢产物的增加对冠状动脉的影响也是扩张的。但肾上腺素激动心脏 β_1受体，使心肌收缩力加强，心输出量增加，心肌耗氧量显著增加，导致心脏氧气的供应相对不足，导致心肌的损伤，具有诱发心绞痛的可能。另外，一些药物可以激动 α 或阻断 β 受体诱发冠状动脉痉挛，出现严重的心绞痛发作。

三、氧化应激

分子氧在体内还原过程中生成的含有一个或多个不配对电子称作氧自由基，包括超氧阴离子自由基、过氧化氢和羟自由基等。超氧阴离子可以和一氧化氮相互作用，产生过氧化亚硝酸盐，此物质被认为是导致氧化应激损伤的主要自由基。

人体自由基产生有三条主要途径：①线粒体内单电子还原途径。②还原性辅酶Ⅰ(NADH)和还原性辅酶Ⅱ(NADPH)途径。③黄嘌呤氧化酶途径。在病理情况下组织内促氧化/抗氧化的平衡偏向促氧化的方向，活性氧自由基导致的损伤被称为氧化应激。

许多因素如高血压、心肌缺血、炎症、冠脉溶栓和一些药物都能激活心肌中活性氧的生成，造成心肌细胞和间质的损伤。在主要的氧自由基中，过氧化亚硝酸盐和羟基自由基被认为毒性最大，其可以和细胞膜磷脂和蛋白发生反应，导致细胞膜的流动性和通透性增加，膜的完整性遭到破坏。活性氧可以改变一些酶的活性，如磷脂酶D、细胞色素氧化酶、葡萄糖-6-磷酸酶和 Na^+，K^+-ATP 酶。乙醇中毒和临床抗肿瘤药多柔比星可能通过氧自由基的途径对心脏产生毒性。

四、影响细胞器的功能

一些药物可以通过影响细胞器的功能产生心脏毒性，心脏中的细胞器如线粒体、肌浆网和溶酶体等都可能成为心脏毒性的靶点。

1. 肌浆网 心肌细胞中肌浆网对 Ca^{2+}浓度调节起重要作用。Ca^{2+}作为第二信使，参与多项生理、生化反应，细胞内的 Ca^{2+}在生物信息传递和内环境稳定中起重要作用，包括肌肉收缩、腺体分泌、细胞运动以及递质释放等，对血小板激活和红细胞功能也有重要影响。细胞内的 Ca^{2+} 浓度受到精细的调节，这是因为细胞内游离 Ca^{2+}(离子态)浓度低于 0.1 mmol/L，而细胞外游离 Ca^{2+} 浓度为 1 ~ 1.5 mmol/L，细胞内外 Ca^{2+} 跨膜浓度梯度极大。肌纤维膜必须保持完整性以防止的 Ca^{2+} 迅速流入和随之引起的 Ca^{2+} 超载。肌浆网在 Ca^{2+} 的调节中起重要作用，细胞兴奋时细胞外 Ca^{2+} 内流，肌浆网需要释放储存 Ca^{2+} 来进一步升高 Ca^{2+} 浓度完成细胞的功能。细胞也可通过肌浆网钙泵的再摄取、细胞膜上钙泵和 Na^+/Ca^{2+} 交换向胞外转运 Ca^{2+}，使胞浆内 Ca^{2+} 浓度降至静息态水平。高浓度的咖啡因激活 RyR 通道释放肌浆网中储存的 Ca^{2+} 导致大量 Ca^{2+} 流出以及随后收缩不应期。鱼尼汀碱阻断 RyR 通道因此抑制肌浆网 Ca^{2+} 的释放。

2. 线粒体 线粒体是心肌能量代谢的主要场所，其结构和功能的变化将影响到心肌能量的产生。心肌是高耗能器官，但心肌能量的储备不如其他器官充足，需要不断地产生能量。因此，心肌内线粒体含量丰富，可以满足心肌对能量的需求。线粒体通过氧化磷酸化的方式产生 ATP，氧化磷酸化是细胞呼吸功能之一，细胞呼吸是通过一系列的电子传递链完成。有些药物或毒物可以影响线粒体的氧化磷酸化，对呼吸链的不同位点产生抑制效应。鱼藤酮可以阻断 NADH 和辅酶 Q 之间的电子传递；抗霉素 A 阻断辅酶 Q 和细胞色素 c 之间的电子传递。

五、细胞凋亡与坏死

细胞凋亡和细胞增殖都是生命的基本现象，是维持体内细胞数量动态平衡的基本措施。在成年阶段通过细胞凋亡清除衰老和病变的细胞，保证了机体的健康和细胞增殖一样细胞凋亡也是受基因调控的精确过程，细胞凋亡的途径主要有两条，一条是通过胞外信号激活细胞内的凋亡酶、一条是通过线粒体释放凋亡酶激活因子激活凋亡酶。这些活化的凋亡酶可将细胞内的重要蛋白降解，引起细胞凋亡。细胞凋亡的特征是细胞皱缩，胞浆出泡、染色质固缩及 DNA 片段化。与细胞凋亡有关的心肌细胞死亡发生在缺血损伤、缺血再灌注损伤或毒物诱导的损伤之后。目前认为可诱导心肌凋亡的药物包括可卡因、罗红霉素、多柔比星、异丙肾上腺素等。

第 3 节 常见心血管毒性药物

抗心律失常药

抗心律失常药按其作用机制不同分为：Ⅰ类：钠通道阻滞药。根据阻滞钠通道特性和程度的不同，以及对 K^+ 通道和 APD 影响的差异又将其分为 $Ⅰ_A$、$Ⅰ_B$、$Ⅰ_C$ 三个亚类。$Ⅰ_A$ 类：代表药有奎尼丁、普鲁卡因胺和丙吡胺等。$Ⅰ_B$ 类：代表药有利多卡因、苯妥英钠和美西律等。$Ⅰ_C$ 类：代表药有氟卡尼和普罗帕酮等。Ⅱ类：β-肾上腺素受体阻断药，代表药有普萘洛尔等。Ⅲ类：延长 APD 的药物代表药有胺碘酮和索他洛尔等。Ⅳ类：钙拮抗药，代表药有维拉帕米和地尔硫䓬等。临床抗心律失常药既能治疗心律失常，同时也能引起其他类型的心律失常，这是药理作用的延伸，对心脏某类组织发挥抗心律失常的同时对其他组织产生不良反应。

案例 9-1

患者，女性，40 岁，因腋臭到外科行双侧腋臭手术切除术，手术医师给予双侧腋下各注射利多卡因 4 支(100mg/支)，手术中患者出现意识消失，呼吸停止，大动脉波动不能触及。立即给予心肺复苏，经抢救脱险。

问题：

1. 患者心脏骤停的原因是什么？
2. 利多卡因中毒的机制是什么？
3. 心脏骤停如何抢救？

Ⅰ类：钠通道阻滞药 本类抗心律失常药包括奎尼丁、普鲁卡因胺和丙吡胺利多卡因、苯妥英钠、美西律、氟卡尼和普罗帕酮等。这类药物通过阻滞心肌细胞膜上的钠离子通道产生降低自律性、减慢传导和延长有效不应期的作用，广泛的用于各种心律失常。$Ⅰ_B$类药物如利多卡因等不良反应较小，临床应用价值大。利多卡因也是局麻药，脂溶性高，易吸收进入中枢，用药剂量过大时，可引起中枢神经系统普遍抑制，出现昏迷，呼吸抑制、心跳骤停，甚至死亡。$Ⅰ_A$类药物如奎尼丁对窦房结、房室结、心房肌、心室肌和浦氏纤维等产生广泛的抑制，临床作为广谱抗心律失常药，常用来治疗各种快速型心律失常，包括频发性室上性和室性早搏、室上性和室性心动过速、心房纤颤和心房扑动等，是重要的转复心律的药物。但这类药物对心脏的过度抑制常产生明显不良反应，包括低血压、心力衰竭、室内传导阻滞。奎尼丁还能导致晕厥，这些症状是尖端扭转型心律失常的结果，称作奎尼丁晕厥，发作可自发终止，但可能经常复发，甚至转变为心室纤颤而致命。$Ⅰ_C$类药物(氟卡尼和恩卡尼)对钠通道产生重度阻滞，心电图上可见QRS波加宽。能加重心衰患者心功能抑制。最严重的是引起致死性的心律失常，增加折返性室性心动过速的发作频率及心肌梗死后患者的死亡率。对有传导阻滞的患者，该药可能引起心源性休克。

Ⅱ类：β肾上腺素受体阻断药 β肾上腺素受体阻断药包括普萘洛尔、美托洛尔、索他洛尔和艾司洛尔等，主要通过阻断β受体而对心脏发挥影响，包括①降低窦房结、心房和浦氏纤维自律性；②减慢房室结及浦氏纤维的传导；③延长房室结有效不应期等。本类药物对心脏的毒性表现为窦性心动过缓、房室传导阻滞、低血压、心力衰竭等。

Ⅲ类：延长动作电位时程药 延长动作电位时程药包括胺碘酮、索他洛尔和溴苄胺等，本类药物作用机制目前尚未完全阐明，研究显示它们能够阻断与复极化过程有关的钾通道，抑制K^+外流，或增加内向电流如Na^+和Ca^{2+}内流。特征是用药后动作电位时程显著延长。临床应用可能会引发心动过缓或传导阻滞。也可能加重和引起心力衰竭，偶尔发生尖端扭转型室性心动过速。

Ⅳ类：钙拮抗药 钙拮抗药包括维拉帕米和地尔硫䓬等，本类药主要阻滞钙通道，作用于慢反应细胞，如窦房结和房室结。减慢心率、降低房室结传导速率，延长ERP。静脉注射的主要不良反应是低血压，如果注射速度过快还可引起心动过缓、房室传导阻滞及诱发心力衰竭，多见于与β阻断药合用或近期内用过此药的患者。

治疗心力衰竭药物

强心苷 强心苷包括地高辛和洋地黄毒苷，是用来治疗充血性心力衰竭的常用药，其增强心肌收缩力机制是强心苷能增加心肌细胞内游离Ca^{2+}浓度。强心苷治疗剂量和中毒剂量距离小，中毒的重要原因是心肌细胞中Ca^{2+}浓度过高和K^+浓度降低，出现钙超载。钙超载导致膜电位不稳定，细胞膜产生电位的震荡，一旦这种振荡性去极引起可扩布的动作电位，则产生异常冲动发放，即所谓触发自律性。根据其发生的时间不同又可以分为早后去极和迟后去极触发自律性。早后去极多发生在动作电位的2相或3相，主要是由于Ca^{2+}内流增多所致。迟后去极发生在完全复极化的4相，是细胞内Ca^{2+}超载而诱发Na^+短暂内流所致。强心苷的心脏毒性包括：①快速型心律失常：主要表现为室性早搏，二联律，三联律和房性、房室结性、室性心动过速，甚至危及生命的室颤。②房室传导阻滞。③窦性心动过缓。

拟交感神经药 包括肾上腺素、异丙肾上腺素、去甲肾上腺素、苯肾上腺素、麻黄碱、多巴胺和多巴酚丁胺等。这类药物可以激活α和β受体，对心脏和血管产生强烈兴奋作用，临床常用于心脏和血管方面疾病的治疗。然而，循环中高浓度的肾上腺素和去甲肾上腺素以及高剂量的合成儿茶酚胺可以引起包括心肌肥厚与重构、心肌细胞死亡在内的心脏毒性。儿茶酚胺类药物引起心脏的毒性机制还不十分清楚，目前认为与下列机制有关：①儿茶酚胺类药物对心脏产生强烈兴奋作用，引起心率加快，收缩力加强，心肌耗氧量增加。导致心功能不好的患者心肌的缺血缺氧损伤，导致心绞痛发作，甚至发生心肌梗死。②高浓度的儿茶酚胺类药物引起冠状动脉痉挛，线粒体功能失调，ATP 产生障碍。③氧化应激产生大量的氧自由基，已发现维生素 E 和维生素 C 等抗氧化剂有对抗儿茶酚胺类的心脏毒性。④儿茶酚胺类药物引起的钙超载导致心脏损伤日益受到重视，大量的在心肌细胞中蓄积可以改变许多膜系统的完整性与功能，包括线粒体功能障碍、肌纤维膜通透性改变、脂质的过氧化等。⑤诱导心肌细胞的凋亡，实验研究显示用去甲肾上腺素和异丙肾上腺素刺激成年大鼠心室肌细胞可以引起细胞的凋亡，这种细胞的凋亡可以被 β 受体拮抗药（普萘洛尔）、蛋白激酶 A 抑制剂（H-89）和钙通道阻滞剂（地尔硫䓬）所抑制。因此，儿茶酚胺类药物导致心肌细胞的凋亡机制可能是刺激 β_1受体、激活腺苷酸环化酶和蛋白激酶、细胞内钙超载、活化核酸内切酶等和凋亡相关的酶等。

抗肿瘤药物

案例 9-2

患者，男性，32 岁，诊断为急性淋巴细胞白血病，给予多柔比星治疗，治疗第三天出现窦性心动过速，伴心律不齐。以往无心脏病史。

问题：

1. 患者心律失常的原因是什么？
2. 多柔比星中毒的机制？如何处理？

蒽环类药 常用蒽环类药有蒽环类抗生素如柔红比星（柔红霉素）、多柔比星（阿霉素）、表柔比星和伊达柔比星以及人工合成的米托蒽醌等。抗肿瘤机制包括：①嵌入 DNA 分子中阻碍 DNA 和 RNA 的生物合成。②与细胞膜结合影响了与磷脂酰肌醇激活耦联的细胞运输过程。③脂质过氧化作用产生氧自由基等。临床上本类药物用来治疗急性淋巴细胞性白血病和急性粒细胞性白血病等。也用于乳腺癌、卵巢癌、胃癌、肺癌、膀胱癌、头颈部癌等实体瘤。心脏毒性是本类药物最严重的不良反应，并且是不可逆的。可发生急性毒性反应，类似过敏反应，表现为心律失常、传导异常和"心包炎-心肌炎综合征"，急性、大剂量给药还能导致急性心力衰竭，也可发生慢性毒性反应。蒽环类药长期接触可导致充血性心力衰竭。形态学上表现为肌浆网空泡形成、肌纤维的丢失和线粒体的肿胀。目前提出的可能中毒机制有①氧化应激正常生理状态下机体内抗氧化机制可以及时地清除自由基，防止氧化损伤，心脏与其他组织相比抗氧化能力较弱。多柔比星对心脏的损伤目前多用自由基形成解释，多柔比星能够进行无效的氧化还原循环，导致氧自由基的产生。这些活性的氧自由基可以氧化蛋白、脂质和核酸，并且具有导致 DNA 链被剪切的可能。②线粒体完整性的缺损和继发的心肌能量的不足。③肌浆网 Ca^{2+} 流和线粒体 Ca^{2+} 稳态的改变。④心肌细胞基因表达的改变导致细胞的凋亡。

环磷酰胺 大剂量的环磷酰胺可导致严重的出血性心肌炎，此药物的毒性机制不清楚，可能是其代谢产物 4-氢过氧化环磷酰胺能够改变心肌细胞的离子稳态，导致 Na^+ 和 Ca^{2+} 含量增加，K^+ 水平减低，以及氧化应激导致心肌细胞损伤有关。

作用于中枢神经系统药物

三环类抗抑郁症药 常用的有丙米嗪、阿米替林和多塞平等。本类药物属于非选择性单胺摄取抑制剂，主要阻断 NA 和 5-HT 的再摄取，从而增加突触间隙这两种递质的浓度。被再摄取进入神经元末梢是 NA、5-HT 和 DA 灭活的重要机制。三环类抗抑郁症药具有阻断上述神经递质再摄取的作用，使突触间隙的 5-HT 和 NA 增加而发挥抗抑郁作用。本类药物对心脏有明显的毒性，治疗量丙米嗪可降低血压，致心律失常，包括室上性和室性心动过速，以心动过速较常见（包括间断扭转性室性心动过速）。也有心脏猝死的报道。心电图可出现 ST 抬高，T 波低平或倒置，QT 间期延长等。这些不良反应可能与该药阻断单胺类再摄取从而引起心肌中 NA 浓度增高有关。另外,丙米嗪对心肌有奎尼丁样直接抑制效应和抗胆碱作用。也有研究认为三环类药物对心肌细胞和浦肯野纤维有直接的毒性作用。包括降低 Na^{+}、Ca^{2+} 内流和 K^{+} 外流。在原有心脏病中这些作用会被显著增强。

抗精神分裂症药 目前临床用于治疗精神分裂症的药物有:吩噻嗪类:氯丙嗪、氟奋乃静;硫杂蒽类:氯普噻吨(泰尔登);丁酰苯类:氟哌利多醇、氟哌利多;其他类:五氟利多、舒必利等。本类药物临床可产生显著的心血管反应包括:体位性低血压,持续性低血压休克,多见于年老伴动脉硬化、高血压患者;心电图异常(包括 QT 和 PR 间期延长,T 波低平,ST 段压低),心律失常。一次吞服大剂量氯丙嗪后,可致急性中毒,患者出现昏睡、血压下降至休克水平,并出现心肌损害,如心动过速、心电图异常(P-R 间期或 Q-T 间期延长,T 波低平或倒置)。抗精神分裂症对心血管的毒性机制较为复杂,因为这些药物既可以通过间接作用于中枢神经和传出神经起作用,也可直接作用于心脏和血管来影响其功能。

全身麻醉药 吸入麻醉药氟烷、异氟烷、恩氟烷、地氟烷和七氟烷等含氟麻醉药均不同程度地抑制心肌收缩力、降低心脏输出量(20%~50%)和引起心律失常,扩张外周血管和降低血压,并能降低压力感受器的敏感性,使内脏血流量减少。增强内源性肾上腺素或β肾上腺素受体激动药引起的心律不齐作用。本类药物毒性机制与阻断 L 型钙通道,也可能破坏与肌浆网相关 Ca^{2+} 的稳态,以及改变收缩蛋白对 Ca^{2+} 的敏感性有关。

其他类型药物

乙醇 乙醇对心脏的毒性作用可分为急性毒性作用和慢性毒性作用。急性毒性作用发生在一次大剂量的摄入含酒精的饮品,毒性机制为负性神经传导作用和室颤阈值的降低。人们很早就观察到长期饮酒可引起心肌病,但是对饮酒导致心肌病的机制却比较模糊。主要是将酒精性心肌病的病因归因为缺乏维生素 B_1,其次才是酒精中毒和其他类型的营养不良。现在研究证实酒精性心功能障碍与营养缺乏和脚气性心脏病无关。目前认为乙醇的代谢产物乙醛可引起心脏的损伤。酗酒者肝功能受损,产生的乙醛足以影响心脏的功能。研究发现不同种族对乙醇敏感性不同,黄种人较白种人易产生乙醇中毒的原因是遗传上的差异决定的。大多数黄种人在饮酒后产生乙醛速度快,而氧化为乙酸的速度慢,故易产生乙醛蓄积中毒。乙醛对心肌的直接影响包括抑制蛋白质的合成,增加肌浆网对 Ca^{2+} 的通透性,改变线粒体的呼吸作用,以及阻碍肌动蛋白和肌球蛋白的结合。饮酒能否防治心血管疾病存在很大的争议,但慢性乙醇中毒可导致动脉粥样硬化和高血压病,其发生机制可能与下列两个因素有关:①长期饮酒可导致收缩压和舒张压都明显增高,这是因为乙醇可使皮质醇、肾素及醛固酮分泌增加,血管紧张素Ⅱ和肾上腺素活性增加,或者通过兴奋交感神经使儿茶酚胺释放增多,导致血管收缩,从而引起血压升高。②慢性乙醇中毒可使血中 LDL 升高,为动脉粥样硬化的病理学基础。

第4节 药物心血管毒性作用检测方法

药物对心血管的毒性作用可引起心血管系统中器官、组织、细胞、细胞器和生物大分子的结构和功能的变化。检测和评价心血管的形态和功能的变化对了解药物的作用范围、程度、机制等都具有重要意义。

一、形态学检测

心血管形态学包括组织病理学方法、免疫组织化学方法、分子杂交方法、图像分析技术和激光共聚焦扫描显微技术等。组织病理学方法是研究心脏毒性作用的基础,光镜下可以发现心肌细胞的坏死、组织的出血、脂质的沉积和血管的变性等。电镜下还可以观察到亚细胞结构的变化。电镜的观察效果优于光镜,但也有局限性,首先对取材和固定要求较高,电镜技术掌握较困难。其次,荧光板观察起来较吃力,射线对人体有一定的损害。电镜下看见的只是细胞的某个局部,缺乏整体的印象,容易产生只见树木不见森林的错觉。因此,要把光镜和电镜结合起来应用才能得出客观的认识。免疫组织化学方法是利用免疫学抗原抗体特异形结合的原理以及细胞组织化学技术对组织、细胞的特定抗原或抗体进行定位和定量的技术。因为抗原和抗体的结合是高度特异的,所以免疫组织化学技术具有高度的特异性、灵敏性和精确性。分子杂交技术可以确定组织或细胞中特定的 DNA 或 RNA 的存在。图像分析技术可以对试验样品形态学改变进行计算机的采样和分析提高实验的效率和准确性。激光共聚焦扫描显微技术可以对心脏和血管进行活细胞动态观察。

二、功能学检测

心血管功能学检测包括心电图、心向量图、心排血量、心阻抗血流图、超声心动图和磁共振技术等。心电图可以反映出心房去极化(p 波)、心室去极化(QRS 波)和心室复极化(T 波)过程。P—R 间期代表房室传导时间;Q—T 间期代表心室除极化到复极化完成需要的时间。心电图检测可以发现心律失常、传导阻滞、心肌缺血、心肌肥厚以及电解质紊乱等。心向量图心肌去极化和复极化的每一瞬间可以用向量表示,称为瞬间综合心电向量。心向量图包括 P 向量环、QRS 向量环和 T 向量环。心向量图意义同心电图。心排血量是指每分钟心室泵血量,是评价心功能的基本指标。心阻抗血流图又称心阻抗图或阻抗心动图,其原理是生物体容积变化引起相应电阻抗变化,而生物体容积的变化主要是血液流动造成的,因此,记录这种电阻的改变就可以推测出血流情况。超声心动图包括 M 型超声心动图、二维超声心动图、脉冲多普勒超声心动图、连续多普勒超声心动图和彩色多普勒显像。超声心动图具有重复性好、无创伤、准确性高的特点。既能够显示心血管病理解剖变化,又能够显示心血管病理生理改变。磁共振技术已经成为医学影像学重要组成部分,成功的用于心脏和大血管疾病的研究,成为心肌梗死、心肌病、心包疾病、心脏肿瘤、先天性心脏病、心瓣膜疾病和大血管疾病的重要辅助诊断。

Summary

Mechanisms of cardiotoxicity of toxicants include disturbing ionic homeostasis, changing coronary artery flow and energy metabolism, causing oxidative damage and leading to myocardial apoptosis or necrosis.

思 考 题

1. 药物对心脏毒性的机制有哪些?
2. 常见心血管毒性药物有哪些?

(戴 滨)

第10章　药物对血液系统的毒性作用

教学要求

1. 掌握药物对血液系统的毒性作用类型与机制
2. 熟悉血细胞生成的过程与影响因素
3. 了解药物对血液系统毒性作用的检测和研究方法

药物的血液毒性(hematotoxicity)临床并不少见,药源性血液病(drug-induced hematopathy)约占药物不良反应总数的10%。药物对血液系统的毒性主要影响血细胞的生成过程和功能发挥两个方面,血细胞的生成包括血液细胞的形成和分化;人体血液担负营养物质、代谢产物的运输;血液凝固;体液调节和防御等重要生理功能。由于血细胞的形成涉及骨髓、肝、脾、淋巴结等多个脏器,血液系统功能发挥也与循环系统、呼吸系统等关系密切,因此药物对血液系统毒性的诊断和防治比较复杂。

第1节　血细胞的生成和影响因素

一、血细胞的生成

血细胞生成过程包括细胞的增殖、分化、成熟和释放全过程。各种血细胞均起源于骨髓未分化多能造血干细胞。在调节因子的作用下,未分化的多能干细胞分化为多能造血祖细胞,进而向髓系或淋巴细胞系两种方式中的一种进行分化,逐步分化成多种血细胞,进行有限的细胞增殖活动。血细胞生成的各阶段如图10-1所示。

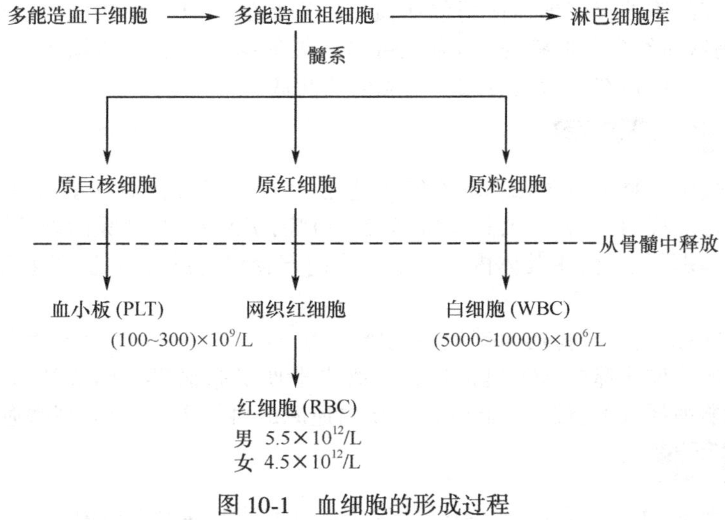

图10-1　血细胞的形成过程

二、血细胞生成的影响因素

在正常恒定的造血状态下,造血干细胞处于两种生理状态,即大部分细胞处于静止期,而小部分处于增殖周期。在一定条件下,静止期细胞又可以转入增殖周期,当骨髓的造血干细胞处于旺盛增殖阶段时,骨髓细胞生成的刺激物明显增加,抑制物则明显减少。这两种物质,在正常造血过程中,处于动态平衡的状态。

骨髓造血细胞形态、功能在不同阶段的变化过程和造血微环境、各种因素的影响与调节密切相关。红细胞分化、成熟主要与红细胞生成素有关,红细胞生成素是由肾脏分泌的一种活性糖蛋白,作用于骨髓中红系造血祖细胞,能促进其增殖、分化。其他参与调节红细胞形成的因素还有白介素类包括 IL-1、IL-2、IL-3;粒细胞-巨噬细胞集落刺激因子(GM-CSF);胰岛素样生长因子和粒细胞集落刺激因子。在成熟红细胞中也提取到红细胞抑素,对骨髓幼稚红系细胞的增殖有特异性抑制作用,并能延长细胞周期的时间。

粒系细胞的生成依赖 GM-CSF、IL-3 等的刺激和调节,这些因子由淋巴细胞、巨噬细胞、成纤维细胞、内皮细胞产生。成熟粒细胞还可产生一种低分子量的粒细胞抑素,它对骨髓幼稚粒细胞的增殖有特异的抑制作用,或延长其细胞周期的时间。

当骨髓受到药物损伤时,可发生各种特殊类型的血细胞或全血细胞数减少甚至缺乏。当药物对生产红细胞生成素的肾脏产生毒性,或对生产 GM-cSF、IL-3 等调节因子的组织细胞产生毒性时,可导致相应的血液毒性反应。因此,用药造成某种特殊血细胞谱系数目低于正常生理范围,有其特定的毒理学意义。如用药后出现外周血红细胞减少,提示可能为药物抑制骨髓或药物损伤肾脏所致贫血;如用药后出现血小板和(或)白细胞数降低,则可能是骨髓受抑制或相应生长因子生成减少导致血小板减少症和(或)白细胞减少症。

第 2 节　药物对血液系统的毒性作用类型与机制

根据外周血象的表现,药物对血液系统的毒性作用类型可分为四种类型:对红细胞的毒性作用;对白细胞的毒性作用;对血小板的毒性作用和骨髓抑制。

一、药物对红细胞的直接毒性作用

化学物质对红细胞的直接毒性作用包括损伤红细胞的携氧运输功能以及破坏红细胞两方面:①药物导致高铁血红蛋白血症,抑制血红蛋白与氧的结合造成机体缺氧并引起溶血。②药物破坏红细胞使得外周血红细胞数目减少造成药源性贫血。

(一) 高铁血红蛋白血症

非那西丁的代谢产物——对氨基苯乙醚通过羟化,产生可使得血红蛋白氧化为高铁血红蛋白并引起溶血的毒性代谢产物,导致高铁血红蛋白血症,引起发绀、呼吸困难等缺氧症状。

现临床少用非那西丁,而用其体内另一活性代谢产物对乙酰氨基酚,可避免该毒性作用,如图 10-2。

亚硝酸盐、硝酸酯类化合物均为硝酸多元酯结构,分子中 O—NO_2是产生药效的必须结构,可经体内含巯基的酶催化释放 NO,迅速松弛血管平滑肌扩张血管。硝酸甘油大剂量或连续使用可使含巯基的酶消耗过多,难以将高铁血红蛋白还原成血红蛋白,引起高铁血红蛋白血症。

(二) 药源性贫血

1. 再生障碍性贫血　药源性再生障碍性贫血是目前药源性血液病中最严重的一种类型,死亡率高,但其发生率较粒细胞减少或血小板减少为低。已经确定可导致再障的药物主要有:抗生素如氯霉素,解热镇痛药如保泰松、羟基保泰松等,大多数抗肿瘤药,抗癫痫药苯妥英钠、乙琥胺,抗糖尿病药磺酰脲类,抗甲状腺药如甲基硫氧嘧啶等,化学物质苯、甲苯等。

氯霉素长期大剂量应用,可抑制骨髓细胞线粒体蛋白合成,降低铁螯合酶的活性,影响血红

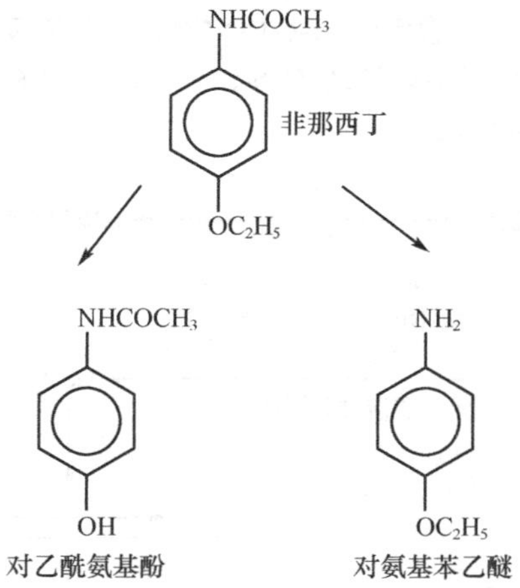

图 10-2 非那西丁的代谢产物

蛋白及血细胞的生成,多数为可逆性,及时停药处理可以恢复骨髓造血功能。特殊敏感者应用很小剂量氯霉素也可发生再生障碍性贫血,可能系氯霉素分子结构的硝基苯环被还原,形成对敏感个体有骨髓毒性的中间产物,引起造血干细胞损伤,一旦发生,常为不可逆性。现氯霉素很少使用,因此非甾体类解热镇痛药成为引起药物再生障碍性贫血的更常见原因。

再生障碍性贫血的发生,除了药物损伤造血干细胞、破坏造血微环境等因素外,免疫介导也是原因之一。研究发现药源性再障患者的细胞免疫、体液免疫功能均有异常,如淋巴细胞 T_8 增加,T_4/T_8 倒置,单个核细胞产生的抑制因子如 IL-2、干扰素(IFN)、肿瘤坏死因子(TNF)水平的增加等,免疫抑制剂治疗药源性再障的良好疗效进一步证实药物诱发再生障碍性贫血中免疫异常的作用。

案例 10-1

患者,女性,21岁,因腰痛服用保泰松、泼尼松。服药约26天后,出现发热、尿黄、水肿、皮疹,躯干、四肢出现暗红色小片状出血斑。实验室检查血常规:WBC 1.7×10^9/L,RBC 2.04×10^{12}/L,Hb 58g/L,PLT 19×10^9/L。腰椎MRI检查示腰3、4椎体结核,骨髓检查显示为急性造血功能停滞。

问题:

1.患者的血常规检查有何异常?

2.导致患者急性造血功能停滞的原因有哪些?

3.应用保泰松可能导致的毒性反应是什么?

2. 溶血性贫血 药物血液毒性中,溶血性贫血相对较少。药源性溶血的发病机制一般可以分为三种:药物氧化性溶血、药物免疫性溶血、药物非免疫性溶血。药物氧化性溶血的原因主要是红细胞对特定药物或其代谢产物的氧化性极为敏感,易致功能损伤,寿命缩短而出现溶血,功能存在缺陷的红细胞一般容易被氧化而致溶血。药物免疫性溶血系指某些药物进入体内后可以通过各种免疫机制引起抗体介导的溶血,如甲基多巴、青霉素均可引起免疫性溶血,非那西丁可与蛋白质载体结合,产生相应抗体后在补体作用下非特异性地结合到红细胞膜,使膜变性而发生溶血。药物非免疫性溶血系指药物制剂引起血液稳态的改变而出现的溶血和红细胞凝聚等,一般呈剂量相关性,达到一定剂量即可引起大多数人的溶血。

药物作用于遗传性酶缺陷红细胞引起的溶血主要与葡萄糖-6-磷酸脱氢酶(G-6-PD)有关。正常情况下,机体在G-6-PD酶催化下,可迅速补充NADPH,后者使GSSG还原为GSH。GSH对红细胞膜、血红蛋白以及红细胞某些含巯基的酶起保护作用,使之免受伯氨喹等药物或其代谢产物引起的氧化应激反应损伤。在遗传性 G-6-PD 酶缺陷人群使用伯氨喹、奎宁、磺胺类药物、维生素 K、呋喃妥因等药物，因红细胞内缺乏 G-6-PD，不能及时补充 NADPH 对红细胞膜起保护作用，造成红细胞膜破裂溶血，如图 10-3。

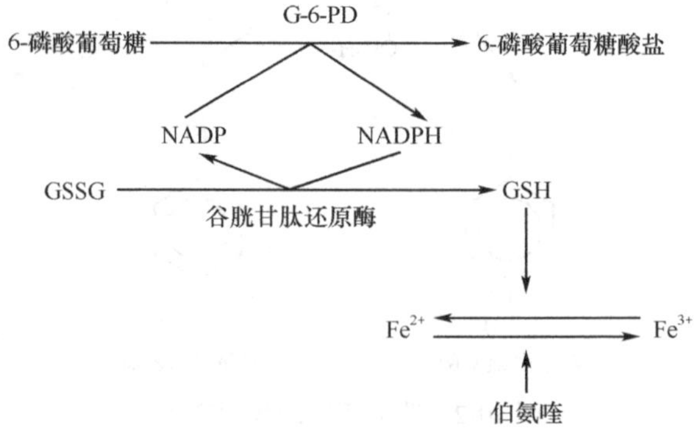

图 10-3 伯氨喹等药物诱发的氧化溶血机制（G-6-PD 缺乏者）

二、药物对白细胞的毒性作用

1. 粒细胞减少/缺乏症 药物是临床粒细胞缺乏症发生的主要原因。药物引起粒细胞减少/缺乏症的发病机制有三种：①中毒学说：药物直接作用于骨髓，可累及多能造血干细胞、髓系祖细胞等，呈非选择性、剂量相关性影响细胞代谢，也可损伤骨髓微环境，如抗肿瘤药、氯丙嗪等。②过敏学说：药物对血细胞是无毒的，因此在多数患者不引起粒细胞减少，仅在少数特异体质的人群发生，呈选择性、非剂量依赖性，即使常规剂量也可以引起，称为过敏性粒细胞减少症，常伴有皮疹、哮喘、水肿等过敏症状，如抗甲状腺药物甲巯咪唑。③免疫学说：依赖药物作为一种半抗原，在敏感者体内与白细胞蛋白结合形成全抗原，刺激机体产生抗白细胞抗体，导致白细胞破坏或融解，因而使白细胞减少。一般女性患者占多数，老年人比年轻人更易发生。

知识拓展 **药源性粒细胞减少症**

药源性粒细胞减少症是指特定药物通过不同机制引起中性粒细胞绝对计数选择性减少或缺乏的病症。不同药物引起粒细胞减少的潜伏期不同，如抗甲状腺药物常发生在持续给药 4~8 周后，而氨基比林可在用药后数十分钟发生。

案例 10-2

患者，女性，40 岁，因患甲状腺功能亢进口服甲巯咪唑，1 个多月后出现高热、肛周疼痛，查白细胞减少，立刻停用甲巯咪唑，采用抗感染治疗，症状未缓解，并出现心悸、胸闷、食欲不振、少尿，入院查四肢可见散在瘀斑，肛周可见一 1.5 cm ×1.5 cm 溃疡，有脓性分泌物。WBC 0.4 $\times 10^9$/L，Hb 94 g/L，PLT 11 $\times 10^9$/L。骨髓检查：增生减低，粒、红细胞两系罕见，巨核细胞未见，血小板少见。

问题：

1. 甲巯咪唑引起的血液毒性反应一般发生在用药后多长时间？
2. 服用抗硫脲类甲状腺药物必须定期做哪些方面的检查，以早期发现严重毒性反应？
3. 甲巯咪唑引起再生障碍性贫血可能与哪些因素有关？

2. 嗜酸粒细胞增多症 嗜酸粒细胞增多是机体在寄生虫感染后的正常反应，对调控机体超敏反应，防止炎症扩散、保护机体具有一定的积极意义，但持续的嗜酸粒细胞增多可导致机体损伤。引起嗜酸粒细胞增多的药物主要有：抗生素如青霉素类、头孢菌素类、红霉素、四环素，抗结核药物对氨基水杨酸、异烟肼、利福平，磺胺类，两性霉素、氟胞嘧啶，吩噻嗪类，苯妥英钠、卡马西平、巴比妥类、氯磺丙脲等。药物除引起外周血嗜酸粒细胞增多外，可伴有发热、心、肺、肝肾等脏器超敏反应相关症状。药源性嗜酸粒细胞增多症的处理主要是停用诱发药物，一般无须特殊治疗，多数预后良好。

3. 药源性白血病　应用烷化剂等肿瘤化疗药物、免疫抑制剂后，经过较长的潜伏期，机体进入短暂的继发性骨髓增生异常综合征状态，粒、红、巨核细胞的核发育障碍，原始细胞比例不断增高，逐渐发展为典型的急性白血病，以急性粒细胞性白血病最常见。药源性白血病对常规白血病治疗的反应较差，患者生存期也更短。诱发药源性白血病的药物还包括：氯丙嗪、砷剂等。可能机制：母体化合物生物转化为活性中间体，骨髓生理功能受干扰，拓扑异构酶抑制、DNA加成物生成，染色体畸变、癌基因活化、抑制基因灭活等。

三、药物对血小板的毒性作用

1. 血小板减少性紫癜　血小板在外周循环血中的寿命仅9~10天，如果药物抑制骨髓功能主要累及髓系细胞，则首先可见血小板减少性出血，即血小板减少症。药物导致血小板减少的机制：①全面抑制骨髓造血，引起骨髓红系、粒系、巨核系造血功能低下或障碍，如多数抗肿瘤药、砷剂等达到一定剂量均可引起机体骨髓抑制表现。②选择性抑制巨核细胞，造成巨核细胞再生障碍性血小板减少性紫癜，如氯噻嗪、甲苯磺丁脲、雌激素等。③直接破坏血小板：肝素可促进血小板聚集，引起血小板轻度减少。某些药物刺激机体产生IgG抗体与血小板膜蛋白如GPIb/IX、GPⅡb/Ⅲa结合，诱发血小板自身抗体的产生，破坏血小板。

2. 血小板功能障碍　药物是继发性血小板功能障碍中最常见的诱因。不同药物引起的血小板功能障碍发生机制不同，如表10-1。

表10-1　影响血小板功能的药物

类别	药物
环氧酶抑制剂	阿司匹林、吲哚美辛、布洛芬、保泰松
血栓烷合成酶抑制剂	阿司匹林
腺苷环化酶活化剂	前列腺素衍生物PGI_2、PGE_1
磷酸二酯酶抑制剂	双嘧哒莫、咖啡因、氨茶碱
抗菌药	β-内酰胺类
心血管系统药物	硝酸甘油、硝苯地平、硝普钠、维拉帕米、奎尼丁、普萘洛尔
抗肿瘤药	柔红霉素、卡莫司汀、普卡霉素
中枢抑制药	吩噻嗪类、丙咪嗪、麻醉药氟烷等、抗组胺药

第3节　药物对血液系统毒性的检测和研究方法

一、临床检测

1. 血象检查　血常规是早期发现药物对血液系统毒性的最一般、最基本的检验方法。根据药物可能造成的血液系统损害及临床表现，在用药前后进行血常规相应项目的检查：①一般检查，包括红细胞计数（RBC）、血红蛋白测定（Hb）、白细胞分类计数（DC）、嗜酸粒细胞直接计数（EOS）等。②凝血功能检查，包括血小板计数（PLT）、出血时间测定（BT）、凝血时间测定（CT）等。

2. 骨髓检查 骨髓穿刺取微量骨髓液，制成涂片，染色后用显微镜观察计数各类骨髓细胞。骨髓穿刺后做细胞学检查可协助诊断贫血的原因；鉴别血象相似的血液系统疾病；确诊白血病及其类型和诊断部分恶性肿瘤。但因取材少，有时不能反映骨髓造血的全貌，必要时应多部位穿刺。另外少数患者因骨髓纤维化或细胞成分太多，即使多次多部位穿刺亦抽不出骨髓液而使穿刺失败，也可因穿刺技术不熟练而混有血液稀释骨髓液，可通过骨髓活检解决。

3. 对血液系统损害反应可能涉及过敏机制的药物可进行放射变应原吸附试验 将纯化的变应原与固相载体结合，加入待检血清及参考对照，再与同位素标记的抗 IgE 抗体反应，然后测定固相的放射活性，通过标准曲线求出待检血清中特异性 IgE 的含量，以核素脉冲数大于正常人平均值 3.5 倍以上判定为阳性。放射变应原吸附试验是特异性过敏原体外测定方法之一，最大的优点是安全，可避免体内方法可能发生的过敏反应，同时不会有使患者致敏或增加患者敏感性的危险，对儿童患者更为适宜。

二、动物实验

给药后按照一定间隔时间采取动物静脉血进行血细胞分析和其他项目的检查。采用多项目血细胞分析仪，取全血加入含有 EDTAK2 的离心管，混匀后测试包括白细胞总数（WBC）、淋巴细胞百分比、淋巴细胞计数、粒细胞百分比、粒细胞计数、血细胞比容、血红蛋白、红细胞平均体积 、红细胞平均血红蛋白量、红细胞平均血红蛋白浓度、红细胞分布宽度、血小板总数、血小板平均体积、大型血小板比率和血小板分布宽度等血液细胞学指标。RBC 功能测定可通过观察变性珠蛋白小体（Heinz Body，亨氏小体）、Howell -Jolly 小体、RBC 脆性试验等。

Summary

Drug-induced hematological toxicity mainly include aplastic anemia, thrombocytopenia, granulocytopenia, leukemia and so on.

思考题

1. 药物对红细胞的毒性作用有哪些类型？引起毒性的药物有哪些？
2. 药物对白细胞的毒性作用有哪些类型？引起毒性的药物有哪些？
3. 药物对血小板的毒性作用有哪些类型？

（周 源）

第 11 章　药物对免疫系统的毒性作用

教学要求

1. 掌握药物对免疫系统的毒性作用类型与机制
2. 熟悉免疫系统的组成、功能特点
3. 了解临床检测免疫毒性的常用方法

免疫系统是药物引起机体毒性最敏感的靶部位之一，许多药物的毒性作用常起源于免疫异常或免疫毒性(immunotoxicity)，药物-抗体等免疫复合物可损伤骨髓、肝、肾、肺、关节等器官的血管内皮，导致相应的器官组织毒性反应(药源性疾病)。免疫系统在机体中承担着抗感染、抗肿瘤等重要功能，如果机体免疫功能发生障碍，可引起多种感染和肿瘤性病变。20 世纪 80 年代初，免疫毒性问题就已开始引起人们的关注，其中有关杀虫剂和化学物质的免疫毒性评价方案最早出台。但由于免疫系统作用的复杂性、评价免疫毒性试验项目的多样性，以及目前技术手段等条件的限制。因此，全面了解免疫反应生物学以及药物对免疫系统的影响，有助于理解药物免疫系统毒性作用机制，通过检测药物损伤免疫系统的早期指标，对药物临床前和临床研究进行正确评价。

第 1 节　免疫系统的组成与功能

免疫系统由具有免疫功能的器官、组织、细胞和细胞因子等部分组成，如图 11-1。根据各部分功能特点，可将免疫系统分为中枢免疫系统、外周免疫系统和免疫细胞三个层次，通过淋巴细胞循环和各种免疫分子的相互影响将各部分的功能协调统一。免疫系统既有其一系列内部调节机制，又与机体其他系统相互影响，免疫系统在受机体神经体液调节的同时又可对神经体液调节产生反馈调节，共同维持机体的生理状态。

免疫系统是机体执行免疫应答及免疫功能的一个重要系统。其基本功能包括：免疫防御、免疫监视、免疫耐受和免疫调节功能。药物作为外源性化学物质，特别是某些生物制剂、药物及其代谢产物可构成抗原或半抗原，与体内大分子物质结合形成全抗原，可导致免疫系统产生排斥反应甚至强烈的免疫损伤反应。另一方面，如果药物直接损伤免疫系统，则可造成免疫功能抑制。

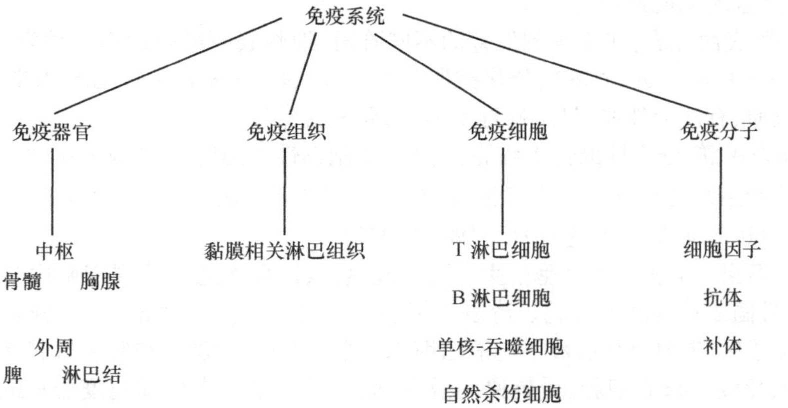

图 11-1　免疫系统的基本组成

一、免疫器官

根据免疫器官发生的时间顺序和功能差异，可分中枢免疫器官和外周免疫器官。

1. 中枢免疫器官 中枢免疫器官包括骨髓、胸腺，是淋巴细胞分化成熟的场所，胸腺还参与免疫调节功能、分泌多种胸腺激素和细胞因子。中枢免疫器官发生较早，当胎儿免疫系统开始发育时，骨髓干细胞移至胸腺，在此分化和发育成T淋巴细胞。出生后，骨髓初步发育的淋巴干细胞经由血液循环迁移至胸腺皮质外层，成为双阴性（$CD4^-/CD8^-$）细胞，然后继续向胸腺皮质内层迁移为双阳性（$CD4^+/CD8^+$）细胞，最后大多数细胞在皮质内凋亡或被巨噬细胞吞噬，只有少数胸腺细胞继续发育并从皮质迁移至髓质，成为单阳性（$CD4^+$或$CD8^+$）细胞，即成熟的T细胞，然后通过髓质小静脉离开胸腺进入血液循环。

2. 外周免疫器官 外周免疫器官包括淋巴结、脾、扁桃体及与黏膜相关的淋巴组织，是成熟淋巴细胞定居的部位，免疫反应的场所，发生较晚。淋巴结通过淋巴窦内吞噬细胞、抗体等的作用，杀伤病原微生物，清除异物，起到滤过、净化淋巴液的作用；淋巴结含有各种类型的免疫细胞，参与捕捉抗原、传递抗原信息和细胞活化增殖等。机体各种类型的免疫应答，均伴有局部淋巴结肿大。脾脏的主要功能是：滤血、储血、造血（胎儿早期）和免疫反应。脾是淋巴细胞再循环的最大储存库和强过滤器，脾脏产生的抗体对血清抗体水平有明显影响，脾脏还能合成补体、分泌体液因子等。扁桃体与会厌部黏膜内的淋巴组织组成咽淋巴环，构成机体呼吸道免疫反应的一道重要防线。黏膜相关淋巴组织（lymphoid tissue）为含有大量淋巴细胞及其他免疫细胞的网状组织（网状细胞、网状纤维为支架），通过广泛的直接接触以及体液因子的作用与外界发生联系，发挥局部免疫作用。机体某一局部的免疫应答效果可波及到全身，因此，药物影响上述任何一个环节或器官，都可导致相应的免疫系统功能紊乱。

二、免疫细胞

参与免疫反应的细胞分三类：①淋巴细胞是免疫系统的主要细胞，在免疫应答过程中起核心作用。②单核-吞噬细胞在免疫应答过程中起辅助作用。③单纯参与免疫效应的其他细胞。淋巴细胞按其性质和功能分为T淋巴细胞、B淋巴细胞和自然杀伤细胞。

1. T淋巴细胞 当干细胞由骨髓转移至胸腺时形成，并在胸腺分化和成熟，又称为胸腺依赖性淋巴细胞。成熟的T细胞离开胸腺进入淋巴系统，对免疫系统起监控作用。T细胞是血液和淋巴再循环的主要淋巴细胞，约占血液淋巴细胞总数的60%～70%，当药物影响胸腺发育时，胸腺萎缩，外周淋巴器官的胸腺依赖区萎缩，T细胞的分化、成熟障碍，外周血液淋巴细胞数显著减少，可发生严重的免疫系统毒性反应。

（1）T细胞表面标志：在T细胞发育的不同阶段，细胞表面可表达不同种类的分子，如T细胞抗原受体（T cell receptor，TCR）、分化抗原簇（cluster of differentiation，CD）及其他表面标志如组织相容性抗原、有丝分裂原受体、病毒受体、白介素受体等。

（2）T细胞亚群：分为辅助性T细胞（T_H）和细胞毒性T细胞（T_C）两个亚群。T_H能帮助B细胞分化为抗体产生细胞和放大免疫细胞，T_H能表达CD4但不表达CD8（$CD4^+/CD8^-$）。T_C能特异性溶解细胞，表达CD8但不表达CD4（$CD4^-/CD8^+$）。

2. B淋巴细胞 由骨髓干细胞衍生、发育、成熟，该过程伴随一系列细胞内基因和表面标志的变化，故称骨髓依赖性淋巴细胞。待表面标志表达完全后进入血液循环，分布到外周免疫器官的非胸腺依赖区，B细胞在血液中占淋巴细胞总数的20%～30%，在脾脏数目多达60%。B细胞是主导体液免疫的核心细胞，受抗原刺激后，成熟的B细胞在外周免疫器官继续增殖分化成为浆细胞、分泌抗体。

3. 自然杀伤细胞　一类能杀伤特定的病毒感染细胞和肿瘤细胞的淋巴样细胞。NK细胞一旦形成就能杀伤各种靶细胞，而不像B和T淋巴细胞需要成熟和驯化过程故名。NK细胞也产生一些调节T、B淋巴细胞和巨噬细胞功能的细胞因子和信使物质。

4. 免疫辅助细胞　在免疫应答过程中，淋巴细胞尤其是T细胞的活化需要非淋巴细胞参与，免疫辅助细胞（如单核-吞噬细胞）能通过一系列作用帮助淋巴细胞活化。辅助细胞具有表达主要组织相容性复合物（MHC）Ⅱ类分子（递呈抗原的必须物质）和吞噬（消化）被免疫系统靶定破坏的微生物等功能。

三、细胞因子

细胞因子是一大类能在细胞间传递信息、具有免疫调节和效应功能的蛋白质或小分子多肽。细胞因子是免疫系统的信使，主要由免疫细胞在对刺激做出反应时分泌。细胞因子的生物活性包括调节免疫应答、诱导炎症反应、影响造血功能、抗增殖作用和神经-内分泌样效应。它们放大（或帮助）免疫系统的某些方面，抑制另一些方面。主要的细胞因子有：白介素（IL）、干扰素（IFN）、造血生长因子、肿瘤坏死因子（TNF）等。

知识拓展　　**免疫应答**

免疫应答：抗原物质进入机体，激发免疫系统发生一系列反应以排除抗原的过程。即免疫细胞识别、摄取、处理抗原，继而活化、增殖、分化，产生免疫效应的过程。免疫应答分固有免疫（先天性免疫）和体液免疫（适应性免疫）；细胞免疫和体液免疫（B细胞活化产生特异性抗体发挥免疫效应）等类型。

第2节　药源性免疫介导疾病

药源性免疫介导疾病（drug-induced immune-mediated disease）是指由于药物对免疫系统产生毒性作用而导致的疾病。主要有三种情况：①免疫抑制（immunosuppression）导致机体对疾病的易感性。②免疫增强作用导致药物过敏反应（hypersensitivity）。③药源性自身免疫疾病（drug-induced autoimmune diseases）。

一、免疫抑制

药物对免疫系统的一个或多个组分损害，引起免疫功能的低下，临床首先表现为感染性疾病发生增加，还可导致肿瘤发生。由于某些疾病治疗必须使用免疫抑制剂或具有抑制免疫功能的药物，如防治移植排斥反应必须长期应用免疫抑制剂，不可避免地造成免疫系统毒性反应。常见免疫抑制作用的治疗药物有：

典型的免疫抑制剂如抗肿瘤药物环磷酰胺（CYP）、氮芥、噻替哌，具有活泼的烷化基团，与DNA或蛋白质中的氨基、巯基、羟基和磷酸基等起烷化反应，使DNA链断裂；在复制时，使碱基配对错码，造成DNA结构和功能的损害。烷化剂可杀伤增殖期淋巴细胞和某些静止期细胞，并明显降低NK细胞活性，从而全面抑制细胞免疫和体液免疫反应。CYP是免疫抑制实验研究常用的阳性对照药物。抗代谢药硫唑嘌呤（AZA）在体内转化为硫代肌苷酸，阻止IMP转变为腺苷酸和鸟苷酸，干扰嘌呤代谢的所有环节而发挥抑制T细胞、B细胞和NK细胞效应但不抑制吞噬细胞功能。

糖皮质激素类药物可对免疫反应各期和各个环节产生抑制作用。包括降低巨噬细胞的吞噬和处理能力，降低淋巴细胞的识别抗原能力，减少淋巴母细胞增殖；诱发淋巴细胞的凋亡并加快血中淋巴细胞移行至组织速度；使循环血中淋巴细胞数目减少。治疗量主要抑制细胞免疫，大剂量可干扰体液免疫，抗体生成减少。糖皮质激素类药物还可抑制细胞因子IL-1、IL-2、IL-6、IFN-γ、TNF-α

生成。临床用于减少自身免疫性疾病的症状和骨髓移植患者的预处理等。

治疗剂量环孢素 A(CsA)主要选择性抑制 T 细胞活化,并选择性抑制 T_H 细胞产生细胞因子,如抑制 IL-2 的生成和 IL-2 受体的表达。CsA 对 B 细胞、巨噬细胞影响小,对 NK 细胞无明显抑制作用。

齐多夫定(zidovudine,叠氮胸苷)是第一个上市(1987 年)的抗 AIDS 药,目前仍是治疗 AIDS 的首选药。进入宿主细胞后,经胸苷激酶催化转变成单磷酸齐多夫定,再经胸苷酸激酶作用转变成双磷酸和三磷酸齐多夫定,后者可竞争性抑制人类免疫缺陷病毒(HIV)的逆转录酶,阻碍病毒 DNA 的合成。具有介导体液免疫和细胞免疫作用,但可剂量依赖性抑制骨髓造血功能。

除药物对免疫系统产生抑制作用外,工业污染毒物(TCDD)可使胸腺严重萎缩。多氯联苯可致中枢、外周免疫器官全面萎缩。苯并(a)芘可抑制体液免疫。金属(铅、砷、汞、镉等)可损伤体液免疫和细胞免疫,以上化学物质与人类生活、某些职业病均有关系。

二、药物过敏反应

过敏反应即变态反应,也称超敏反应,共有四种类型:Ⅰ、Ⅱ、Ⅲ、Ⅳ型反应,如表 11-1。四种变态反应都需要预先接触抗原,以激发初次反应。尽管抗原呈递可能有不同的途径,但均能被 T 细胞识别,这些药物特异性 T 细胞的活化与多肽抗原特异性 T 细胞相似,与 T 细胞受体结合,细胞内钙离子水平增加,但是药物特异性 T 细胞是具有某些特征,可以解释一些药物过敏的临床症状,如产生大量 IL-5,$CD4^+$和 $CD8^+$ T 细胞导致细胞毒性。药物导致过敏反应或自身免疫反应过程及机制如图 11-2。

表 11-1 变态反应的分类比较

类型	别名	发生机制	主要相关疾病
Ⅰ型	速发型过敏反应	IgE/肥大细胞和嗜碱粒细胞介导的血管反应	支气管哮喘、药物荨麻疹、过敏性鼻炎、过敏性休克等
Ⅱ型	细胞毒型过敏反应	IgG,IgM/补体或粒细胞介导的靶细胞溶解和吞噬等	新生儿溶血症、自身免疫性溶血性贫血、特发性血小板减少性紫癜等
Ⅲ型	免疫复合物型	免疫复合物/补体介导的组织炎症	血清病、皮肤血管炎、系统性红斑狼疮、类风湿性关节炎等
Ⅳ型	迟发型(细胞介导型)超敏反应	T 细胞介导的浸润性炎症	接触性皮炎、移植排斥反应、结核病等

(一) Ⅰ型变态反应

诱导Ⅰ型变态反应的抗原多是外源性的,某些药物如 β 内酰胺类抗生素(特别是青霉素)、生物制剂,生活中的花粉、尘螨、食品等,可经呼吸道、消化道或皮肤等途径进入机体,刺激机体产生 IgE 或 IgG,结合到肥大细胞、嗜碱粒细胞上,使宿主进入致敏状态。变应原再次进入机体时,可与致敏细胞表面的 IgE 或 IgG 结合,诱导细胞脱颗粒,释放炎症介质,引起一定部位的血管平滑肌反应。Ⅰ型变态反应发生迅速,青霉素特别是其降解产物可与体内具有免疫原性的大分子结合形成半抗原-蛋白复合物,诱导免疫应答,临床常见的严重病例是青霉素引起的过敏性休克,如不及时抢救会很快死亡。但Ⅰ型变态反应一般不引起组织损伤,所以刺激因素解除后康复也快。Ⅰ型变态反应的检验有多种方法:①皮肤试验,例如青霉素皮试。②激发试验,例如支气管激发试验。③血清 IgE 测定。Ⅰ型变态反应的临床诊断并不困难,实验室检查的主要目的是明确过敏原,以采取适当的回避措施,或者必要时进行特异性脱敏治疗。

(二) Ⅱ型变态反应

Ⅱ型变态反应涉及的抗原比较复杂,药物、病毒或自身抗原都可成为变应原,刺激机体产生

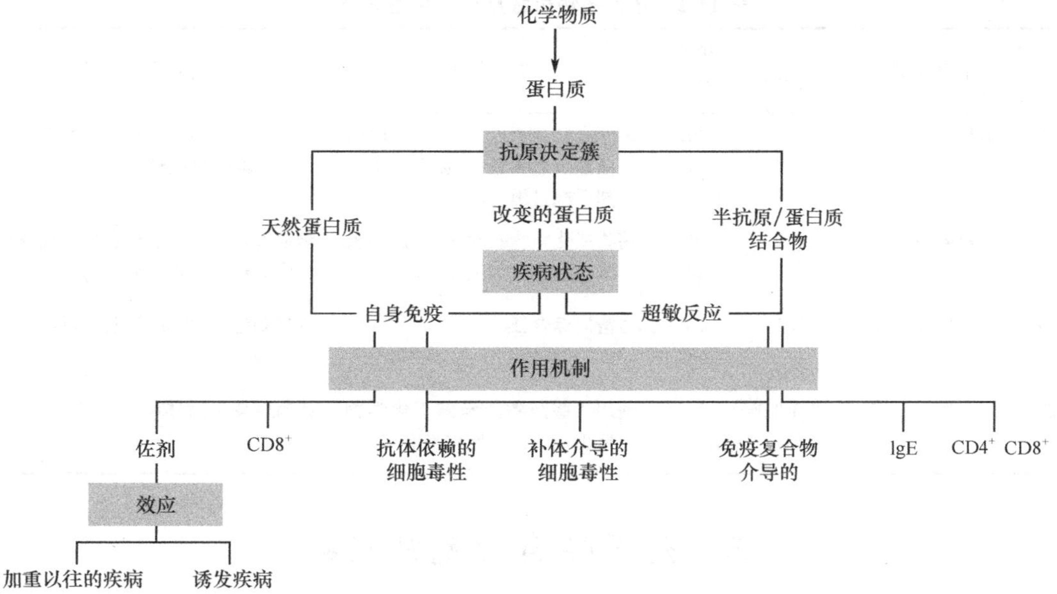

图 11-2　化学物质(药物)导致超敏反应或自身免疫反应示意图

案例 11-1

患者,男性,54 岁。1 个月前左膝关节痛,诊断为风湿性关节炎,20 天前开始口服布洛芬,2 周症状不见缓解,停服 3 天后,改服塞来昔布。服药约 2 小时后,双上肢开始出现散在红斑,随即红斑扩散至面部及全身,并伴面部水肿,尤以眼睑、上唇明显;自感关节酸痛、胸痛、排尿困难,病变部位灼热、瘙痒。

问题:

1. 患者的发生皮肤红斑等症状最可能的原因是什么?
2. 患者的急性渗出性多形性红斑属于哪种类型变态反应?
3. 常用的抗过敏药物包括哪几类?

IgG 或 IgM 类抗体,抗体可特异性地结合到位于细胞表面的抗原上,活化补体、溶解靶细胞、诱导粒细胞浸润及吞噬作用,引起组织损伤。Ⅱ型变态反应的检验主要是针对引起反应的特异性抗体;但Ⅱ型变态反应主要涉及血液系统疾病和自身免疫病,如服用"氧化性"药物非那西丁等可导致免疫性溶血性贫血(参考第 10 章)。

(三) Ⅲ型变态反应

Ⅲ型变态反应涉及的疾病有血清病、结缔组织病等,最易损伤的靶部位是肺、关节、肾脏血管等。Ⅲ型变态反应的检验主要是检测循环免疫复合物或组织固定的免疫复合物,还可进一步检测免疫复合物中的抗体特异性,也可结合皮肤试验进行测定。

(四) Ⅳ型变态反应

Ⅳ型变态反应是细胞免疫介导的炎症,没有抗体和补体参与,需预先与药物接触及 T 细胞敏感化,所以发生较为缓慢,6~8 小时出现炎症反应,24~48 小时得到缓解,又称为迟发型超敏反应(DTH)。Ⅳ型变态反应的检验可从多方面进行。要以用促有丝分裂原或结核菌素检测 T 细胞的敏感状态;也可用抗原检测机体的特异性致敏状态;还可通过检测细胞因子或者皮肤试验的办法进行检验。

各型药物过敏反应的生物学特点列于表 11-2。

表 11-2 各型药物过敏反应的生物学特点

类型	作用类别	反应性T细胞	相关抗体	常见实例	作用部位和表现
Ⅰ	速发型	T_H2	IgE	β-内酰胺类抗生素、蛋白试剂、激素及各种亚硫酸盐化学试剂引起过敏反应	胃肠变态反应；荨麻疹；特应性皮炎；哮喘；过敏性休克
Ⅱ	细胞毒型	T_H2	IgM IgG	药物或化学物诱导贫血、血小板减少症和粒细胞减少症	溶血性贫血；输血反应；血小板减少症和粒细胞减少症
Ⅲ	免疫复合物型	T_H2	IgM IgG	血清病综合征	红斑狼疮；肾小球肾炎；类风湿性关节炎
Ⅳ	迟发型	T_H1 TD	/	使用某些药物或暴露于化学物后出现的接触性皮炎	接触性皮炎；移植排斥反应

三、药源性自身免疫疾病

自身免疫是指对自身组织，包括核酸大分子的抗体诱导和表达。引起自身免疫反应的典型疾病是药源性狼疮综合征，因长期用某些药物治疗非风湿性原发病而引起的类似红斑狼疮表现的综合征，临床以发热、关节症状、心脏损害及皮损等系统性红斑狼疮表现为特征，与系统性红斑狼疮有所不同，特发性系统性红斑狼疮以肾脏、中枢神经系统并发症为主，而在药物狼疮却没有这些表现；且停用致病药物后，多数患者的自觉症状及客观体征能很快缓解。常见药物甲基多巴、肼屈嗪、异烟肼、普鲁卡因胺、氟烷。药源性狼疮综合征因致病药物不同，临床症状也有所差异。由普鲁卡因胺所致者，胸膜炎和肺部病变发生率较高；由肼屈嗪引起者，其轻度肾脏损害发病率相对较高。

第 3 节 检测免疫毒性的临床试验

临床建立方便、快速、准确的免疫毒性检测方法，对使用具有可疑免疫毒性药物治疗的患者早期发现药物毒性，保证人体安全性非常重要。但是，由于免疫系统本身的复杂性等原因，检测免疫毒性的临床试验实际应用尚待改进。目前可检测体液免疫和细胞免疫功能，用于评价药物的免疫毒性实验室指标：

（1）免疫球蛋白浓度。

（2）T 细胞和 B 细胞浓度。

（3）皮肤变态反应性。

（4）体外试验。

（5）免疫抗核抗体分析。

生物技术药物尤其是治疗用细胞因子对免疫系统常具有直接作用，包括 IL-2 等所致的脉管泄漏综合征及 IL-2、IFN 和 TN 等所致的流感样症状。与免疫失调有关的间接作用包括产生自身抗体，已有疾病如自身免疫疾病的恶化及细胞免疫改变。但是，上述各种免疫毒性表现形式大部分按现有临床前安全性评价模式均无法预测。由于免疫调节剂等生物技术药物诱发免疫毒性的方式和机制与化学药物有较大的差异，常规的免疫毒性评价分级试验法及标准测试组合并不适用生物技术药物。目前，一般将免疫毒性终点纳入到非人类灵长类动物的重复给药毒性试验中，并以此来评价其免疫毒性潜能。所增加的免疫毒性检测指标包括重复检测血样中免疫球蛋白水平，分析抗药物抗体的动态变化，血液淋巴细胞分型及功能分析，皮下注射各种标准抗原后检测皮肤迟发性超敏反应指标及全血细胞因子反应。

第4节 实验动物检测免疫毒性的试验

随着大量新药的涌现，人们对于药物潜在的免疫调节作用的警惕性越来越高。免疫毒性研究已经作为药物非临床安全性评价的一项重要内容，也是全面评价药物毒性的重要组成部分。2006年，国际人用药品注册和医药技术协调会议（The Internatiorlal Conference on Harmonisation of Technical Requirements for Registration of Pharmaceuticals for Human Use，ICH）颁布了人用药物的免疫毒性试验指导原则（ICH S8），在国际上对药物非临床安全性评价中的免疫毒性研究达成了共识。根据常规毒性试验（STS）结果可以对药物进行免疫毒性的初步筛选。普遍认可的试验是啮齿类动物28天连续给药试验。当有明确的依据需要进行附加的免疫毒性试验时，应当对检测方法，试验设计和结果评估进行综合考虑。常用的免疫毒性检测方法有：

（1）T细胞依赖性抗体反应（TDAR）。

（2）免疫表型分析。

（3）自然杀伤（NK）细胞活性检测。

（4）宿主抵抗力试验。

（5）测定细胞介导免疫功能试验。

免疫毒性评价的其他试验方法：根据试验的要求，遵循具体问题具体分析的原则，可以选择其他的实验方法用于免疫毒性的评价。如抗体空斑形成细胞（PFC）试验、DTH、GPMT、BA、MIGET、LLNA、PLNA、有丝分裂原刺激或抗体刺激的淋巴细胞增生反应、混合淋巴细胞反应（MLR）试验、CTL介导的试验等。

Summary

The immune system is composed of the organs with immune function, tissues, cells and cytokines etc. Its basic functions include immune defense, immune surveillance, immune tolerance and immune regulatory function. The toxicity of drugs on the immune system is divided into immunosuppression, drug allergies, drug-induced autoimmune response etc. Based on the basic principles of ICH, all new drugs should be performed an experiment upon potential immune toxicity assessment, the methods include the conventional toxicity testing and and additional immune toxicity tests.

思 考 题

1. 长期应用免疫抑制药可能会带来哪些后果？
2. 简述药物过敏反应类型及可能引起的药物。
3. 哪些药物可能会引起药源性自身免疫性疾病？

（周 源）

第12章　药物对皮肤的毒性作用

教学要求

1. 掌握药物对皮肤的毒性作用类型
2. 熟悉皮肤的结构、功能与特点

皮肤是机体最大的器官之一，皮肤约占体重的10%。人体的体表全部被皮肤所覆盖，皮肤可能会接触到各种药物并经皮肤吸收。这样，药物不仅会对皮肤产生直接的损伤，还会通过皮肤吸收造成全身中毒作用；通过其他途径吸收的药物也有可能对皮肤产生损害。

第1节　皮肤结构和功能

一、皮肤的结构

皮肤分为两层：外层为表皮，主要由疏松的结缔组织组成；内层为真皮，由结缔组织和脂肪组织组成。两层之间联系紧密，并相互影响。皮肤表面还含有附属物、血管和神经纤维等（图12-1）。

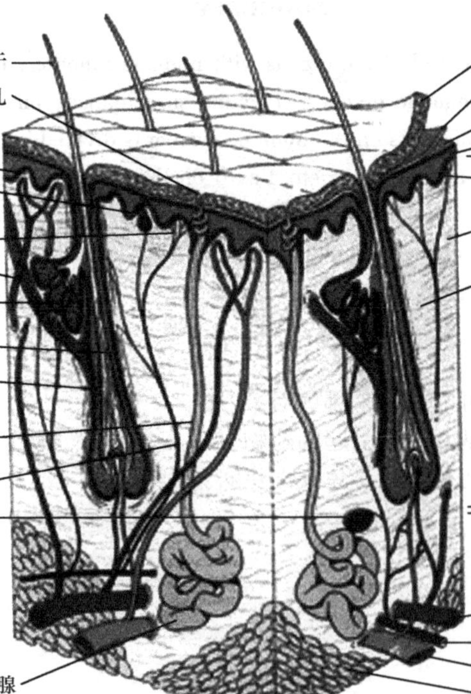

图12-1　皮肤的结构

1. 表皮　表皮是皮肤的最外层，由外胚叶衍生的角化复层鳞状上皮细胞组成，并由真皮供给其营养。组成表皮的细胞主要是角质化细胞(角朊细胞),排列成多层,从内向外依次分为基底层、棘层、颗粒层、透明层和角质层。

表皮的基本组成细胞角朊细胞不断生成,慢慢形成角化的、有保护性的屏障—角质层。该层位于皮肤的最表层,一般只有70~150μm厚,但对机体的保护至关重要。它由几层扁平的不再进行代谢活动的死的角朊细胞组成。细胞间的紧密相连及组分是表皮保护性特征的关键。

角质层下面是几层代谢活跃的角朊细胞,其中紧靠真皮的生发层(基底层)由一层柱形基底细胞组成。

除了角朊细胞,组成表皮的细胞还有黑色素细胞、朗格汉斯细胞和默克尔细胞等非角质化细胞,它们散布于角朊细胞之间。黑色素细胞和朗格汉斯细胞均属树突状细胞。其中黑色素细胞分泌的黑色素能保护皮肤受紫外线的伤害;朗格汉斯细胞主要负责抗原的识别和提取,在皮肤免疫反应中起着重要的作用。默克尔细胞属一种机械性刺激感受器。

表皮与真皮间有一层基膜。基膜在真皮和表皮的连接中发挥着重要作用,同时还具有一定的渗透屏障作用、调节生物分子的进出、影响细胞活动及伤口修复等功能。

2. 真皮 真皮源自中胚层,位于基膜之下,与表皮相连,深部与皮下组织相连,两者之间没有清楚的界限。真皮能为机体提供机械性支持,承受皮肤的绝大部分压力;同时,真皮还是血液与皮肤组织间代谢物交换的主要场所,具有储存脂肪、抗感染和修复组织功能。

真皮的主要细胞是纤维母细胞,负责合成纤维蛋白和透明质酸、黏多糖等颗粒物质;还含巨噬细胞、组织细胞、肥大细胞和脂肪细胞。此外,真皮中还分布有血管、神经纤维和神经末梢、汗腺、皮脂腺、毛囊及竖毛肌等。

3. 皮肤附属器

(1) 毛发:毛发是由表皮入鞘形成,毛发穿过真皮到达上皮,皮肤表面以上的部分称为毛干,深入真皮的部分为毛根,在其下端形成一个膨胀的球状样结构称为毛球。毛发呈规律性生长并有明显的退行周期。已知毛发的生长受雌激素、睾丸激素、肾上腺类固醇激素、甲状腺激素等复合激素调控。

(2) 皮脂腺:皮肤的表面均含有皮脂腺(除手掌和足底外),皮脂腺在各部位的分布密度不同,以头皮和颜面部最多。皮脂腺位于上皮内层的外凸部分,大多在毛囊和竖毛肌之间,为泡状腺。不同物种的皮脂成分各异,人体分泌的皮脂主要包含三十碳六烯、胆固醇、胆固醇脂、蜡酯和甘油三酯等。皮脂的主要功能是柔润皮肤、抗菌和防止表皮水分流失。皮脂腺的发育和分泌受性激素的调节,青春期机体激素水平增加,皮脂分泌增加。若皮脂腺导管阻塞,可引起皮脂腺囊肿,产生粉刺。有些药物或毒物,如氯苯、多氯联苯、四氯氮化偶氮苯、四氯偶氮苯、多氯二苯二噁英、多氯联苯呋喃和多溴联苯等,能通过干扰皮脂腺的功能,而使机体产生黑头粉刺,即氯痤疮。

(3) 汗腺:汗腺的主要功能是分泌汗液,汗液能带走身体的热量,使其温度降低以维持机体的热平衡。汗腺分为外泌汗腺和顶泌汗腺两大类。外泌汗腺,亦称局泌汗腺,外泌汗腺分布于全身所有皮肤中。顶泌汗腺,也称大汗腺,仅位于腋窝、生殖器和乳晕等部位,与毛囊相通,分泌物为较为黏稠的乳状液体,其中含有大量的脂类、蛋白质和碳水化合物。

二、皮肤的功能

皮肤的首要功能是保护机体,完整的皮肤通过三道屏障阻止外源性化学物质入侵机体,防止水分流失:①表面膜:它是由皮脂、汗液残留物和脱落的角朊细胞碎片组成,呈微酸性,对水溶性物质具有一定的阻滞作用,但不能阻止脂溶性物质通过。②表皮屏障:主要指角质层和透明层区域,该区域细胞排列非常紧密,胞膜较厚,细胞内充满交错排列的角蛋白细丝,细胞间隙狭窄,间隙中有板状脂类和细胞间桥,对外源物质穿透较困难。③基膜:由脂蛋白、糖蛋白和黏多糖等组成,为粘连表皮与真皮的胶原结构,基膜可选择性地屏障某些化学物质。

皮肤具有免疫功能,能对微生物和化学物等产生特异和非特异性免疫作用。其免疫细胞主要有角朊细胞、朗格汉斯细胞、肥大细胞、皮肤浸透T细胞和小静脉内皮细胞等。

皮肤中黑色素细胞中的黑色素原在太阳辐射中紫外线A段的作用下,通过氧化酶的作用,转化成黑色素,在皮肤表面形成色素沉着,是机体对光刺激的一种生理性防御反应。同时皮肤还是一个多功能的体温调节器,可通过改变皮肤中血流速率;还可通过汗液的蒸发调节体温。如吸收太阳辐射,使皮肤温度升高,表皮血管扩张而有利于出汗,以增加体表散热,从而维持机体的热平衡。

但由于皮肤直接暴露于外界环境,其功能易受外环境药物的影响,外环境药物将对机体的健康产生重要影响。

第2节 药物对皮肤的毒性类型

一、刺激性皮炎

皮肤接触一些刺激性物质所引起的刺激性皮炎是最常见的皮肤刺激反应。红斑和水肿是最常见的接触性刺激反应的症状,还可引起表皮起疱、起鳞屑和变厚。

1. 感觉刺激 接触某些刺激性物质时,皮肤出现烧灼感、刺痛感和发痒等不愉快的感觉,但并没有炎症刺激的症状出现,这种主观上的刺激反应称为感觉性刺痛。目前,人们对感觉性刺痛的原因和机制尚不清楚,可能是皮肤和黏膜对某些药物敏感的一种后果。

2. 原发性刺激 某些物质对皮肤局部直接作用引起的反应称为原发性刺激。酸、碱性腐蚀物能激发皮肤产生快速反应,如引起细胞的急性死亡。这种“原发性刺激反应”可引起皮肤疼痛、发热和红斑,显微镜下可见不同程度的组织损伤、血管通透性改变和炎症细胞浸润。常见的原发性刺激物有无机酸类、无机碱类、有机酸类、有机碱类、金属及盐类、有机溶剂及其他有机物等。

药物多为弱酸弱碱性物质,加上在新药筛选过程中淘汰了刺激性强的药物,接触绝大多数药物不会引起刺激性皮炎。

二、变应性接触性皮炎

变应性接触性皮炎是一种迟发性过敏反应(Ⅳ型变态反应),只要微量的药物即可产生明显的反应,而刺激性皮炎的反应强度与剂量成比例。变应性接触性皮炎可由某些药物激发的异常免疫反应所引起,药物中含有变应原或作为半抗原,与表皮细胞蛋白结合形成抗原,经机体的免疫系统,产生以T细胞介导的皮肤变态反应性组织损伤。另外,一些特殊环境某些药物,通过与皮肤载体蛋白或其他细胞大分子形成共价鍵引发机体产生致敏反应,这类物质被称为半抗原。较为常见的半抗原主要有金属、醌、醛和丙烯酸盐等,它们大多具有亲电子特性,可从皮肤组织蛋白质中的氨基和巯基等亲核基团中接受电子对;而某些具有长疏水链的某些药物,如羊毛脂和邻苯二酚等,可与细胞膜形成疏水键,也可能是致敏原。

一些小分子致敏原,在与皮肤蛋白质连接前必须先通过代谢转化或与光反应,才具有致敏性,这些物质组成了一个特殊的致敏原家族,被称作“半抗原前体”。

变应性接触性皮炎一般在初次接触变应原5~7天出现。但强致敏原如毒常春藤,从开始接触到皮肤致敏所需的诱导时间可短至2~3天,而对于铬酸盐这样的弱致敏原,诱导周期也可能长达数年。经过致敏后,如果致敏原仍继续存在,就会在接触部位引发变应性接触性皮炎。其主要临床表现有瘙痒、形态多样的皮炎、丘疹边界不清、红斑鳞屑和局部红肿等。急性变应性接触性皮炎的临床表现为边缘清楚的红斑、丘疹及水肿。由于炎症区域的白细胞可释放出细胞毒素,还可能出现水疱。慢性变应性接触性皮炎与急性有着同样的发病过程,急性变应性接触性皮炎持续发展,发病区域水疱减少,逐渐被鳞状物和/或苔藓样硬化物所取代。慢性变应性皮炎,不一定出现红斑。

可引起变应性接触性皮炎的抗菌药物有:杆菌肽、新霉素、多黏菌素类、氨基糖苷类、磺胺药物等。其他药物有:苯佐卡因、氟尿嘧啶、碘苷、维生素E、肾上腺皮质激素类。

刺激性皮炎与变应性接触性皮炎虽然病因不同,但临床症状相似,都会出现红斑、硬化、起鳞屑,甚至起疱。有人对二者进行研究,发现一些可溶性黏附分子,如血清可溶性细胞间黏附分子-1(SICAM-1)、可溶性血管细胞黏附分子-1(SVCAM-1)、可溶性E-选择素(SE-selection)的表达二者是有明显差异的,变应性接触性皮炎可以产生3倍数量的可溶性黏附分子,而刺激性皮炎可溶性黏附分子的量没有变化。

三、光诱导的皮肤毒性

案例12-1

患者,女性,26岁,1个月前因精神分裂症发作,一直服用氯丙嗪,病情得到控制,1日前因在室外烈日下停留2小时,暴露部位皮肤会出现红肿、发热、瘙痒、刺痛感、红斑、水肿,严重处出现水疱。经诊断为氯丙嗪引起的药物光毒性反应。

问题:

1. 药物光毒性是怎么一回事?
2. 哪些药物会引起光毒性反应?
3. 怎样避免药物引起的光毒性反应?

某些药物与皮肤接触时并不产生皮肤损害,但经过特定波长的光照后,可对机体局部或全身产生明显的损害作用,由光线产生的这种皮肤反应称为光敏作用或光毒性作用(反应)。凡能产生光敏作用的物质称为光敏物质或光毒性物质。光敏作用又分为内源性光敏作用及外源性光敏作用。

1. 内源性光敏作用 由光线直接作用于皮肤,产生的皮肤损害,称为内源性光敏作用。不受保护的皮肤暴露于阳光或人造光源的紫外线下可引发这种毒性反应。如阳光灼伤和晒黑等短期、可逆的效应,以及皮肤早衰和皮肤癌等长期、不可逆的反应。

皮肤暴露于紫外线(280~315nm),可选择性地改变皮肤的免疫功能,使皮肤改变对致敏原和微生物的免疫反应,这种免疫功能的改变可促使皮肤癌的产生和发展。某些药物刺激和皮肤暴露于紫外线(280~315nm)均可影响皮肤的免疫功能。有时这两种因素共同作用,使皮肤的免疫功能发生改变,诱发和产生皮肤病。

2. 外源性光敏作用 外源性的光敏物质既可通过皮肤局部接触吸收,也可通过身体其他组织吸收,再通过一定途径经血流到达皮肤,经光照射后激活,从而发生光敏作用。

药物引起的光毒性皮炎是由光激活药物引起的非免疫性的、光诱导皮炎。皮肤上的药物(光毒剂)暴露于特定波长的光时,在生理学上阈下剂量的光或生理上"无作用"的光的作用下,引起机体产生特定效应。光毒性皮炎有氧化依赖型和非氧化依赖型两种类型。氧化依赖型反应中有氧分子参加,它们吸收光子并获得能量,产生单线态氧、超氧阴离子、羟基自由基并造成皮肤损害,如:原卟啉的光毒性反应。非氧化依赖型反应不需要氧分子参加,反应中某些药物直接吸收光子,再与靶分子作用形成光化学产物,如:8-甲氧补骨脂素、氯丙嗪和普罗替林等诱导的光毒性反应。

光毒性皮炎的临床表现为皮肤红斑反应、水肿及皮肤剥落,或伴有消退后的过度色素沉着,主要受影响区域仅局限在暴露于光线的部位。光毒性反应的严重程度与剂量相关,当接触足够量的光毒剂化合物并接受适宜激活波长范围内的光照时,个体都可能发生光毒性反应。

可引起光毒性的药物有：硫胺类药物、氯苯那敏、曲吡那敏、苯海拉明、地西泮、阿司匹林、布洛芬、氢氯噻嗪、呋噻米、长春新碱、格列本脲、格列吡嗪、氯丙嗪、磺胺类、灰黄霉素、四环素、喹诺酮类药物（如环丙沙星、氧氟沙星、诺氟沙星、吡哌酸等）。

患者在使用具有光毒性药物期间及停药后5日内，应避免暴露在阳光或紫外线下，如出现光敏性反应或皮肤损伤，应立即停用药物，并去皮肤科就诊。有光敏反应史的患者要慎用这类药物。

四、荨 麻 疹

荨麻疹（风疹）是由速发型过敏反应（Ⅰ型过敏反应）介导的，是由肥大细胞释放出的组胺和血管活性肽所激发的病理的反应。皮肤上表皮与某些物质接触会在局部引发荨麻疹称之为接触性荨麻疹，可产生接触性荨麻疹的药物包括：杆菌肽、链霉素、头孢菌素、青霉素、利福平、苯甲酸、羧甲基纤维素钠、盐酸环喷托酯、薄荷醇等。

五、职业性色素改变

从事避孕药及氯丙嗪生产等，均有可能引起皮肤色素增多。可引起色素过度沉着的药物还有：氯喹、胺碘酮、博来霉素、齐多夫定、米诺环素。

某些酚类和儿茶酚胺类对皮肤黑色素细胞具有选择性的毒作用，竞争性结合酪氨酸酶，使酪氨酸合成中断或减弱，从而抑制黑色素的形成。造成局部色素减退物质有：酚类、儿茶胺类和某些巯基化合物等。而二巯基丙磺酸钠和硫脲嘧啶中的巯基可与酪氨酸酶的铜离子结合，同样也能影响酪氨酸的合成，不能正常形成黑色素。

六、痤疮样皮疹

痤疮是常见的皮肤毒性反应之一。产生原因是由于表皮中皮脂腺增殖和角蛋白肿囊形成，从而在皮肤上形成了充满脂肪和其他脂肪代谢物的脓肿。睾丸激素、氯消毒化合物和局部固醇类物质均可引发类似于痤疮的皮疹。

七、糖皮质激素大量应用对皮肤的损伤

糖皮质激素直接作用于皮肤产生对皮肤的毒性外，糖皮质激素还可经过其他途径造成机体负氮平衡，引起皮肤变薄，表皮萎缩，真皮乳突层变得致密，表皮颗粒层消失，皮肤基底细胞层出现核固缩。

Summary

The toxicity of drugs on the skin include the following types: irritant dermatitis, allergic contact dermatitis, photo-induced skin toxicity, urticaria, occupational pigment changes, acne-like rash, skin damage caused by large-scale glucocorticoid application and so on.

思 考 题

1. 服用哪些药物用药后应避免阳光照射？为什么？
2. 药物对皮肤的损害主要有哪些类型？

（曾 靖）

第13章 药物致癌性

教学要求

1. 掌握化学致癌作用的有关概念及有致癌作用的药物
2. 熟悉化学致癌作用的基本原理
3. 了解化学致癌活性的检测

肿瘤是机体正常细胞,在各种因素的长期作用下,呈现过度增生或异常分化而形成的新生物。肿瘤的发生是由环境因素和机体的遗传易感性共同决定的。近年来随着环境污染的日趋严重,肿瘤的发病率逐年增加,已经成为第二大死亡原因。值得注意的是,某些药物在治疗疾病的同时,也可诱发肿瘤。药物的致癌作用是药物严重的不良反应之一。

第1节 化学致癌物及分类

化学致癌物(chemical carcinogen):环境中能使人类或哺乳动物的机体诱发癌症的某些化学物质,称为化学致癌物。化学致癌物种类繁多(1100多种),分类方法也各不相同,根据化学致癌物引起癌变的机制或模式,可将化学致癌物分为遗传毒性致癌物和表观遗传毒性致癌物。

一、遗传毒性致癌物

某些化学致癌物进入细胞后与DNA共价结合,引起基因突变、染色质结构或数量的改变,最终导致癌变。由于这类化学物的作用靶点是机体的遗传物质,故称遗传毒性致癌物(genotoxic carcinogen)。这类致癌物约占化学致癌物的大多数,可利用遗传毒理学试验来检测这类致癌物。遗传毒性致癌物主要包括:直接致癌物、间接致癌物和无机致癌物。

1. 直接致癌物 此类化学物大多为亲电子反应物,进入机体后不需要经过代谢活化,本身直接与细胞DNA、RNA或蛋白质作用而诱发细胞癌变,如:致癌性烷化剂和某些金属配位络合物等。

2. 间接致癌物 此类化学物,本身并不直接致癌,进入机体后通过代谢转化为带正电荷的亲电子反应物,与细胞DNA、RNA或蛋白质作用而诱发细胞癌变。间接致癌物在代谢活化前称为前致癌物(procarcinogen),在活化过程的中间产物称为近致癌物(proximate carcinogen),近致癌物进一步代谢活化生成的产物称终致癌物(ultimate carcinogen)。如:多环或杂环芳烃、单环或多环芳香胺、偶氮化合物类、亚硝胺类、氨基甲酸酯类以及黄曲霉毒素、环孢素A、槟榔及酒精性饮料等一些天然物质。

3. 无机致癌物 此类化学致癌物属于亲电子反应物,或通过选择性改变DNA复制的保真性,导致DNA的改变而诱发细胞癌变。如:镍、铬、钛、镉、砷及其盐类。

知识拓展　　**化学物质致癌作用的评价**

人群流行病学调查和动物试验结果是评价化学物致癌危险性的两类主要的证据。流行病学调查结果的可信度取决于严密的设计，并受许多因素的限制和干扰；动物诱癌试验花费大，周期长，动物使用数量大，难以满足实际需要。目前通常用化学物构效关系分析、致突变组合试验、细胞恶性转化试验等对化学物的致癌性进行初筛，实验结果若出现阳性才进行下一阶段的试验。随着分子生物学技术的发展，转基因动物在毒理学研究中的应用已经取得可喜的成果，为快速检测致癌物、促癌物和研究化学致癌的机制提供了新的重要途径。总之，上述各种评价系统和检测方法各有优缺点，必须整合各方面的资料数据，综合分析才能做出客观准确的判断。

二、非遗传毒性致癌物

某些化学致癌物进入细胞后，不能与 DNA 结合，不改变 DNA 的结构，不影响机体的遗传物质，但能直接或间接促进细胞分裂增殖，或增加细胞对内源性致癌物的敏感性并促进基因型改变的细胞克隆扩增，从而诱发癌变。由于这类化学物的直接作用靶点不是机体的遗传物质，故称非遗传毒性致癌物（nongenotoxic carcinogen）或称为表观遗传毒性致癌物（epigenotoxic carcinogen）。表观遗传毒性致癌物主要包括：

1. 促癌剂　这类化学物本身无致癌性，但进入机体后，可与致癌物共同作用，促进突变细胞的克隆扩增，或在致癌物作用后，此类化学物反复作用细胞，加速癌的发生，如：佛波酯（TPA）、巴豆油或煤焦油中的酚类和卤代烃、有机氯农药 DDT、多氯联苯、氯丹、二噁英（TCDD）等。

2. 内分泌调控剂　这类化学物主要改变内分泌系统平衡及细胞正常分化，常起促长剂作用，如己烯雌酚、雌二醇、硫脲。

3. 免疫抑制剂　这类化学物能增强病毒诱导细胞恶性转化作用，引起白血病或淋巴瘤的发生，如嘌呤同型物。

4. 细胞毒剂　这类化学物进入机体后，可引起细胞死亡，导致细胞代偿性增生，从而诱发肿瘤，如次氮基三乙酸及氯仿等。

5. 过氧化物酶体增殖剂　这类化学物能诱导动物肝过氧化物酶体增生，引起细胞内氧自由基过量生成，从而诱发肿瘤，如降脂药氯贝丁酯、降脂异丙酯、邻苯二甲酸乙基已酯和 1,1,2-三氯乙烯等。

6. 固态物质　这类化学物与机体某些部位长期接触后可诱发相应部位肿瘤的发生，如塑料、石棉、铀矿粉尘和赤铁矿粉尘等。

此外，有些化合物本身既不具有引发作用，也不具有促生长作用，但可以促进引发作用和增强促生长作用，即能捉进或增强全部致癌过程，故称为助致癌物（co-carcinogen），如乙醇、二氧化硫等。

知识链接　　**化学致癌物及诱发的肿瘤**

化学致癌物	易感人群	诱发的主要肿瘤
烷化剂	接受化学治疗的恶性肿瘤患者	白血病
多环芳烃	吸烟者、食用熏制鱼肉者	肺癌、胃癌
芳香胺	染料工人、橡胶工人	膀胱癌

续表

化学致癌物	易感人群	诱发的主要肿瘤
亚硝胺	亚硝酸盐污染食物的食用者	食管癌、胃癌
黄曲霉毒素 B_1	污染食物的食用者	肝细胞癌
石棉纤维	矿工、接触者	肺癌、胸膜间皮瘤
氯乙烯	塑料厂工人	肝血管肉瘤
苯	橡胶工人、染料工人	白血病
砷	矿工、农药工人和喷撒者	皮肤癌、肺癌、肝癌
镍	炼镍工人	鼻癌、肺癌
铬	接触含铬气体者	鼻癌、肺癌、喉癌
镉	接触者	前列腺癌、肾癌

第2节 药物致癌作用

临床与流行病学研究显示,长期应用某些药物有致癌的可能。药物致癌性是严重的药物不良反应之一。

案例 13-1

患者,男性,52 岁,因患尿毒症进行肾移植手术后,长期使用环孢素 A,近日出现发热,消瘦,盗汗,淋巴结肿大,吞咽困难、咳嗽、胸闷、呼吸困难及发绀等淋巴结肿大引起局部压迫症状。经诊断为淋巴瘤。

问题:

1. 该患者淋巴瘤发生与环孢素 A 有关吗? 机制如何?
2. 应如何治疗?

1. 激素 在动物实验中发现雌激素或孕酮诱导大鼠和小鼠发生垂体和乳腺肿瘤;许多人群流行病学资料也发现长期使用激素类药物会增加肿瘤发生的危险。己烯雌酚、抗甲状腺类药物、抗肾上腺类药物等在治疗过程中也会导致内分泌系统的失衡继而诱发肿瘤。孕妇接触己烯雌酚可导致子代睾丸癌 发生率上升。在怀孕期为了控制流产,服己烯雌酚,明显地增加下一代女性阴道腺癌的发生率;口服激素避孕药可能增加肝脏良性肿瘤的发生率。长期大量应用雄激素治疗再生障碍性贫血能诱发良性肝脏肿瘤。黄体酮可能与宫颈癌有关。

2. 解热镇痛药 长期滥用解热镇痛药的肾脏病变患者,其肾盂癌及膀胱癌的发生率较一般人为高,可达 8.6%,而非滥用者仅 1.27%;滥用非那西汀的患者中,30%~40% 发生肾盂肿瘤,5%~15%发生输尿管肿瘤,50%以上发生膀胱肿瘤;非那西丁、氨基比林、复方阿司匹林、氨非咖片、索米痛片等,如果长期服用,可引起膀胱癌;保泰松能抑制骨髓造血功能,可诱发白血病。

3. 免疫抑制剂 肿瘤的发生与机体的免疫状态密切相关。免疫抑制剂的使用,可降低机体的免疫监视功能,易引起肿瘤发生。硫唑嘌呤、6-巯基嘌呤等免疫抑制剂或免疫血清均能使动物和人发生白血病、淋巴瘤、宫颈癌、唇鳞状上皮癌等。环孢素 A 是近年器官移植中使用的免疫抑制剂,曾认为不致癌,但现已查明,使用过该药的患者淋巴瘤的发生率增高。

4. 抗癌药 环磷酰胺可诱发膀胱癌、淋巴瘤和急性白血病;长期使用氨甲喋呤治疗牛皮癣,可诱发肾癌和乳腺癌,长期应用烷化剂有增加膀胱癌和非淋巴细胞白血病发生的危险性。

5. 中草药 动物实验表明,丹宁酸对肝有毒性,对动物有致癌作用;槟榔种子(含槟榔次碱)、款冬花粉(含双稠吡咯啶类生物碱森克京)、虞美人、白屈菜(含血根碱)、积雪草(含积雪草苷)、苏铁素、紫花茄、鱼藤酮、黄樟醚、爱草脑、β-细辛醚、鞣质、斑蝥素、巴豆油等对动物有致癌的可能。

6. 其他药物 砷剂可引起皮肤癌;氯霉素可引起白血病;苯妥英钠可引起恶性淋巴瘤、脑肿瘤和间质细胞瘤等;利舍平可引起乳腺癌;氯贝丁酯(安妥明)可引起胃肠道肿瘤;煤焦油软膏可引起皮肤癌等。一些药物经过动物实验初步证明可能致癌,如灰黄霉素、异烟肼等。

第3节 化学致癌作用机制

化学致癌是多因素、多基因参与的多阶段复杂过程。化学致癌物进入机体后主要攻击细胞的生物大分子或参与调节DNA甲基化、组蛋白修饰和染色质重塑等形式的表观遗传修饰网络,诱导细胞转化形成肿瘤。

一、致癌物对生物大分子的损伤与致癌作用

致癌物或其代谢产物是化学性质活泼、带电荷的亲核或亲电子反应物,进入机体后,它们与生物大分子物质如DNA、RNA、蛋白质等进行共价或非共价结合并导致损伤效应。其中致癌物与DNA碱基的共价结合所形成的DNA加合物(DNA adduct),是DNA损伤的主要形式。致癌物与DNA大分子的结合具有位点特异性,不同位点的加合物有着不同的生物学效应,绝大多数化学致癌物加合物形成位点与基因突变位点密切关联。通常突变的频率或肿瘤的发生与加合物的形成量成正比,如黄曲霉毒素B_1、多环芳烃、芳香胺等致癌物,但N-亚硝胺诱发肿瘤的活性与形成量较少的加合物(O^6-烷化-G和(或)O^4-烷化-T)关系密切。致癌物主要选择性攻击DNA的嘌呤和嘧啶碱基,引起DNA碱基突变、缺失、插入、交联和DNA链断裂。

1. 致癌物-DNA加合物的形成 致癌物或其代谢产物可与DNA碱基的共价结合形成的DNA加合物是启动致癌作用的重要特征,DNA加合物可干扰正常碱基配对的氢键,引起A-C或G-T的错配,导致细胞转化。

2. 致癌物-蛋白质加合物的形成 亲电子活性的致癌物或其代谢产物可以攻击蛋白质分子的亲核基团形成致癌物-蛋白质加合物。蛋白质分子的亲核基团主要包括氨基酸的氨基、羟基、胍基、咪唑环的N^1和N^9原子、吲哚基、酚基等,致癌物-蛋白质加合物可导致蛋白质功能改变,导致细胞转化。

3. DNA-蛋白质交联 致癌物如烷化剂、醛类化合物、砷化物等可引起DNA-蛋白质交联,是致癌物对生物大分子的重要损伤,值得注意的是正常细胞存在一定数量的DNA-蛋白质交联物。

二、致癌物对原癌基因和抑癌基因的影响与致癌作用

细胞癌变的过程涉及原癌基因的异常活化与抑癌基因的失活。致癌物可激活细胞原癌基因(prooncogene)激活或失活抑癌基因(tumour suppressor gene)导致细胞转化,诱导肿瘤的发生。

1. 致癌物诱导原癌基因活化 癌基因是一类引起细胞恶性转化或癌变的基因,是致癌物的作用靶点,并以原癌基因的形式存在与正常细胞的基因组内,在细胞癌变过程中发挥关键作用,肿瘤的发生发展与癌基因的激活和过量表达密切相关。致癌物主要通过诱导癌基因突变、基因扩增、染色体畸变等多种方式,激活癌基因。如金属致癌物镍可通过诱导c-fos、c-jun和c-myc基因扩增,诱导ras癌基因的点突变,引起细胞恶性转化。

2. 致癌物诱导抑癌基因失活 肿瘤抑癌基因或抗癌基因(anti-oncogen),是细胞内一类能

对抗肿瘤作用的基因,已发现的超过30种。抑癌基因往往在细胞癌变或恶变的过程发生失活或纯合缺失。通常情况下,抑癌基因在控制细胞生长、增殖等过程起负调控的作用,而在诱导细胞分化及诱导细胞凋亡的过程则发挥正向调节的功能。致癌物主要通过诱导抑癌基因点突变、缺失突变、插入突变、移码突变、基因重排等方式,失活癌基因。如,金属致癌物镍可通过诱导p53基因238位密码子T→C的突变,G:C→T:A型的点突变,引起细胞恶性转化。

三、致癌物对DNA修复系统的损伤与致癌作用

在长期进化过程中,正常细胞形成了一套行之有效的DNA修复系统,当DNA受到损伤时,机体细胞会启动这一修复系统,以维持遗传信息的完整性和稳定性。致癌可通过直接或间接作用物导致的DNA损伤,如果DNA损伤在复制前未正确修复,经历一个细胞周期后,DNA损伤即有可能固定为突变。如果突变累及的是一些重要基因(如癌基因和抑癌基因),就可能导致细胞恶变程序的启动。

四、致癌物对表观遗传修饰网络的影响与致癌作用

表观遗传是指表型状态发生改变而基因型未发生变化，有可逆潜能，但是在细胞分化期间通常保持稳定，是一种对肿瘤演进具有重要作用的可遗传的基因表达模式。在整体上可以影响染色体的包装，局部则影响与肿瘤发生、发展相关的重要基因的转录。肿瘤表观遗传改变在干细胞的基因表达上发挥举足轻重的作用，通过DNA甲基化和组蛋白修饰协同作用促进肿瘤发生。表观遗传调控的基因沉默是癌症中基因功能缺失的一个重要的机制,这种基因沉默与启动子甲基化的异常及转录抑制相关。表观遗传变异即错误的表观遗传模式,与许多人类疾病(肿瘤、衰老、遗传性疾病、免疫性疾病及中枢神经系统疾病)的发生密切相关。表观遗传调控模式中DNA甲基化是研究得最多的。大多数看家基因的启动子和第一外显子都具有可被甲基化修饰的CpG岛,CpG岛的甲基化一般导致基因的沉默。染色质重塑是通过组蛋白氨基末端内特定氨基酸残基经过共价修饰后成为一种标志在细胞中传递,构成所谓的“组蛋白密码”,这些密码可以被特定的蛋白质所识别,并将其转译成一种特定的染色质状态以实现对特定基因的调控。金属致癌物镍可通过诱导gpt基因特殊序列上DNA甲基化和染色质浓缩,相关基因gpt表达失活,导致细胞转化。

总之,化学致癌物诱导肿瘤是一个复杂的过程,主要涉及启动、促长和进展三个阶段(图13-1)。

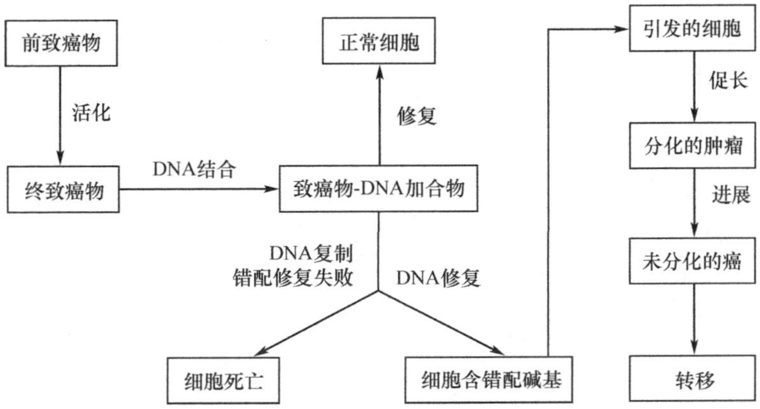

图13-1 化学致癌物诱导肿瘤的三个阶段

Summary

The term“carcinogen”generally refers to an agent or mixture that increases the incidence of cancer. These carcinogen can be classified as genotoxic carcinogen and nongenotoxic carcinogen.

Cancer develops through three definable stages, initiation, promotion, and progression. These stages may take many years. The first stage, initiation, involves a change in the genetic makeup of a cell. During promotion, the mutated cell is stimulated to grow and divide faster and becomes a population of cells. This stage is usually reversible as evidenced by the fact that 1ung damage can often be reversed after smoking stops. The progression phase is less well understood. During progression, there is further growth and expansion of the tumor cells over normal cells. The genetic materia1 of the tumor is more fragile and prone to additional mutations. These mutations occur in genes that regulate growth and cell function such as oncogenes, tumor suppressor genes, and DNA mismatch-repair genes.

思 考 题

1. 简述遗传毒性致癌物和表观遗传毒性致癌物。
2. 试述化学致癌的机制。
3. 试述化学致癌三个阶段的特点。

(唐圣松)

第14章　药物的生殖与发育毒性

教学要求

1. 掌握药物生殖毒性和发育毒性的常用术语及有致畸作用的药物
2. 熟悉药物对男性生殖、女性生殖、发育的毒性作用
3. 了解下丘脑—垂体—性腺(睾丸或卵巢)轴及其调节

第1节　概　　述

生殖发育是哺乳动物繁衍种族的生理过程,其中包含精卵细胞的发生、配子的释放、性周期和性行为、卵细胞受精、受精卵的卵裂、胚泡的形成、着床、胚胎形成、胚胎发育、器官发生、胎仔发育、分娩和哺乳等一系列过程。药物可以分别作用上述过程中的一个或多个阶段,对生殖发育事件产生有害效应,即生殖发育毒性。

研究药物对生殖过程产生损害作用的原因、机制和后果的科学称为药物生殖毒理学(reproductive toxicology),其评定方法即为生殖毒性试验。药物对生殖过程的损害作用主要表现为性功能减退,如雌性可表现为排卵规律改变、月经失调或闭经、卵巢萎缩、受孕减少、胚胎死亡、生殖力降低、不孕或不育等,雄性主要表现为睾丸萎缩或坏死、精子数目减少等。

研究药物对胚胎发育、器官发生、胎仔发育以及出生幼仔发育过程的影响及其评定的科学称为药物发育毒理学(developmental toxicology),其评定方法称为发育毒性试验,包括致畸试验和围产期试验。药物对发育过程的损害作用主要表现为生长迟缓、畸胎、生理功能不全或异常、胎仔死亡等。

一、发育毒性的基本术语

1. 畸形和畸胎　发育生物体形态结构、功能、代谢、遗传和行为等方面的异常或缺陷,称为畸形(malformation)。具有畸形的胚胎或胎仔称为畸胎(terata)。在胚胎发育时期,能引起生物体畸形的药物或其他环境因子称为致畸药物或致畸原(teratogen),致畸药物引起生物体形态结构或功能畸形的特性称为致畸性(teratogenicity)。

2. 致畸指数　药物对母体的半数致死剂量(LD_{50})与最小致畸剂量的比值,称为致畸指数(teratogenic index)。通常将指数<10者判断为不致畸,10~100者为致畸,>100者为强致畸。但是,有些药物的临床剂量与其LD_{50}相差很大,而另一些药物则相差很小,因此,有时致畸指数并不能客观地反映某一药物的致畸强度。

3. 胚体毒性和胚胎毒性　药物或外源性理化因子对孕体着床前后直到器官形成期结束时的有害效应,称为胚体毒性(embryotoxicity),对孕体器官形成期结束以后的选择性毒性作用,称为胎体毒性或胎儿毒性(fetoxicity),在实验动物发育毒性试验中,往往笼统地将胚体毒性和胎儿毒性叫做胚胎毒性(embryo-fetal toxicity)。广义地说,胚胎毒性包括孕体结构和功能方面的各种损害,但一般情况下胚胎毒性是指孕体的死亡和生长发育迟缓,而不

包括结构畸形。

4. 发育毒性 药物或其他环境因素对生物体子代个体胚胎发育过程的有害效应,称为发育毒性(developmental toxicity)。其主要表现为:

(1) 发育生物体死亡:受精卵未发育或胚泡未着床即死亡(早早孕丢失),或着床后发育到某一阶段死亡,统称为发育生物体死亡(death of the developing organism)。早期死亡被吸收或自子宫排出称为自然流产,晚期死亡成为死胎。

(2) 生长改变:生长改变的主要表现形式是生长迟缓(growth retardation),当胎儿生长发育指标低于正常对照的均值2个标准差时,可认定为生长迟缓。

(3) 结构异常:胎儿形态结构异常,即狭义的畸形。

(4) 功能缺陷:功能缺陷包括生理、生化、免疫、行为、智力等方面的异常。功能缺陷往往在出生后才被发现,如听力或视力障碍,生殖功能障碍等。

5. 母体毒性 药物或其他环境因素对妊娠母体的有害效应称为母体毒性(maternal toxicity),主要表现为增重减慢、功能异常等临床症状,甚至死亡。在发育毒性试验中常用母体增重减缓和死亡率来表示。

6. 环境内分泌干扰物 环境中天然存在或污染的,可模拟天然激素生理、生化作用,干扰或抑制生物体神经、内分泌、免疫和生殖系统功能,产生可逆或不可逆性生物学效应的化学物称为环境内分泌干扰物(environmental endocrine disruptor)。

7. 生殖危害 药物或外源化学物对男、女性生殖系统的毒性作用,并引起生殖细胞的遗传损伤称为生殖危害(reproductive hazard)。

二、药物的母体毒性与致畸性

在动物发育毒性试验中,母体毒性与致畸性之间的关系常见的有以下几种:

1. 具有致畸性,但无母体毒性 通常这种受试物具有特定的致畸机制,且与母体毒性无关。如沙利度胺(反应停),这类化学物最容易被忽视也最危险。

2. 致畸作用与母体毒性伴行出现 这类受试物通过对母体的毒性作用,影响胚胎的发育,其致畸效应可能是间接的,如乙醇和可卡因,主要在母体毒性水平对胚胎/胎儿有有害影响,它们的发育毒性可能部分归因于母体生理学紊乱的继发效应。如嗜酒者通常营养状态不良,而且酒精影响营养物的胎盘转运,可增强对孕体的直接效应。

3. 具有母体毒性,但不具有致畸作用 这类物质在妊娠期容易引起警觉。

4. 既无母体毒性,也不表现发育毒性 这类受试物致畸作用尚难以确定,可能是给药剂量未达到致畸作用的最小有效剂量,因此,也值得注意。

母体毒性与致畸性的剂量关系尚缺乏统一的衡量标准,通常情况下,致畸作用剂量往往较母体毒性作用剂量低。

三、药物致畸作用的毒理学特点

与对其他器官系统的毒性作用相比,致畸药物的发育毒性作用有显著的特点。

1. 胚胎在器官发生期对致畸药物最敏感 不同系统和器官的形成与发育不完全同步,存在时空差异。不同的致畸药物可作用于着床前期、器官发生期、胚胎发育后期和新生儿期等不同发育阶段,产生不同的效应,但发育毒物引起畸形的最敏感期是器官形成期。

(1) 不同发育时期的胚胎对致畸药物的敏感性不同,毒性表现不同(图 14-1):着床前期的胚胎对致畸药物的致死作用最为敏感,在此期间给予致畸作用的药物,易引起胚胎死亡,畸形极少见。人类的胚泡形成期在受精后的第4天,着床日为11~12天;大鼠分别为3~4天和5.5~6

天；小鼠分别为 3~4 天和 4.5~5 天；家兔分别为 3~4 天和 7 天。着床后孕体即进入器官发生期，研究表明器官发生期是发生结构畸形的关键期，也叫致畸敏感期。人的器官发生期是受精后第 3~8 周，大鼠为受精后第 9~17 天，小鼠为受精后第 7.5~16 天，家兔为受精后第 11~20 天。在这一时期，致畸药物的发育毒性表现以结构畸形最为突出，也可引起胚胎死亡和生长迟缓。在胚胎发育后期和新生儿期，致畸药物的发育毒性主要表现为生长迟缓、神经、内分泌及免疫系统机能的改变。

（2）同一剂量的致畸药物在敏感期作用于不同发育时期的胚胎可引起不同的畸形：如在大鼠受精后第 8 天给予大量的维生素 A，主要引起骨骼畸形，在受精后第 12 天给予大量的维生素 A，则诱发腭裂。

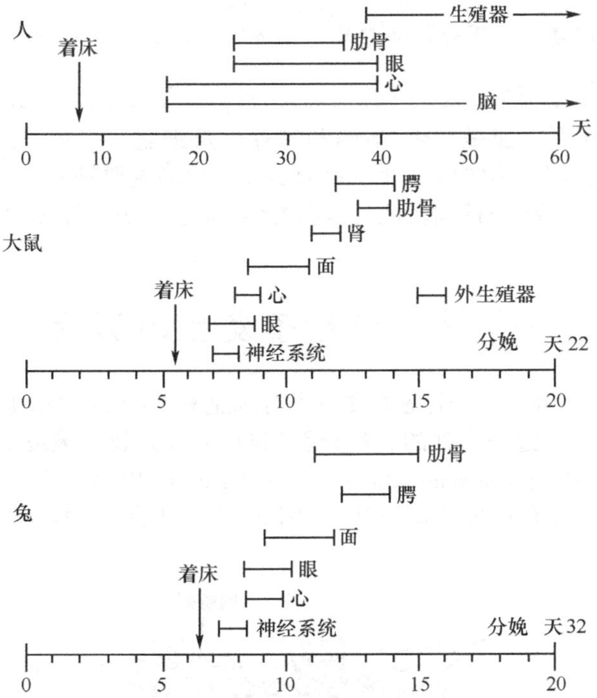

图 14-1　人、大鼠和兔发育过程中对致畸药物的敏感期及可能诱导的器官畸形

（3）在致畸敏感期，不同器官具有特别敏感的时间：如大鼠为受精后第 9~17 天，但眼的最敏感期为受精后第 7 天，心和主动脉约为第 9~10 天，脑为第 10 天，头与脊椎骨约为 11 天，腭为 12~13 天，泌尿生殖器官为第 15 天。

2. 致畸药物剂量与致畸效应关系复杂　致畸药物剂量-致畸效应关系可因致畸药物的类型、暴露的时间和剂量而改变。

（1）致畸药物剂量反应曲线较为陡峭：主要表现为致畸药物剂量-反应曲线的斜率比较大，从最大无作用剂量到胚胎 100% 死亡的剂量往往只差 2~4 倍，如给孕小鼠腹腔注射环磷酰胺 5~10mg/kg 未见畸形发生，而 40mg/kg 即可引起胚胎 100% 死亡。从最大无作用剂量到胚胎死亡剂量之间的剂量范围叫致畸带。致畸带越宽的致畸药物，致畸危险性越大。

（2）物种和个体差异明显：致畸药物的致畸作用存在明显物种和个体差异，同一致畸药物在不同物种并不一定具有致畸作用，且引起的畸形类型也不相同。如沙利度胺对人类和其他灵长类动物具有强烈的致畸作用，但对小鼠和家兔无致畸作用。物种和种间差异主要与品种间的代谢过程、母体的胎盘结构等因素有关。

第2节 药物对男性生殖的毒性

案例 14-1

患者,男性,40岁,近日因性生活无法勃起来医院就诊。经查:患者既往有高血压病史10年,并长期服用甲基多巴降血压,患者生殖系统、神经内分泌系统无器质性病变,激素水平的变化表现为血清催乳素(PRL)水平升高,间质细胞刺激素(ICSH)及睾酮(T)浓度下降。

问题:

1. 该患者发生阳痿与服用普萘洛尔或甲基多巴降血压有关系吗?机制如何?
2. 应如何治疗?

男性生殖系统的主要功能是产生、运输和储存生殖细胞——精子,并具有分泌性激素和促进精子成熟的作用,因此,药物对男性生殖的毒性作用的主要靶标是生殖器官,其直接毒性表现为影响精子的产生、成熟与运输,此外,药物还可通过影响神经和内分泌系统间接调控生殖功能。

一、药物对精子发生的影响

精子来源于睾丸的生精上皮,生精上皮由支持细胞和5~8层生精细胞组成。在生精小管内,生殖细胞是精原细胞经过一系列的有丝分裂(包括减数分裂),最终形成精子(图14-2),此外,下丘脑-垂体-睾丸轴(hypothalamic pituitary testicular axis,HPTA)、支持细胞、间质细胞和睾丸微循环等对精子的生成具有重要的调节作用,因此,它们也是药物影响精子生成的主要作用靶点。

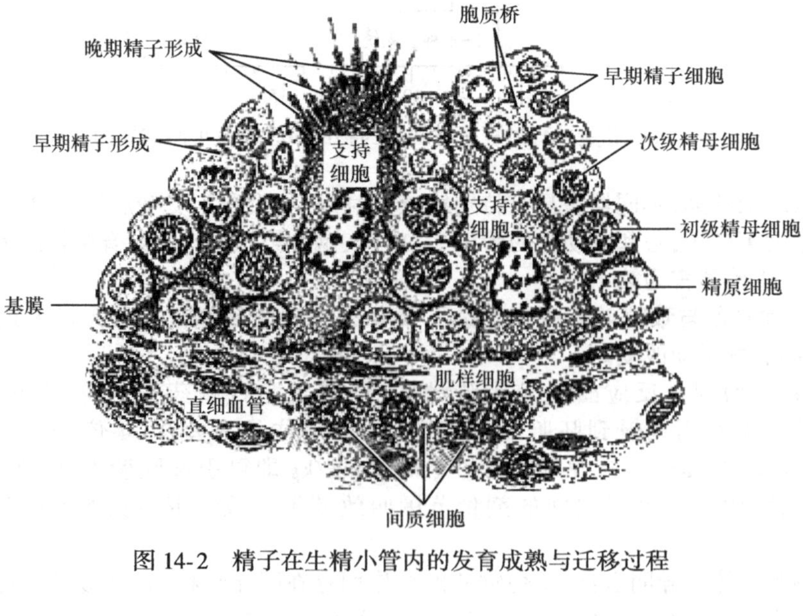

图14-2 精子在生精小管内的发育成熟与迁移过程

知识拓展 **人精子的发生**

生精细胞包括精原细胞、精子细胞、初级精母细胞,次级精母细胞、精子细胞和精子。精原细胞形成精子的过程称为精子发生,在这个过程中,经历精原细胞的增殖、精母细胞的减数分裂和精子的形成三个阶段,对于人来讲,精子的发生需要(64±4.5)天。精原细胞是生精细胞的干细胞,一部分保留干细胞功能,一部分分化为初级精母细胞(核型为46,XY),初级精母细胞分化形成2个次级精母细胞(核型为23,X或Y),为二倍体细胞(2n DNA),此时初级精母细胞进行第二次减数分裂,产生2个精子细胞(核型为23,X或Y),由于此时不进行DNA复制,因此精子细胞为一倍体细胞,精子细胞经过复杂的变化过程,形成精子,精子细胞形成精子的过程称为精子的形成。

1. 药物对生精细胞的影响 在正常情况下,人体每天可以产生数十亿的精子,在精子生成过程中,生殖细胞的分裂与代谢十分活跃,因此,生殖细胞的遗传物质、细胞代谢所需的重要蛋白质(如酶和运载蛋白等)是药物主要作用靶点。抗肿瘤药物,如环磷酰胺、氮芥、塞替派、白消安、卡莫司汀和丝裂霉素C等具有高度活泼的烷基,能与DNA和RNA中的亲核基团发生烷化作用,损害DNA和RNA的功能;蛋白质损伤药物,如甲氨蝶呤、长春碱类,能对蛋白质进行修饰或抑制蛋白质合成,影响蛋白质的功能;这些药物都可破坏睾丸的生精细胞,使睾丸生精功能下降,产生生殖毒性。此外,抗阿米巴药Winl8446、抗寄生虫药物氯苄吲唑酸、抑制胃酸分泌药西米替丁和雷尼替丁等抑制精子发生的药物,都可影响精子的生成,产生生殖毒性。

2. 药物对睾丸支持细胞的影响 支持细胞(sertoli cell)为生殖细胞提供结构支持、营养素以及调节/旁分泌因子,在精子发生过程中起重要作用。支持细胞与支持细胞之间的连接(sertoli-sertoli cell junction)形成血-睾屏障,可调节血液与生精小管之间的物质交换,一旦这一屏障破坏,将影响精子的生成,如细胞松弛素D、顺铂、棉酚等可诱导血-睾屏障发生结构改变,允许一些大分子物质通过,使近腔室的组成发生变化,从而对生殖细胞产生选择性损害。生殖细胞依靠与支持细胞的紧密连接维持早期的发育,后期迁移到外胞浆特化区发育为成熟精子,支持细胞-生殖细胞连接(sertoli-germ cell junction)发生障碍,最终可导致生殖细胞从生精上皮释放到近腔室的数量减少,如秋水仙素能引起支持细胞胞浆微管的溶解,损害支持细胞,并使支持细胞失去足够的结构支持,导致生精上皮中大量的生殖细胞脱落,产生生殖毒性。

3. 药物对睾丸间质细胞的影响 间质细胞(leydig cell)的主要功能是合成和分泌雄激素,雄激素对于精子发生、附睾精子成熟、附属性器官的生长和分泌活性、躯体男性化、男性行为以及不同的代谢过程十分重要。许多药物可引起间质细胞增生和肿瘤形成,如雄激素受体拮抗剂氟他胺、芳香化酶抑制剂福美坦、5α-还原酶抑制剂非那司提、睾酮生物合成抑制剂西咪替丁和甲硝唑、多巴胺激动剂二甲基硫麦碱、雌激素拮抗剂他莫昔芬、促性腺激素释放激素(GnRH)激动剂亮丙瑞林等都可以引起间质细胞增生,影响精子的生成,产生生殖毒性。

其次,睾丸微循环对精子生成也有一定的影响,血管内皮细胞是药物作用的主要靶点。睾丸循环功能受损,也可影响精子的生成,产生生殖毒性。

二、药物对下丘脑-垂体-睾丸轴激素调节的影响

1. 下丘脑-垂体-睾丸轴 睾丸的功能受中枢神经系统、下丘脑、垂体、睾丸内分泌等一系列闭合循环的反馈系统调节。下丘脑分泌的激素很多,其中与生殖活动有关的是GnRH。中枢神经元释放的神经递质如去甲肾上腺素和多巴胺等,可调节GnRH的合成与释放,经下丘脑-垂体门脉系统到达腺垂体。睾丸中激素的生成主要受垂体释放的黄体生成素(LH)或间质细胞刺激素(ICSH)和促卵泡激素(FSH)的调节。LH和FSH经体循环到达睾丸,刺激类固醇激素如睾酮(T)和雌二醇(E2)的分泌,对于促进和维持精子发生非常重要。GnRH可刺激腺垂体嗜酸性细

胞分泌催乳素(PRL),在男性中维持低水平。生理剂量 PRL 可诱导 LH 受体的产生,从而增强间质细胞对 LH 刺激的敏感性,使 T 合成增加,促进附属性器官生长发育,而大剂量 PRL 则对睾丸和附属性器官有抑制作用。睾丸中激素生成受垂体释放的 LH 和 FSH 的调节,而 LH 和 FSH 的释放又受下丘脑分泌的 GnRH 的调节,机体的这种调节方式称为下丘脑-垂体-性腺轴。因此,药物对生殖系统的毒性作用可涉及中枢神经系统、内分泌系统和睾丸等多个靶器官。

2. 药物对下丘脑-垂体-睾丸轴的影响 临床上许多药物可通过作用于下丘脑-垂体-睾丸轴,影响男性生殖功能,产生生殖毒性。类固醇激素在调控促性腺激素分泌中起重要作用。雄性的主要调节剂是 T,但外源性 E_2 可影响雄性促性腺激素的分泌,出生前暴露于外源性雌激素可改变其子代雄性生殖道的结构和功能。因此,人工合成和环境雌激素是潜在的男性生殖毒物,如人工合成的非类固醇激素枸橼酸氯米芬通过芳香化作用使 T 转化为 E_2,修饰处于下丘脑水平生殖激素的反馈调节,抑制促性腺激素的生成;氯米芬也可直接对垂体和男性睾丸产生雌激素作用,对下丘脑-垂体-性腺轴起调节作用。此外,乙醇、普萘洛尔,鸦片类药物可引起患者血清 PRL 水平升高,LH 及 T 浓度下降,导致患者性兴奋性降低、射精量减少、射精困难和(或)勃起功能障碍;甲基多巴、可乐定和胍乙啶等抗高血压药、氯丙嗪等抗精神病药可引起阳痿和射精困难等生殖毒性效应。

第 3 节　药物对女性生殖的毒性

案例 14-2

患者,女性,35 岁,因 3 个月未见月经来医院就诊。经查:患者既往有精神分裂症病史数年,并长期服用过利培酮,目前,病情稳定。患者无拒食和妊娠等因素引起的月经紊乱,血常规、肝功能、B 超、EKG 、EEG 无异常。血清催乳素水平明显升高。

问题:

1. 该患者闭经可能的原因是什么?
2. 如何处理?

女性生殖系统的主要功能是产生、运输和储存配子细胞——卵子,并具有分泌性激素和孕育胎儿等作用。因此,药物对女性生殖的毒性作用的主要靶标是生殖器官,其直接毒性表现为影响卵泡的发育、卵子的排出与运输,此外,药物还可通过影响神经和内分泌系统间接调控生殖功能。

一、药物对卵子和生殖道的影响

1. 药物对卵泡与卵子的影响 卵泡是卵巢的功能单位,由卵母细胞、颗粒细胞和膜细胞等组成。卵泡发育经历原始卵泡、初级卵泡、次级卵泡和成熟卵泡四个阶段。在卵泡发育过程中,其中卵原细胞和颗粒细胞的有丝分裂、卵原细胞减数分裂形成卵母细胞、颗粒细胞和膜细胞分化等三个时期对药物最为敏感。影响卵泡发育的主要药物有:环磷酰胺、白消安、长春新碱、氮芥等。抑制排卵的药物有:氨基苯乙哌啶酮、氰酮、反式氨甲基环己醇羧酸、二氯芬酸、非诺洛芬、尼氟灭酸、托美丁、保泰松等。影响卵母细胞发育成熟的药物有:秋水仙碱、多柔比星、海蒽酮、博莱霉素和顺铂等。

2. 药物对生殖道的影响 女性生殖道负责输送卵子、卵子与精子在输卵管壶腹部受精,随后受精卵被输送至子宫内植入发育(图 14-3)。如氯米芬可降低子宫功能,影响妊娠;烟碱可影响卵子和早期胚在生殖管道中的迁移;某些重金属离子,如镉可引起输卵管和子宫萎缩,影响卵子的迁移和胚胎的植入。

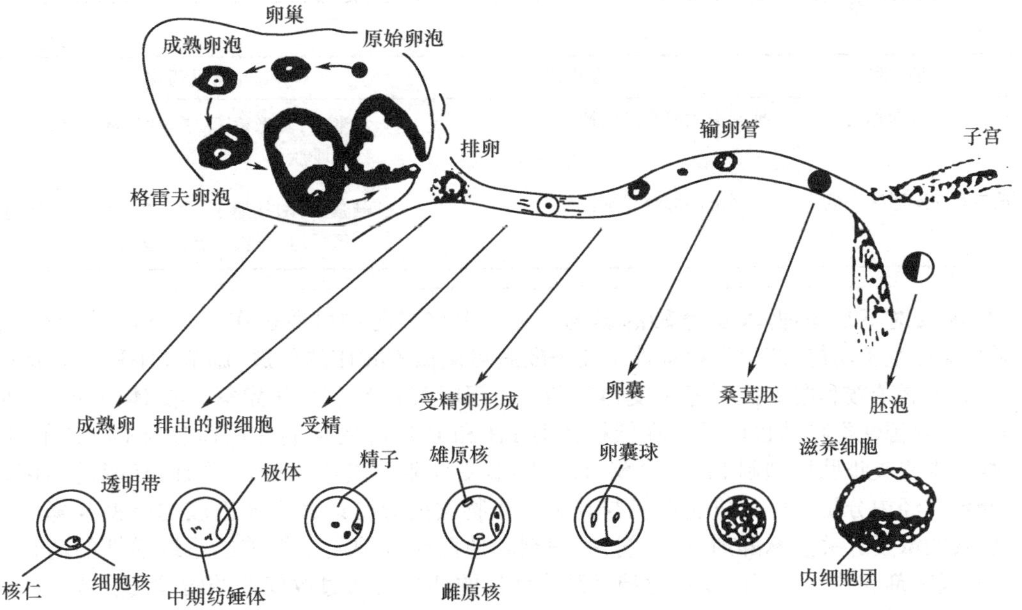

图 14-3 人卵泡发育及卵子在生殖道中迁移过程

二、药物对下丘脑-垂体-卵巢轴激素调节的影响

1. 下丘脑-垂体-卵巢轴 女性的生殖内分泌调节非常复杂,下丘脑-垂体-卵巢轴(hypothalamic-pituitary-ovarian axis,HPOA)对女性生殖功能发挥重要的调节作用。下丘脑基底部内侧的下丘脑神经元分泌 GnRH,经下丘脑-垂体门脉系统到达腺垂体,促进 FSH 和 LH 的分泌。LH 和 FSH 经体循环到达卵巢,促进 E_2 和孕酮(P4)的分泌,并刺激第二性征的发育。FSH 可促进 LH 的合成、诱导雌激素的合成。LH 促进颗粒细胞进行黄体化、增加纤溶酶原激活剂的生成,使卵泡壁变得脆弱并破裂,同时,LH 可刺激卵母细胞减数分裂的恢复。E_2 和 P_4 可经负反馈机制抑制 GnRH 的分泌。卵巢的这种调节方式称为下丘脑-垂体-卵巢轴。因此,药物对生殖系统的毒性作用可涉及中枢神经系统、内分泌系统和卵巢等多个靶器官。

知识拓展 **损害女性生殖功能的常见药物**

一般机制	潜在作用	常见药物
改变青春期,月经周期	影响卵巢功能与下丘脑-垂体反馈调节	乙醇,异黄酮
改变配子、胚胎转运	输卵管动力改变	雌激素
影响子宫内膜环境	子宫收缩增加	前列腺素
卵巢毒性、卵母细胞破坏	模拟天然激素结构	雌激素
	一般化学反应	环磷酰胺等烷化剂,泼尼松,长春新碱,长春碱,巯基嘌呤,氨甲蝶呤,乙醇
抑制促性腺激素	下丘脑水平改变	大麻
损害哺乳	催乳素水平改变	安定药
改变母体行为/哺乳	下丘脑水平改变	安定药

续表

一般机制	潜在作用	常见药物
抗类固醇激素作用	抑制类固醇激素活性	氯米芬，西咪替丁，螺内酯、环内氧司坦，类啡肽
改变类固醇激素合成	抑制类固醇合成酶活性	雌激素，阿扎斯丁，达那唑，螺内酯环内氧司坦，环氧司坦，三唑杀菌剂

2. 药物对下丘脑-垂体-卵巢轴的影响 临床上许多药物可通过作用于下丘脑-垂体-卵巢轴，影响女性生殖功能，产生生殖毒性。儿茶酚胺可刺激 GnRH 的释放，调节 LH 和 FSH 的分泌和释放。苯氧苄胺和酚妥拉明等 α-受体阻断剂可阻断 LH 分泌，可乐定等 α-受体激动剂可促进 LH 分泌。内源性类啡肽也可通过降低机体对 LH 和 FSH 峰的抑制作用而参与 GnRH 的分泌。外源性吗啡或类啡肽可抑制 LH 的分泌，而类啡肽受体阻滞剂纳洛酮可增加 LH 峰的高度。类啡肽介导神经内分泌功能的机制可能与其影响生物胺的分泌即减少多巴胺的转换及降低去甲肾上腺素的浓度有关。麻醉剂、止痛剂、镇静剂和地西泮等抑制中枢神经系统活性的药物和抗抑郁剂、兴奋剂和致幻剂等激发中枢神经系统活性的药物可通过改变儿茶酚胺的合成、释放、受体活化以及重摄取而影响其水平，调节女性生殖功能。氯米芬是己烯雌酚的类似物，具有中等程度的抗雌激素作用，可阻断下丘脑的雌激素受体，消除雌二醇的负反馈抑制，促进垂体分泌 GnRH 诱导排卵。滥用药物可破坏下丘脑-垂体轴系统，导致生殖功能紊乱。

第 4 节 药物的致畸作用

药物的发育毒性可分为两个阶段，在妊娠早期，药物的毒性主要表现为自发性流产；在各种器官和结构特殊发育分化时，药物的毒性主要表现为结构与功能的先天性缺陷。药物致畸作用的主要作用靶标是器官和结构的特殊发育分化时期。

1. 沙利度胺 沙利度胺(反应停)是德国一家制药公司的研究人员发现并生产的，主要具有一定镇定安眠作用，对孕妇早期的妊娠呕吐反应疗效极佳。该药在 20 世纪 50~60 年代，广泛用于治疗早期的妊娠反应和镇定。孕妇使用沙利度胺后，导致出现了众多的海豹肢样畸形儿童的突发事件，即震惊世界的反应停药物致畸形事件。沙利度胺引起的畸形除四肢外，还可引起腭裂、耳畸形、先天性心脏病和肾缺陷等。根据流行病学调查显示：沙利度胺的作用敏感期是孕妇末次月经后第 35~50 天，在此时间段以外服用沙利度胺仅引起极轻微的畸形或不会导致胎儿的出生缺陷。

2. 异维 A 酸 异维 A 酸是治疗囊性痤疮最有效的药物之一，是引起人类畸形的重要相关药物，也是干预发育信号致畸药物的典型代表。异维 A 酸导致的先天性缺陷主要有：颅面部畸形、腭裂、心脏和中枢神经系统异常等，其致畸效应主要与正常发育过程中视黄醛的作用密切相关。异维 A 酸是维生素 A 的类似物，是一种合成的视黄醛。在胚胎发育过程中，某些视黄醛在组织中的浓度梯度对组织生长与定向起诱导作用，并发挥信号指导作用。外源性视黄醛可干预发育路线，引起发育异常。动物实验证明大多数外源性视黄醛可导致发育缺陷。

3. 抗癫痫药物 临床上常用的抗癫痫药物如苯妥英钠、苯巴比妥、朴痫酮等均有引起先天性畸形的报告。此类药物所致畸形常有唇裂、腭裂或两者合并存在，其次是先天性心脏病(以法鲁氏四联症、房间隔缺损或室间隔缺损多见)。尚有智力低下，小头畸形等报告。在抗癫痫药物中乙内酰脲及三甲双酮可产生典型特征的先天性畸形。分别称为胎儿乙内酰脲综合征(fetal hydantoin syndrome)及胎儿三甲双酮综合征。胎儿乙内酰脲综合征的特点主要为：①智力发育延迟或单纯智能低下。②生长迟缓，产前产后生长发育不良或小头畸形。③颅面部畸形可有宽而低的鼻梁、大嘴巴、短头颈、翻转型鼻、上睑下垂或斜视、低位眼、骨缝隆起、囟门宽大。④肢体发育不良多为远端指(趾)、指甲发育不良、手指样拇趾及掌褶皮肤纹异常等。少数患者趾间有蹼。⑤少见的还有唇裂、腭裂。胎儿三甲双酮综合征表现为病儿语言障碍、视力障碍、鼻梁宽大、一字型眉(连眉)、腭裂、猴子样的掌褶痕、两耳低位及传导性耳聋等。巴比妥类抗癫痫药物在代谢上与乙内酰脲有相似的化学环节,故偶见与乙内酰脲相似的畸形,两药合用可使畸形加重,临床上有时称为乙内酰脲—巴比妥综合征。这类药物在癫痫治疗过程中,先天性缺陷的发生率与用药相关性不大、发生率低,对胚胎和孕妇的潜在损害权衡利弊时,为了控制癫痫的发作仍然推荐使用苯妥英钠、苯巴比妥、朴痫酮等抗癫痫药物。

4. 激素类药物 有些激素类药物可引起的迟发先天性缺陷在婴儿出生并不体现,但作为一种致畸药物其引起的先天性缺陷是产生癌症,是一种特殊的致畸作用,其典型代表是己烯雌酚。流行病学研究资料显示:习惯性流产的妇女在妊娠的前三个月服用己烯雌酚,娩出的女婴长到19—22岁时,患生殖道肿瘤的风险明显增高。此外,己烯雌酚引起胚胎期受累女婴长大后,出现异位妊娠、月经周期紊乱与不孕;同时也可引起胚胎期受累男婴长大后,出现尿道下裂,精子产生减少、隐睾症与睾丸癌等。

5. 中药 根据《中国药典》2005版收载,孕妇禁忌的中药有69种,其中慎服中药38种,忌服中药5种,禁服中药26种。临床上作为免疫抑制剂使用的雷公藤能损伤成熟的精子、精子细胞和初级精母细胞,引起精子数量和活力下降导致不育。麝香、斑蝥、水蛭、蛀虫、商陆、巴豆、牵牛、三棱、莪术等可致畸胎、死胎及流产。某些中药的化学成分也具有胚胎毒性,如天花花粉蛋白对正常鼠胚有明显致畸作用,可以引起露脑、短肢、短尾等先天性缺陷,从青蒿中提取的抗肿瘤药物青蒿素及其衍生物也具有明显的胚胎毒性。

6. 镇静药 某些镇静药也具有胚胎毒性,如甲丙氨酯可导致发育迟缓、先天性心脏病;安宁片可造成发育迟缓;巴比妥可致指(趾)短小,鼻孔通联;氯丙嗪可引起视网膜病变。

7. 抗菌素类药物 抗生素是最常用的一类药物,对于孕妇来讲要慎重服用。如四环素类药,可致骨骼发育障碍,牙齿变黄,先天性损失白内障等。链霉素及卡那霉素,可致先天性耳聋,并损害肾脏;氯霉素可使骨髓机能抑制,新生儿肺出血。

8. 其他药物 对胚胎具有毒性的药物还有:阿司匹林或非那西汀等解热镇静痛药可致骨骼畸形、神经系统或肾脏畸形;抗肿瘤药环磷酰胺可引起四肢短缺、外耳缺损、腭裂,巯嘌呤可致脑积水、脑膜膨出、唇裂、跨裂。

Summary

Teratology is the study of structural birth defects including malformations and serious deviations. Malformation is usually defined as a permanent structural change that may adversely affect survival, development or function. The major adverse effects observed at birth in developmental toxicity studies are growth retardation, malformation, and embryo or fetal death.

Reproducetive toxicology is the study of the causes, mechanisms, and sequelae of adverse effects of exogenous agent on the reproductive systems of both sexes.

The hypothalamic-pituitary-testicular axis (HPTA) is physiologically a highly integrated system. Control and coordination of testicular functions occur via feedback signals, positive or negative, exerted by the hormones secreted at each 1evel of the HPTA. Any disruption by drugs of the delicately coordinated interactions among the components of the HPTA may lead to reproductive abnormalities. The developing gonad is very sensitive to drug insult. These drugs may affect specific cell population with reproductive system.

Ovulation results from interaction of multiple feedback systems, including the diencephalon and especially the hypothalamic regions, the anterior pituitary, and the ovary (hypothalamic-pituitary-ovarian axis, HPOA). Since various central nervous system (CNS) acting therapeutic agents have well-defined effects on the neuroendocrine control of reproductive function, drugs of abuse have been shown to alter the hormonal control of re production through a CNS mechanism. Each of these three cell types in the ovarian follicles, the oocytes, granulosa cells and thecal cells, is susceptible to toxic effects.

思 考 题

1. 什么是发育毒性，其主要表现有哪些？
2. 药物发育毒性的特点及影响因素有哪些？
3. 简述下丘脑-垂体-性腺（睾丸或卵巢）轴及其调节机制？

（唐圣松）

第15章 药物遗传毒性

教学要求

1. 掌握基因突变与染色体畸变的类型和突变的后果
2. 熟悉遗传毒性和致突变性的概念
3. 了解致突变作用的分子机制

案例 15-1

2006 年 11 月，上海市食品药品监管局对多宝鱼市场进行专项抽检，结果显示 30 件冰鲜或鲜活样品中全部被检出硝基呋喃类代谢物。硝基呋喃类抗生素包括呋喃唑酮、呋喃它酮、呋喃西林和呋喃妥因等，主要用于畜禽和水产品的抗菌消毒。20 世纪 90 年代被发现具有致突变、致畸和致癌作用，欧盟和美国分别在 1995 年和 2002 年全面禁止将硝基呋喃类药物用于食源性动物。2002 年 3 月，我国农业部将其列入《食品动物禁用的兽药及其他化合物清单》中。多宝鱼学名大菱鲆，又称蝴蝶鱼，是名贵的低温经济鱼类。由于多宝鱼抗病能力较差、养殖技术要求较高，一些养殖者大量使用违禁药物，用来预防和治疗鱼病，导致多宝鱼体内药物残留严重超标。

问题：

1. 硝基呋喃类药物致突变作用的类型有哪些？
2. 硝基呋喃类药物致突变与致畸和致癌作用之间有什么关系？

第 1 节 遗传毒性的基本概念

一、遗传毒性和致突变性

遗传与变异是生物界普遍的生命现象。生物物种通过各种繁殖方式保证世代间生命的延续的过程称为遗传，这是保持生物种族特性的根本保证。遗传的稳定性是相对的，一方面，生物个体由于受到内外环境因素的影响，其形状可能发生改变；另一方面，生物的遗传物质在复制过程中也有可能出现变化。因此在亲子之间或子代个体之间出现不同程度的差异，这种差异称为变异。遗传使物种保持相对稳定，变异使物种不断进化。

生物体遗传物质结构发生变化，引起可遗传的变异称为突变（mutation）。低等生物、高等的动植物以及人，都可能发生突变。突变分为自发突变（spontaneous mutation）和诱发突变（induced mutation）。在自然条件下发生的突变叫自发突变。自发突变的发生率较低，与物种进化有关。由于物理、化学、生物等因素的影响引起的突变叫诱发突变。诱发突变可用于农、林、牧、渔业以培育新种或良种，但对大多数生物个体而言，突变往往是有害的。例如，绝大多数的人类遗传病，就是由基因突变造成的，这些病对人类健康构成了严重威胁。早在 1927 年，Muller 就发现 X 射线照射果蝇，可人工诱发生殖细胞发生突变，并最早指出放射线对人类的遗传有危害作用。1942 年 Auer-back 和 Robson 发现了第一个能引起基因突变的化学物——芥子气。

化学物质或其他环境因素引起遗传物质发生突变的能力称为致突变性（mutagenicity），是精确的概念，在一个实验群体中突变率可以定量检测。遗传毒性（genetic toxicity）泛指对基因组的损害能力，包括对基因组的毒作用引起的致突变性及染色体畸变等其他各种不同效应。致突变性和遗传毒性既有区别又有联系，但在实际工作中往往很难区分。

二、基因突变与染色体畸变

（一）基因突变

基因突变（gene mutation）是指组成一个染色体的一个或几个基因发生变化，用光学显微镜观察不到，须通过生长发育、生化、形态等表型改变来判断。基因突变可分为点突变（point mutation）和移码突变（frameshift mutation）。

1. 点突变 即碱基取代型突变，可分为转换型（transition）和颠换型（transversion）。转换型突变，指 DNA 多核苷酸链的碱基中，嘌呤相互取代或嘧啶相互取代所引起的突变，包括 G：C→A：T 和 A：T→G：C。表现在鸟嘌呤置换腺嘌呤或相反，或胞嘧啶置换胸腺嘧啶或相反。转换型突变的结果是 DNA 转录时可引起一个 RNA 密码子的改变，在翻译时可使多肽链中的一个氨基酸发生变更。例如亚硝酸可引起这种突变。颠换型突变，指 DNA 多核苷酸链的碱基中，嘌呤取代嘧啶或嘧啶取代嘌呤所引起的突变。突变的结果也是引起多肽链中的一个氨基酸发生改变。例如二乙基亚硝胺等烷化剂可引起这种突变。

点突变涉及一对碱基，其结果是造成一个密码子的改变，后果取决于是否在蛋白质合成过程中引起编码氨基酸的错误，表现为同义突变、错义突变和无义突变。同义突变是指 DNA 碱基对的改变并不影响它所编码的氨基酸序列，这与密码子的兼并性有关，即改变后的密码子和改变前的密码子是编码同一种氨基酸。错义突变是指由于碱基对的改变引起氨基酸序列的改变，在基因产物中，一个氨基酸被其他的氨基酸所取代。这种基因突变有可能使它所编码的蛋白质部分或完全失活，例如人血红蛋白 β 链的基因如果将决定第 6 位氨基酸（谷氨酸）的密码子由 CTT 变为 CAT，就会使它合成出的 β 链多肽的第 6 位氨基酸由谷氨酸变为缬氨酸，从而引起镰刀形细胞贫血病。无义突变指由于碱基对的改变而使决定某一氨基酸的密码子变成一个终止密码子 UAG、UGA 或 UAA，无义突变可使蛋白质合成提前终止，导致基因产物不完全或无功能。

2. 移码突变 指 DNA 多核苷酸链上碱基序列中减少一个或几个碱基，或插入一个或几个碱基，结果使从受损点开始碱基序列发生改变，使三联密码转录和翻译时，发生较多遗传信息的改变。在移码突变中，基因产物有明显地改变，因为在突变点之后，信使 RNA 的每个三联体均已改变。移码突变较易成为致死性突变。如果减少或增加的碱基对刚好是 3 对，称为密码子的缺失或插入，则基因产物的肽链中仅减少或增加一个氨基酸，其后果与碱基置换相似，与移码突变不一样，故不包括在移码突变范畴。多环芳烃类、芳香胺类和黄曲霉素 B_1 等均能引起插入型移码突变。

（二）染色体畸变

染色体畸变（chromosome aberration）指染色体的结构或数目的改变，是指遗传物质大的改变，一般可用光学显微镜直接观察。

1. 染色体数目的畸变 正常生殖细胞染色体为单倍体，体细胞为双倍体，以双倍体细胞为标准，染色体数目的畸变可表现为整倍体畸变和非整倍体畸变。整倍体畸变指染色体数目以染色体组为单位增减，如单倍体、三倍体和四倍体，二倍体以上统称为多倍体，例如秋水仙碱可引起这种畸变。非整倍体指增加或减少一条或几条染色体，不是成倍增减，如染色体数目超过二倍体，称为超二倍体；染色体数目少于二倍体则为亚二倍体。而多倍体指以染色体组为单位的增加。例如，人体细胞正常为二倍体（2n），有 46 条染色体。如果细胞有 69 条染色体为三倍体，如果细胞有 47 条染色体为超二倍体，有 45 条染色体为亚二倍体。例如 Down 氏综合征，细胞中多了一条染色体，由 21 染色体三体（trisomy 21）所致，即有三条 21 染色体，染色体数目为 47 条，该病由超二倍体所引起。

2. 染色体结构的畸变 染色体或染色单体断裂是造成染色体结构畸变的根本原因。当断端不发生重接或虽重接而不在原处，即可出现染色体结构异常。

（1）缺失（deletion）：染色体断片未与断裂端连接，染色体丢失了一个片段。

（2）重复（duplication）：断片接到同源染色体的相应部位，在一套染色体里一个染色体片段出现不止一次。

（3）倒位（inversion）：断片倒转 180°后，再接到断端。

（4）易位（translocation）：两个非同源染色体同时断裂，两个断片交换位置后相接。

事实上，基因突变和染色体畸变在本质上是相同的，其区别在于受损程度。凡是能引起染色体畸变的外源化学物，通常也能引起基因突变。

三、致突变因素和致突变物

能够引起突变的因素称为致突变因素，包括药物等化学因素、电离辐射和紫外线等物理因素、细菌和病毒等生物因素。由于化学因素种类最多，存在最广泛，人类接触机会最多，所以也最易引起人们的关注。凡能引起生物体发生突变的化学物称为化学致突变物或化学诱变剂（chemical mutagen）。有些化学物具有很高的化学活性，其原型就能引起生物体的突变，称为直接致突变物或直接诱变剂。有些化学物本身不引起突变，必须在体内经过代谢活化后才具有致突变性，称为间接致突变物或间接诱变剂。能引起生物体发生突变的药物为药物致突变物或药物诱变剂，也可以分为直接致突变物或直接诱变剂和间接致突变物或间接诱变剂。

四、突变的后果

致突变物对生物体的影响是多方面的，主要取决于靶细胞的类型。如是体细胞，其影响仅能在直接接触该物质的个体身上表现来，而不可能遗传到下一代；如是生殖细胞，其影响可能遗传到下一代（图 15-1）。

（一）体细胞突变的后果

体细胞突变的后果包括肿瘤、衰老、动脉粥样硬化及致畸等。

体细胞突变的后果中最受关注的是肿瘤。大多数化学物的致癌作用都是通过致突变作用引起的，肿瘤的发生是细胞中基因突变累积的结果，化学毒物的致突变性与致癌性存在一致性，已发现大多数人类致癌物在致突变试验中呈阳性结果，例如黄曲霉素 B_1 和氯乙烯等。许多肿瘤涉及癌基因的活化，细胞中的原癌基因可经点突变和染色体畸变转变为活化的癌基因；而抑癌基因的突变失活或缺失在许多肿瘤发生过程中也起着重要作用。

引起突变的因素包括内外环境因素：内源性 DNA 损伤与自由基的产生有关，外源性因素有化学物质和辐射等。内外环境因素诱发的突变不断积累，减少了功能性蛋白的合成，导致细胞的衰老和死亡。如辐射可导致幼年的哺乳动物出现衰老症状，与个体正常衰老非常相似。

体细胞突变也可能与动脉粥样硬化有关。1973 年，Benditt 发现动脉粥样硬化斑内细胞是单克隆的，一个斑内的细胞来源于一个突变细胞，故认为动脉粥样硬化斑是动脉壁的一种单克隆良性赘生物。研究发现某些致癌物如多环芳烃等都有致动脉粥样硬化的效应。

胚体体细胞突变可能导致畸胎。致突变物通过胎盘作用于生长发育中的胚体体细胞，引起细胞突变，导致畸胎发生，这种畸形是不遗传的。所以致畸作用不完全是亲代生殖细胞突变的结果。

（二）生殖细胞突变的后果

如果突变发生在生殖细胞，无论发生在任何阶段，都可能对下一代产生影响，其后果可能是致死性的和非致死性的。

致死性影响可能是显性致死，也可能是隐形致死。显性致死突变即精子不能受精，或合子在着床前死亡或着床后早期胚胎死亡，出现流产和死产。隐性致死需纯合子或半合子才能出现死亡，如果是杂合子则不出现死亡（图 15-1）。

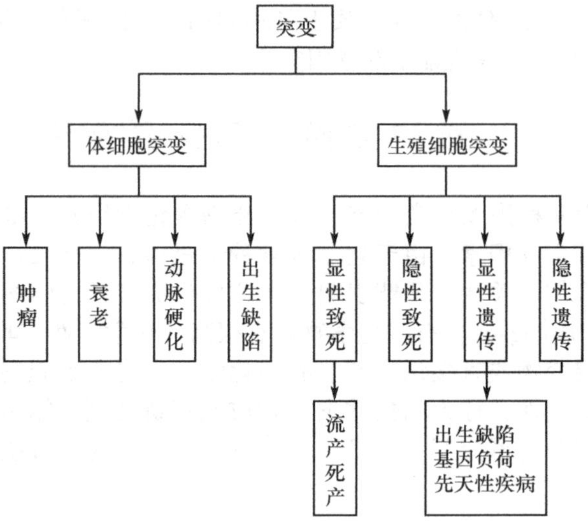

图 15-1 致突变作用的后果

对于非致死性突变，可能使后代出现显性或隐性遗传病。显性遗传表现在造成下一代遗传病发生率增加或新病种出现，如遗传性进行性舞蹈病、软骨发育不全等；隐性遗传表现在当父母均有基因突变时，该病才可表现出来，如苯丙酮症、白化病等，如只有一方的基因突变，后代即是表型正常的携带者，所以隐性遗传增加下一代基因库的遗传负荷，即在群体中每个个体所携带有害基因的平均水平升高。

第 2 节 致突变作用的分子机制

案例 15-2

许多抗肿瘤药物能通过影响肿瘤细胞 DNA 的复制过程而杀伤肿瘤细胞，但同时对正常细胞 DNA 也有损伤作用，从而使这些药物除治疗作用外还表现出对正常细胞的遗传毒性。如氮芥、环磷酰胺、甲氨蝶呤、丝裂霉素 C 等可造成染色体断裂，具有致突变和致畸作用。随着肿瘤发病率的逐年上升，越来越多的抗肿瘤药物应用于临床治疗。肿瘤科医护人员在为患者进行药物治疗和护理时，经常会通过呼吸道和皮肤接触到各种类型的抗肿瘤药物，因此抗肿瘤药物的潜在危害引起了人们的重视。国内外关于职业性接触抗肿瘤药物引起染色体和DNA损伤的报道正在增多，资料显示肿瘤科护士外周血淋巴细胞的染色体和DNA受到不同程度的损伤。

问题：

抗肿瘤药致突变作用的主要机制有哪些？

药物诱发基因突变和染色体畸变的主要靶分子是DNA，而诱导染色体数目畸变的靶部位主要是有丝分裂或减数分裂成分。

一、直接作用于DNA

（一）碱基类似物取代

有些药物的结构与DNA链上的天然碱基非常相似，称为碱基类似物。如5-溴脱氧尿嘧啶核苷（5-BrU）与胸腺嘧啶（T）相似，2-氨基嘌呤（AP）与鸟嘌呤（G）相似，它们在细胞周期的DNA合成期（S化学物期）中，能与正常的碱基竞争，取代其位置，从而掺入DNA分子中去。

5-BrU和T的C-5位置上分别是溴和甲基，这是二者在分子结构上的唯一差异。由于高度相似，5-BrU掺入DNA分子后，也能像T一样与腺嘌呤（A）配对，形成A：BrU。在一次复制时，A仍可与T配对形成A：T，而因5-BrUd的溴原子所带的负电荷比甲基强得多，而使正常的酮式5-BrU转变为稀有的烯醇式，复制时不与A配对，而与鸟嘌呤（G）配对，形成G：5-BrU。在进行下一次复制时，G与C配对，最终导致A：T碱基对突变为G：C碱基对。

（二）烷化剂的影响

烷化剂是指能提供甲基或乙基等烷基与DNA和蛋白质共价结合的物质，对DNA和蛋白质都有强烈烷化作用。烷化剂是人类环境中最大的一类潜在致突变物，常见的烷化剂包括烷基硫酸酯、N-亚硝基化合物、环状化合物和卤代亚硝基脲。烷化剂共同特点是具有较强的反应活性，易使DNA分子中的碱基发生烷化作用，形成共价结合的加合物。目前人们认为，最常发生烷化作用的是鸟嘌呤N-7位，N-7位发生烷化后，引起碱基错配。例如，一种致突变物乙基亚硝基脲（ENU）上的乙基可与DNA共价结合，诱发基因突变。

有些烷化剂因可同时授予两个或三个烷基，被称为双功能或三功能烷化剂，氮芥是常见的双功能烷化剂，三乙烯磷胺是三功能烷化剂。这些烷化剂除可使碱基发生烷化作用外，还能使DNA发生链内、链间交联以及DNA与蛋白质交联。发生交联后导致的DNA损伤不易修复，或发生复制后修复，具有高度致突变性；并经常诱发染色体断裂，发生显性致死突变。

（三）插入剂嵌入DNA链

有些化学物如9-氨基吖啶可插入DNA的碱基对中间，发生非共价结合，使相邻碱基对距离增大，这些化学物称为插入剂或嵌入剂。在DNA复制时，由于吖啶分子是较为扁平的分子，能够结合到DNA分子上，插入邻近的碱基对之间，使它们分开，使DNA链出现歪斜，造成框架结构的变动，造成移码突变。

（四）DNA修复抑制剂

DNA是生命物质中唯一具有自身修复能力的分子，DNA修复过程是清除受到损伤的DNA

片段，并合成新的片段来替换的过程，该修复过程依赖多种DNA修复酶，如光修复的光裂合酶，切割修复的DNA糖基酶和核酸切除酶等。化学物如咖啡因可能通过抑制DNA修复酶而使DNA损伤后不能修复，对DNA产生间接损害作用。

二、干扰有丝分裂过程

一些化学物作用于纺锤体、中心核或其他核内细胞器，从而干扰细胞分裂过程，引起染色体分离异常，产生非整倍体和多倍体，称为有丝分裂毒物。

（一）秋水仙碱效应

秋水仙碱是典型的细胞分裂抑制剂，可以完全抑制细胞的有丝分裂过程。在秋水仙碱、长春新碱等的作用下，微管蛋白的聚合受到抑制，细胞停滞于分裂中期，因染色体不分离，所以可能出现多倍体。

（二）核内复制

在有丝分裂停止的情况下，染色体复制两次或两次以上，称为核内复制，这是发生核内多倍体的原因。巯基丙酮酸酯、秋水仙碱、6-巯基嘌呤等可引起核内复制。

（三）异常纺锤体形成

低剂量秋水仙碱、高剂量X线、各种麻醉剂等可作用于中心粒，使细胞中含有两个中心粒，两个中心粒进行异步复制，一个中心粒可能成熟形成纺锤体，与另一个中心粒形成三极纺锤体。纺锤体含有三个细胞极，它们会将染色体拉向三个不同的方向，因此在这些细胞中不可能平均地将46个染色体分隔给两个子代细胞，出现染色体分离异常。

（四）染色体不浓缩和粘着性染色体

染色体浓缩即在真核细胞分裂前期，染色质丝的高度盘绕，染色体变短变粗的过程。特定染色体部位浓缩失败可影响有丝分裂的正常进行。粘着性染色体的染色质丝相互粘着，妨碍后期染色体的正常移动，出现染色体不分离。

（五）染色体提前浓缩

细胞核处于间期的细胞被诱导提前进入有丝分裂期，间期核由分散状态浓缩成染色体样结构，称为染色体提前浓缩。如果处于S期的核发生染色体提前浓缩，常表现为染色体粉碎，即染色体存在较多的染色单体或染色体断裂。

化学物通过干扰有丝分裂过程间接诱发染色体畸变，称为干扰剂。干扰剂并不直接作用于遗传物质，严格讲并不属于真正的诱变剂，因可以间接诱发畸变，因此也称其为诱变剂。

Summary

This chapter discusses the kinds of drug mutagenicity, the results and mechanisms of mutagenesis. Kinds of drug mutation are gene mutation and chromosomes aberrations. Gene mutations involve point mutation and frame-shift mutation. Substitutions consist of transition and transversion. Transition involves the replacement of a purine (adenine, guanine) by another one or a pyrimidine (cytosine, thymine). With transversion, a purine is replaced by a pyrimidine, or vice versa. The frame-shift mutation is special condition that the number of base added or deleted is not a multiple of three, the amino-acid sequence of protein coded distal to the addition or deletion will be altered. The effect of a drug on chromosomes may manifest as structural aberrations or changes in their number. The former involves a decrease or increase in the number of the chromosomes. The latter includes deletion, duplications, inversion and translocation. Mutation plays a central role in cancer. Gene mutations, chromosome aberrations are implicated in the development of cancer. Germ cell mutagenesis is of special interest as an indicator of genetic damage that enters the gene pool and is transmitted through generations. The main target molecules of gene mutation and chromosomes aberrations are DNA, and the mechanism causing changes in chromosomes number is affecting mitosis and miosis.

思 考 题

1. 化学物的致突变作用会引起哪些不良后果？
2. 化学物引起突变作用的主要分子机制有哪些？

（徐莉春）

第16章 人类药物依赖性

教学要求

1. 掌握药物依赖性、生理依赖性、精神依赖性的概念
2. 熟悉依赖性药物的种类
3. 熟悉各类药物的依赖性特征

案例16-1

患者，男性，50岁，患神经衰弱多年，服用甲喹酮效果良好。由于长期服用，患者每晚需服5~6片才可入睡，比开始服用时超出3倍以上。由于甲喹酮极易造成药物依赖，国内外均不再生产此药，因此这种药市场上极缺，从医生那根本开不出来。患者花了不少钱，想尽办法也只能搞到少量甲喹酮，很快就又用完。这种药对该患者到了非吃不可的地步，倘若不用药，就彻夜难眠，且头晕、恶心，全身乏力，四肢抖动，第二天根本无法进行正常的工作和学习；但只要一服药，所有症状全部消失。为此患者非常痛苦，也给家人带来沉重的经济压力和精神负担。

问题：

1. 甲喹酮属于哪一种依赖性药物？
2. 甲喹酮的依赖性特征有哪些？

第1节 概　　述

一、基本概念

1. 药物依赖性（drug dependence）　药物依赖性是由药物和机体相互作用造成的一种精神状态和身体状态，表现出一种强迫性连续或定期使用该药的行为和其他反应。其目的是为了体验该药的精神效应，或避免因停药所引起的不舒适感。

药物依赖性是专用术语，包括生理依赖性和精神依赖性两种，这个概念是20世纪60年代逐渐形成的。在此之前，人们所说的药物成瘾性只单指生理依赖性，而将精神依赖性称之为习惯性。药物成瘾性和习惯性早为人们所知，但由于上述两术语在使用时常出现混淆，为了便于学术交流过程中表述更科学、更确切，故有必要确定一个更为科学的术语，为此世界卫生组织（WHO）专家委员会用“药物依赖性”这一术语取代了“成瘾性”和“习惯性”。药物依赖已经成为一个世界范围内日趋严重的医学和社会问题，应当引起医务工作者、社会工作者和全社会的重视。

2. 生理依赖性（physical dependence）　生理依赖性也称为躯体依赖性，是由于反复用药，使身体形成一种适应状态，当中断用药后可产生一种强烈的躯体方面的损害，即戒断综合征，它使人非常痛苦，甚至有生命危险。

产生生理依赖性的药物均为中枢神经抑制药，包括阿片类和以巴比妥类为代表的镇静催

眠药等，如吗啡、可待因、哌替啶等。用药者渴求不定期地使用该种药物，以从中得到欣快感，使人非常痛苦。例如，吗啡停药5~6小时后即可出现戒断症状，表现为烦躁不安、剧烈头痛和身体其他部位的疼痛、流涕、流涎、恶心、呕吐、腹痛、腹泻等。当患者已成瘾时，一般很难自动戒药，应在住院条件下积极治疗。

3. 精神依赖性（psychic dependence） 精神依赖性也称为心理依赖性，使用某药后能使人产生一种愉快和满足的欣快感，并在精神上驱使用药者产生要周期地或连续地用药的欲望，产生强迫性用药行为，以便获得满足或避免不适感。

精神依赖性产生的用药欲望可以压倒一切，为了得到药物，往往会不择手段行事，但断药后一般不出现躯体戒断症状。精神依赖性比身体依赖性更常见，而且可发生于任何剂量。常易产生精神依赖性的药物有酒及某些催眠药等。

4. 交叉依赖性（cross dependence） 一种药物可以抑制另一种药物戒断后出现的戒断症状时，并有替代或维持后者所产生的生理依赖性的能力时，称为交叉依赖性。这种相互替代作用可以是全部的，也可以是部分的。

美沙酮维持治疗是利用交叉依赖性原理，采用依赖性程度较轻的美沙酮顶替成瘾性较强的海洛因和鸦片。美沙酮是合成的长效阿片类药物，目前是各国戒毒的重要药物之一。美沙酮维持治疗是指在符合条件的医疗机构中，应用美沙酮，对滥用海洛因等阿片类物质成瘾者进行长期维持治疗，以减轻对海洛因等物质的依赖，同时配合心理治疗、行为干预等综合措施，以减少由于滥用海洛因等物质成瘾引起的疾病、死亡和引发的违法犯罪，使成瘾者回归社会，最终达到减少毒品危害的目的。

5. 耐受性（tolerance） 耐受性指长期使用某种药物，药效逐渐减弱，机体对该药物的敏感性降低的现象，需提高药物的剂量，才能保持原来的药效。停止用药一段时间后，其耐受性可以逐渐消失，机体又恢复原来的敏感性。容易产生耐受性的药物如硝酸酯类药物、地西泮等。例如，硝酸酯类药物因具有扩血管作用而广泛用于心绞痛、心肌梗死等缺血性心脏病的治疗。但如连续应用，随着治疗时间的延长，其抗心肌缺血及对血液循环的作用迅速减弱，即产生耐受性。有时机体对某种药产生耐受性，对另一种药物的敏感性也降低，称为交叉耐受性，其原因可能是这两种药物作用于同一个酶系统。酒精和乙醚有交叉耐受性，嗜酒者在麻醉时需吸入更多的乙醚才能达到预期的效果。酒精和巴比妥类也有交叉耐受性，如属饮酒者，应用巴比妥类药物治疗惊厥时需要更大剂量才能达到治疗效果。

二、依赖性药物分类

国际禁毒公约将具有依赖性特性的药物分为麻醉药品和精神药物两大类进行国际管制，有时也统称为精神活性药物（psychoactive drugs）；另外还有一些具有依赖性潜力的化学物质没有被列入公约管制，因此，将具有依赖性特性的药物分为三大类：

（一）麻醉药品

麻醉药品（narcotic drugs）指对中枢神经有麻醉作用，连续使用后易产生依赖性的药品。麻醉药品，正常使用有利健康，是手术等许多方面所必需的良药。但部分麻醉药品除镇痛作用外，还可引起欣快或愉快感，常用剂量连续使用1~2周后即可成瘾，产生生理依赖性和精神依赖性，停药后产生戒断症状。

常见的麻醉药品包括阿片类、可卡因类和大麻类等三大类。

1. 阿片类 阿片类包括天然来源的阿片以及其中所含的有效成分，如吗啡和可待因，也包括人工合成或半合成的化合物如海洛因、哌替啶、美沙酮和芬太尼等。

2. 可卡因类 可卡因类包括可卡因和用以提炼可卡因的古柯叶等。

3. 大麻类 作为毒品的大麻主要是指矮小、多分枝的印度大麻。大麻类毒品的主要活性成分是四氢大麻酚（THC）。

（二）精神药物

精神药物（psychotropic drugs）也称精神药品，指直接作用于中枢神经系统，使之兴奋或抑制，连续使用能产生依赖性的药品。精神药物主要作用于边缘系统、间脑和脑干，能选择性地对抗各类精神症状。一些精神疾病和心理障碍患者，由于医疗的需要往往服用此类药物，长期应用要特别注意。常见的精神药物包括苯丙胺类中枢兴奋剂、镇静催眠药和致幻剂。

1. 苯丙胺类中枢兴奋剂 苯丙胺类中枢兴奋剂包括苯丙胺、甲基苯丙胺（冰毒）、亚甲基二氧甲基苯丙胺（在我国称为摇头丸）。

2. 镇静催眠药 镇静催眠药包括巴比妥类和苯二氮䓬类等。

3. 致幻剂类 致幻剂类如麦角二乙胺（LSD）、二甲基色胺（DMT）等，是一类可产生情绪和感知觉障碍的药物。

目前，随着社会生活节奏加快、工作压力越来越大、现代人际关系的日益淡漠、生存环境的拥挤与恶化等，导致人们产生各种心理负担和心理困惑，造成精神紧张失眠，为了解除这些压力，往往服用苯二氮䓬类药物，为维持用药效果，用药量越来越大。苯二氮䓬类药物中具有松弛肌肉的作用，长期过量服用会造成人体腿部发软，尤其是对于老年失眠患者来说是十分危险的。如何合理使用镇静催眠药，防止药物依赖性的发生，从而提高人们的生活质量已是社会的迫切需要和要求。

（三）其他

其他具有依赖性潜力的化学物质包括烟草、酒精、挥发性有机溶剂等。挥发性有机溶剂包括汽油、打火机燃料和涂料溶剂等，烟草的主要成分尼古丁长期使用可致依赖性，长期酗酒也会产生生理依赖和心理依赖。

知识拓展 **毒品和吸毒**

毒品与药品之间没有严格界线。使用适当，毒品就是药品；失控滥用，所谓药品也就是毒品。全国人大常委会于1990年12月28日通过的《关于禁毒的决定》中给毒品下的定义为，毒品是指鸦片、海洛因、吗啡、大麻、可卡因以及国务院规定管制的其他能够使人形成瘾癖的麻醉药品和精神药品。

吸毒就是非法吸食和注射毒品的违法行为。在我国，过去传统使用的毒品主要是鸦片（大烟），因最初吸食鸦片的方式是从口鼻吸入，所以人们将这种吸毒方式称为“吸”。现在，吸毒的内涵已扩大：一是毒品的范围扩大了，即凡不是以医疗为目的的滥用麻醉药品与精神药品，都属于吸毒的范围；二是吸毒的方式增多了，由过去单一的“吸”发展为肌肉注射和静脉注射等。

第2节 各类药物的依赖性特征

一、阿片类药物的依赖性特征

阿片类药物包括天然来源的阿片和人工合成或半合成的化合物。阿片也叫鸦片，俗称大烟，是从一种草本植物罂粟中提炼出来的，含多种生物碱，主要成分是吗啡。阿片是历史最为悠久的麻醉性镇痛药，原产于印度、波斯、土耳其等地，最早使用阿片的是小亚细亚西部山区新石器时代的原始人，6~7世纪传入中国，作为一种治疗疾病的药材。18~19世纪，随着西方大国实力的增长，他们试图打开中国的大门，殖民者疯狂地向中国走私鸦片，1821 年到 1840 年，仅英国输入中国的鸦片就近 1.5 万箱。吸食鸦片成瘾后，可引起体质严重衰弱及精神颓废，寿命也会缩短；过量吸食鸦片可引起急性中毒，可因呼吸抑制而死亡。鸦片摧残了无数中国人的健康，培养出了成千上万个大烟鬼。正是这种从美丽的罂粟花中提炼出来的鸦片引起的战争使中国进入了半封建半殖民地社会，鸦片战争是中国人的锥心之痛。

(一) 具有精神依赖性、生理依赖性和耐受性三方面的明显特征

阿片类药物主要作用于中枢神经系统，作为镇痛剂可以选择性地减轻或缓解疼痛感觉。阿片药物进入机体后竞争性地与阿片受体结合，产生很强的镇痛和欣快作用，并通过反馈抑制机制，使机体停止合成和释放内源性脑啡肽，这样机体就不得不依赖外来阿片类药物代替脑啡肽的作用，在体内形成病状平衡态，使人成瘾。产生依赖性后，中断用药后会出现严重的戒断症状。

精神依赖性表现在药物进入人体后作用于人的神经系统，使用药者产生一种渴求不断用药的强烈欲望，表现为一种渴求感。用药之前情绪低落、消沉、易激惹；用药后情绪高、活跃，性格发生明显变化。

生理依赖性表现为药物作用于人体，使人体产生适应性改变，机体建立起一种药物作用下的暂时平衡。一旦停用药品，这种平衡就被打破，机体出现功能紊乱。用药者会表现出不安、焦虑、忽冷忽热、起鸡皮疙瘩、流泪、流涕、出汗、恶心、呕吐、腹痛、腹泻、幻觉等严重的戒断症状。这种戒断反应的痛苦，反过来又促使用药者为避免这种痛苦而千方百计地维持用药状态。形成生理依赖性后，每三到六小时，重复用药，才能维持身体的机能状态。在出现戒断症状任何阶段，只要恢复用药，情况便会好转起来。

耐受性为药物反复使用后，机体对药物反应强度递减，表现为使用剂量逐渐增大和用药间隔时间缩短。如常规二乙酰吗啡（海洛因）用量皮下注射 3mg，而依赖者的每日注射量达 5g。

(二) 戒断症状出现的时间

戒断症状一般于中断用药后 6~8 小时出现，24~48 小时内达高峰，最严重的症状一般在停药 72 小时后减轻，称为自限现象。

二、巴比妥及其他镇静催眠药的依赖性特征

镇静催眠药包括巴比妥类、苯二氮䓬类和其他催眠药，这些药物是中枢神经系统抑制药，对改善患者的睡眠、对抗焦虑、解除烦躁等方面起到重要作用。但在发挥治疗作用的同时，也表现出种种不良反应，长期滥用催眠药可引起耐受性和依赖性而导致慢性中毒。突然停药或减量可引起戒断综合征。

(一) 巴比妥类药物的依赖性特征

1. 巴比妥类药物较易产生精神依赖性和耐受性 人体对巴比妥类药物有耐受性，且与麻醉剂和酒精有交叉耐受性。

2. 大剂量反复使用可产生生理依赖性 巴比妥类的依赖，随药物滥用程度而发展，持续大剂量用药后可产生生理依赖性。例如，司可巴比妥每日用量在 0.4g 以下，不易产生生理依赖性，但每日用量 0.6g 时，服用一个月，可引起生理依赖性，突然停药即会产生戒断反应。

3. 巴比妥类药物依赖症状很严重 其表现为突然停药或显著减少使用剂量的 12~24 小时内，出现厌食、躯体软弱、焦虑不眠，随之出现肢体的震颤。停药 2~3 天，戒断症状达高峰，呕吐不能进食，身体无力严重，体重锐减，心跳过速，眩晕，血压下降，四肢震颤加重，全身肌肉抽搐而出现癫痫大发作。

（二）苯二氮䓬类药物的依赖性特征

1. 苯二氮䓬类药物依赖性相对较少，戒断症状较轻 苯二氮䓬类药物的代表药是安定，抗焦虑作用选择性高，治疗效果好，安全范围大，作用持久，依赖性相对较少，戒断症状较轻，而且具有较强的抗惊厥作用。医疗应用很广泛。

2. 长期服用停药后，可出现精神症状 停药后表现为焦虑、恐惧、不安、失眠、头痛、恶心、呕吐、食欲减退、肢体发抖、肌肉阵挛等。静脉注射此类药物可导致低血压和呼吸抑制。

3. 可产生耐受性 耐受性是镇静催眠药的共同特性。长期服用，药效降低，需要不断增加剂量才能维持疗效。

案例 16-1 分析

甲喹酮，又名安眠酮、海米那，属于中枢神经的安定药，是一种精神药物。患者对该药产生了依赖性，具有精神依赖性、生理依赖性和耐受性三方面的表现。精神依赖性表现为对药物的渴求，想方设法得到药物；生理依赖性表现为不服药即出现头晕、恶心，全身乏力等症状；耐受性表现为长期用药后用药量增加。

三、苯丙胺类药物依赖性特征

苯丙胺类药物为中枢神经兴奋剂，具有强有力的中枢兴奋作用。第二次世界大战期间，德、日、美、英等国部队士兵用以驱除疲劳，增强战斗力，大量服用此药，名曰大力丸。

（一）有很强的精神依赖性

苯丙胺和甲基苯丙胺（冰毒）在中小剂量时，可以使用药者能力增加、觉醒程度提高，表现出精神振奋、思维活跃、情绪高涨、注意力集中、工作能力特别是技巧性工作能力增强，长时间工作或学习没有疲劳感和饥饿感。冰毒的效应是产生短暂的“飘飘欲仙”的强烈的感觉，但此后是一种严重的抑郁、疲劳和激怒，这种体验十分痛苦，有时可因严重抑郁而自杀。

摇头丸是一种与苯丙胺极为相似的混合物，1985 年 7 月在欧美流行，地下加工厂在欧洲，主要在公共娱乐场所以口服形式被应用，服用后使人产生幻觉妄想，极度兴奋等。本药于 1992 年传入香港，1996 年传入中国内地。

（二）易产生耐受性

每日少量服用，很快产生耐受性。通常苯丙胺的治疗剂量为 10～15mg，产生耐受性后，有些患者的用药量可大于 1g。长期大量服用，可出现苯丙胺性精神病，临床表现与精神分裂症偏执型相似，表现为妄想和幻觉。停止用药 2～3 天后幻觉可消失，但妄想可持续几周到几个月。苯丙胺类药物之间存在交叉耐受性。

（三）可出现戒断症状

苯丙胺类药物是否产生生理依赖性仍有争论，但可出现戒断症状，戒断症状表现为抑郁、行动缓慢、刻板动作、疲乏无力、嗜睡或者多梦等，以抑郁最常见，症状在停药后 48～72 小时达高峰，以后逐渐减轻。

四、大麻类的药物依赖性特征

公元前 2800 年中国人便开始栽种大麻，华佗的“麻沸散”中即有大麻。现在印度、美国均种植较多。大麻中主要有效成分为四氢大麻酚，大麻的花及顶部嫩叶中含量较高，收割后经干燥，切碎掺入香烟中吸食。

大麻对人体产生明显的精神依赖性，轻微的生理依赖性，耐受性小。吸食大麻后产生欣快、舒适，视、听觉敏锐，触、嗅觉加强，损害短程记忆，时间概念发生错乱，也可发生幻觉、妄想等。

五、可卡因类药物的依赖性特征

可卡因是1880年人们从南美灌木古柯树叶中分离出的一种生物碱。1884年，Freud用可卡因戒掉了其同事对吗啡的依赖性，但却也产生了第一例可卡因依赖性患者。

可卡因有很强的精神依赖性，仅有轻微的耐受性和生理依赖性。可卡因是中枢神经兴奋剂，可抑制神经末梢突触前膜对去甲肾上腺素（NA）类的再摄取，从而增加突触间隙中NA的浓度，引起中枢神经系统兴奋，使精神活动和思维能力增强，减轻疲劳感，但肌张力并不增加，有欣快感。同时有一定的局麻作用，在1∶5000时即能阻断感觉神经对冲动的产生和传导，使痛觉消失。另外，可兴奋呼吸系统和心血管系统，使心率加快，血管收缩血压升高。

六、致幻剂类的依赖性特征

致幻剂类，又称拟精神病药（psychologenic drugs），可影响人的中枢神经系统，引起感觉和情绪上的变化，对时间和空间产生错觉、幻觉甚至导致自我歪曲、妄想和思维分裂。中毒症状表现为瞳孔散大，高热，心率快，血压升高，出汗，寒颤，头痛，恶心、呕吐，幻觉，时间失真，听、视、触觉失真，产生“感觉互相沟通”现象，如听到了颜色，看见了声音，最后由欣快变为粉身碎骨的恐惧感。

致幻剂类产生的心理依赖可轻可重，但一般不太强烈。突然停药后并无戒断症状，故无生理依赖。致幻剂类可产生高度耐药性，但消失也快。对某一种致幻剂产生耐药，便会对其他品种产生交叉耐药。致幻剂是一类不影响意识和记忆的情况下改变人的知觉、思维和情感活动的一类化合物。致幻剂的主要危险是服药后的心理改变和判断力损害，以致患者做出危险决定，常会出现突发的、危险的、荒谬的强迫行为。

七、挥发剂类的依赖性特征

挥发性有机溶剂包括脂肪族和芳香族碳氢化合物、氯化碳类、酮类、醋酸酯类、乙醚、氯仿、酒精等，涉及的溶剂种类很多。这类溶剂对中枢神经系统产生先兴奋后抑制的作用。如长期用可发生耐受性及精神依赖，但不产生戒断症状。

早期出现的中枢神经系统抑制的急性症状有头晕、嗜睡，口齿不清及步态不稳；大剂量可产生错觉、幻觉与妄想。

酒精属于挥发性有机溶剂，酒精依赖（alcoholicdependence）指慢性酒精中毒者一旦停止饮酒，可产生一系列戒断症状，包括抑郁焦虑、烦躁、易怒、失眠、妄想、幻觉、震颤、心慌、多汗、胸闷、定向障碍、意识错乱、乏力、记忆力下降、四肢抽搐、植物神经紊乱、虚脱等。1977年，WHO提出酒精依赖综合征的概念及以下特征：①不可克制的饮酒冲动。②有每日定时饮酒的模式。③对饮酒需要超过其他一切活动。④对酒精耐受性的增高。⑤反复出现戒断症状。⑥只有继续饮酒才可能消除戒断症状。⑦戒断后常可旧瘾重染。

八、烟草类的依赖性特征

吸烟可使人产生精神依赖性，吸烟者中95%～100%的人具有不同程度的依赖性，其主要原因是烟草中的烟碱。烟碱吸入人体后迅速作用于脑细胞使人产生欣快感，但作用很快消失。烟碱小剂量可以使中枢神经兴奋，即所谓“提神”，大剂量则会产生先兴奋后抑制的反应。

吸烟可产生生理依赖。烟碱特异地与大脑的N受体结合，随着吸烟的持续，烟碱与受体结合也越来越多，以适应这个变化。吸烟者要达到与以前同样的舒适感就必须获取更多的烟碱，一旦停止吸烟，体内烟碱含量突然降低，便会产生戒断症状，表现为头晕、头疼、口干、咳嗽痰多、肌肉刺痛、多汗、焦虑和紧张、烦躁不安、心情压抑和缺乏精力、焦虑和紧张、腹泻与便秘、体重增加等，并产生强烈的吸烟渴求。

Summary

This chapter discusses the basic concept about drug dependence, kind of dependence-producing drugs and characters of some dependence-producing drugs.

Drug dependence includes physical dependence and psychic dependence. Physical dependence refers to a state resulting from chronic use of a drug that has produced tolerance and where negative physical symptoms of withdrawal result from abrupt discontinuation or dosage reduction. Psychic dependence is a state of euphoria with pleasure and contentment, and wish to use the drug periodically and continuously in order to get satisfaction and to avoid discomfort.

Dependence-producing drugs can be classified into three kinds including narcotic drugs, psychotropic drugs and other drugs. Narcotic drugs can affect central nerve system, and with repeated use of narcotics, tolerance and dependence develop. A psychotropic drug is a chemical substance that acts primarily upon the central nervous system where it alters brain function, resulting in temporary changes in perception, mood, consciousness and behaviour.

The characters of some dependence-producing drugs are discussed, which include opium and others, barbital and other sedative-hypnotic drugs, benzedrin and others, cannabis, cocanine, hallucinogenic drug, volatile substance and tobacco.

思 考 题

1. 什么是药物依赖性？
2. 阿片类药物的依赖性特征有哪些？
3. 巴比妥类药物的依赖性特征有哪些？
4. 苯丙胺类药物的依赖性特征有哪些？

（徐莉春）

第3篇　药物非临床安全性评价

第17章　药物安全性评价和GLP实验室

教学要求

1. 熟悉实验设计的随机、对照、重复原则
2. 了解药物非临床安全性评价的目的和意义
3. 了解药物安全性评价的基本内容及GLP实验室发展趋势

第1节　药物非临床安全性评价概述

药物非临床安全性评价（non-clinical safety evaluation）是指在人临床实验之前的毒理学实验的研究，即按照规定的毒理学程序和方法评价药物对机体产生的有害反应，并外推到通常条件下应用药物对人体和人群的健康是否安全。通过一系列的毒理学实验，以评价药物的毒性反应。如产生毒性反应的最小中毒量、最大中毒量、最小致死量、毒性反应的起始时间、持续时间至结束时间，以判断剂量和时间与毒性的关系。通过检测药物对生理学、血液生物化学、病理学等指标的影响，确定药物的靶器官、中毒机制、毒性反应的性质及毒性反应的可逆性；得出毒性剂量及确定安全剂量范围。因此，药物非临床安全性评价的目的：①提供该药物安全性的确实证据，用从实验动物毒性研究获得的数据支持人体的Ⅰ期临床研究，即为药物是否具有进一步临床研究价值及上市后临床使用的安全性提供实验依据。②确定人临床实验的安全性起始剂量，以确定可接受的安全性剂量范围。③在药物开发中获得最大的利益/危险性比率。④通过广泛检测，发现任何潜在的和未知毒性，为临床研究提供检测指标。

药物安全性评价方法学的完整体系是20世纪以后逐渐建立起来的。合成药物逐渐代替天然药物，人类药物中毒死亡事件多次发生，推动了药物安全性评价体系的发展，为此世界各国政府成立主管机构、制订和修订药物安全性评价的规范和准则，希望通过在啮齿和非啮齿动物中的毒理学研究为药物提供安全性证据。

20世纪全世界出现了许多严重的药物中毒事件。药物灾难使我们理解了药物非临床安全性评价的意义，使各国政府主管部门加强了对药物尤其是新药安全性评价的重视，面对新问题不断修订相应的法规和细则。随着国际贸易及国际合作交流的发展，药物非临床安全性评价的毒理学实验趋向国际化，经济合作与发展组织（OECD）提出了新化学物上市前的最低限度的安全性评价项目，制定了一系列毒性实验准则，凡按此实验准则进行的毒理学实验，成员国间可相互承认和接受。

但是，将动物实验结果外推到人体是具有局限性和不确定性的，表现在：①人与实验动物的种属差异，使得它们对药物反应的敏感性不同，甚至有质的区别，且无法观察到动物主观感觉的毒性反应，如：头晕、眼花、耳鸣等；人与实验动物的种属差异，可以使动物实验出现假阳性或假阴性，如沙利度胺对动物毒性很低，甚至测不出LD_{50}，但可引起上万名婴儿出现短肢畸形。②在毒理

学实验中，为了寻找靶器官，在相对少量的动物身上得到的量-效关系，往往选用较大的给药剂量(明显超过人实际用量)，应该注意药物在高剂量的毒性反应与低剂量的毒性反应规律不一定一致，因此，存在高浓度向低浓度外推的不确定性。③毒理学实验所用动物数量有限，对于发生率很低的毒性反应难于发现，存在小数量动物向大量人群外推的不确定性。④实验动物为实验室培养，选用成年健康动物，反应一致，而人群为不同人种、民族、年老体弱、患病个体，对药物的敏感性不同。因此，在新药上市前，除临床前毒理学实验外，同时对药物临床安全性评价与风险评估应引起足够的重视。避免药物在临床使用及售后调研过程中对人类的造成的不良事件。

药物安全性评价的基本内容包括：急性毒性实验、重复给药毒性实验、遗传毒理学实验、生殖发育毒理实验、致癌实验、安全性药理学研究、局部给药毒性实验、药物依赖性实验、毒物动力学研究等，在随后章节中详细论述。

第2节　药物安全性评价GLP实验室

非临床安全性研究质量管理规范（good laboratory practice for nonclinical laboratory studies，GLP)，应用于药品的非临床安全性评价研究的实验室，其目的是为了提高药品非临床安全性评价研究（即毒理学研究）的，确保实验资料的真实性、完整性和可靠性，最大程度排除由于偶然的误差带来的影响，尽早发现和改正这类错误，并在事后纠正和追究其原因。GLP的基本精神在于怎样减少人为误差，以得到可信性高的实验数据，以保障人民用药安全，因而对其硬件和软件都有严格的要求。

GLP主要分为硬件和软件两个部分，其核心是确保研究资料的真实性，完整性和可靠性。软件要求：人员素质的培养是软件建设的核心。硬件要求：完整配套的实验设施和自动化仪器设备是毒性评价工作顺利进行和高质量完成的重要保障。

一、软件建设

人员素质的培养是软件建设的核心。新药非临床安全性试验，从接受试验项目到交付完整总结报告的全部工作过程，是组织严密，衔接默契，协调有序的串联环节。包括：实验方案制定；受试品、保管、配置、分析和领取；实验动物的预定、接受、检疫、饲养管理；给药症状观察；观察指标：体重、体温、进食量、心电检测；尿液、胆汁、粪便、血液及血清生化指标检测；剖检、器官重量及组织病理学检查、标本采集；实验结果统计；实验总结、归档；实验环境调控管理；实验全过程的监督、检查和审查。具体实施如下：

实验前，项目负责人要根据药物特点、药物安全性实验指导原则和GLP实施规定制定实验方案。并将实验方案递呈质量保证部门（QAU）审查，同时检查以往的标准操作规程(SOP）是否使用于该项实验。实验进行中，应检查各业务部门实验工作记录，执行实验方案和SOP实施情况。实验后，要收集每个环节相关的各业务部门实验工作记录，对所采集的资料和数据进行处理，并根据专业知识判断具有统计学意义的结果是否同样也存在生物学意义。归纳出药物毒性的主要靶器官，临床上可能出现的毒性反应。根据GLP条款要求完成总结报告。最后将实验方案、各个环节的原始记录、各种标本及总结报告保存在档案部门。为确保实验环节有章可循，研究资料的真实、完整和可靠，应做到以下要求：

1. 建立完善的组织管理体系　①配备机构负责人、质量保证部门负责人和相应的质量保证工作人员。②具备相应的研究人员。③制定完善的管理制度，各级人员职责明确。

2. 高素质的工作人员队伍　①具备严谨的科学作风和良好的职业道德。②具相应的学历，经过专业培训，具备完成所承担的研究工作需要的知识结构、工作经验和业务能力，工作人员进行专业培训方可上岗。③熟悉GLP的基本内容，严格履行各自职责。

3. 对各项工作必须采用标准操作规程（SOP）　药物安全性评价研究结果，可受主客观多种因素的影响，为了尽量减少这些影响，防止“假阳性”或“假阴性”结果的出现，也为了便于“追因”检查，对安全性评价研究实验所牵涉到的各个方面都必须制订出 SOP。

4. 对实验的全过程要求详细的进行记录　各种记录的文书材料发生偶然性错误的可能性存在于实验过程的所有方面，要求对于在实验实施过程中每时每刻进行的所有操作、发生的一切情况，不分巨细地全部记录下来。在事后客观地评价实验结果的可信性时，这些记录便成为非常重要的佐证。

5. 对数据管理与统计分析要求　把实验数据迅速、完整、无误地纳入报告，所有涉及数据管理的各种步骤均需记录在案，以便对数据质量及实验实施进行检查。用适当的程序保证数据库的安全性。实验资料的统计分析过程及其结果的表达必须采用规范的统计学方法。

6. 组织严密的实验全过程的监督、检查和审查　质量保证部门是独立的机构，其人员不参加实验过程，它的监督检查是保证实验数据质量的重要措施，其职能是科学、客观地对实验设施、试验操作、原始数据及总结报告书等是否符合 GLP 规范进行监督检查。可以保证实验结果的真实性和准确性，保证临床用药的安全。可以进一步提高我国新药研制和开发的实力和水平，早日和国际接轨，参与国际竞争，确保人类的健康。

二、硬件建设

在 GLP 实验室各种设施中，最重要的是各种实验动物的实验室与相应的配套设施及各类实验室和相应的仪器设备。

1. 对实验环境中各种设施的构造、宽广度、配置等有严格要求　由于动物在受试药物的作用下，处于不断的变化过程中。即药品呈现的各种毒性反应信息取决于实验动物，因此，①要保证饲料的营养标准和水质卫生标准。②针对不同种属动物或不同实验系统动物，饲养环境（温度、湿度、空气洁净度、气流速度、压强梯度、换气次数、照明等指标要求）和饲养空间要求合理并匹配，见表 17-1。③饲养室的布局要严格控制符合 GLP 的环境条件实验室应人物分流运行，防止互相污染。

2. 对实验数据的收集、测定或分析等使用的仪器设备以及控制设备内环境有严格要求
如药学研究实验室的仪器设备根据其性能特点可分为，机能技术：其相应仪器配置要求：心电图机、恒温水浴灌流系统、微循环显微仪等；形态技术方面仪器设备配置要求：体视显微镜、倒置显微镜、超净工作台等；分析技术方面仪器设备配置要求：高速离心机、分光光度计、精密分析天平、高效液相色谱仪等；合成（提取）及制剂工艺技术方面仪器设备配置要求：真空干燥箱、旋转蒸发仪、气相色谱仪等。对以上仪器要求：①相应的仪器设备要有专人保管，并贴有计量检验合格与否的标签，负责人姓名、生产厂家、出厂日期的标签。②仪器设备应定期进行检定、校验、测试和校正，维护和保养，确保仪器设备的性能稳定可靠。③应备有该仪器设备保养、校正及使用方法的标准操作规程。④对仪器设备的使用、检查、测试、校正及故障修理，应详细记录日期，有关情况及操作人员姓名。⑤试剂和溶液等均应贴有标签、标明品名、浓度、储存条件、配置日期及有效期。⑥供试品和对照品应贴有标签、标明品名、缩写名、批号、有效期和储存条件。⑦应有相应的通风、防酸碱和防火设施。

表 17-1　动物实验设施环境条件指标参考表

项目	指标			
	小鼠、大鼠、豚鼠、地鼠		犬、猴、兔、猫、猪	
	亚屏障环境	屏障环境	普通环境	屏障环境
温度（℃）	20~26		18~28	
日温差（℃≤）	3		5	

续表

项目	指标			
	小鼠、大鼠、豚鼠、地鼠		犬、猴、兔、猫、猪	
	亚屏障环境	屏障环境	普通环境	屏障环境
相对湿度（%）	40~70			
换气次数（次/h）	10~15	–	15~20	
气流速度（m/s）	0.1~0.2			
压强梯度（Pa）	20		–	20
空气洁净度（级）	100000	10000	–	10000
落下菌数（个/皿≤*）	10	3	30	3
氨浓度（mg/m^3≤）	14			
噪声（dB≤）	60			
照度（1x）	150~300			
昼夜明暗交替时间（h）	12/12 或 10/14			

注：* 直径 9cm 血琼脂培养皿敞开放置 30 分钟，置 37℃温箱培养 48 小时。

知识拓展　　世界实验动物日与 3R 原则

世界实验动物日为每年的 4 月 24 日，由英国反活体解剖协会（NAVS）1979 年发起，每年 4 月 24 日所在的那一周即为世界实验动物周。并且这个国际日被联合国认可。目前各国基本上都订立了相关实验动物保护法规，而被广泛接受的观念是由英国人最先提出的进行动物试验的 3R 原则，即替代（replacement）、减少（reduction）和优化（refinement）。替代即用无知觉的替代品替代清醒的、活的脊椎动物；减少即用能够获得精确和足够的信息所需的动物数量即可；优化即将试验过程中动物遭受痛苦减少到最小程度。

第 3 节　实验设计的随机、对照、重复原则

案例 17-1

某单位为了研究大鼠口服（灌胃）布洛芬加盐酸苯丙醇胺重复给药的毒性作用，拟用 Wistar 大鼠进行试验。

问题：

1. 应设哪些组？如何分组？
2. 每组应设多少只动物？

在药物安全性研究的指导原则中，十分强调在所有毒理学实验设计中都应该遵循随机、对照、重复三个基本原则。

一、随机的原则

随机（randomization）是指在抽样时，使总体中每一个体都有同等的机会被抽取；在分配样本时，确保样本中的每一个体都有同等的机会被分入任何一个组中。随机的目的是使样本具有极好的代表性，使一切干扰因素分配到各组时只受纯机遇抽样误差的影响，而不受实验者主观因素或其他偏性误差的影响。在进行毒理学动物实验时，

动物必须随机分组，最常用的方法是完全随机或随机区组的方法。完全随机即将研究对象随机地分配到各个处理组中，可通过随机数字表或抽签的方式进行。随机区组即将可能影响实验结果的非处理因素均衡地分配到各组，如动物体重、性别等，具体做法是将条件相近的实验对象配成一组（配伍组），再将每个配伍组中的实验对象随机分配到各个处理组中。

二、对照的原则

对照（randomization contro1）是指实验时针对实验组设立的可以对比的组。对照的意义在于通过对照鉴别处理因素与非处理因素的差异及处理因素的效应大小，消除和减少随机化原则所不能控制的抽样误差及实验者操作熟练程度等所造成的差异。毒理学实验中常用的对照形式有以下几种。

1. 空白对照　空白对照即不施加任何处理措施，用于确定实验对象生物学特征的本底值，进行质量控制。

2. 阴性对照　不给需要研究的处理因素，但给以其他的实验因素，以排除这些实验因素的影响。常用的阴性对照是溶剂或赋形剂对照，以此作为与实验组比较的基础。阴性对照除了要研究的因素外，其他处理应和实验组完全相同。对照组与实验组必须在同时、同地、同条件下进行处理，否则就失去了对照的意义。

3. 阳性对照　阳性对照组的实验因素与实验组应尽可能一致，如与受试物采用相同的溶剂、染毒途径及采样时间。对于变异较大的实验，必须设置阳性对照组。当同时进行的阳性对照组不能得到阳性结果时，说明此次实验质量有问题，全部数据无效，必须重新进行实验。有些文献中在需要设置阳性对照组的实验（如遗传毒理学、致畸、致癌和致敏实验等）中，未设置阳性对照，或阳性对照的结果明显不合理，此时的实验结论是不可信的。

4. 自身对照　同一研究对象自身处理前后互为对照。采用这种对照时，要求研究因素处理前后的实验条件必须一致，观察指标应是稳定的。有些文献中，在实验过程中观察指标本身可能有变化的情况下，仍用自身对照，不能说明是非研究因素（如动物周龄、季节等）还是研究因素的作用。

三、重复的原则

重复（randomization control replication）是指实验组和对照组应有一定数量的重复观察结果。重复的意义：一是指实验的样本量必须足够大，在相同实验条件下有充分的重复，以避免实验结果的偶然性，突出表现其必然规律；二是指任何实验结果的可靠性应经得起重复实验的考验，一个不可重复的研究是没有科学性的。其目的是要稳定标准差，使均数接近真实值，实验组与对照组差异能够准确显露出来。在正确地估计实验误差与了解组间差异的基础上，便可科学地做出统计推断。

重复的原则大多数情况下通过各组适宜的样本量来体现。一般来说，样本量越大，即重复的次数越多，就越能反映客观、真实的情况。但样本含量并非多多益善。样本过大，既造成不必要的浪费，又延长研究周期，但样本含量过小，即使有专业意义的差异，也可能没有统计学意义，造成假阴性错误。因此，正确估计样本含量十分重要。即样本量应考虑到统计学的要求，在保证实验结果可靠性的前提下，选择适宜的样本量，以控制实验规模和成本。样本数增加可减少实验的误差。在毒性试验中，一般来说，动物实验时，大动物（犬，猫）5～15 只/组，中等动物（兔，豚鼠）10～20 只/组，小动物（小鼠，大鼠）

15~30只/组。

案例17-1分析

可考虑设6个组，随机分组，每组30只，雌雄各半。布洛芬（IBU）加盐酸苯丙醇胺（PPA）伍用设高、中、低3个剂量组。另设布洛芬（IBU）组、盐酸苯丙醇胺（PPA）组和溶剂对照组。

Summary

The purpose of drug nonclinical safety studies is to support human phase Ⅰ clinical research, to determine starting dose within safety of the human clinical trials, to find any potential and unknown toxicity, to provide detection indicator for clinical research through the toxicity data of experimental animals. Its laboratory building, namely GLP laboratory building, mainly includes hardware and software of two parts. Its experimental design should be followed in the principle of randomization, contro1 and replication.

思 考 题

1. 药物非临床安全性评价的目的意义是什么？
2. 药物安全性评价的内容包括哪些？
3. 实验设计的基本原则有哪些？

（张晓一）

第 18 章　一般药理学评价

教学要求

1. 掌握一般药理学研究的目的和意义，一般药理学主要评价内容
2. 熟悉一般药理学评价的基本要求
3. 了解一般药理学评价的基本原则

一般药理学（general pharmacology）是指对主要药效学作用以外进行的广泛的药理学研究，其主要内容包括安全药理学（safety pharmacology）和次要药效学（secondary pharmacodynamic）。前者主要研究药物在治疗或治疗以上剂量下，潜在的、不期望出现的对重要生理功能的不良影响；后者研究药物非期望的、与治疗目的无关的效应和作用机制。本章介绍的一般药理学评价内容仅指安全药理学研究内容，主要观察受试药物对中枢神经系统、心血管系统、呼吸系统的影响。当药物存在潜在的与人安全性有关的不良反应时，应在泌尿系统、凝血系统、消化系统及内分泌系统等方面进行追加和（或）补充试验。

一、一般药理学研究的目的和意义

一般药理学研究是评价新药在治疗范围内或治疗范围以上剂量时对重要生命活动（如中枢神经系统功能、心血管系统功能、呼吸系统功能、消化系统功能、内分泌功能、外周神经功能，血液系统功能等）的影响，研究临床用药目的以外的广泛的药理作用，能够基本认识全身用药对机体主要器官系统的影响。

通过一般药理学研究，可挖掘新药潜在的药效学作用，扩大临床适应性，同时亦可探明药物作用的靶位及其作用机制，并为开展药物临床前毒性研究作相应准备。

一般药理学研究可预测新药在临床试用时可能存在的不可避免的不良反应。如，通过对行为、学习记忆等方面的评价，发现药物对高级神经系统活动的影响，而这在常规的毒理学研究中则较难发现。因此，一般药理学研究是新药临床前药理评价必须完成的项目，该项试验一般单独进行，特殊情况下可结合毒性试验进行。

一般药理学研究的目的和意义在于：①确定药物可能关系到人的安全性的非期望药理作用。②评价药物在毒理学和（或）临床研究中所观察到的药物不良反应和（或）病理生理作用。③研究所观察到的和（或）推测的药物不良反应机制。

二、一般药理学评价基本原则

（一）实验方法

一般药理学评价应根据受试药物的临床用药目的和药物作用特点合理地进行实验设计，采用国内外认可的体内和（或）体外方法，包括科学而有效的新技术和新方法。某些检测可根据药效反应的模型、药物代谢动力学的特征、实验动物的种类、敏感性和可重复性来选择实验方法。

(二) 执行 GLP 的要求

一般药理学评价，应执行 GLP 规范，并应遵循随机、对照、重复原则及具体问题具体分析的原则。对于重要系统的安全药理学研究应符合 GLP，追加和（或）补充的安全药理学研究应尽量符合 GLP。但是由于安全药理学研究所涉及内容相当广泛，需要的试验条件复杂多变（如需多种仪器、多种生物材料、体外试验等），对一些难以满足 GLP 要求的特殊情况，也要保证适当的实验管理和数据保存。

(三) 研究的阶段性

一般药理学评价贯穿于新药研究全过程中，可分阶段进行。在药物进入临床试验前，应完成对中枢神经系统、心血管系统和呼吸系统影响的研究。追加和（或）补充的安全药理学研究可在临床研究期间进行。

(四) 追加和（或）补充的安全药理学研究

根据药物的药理特性和化学类型，估计可能出现的不良反应，或已有的动物和临床试验结果提示药物可能影响人的安全性，此时应做追加和（或）补充的安全药理学研究。

(五) 可免做一般药理学研究的药物

（1）在全身体内血药浓度低，或其他组织器官分布很少的局部用药，如皮肤、眼科用药等。

（2）只用于治疗晚期癌症患者的细胞毒类药物，在首次用于临床前可不做一般药理学研究。但具有新的作用机制的此类药物例外。

三、一般药理学评价基本要求

(一) 受试动物等生物材料

可供选择的受试生物材料包括：整体动物，离体器官及组织，血液及血液成分，体内外培养的细胞、菌种或病毒，提纯或重组的受体、酶或因子等。其中，整体动物常采用小鼠、大鼠、豚鼠、家兔、猫、狗等。选择受试动物应与试验方法相匹配，并应注意考虑品系、性别及年龄等因素。另外，受试生物材料的选择还应注意敏感性、重现性和可行性，以及与人的相关性等因素。整体动物的体内研究最好在清醒状态下进行，如果使用麻醉动物，应注意麻醉药物的选择和麻醉深度的控制。

(二) 受试药物及对照

受试药物的质量应符合临床用药的要求，制剂的辅料应明确，一般采用药用规格。一般可选用溶媒对照，如为了说明受试药物与已知药物的异同或特性，可选用阳性对照药。

(三) 剂量

一般药理学评价：体内试验至少设三个剂量，并应注意量—效关系，必要时还应注意时-效关系（如副作用的时程，即效应的起始和持续时间）；体外试验应尽量确定受试药物的浓度-效应关系，最低浓度至少应对生物材料产生作用，最高浓度不影响药物理化性质和活性，尽量求出 E_{max}、EC_{50}（K_d值）、IC_{50}值等。

通常，对引起副作用的剂量进行评价时，应与在试验动物中观察到的主要药效学作用的剂量或在人体产生预期治疗作用的剂量相比较。其最低剂量（或浓度）一般设定为主要药效学 ED_{50}以上剂量（或浓度），其最高剂量（或浓度）可设定为高于药效学剂量（或浓度）但不产生毒性作用的剂量（或浓度）。

(四)样本量

每组动物数以能够科学合理地解释所获得的实验结果，能恰当地反映生物学上有意义的作用，并符合统计学要求为原则。一般，小鼠每组 10~20 只，大鼠每组 10 只，犬、猴每组 4~6 只。

(五)给药途径、给药次数及观察时间

整体动物试验，应采用与临床拟给药途径一致的方式给药，否则需有明确理由。一般采用单次给药。但是，如果主要药效学研究表明受试物需要在给药一段时间后才能起效，或者重复给药非临床研究和人用结果出现令人关注的安全性问题时，应根据实际情况合理设计给药次数。观察时间点和观察时间长度应根据受试药物的药效学和药物代谢动力学特性来确定。

(六)实验数据的统计学处理及结果评价

实验结果以均数±标准差表示，选择合适的统计学处理方法，对数据进行定量和定性分析。结合药效学、毒理学、药物代谢动力学以及其他研究资料进行综合评价，为临床研究设计提出建议。

案例 18-1

对拟临床用于抗脑血栓治疗的药物进行一般药理学评价时，首先评价药物对于重要生命功能系统的影响，即对中枢神经系统、心血管系统和呼吸系统的影响。定性和定量评价给药后动物的运动功能、行为改变、协调功能、感觉/运动反射和体温的变化；观察测定给药前后血压（包括收缩压、舒张压和平均压）、心电图（包括 Q—T 间期、P—R 间期、ST 段和 QRS 波等）和心率等的变化；测定给药前后动物的呼吸频率和呼吸深度的变化。由于药物将用于脑血栓的治疗，故应较全面、较深入地评价其对中枢神经系统的作用。同时还应考虑其对外周神经系统、自主神经、血液系统功能的影响。

问题：

1. 请设计抗脑血栓药物的一般药理学评价方案。
2. 进行药物一般药理学评价时应遵循的基本原则和要求有哪些？

四、一般药理学评价主要内容

我国现行的新药临床前研究的一般药理学评价主要内容为：

(一)对重要生命功能系统的影响

根据对生命功能的重要性，首先观察受试物对中枢神经系统、心血管系统和呼吸系统的影响。

1. 中枢神经系统 定性和定量评价给药后动物的运动功能、行为改变、协调功能、感觉/运动反射和体温的变化，以确定药物对中枢神经系统的影响。

通常采用小鼠等小动物，仔细观察给药后的活动情况和行为变化。如观察给药后动物一般行为表现、姿势、步态、肌颤等指标，对结果进行定性定量评价，分析药物是否对中枢神经系统具有兴奋或抑制作用。并结合受试动物自主活动的改变、机体协调能力及与镇静药物的协同/拮抗作用，综合评价药物对精神神经系统的影响。主要实验项目包括：间歇观察法、自主活动（开场）实验、协调运动或被动活动实验、体温测定、对戊巴比妥钠阈下睡眠剂量的影响等。

2. 心血管系统 观察测定并记录给药前后血压（包括收缩压、舒张压和平均压）、心电图（包括 Q—T 间期、P—R 间期、ST 段和 QRS 波等）和心率等的变化。

对心血管系统的研究，观察血压等指标需选择体型较大的动物，一般可用大鼠、犬、猫等，实验操作方法分为麻醉动物测定法和清醒动物测定法。对于适应证、药理作用或化学结构属于易引起人类 Q—T 间期延长类的药物，如抗精神病类药物、抗组胺类药物、抗心律失常

类药物和氟喹诺酮类药物，应进行深入的实验研究，观察药物对 Q—T 间期的影响。若药后动物的血压或心电图出现明显改变，则应进行相应的整体或离体实验研究分析其发生机制（如血流动力学、离体蛙心实验等），综合评价药物对心血管系统的影响。

3. 呼吸系统 测定并记录给药前后动物的呼吸频率和呼吸深度的变化。通常选择大动物如犬、猫等进行实验研究。若药后动物出现明显的呼吸兴奋或抑制时，则应进行相应的整体或离体实验分析其发生机制（如呼吸中枢抑制实验、肺溢流法、膈神经-膈肌法等），综合评价药物对呼吸系统的影响。

（二）其他观察指标

根据药物的药理特性和化学类型，推测其可能出现不良反应，或已有的动物体内外实验和临床试验结果、流行病学调查以及文献报道提示药物存在潜在的与人安全性有关的不良反应，此时，应进行追加和（或）补充的安全药理学研究。

1. 追加的安全药理学研究

（1）中枢神经系统：观察药物对行为活动（如行为绝望实验、强迫游泳实验、抗惊厥实验、抗攻击行为实验、明暗穿箱实验、高架十字迷宫实验）、学习记忆（跳台实验、避暗实验、明暗穿箱实验等）、神经生化（如脑内神经递质及其相应受体的测定）、视觉、听觉和（或）电生理等的影响。

（2）心血管系统：观察药物对心输出量、心肌收缩作用、血管阻力等心血管功能的影响，并探讨其作用机制。

（3）呼吸系统：观察药物对气道阻力、肺呼吸流量、肺动脉压力、血气分析等的影响。

2. 补充的安全药理学研究

（1）泌尿系统：观察药物对肾功能的影响，如测定尿量、比重、渗透压、pH、电解质平衡、蛋白质、尿糖、细胞和血生化（如尿素氮、肌酐、蛋白质）等指标。

（2）自主神经系统：观察药物对自主神经系统的影响，如与自主神经系统有关受体的结合，体内或体外对激动剂或拮抗剂的功能反应，对自主神经的直接刺激作用和对心血管反应、压力反射和心率的影响。

（3）胃肠系统：观察药物对胃肠系统的影响，包括胃液分泌量和 pH、胆汁分泌、体内药物转运时间、体外回肠收缩实验等。

3. 其他研究 在其他相关研究中，尚未研究药物对下列器官系统的影响并怀疑有影响的可能性时，如潜在的依赖性、骨骼肌、免疫和内分泌功能等的影响，则应考虑药物对这方面的影响，并做出相应的评价。

案例 18-1 分析

对抗脑血栓药物进行一般药理学评价应做的实验项目包括：

（1）对中枢神经的影响：对自发活动的影响、增强戊巴比妥睡眠作用、抗惊厥作用、惊厥诱发作用、镇痛作用、对体温的影响、对自发脑电图的影响、对脊髓反射的影响、对协调运动的影响、对条件反射的影响等。

（2）对呼吸、循环系统的影响：对呼吸运动、血压、血流量、心率、心电图和血流动力学的影响。

（3）还包括：对外周神经的影响，如对神经肌肉接点的影响、肌肉松弛作用、局部麻醉作用；对自主神经和平滑肌的影响，如对离体回肠、子宫的影响；对一般症状与活动的影响，如观察有无眼睑下垂、流泪、鼻黏液分泌、肛门外周污染、活动低下等；对消化系统的影响；对水和电解质代谢的影响；对血液系统功能的影响；对大鼠空腹血糖的影响；对大鼠角叉菜胶肿胀炎症的影响等。

新药的一般药理学评价指标的覆盖面取决于该药物类型和应用目的，尽可能做到有针对性。除了上述最基本的内容外，还可以根据实际情况考虑胃肠系统、泌尿生殖系统、凝血系统、免疫系统和内分泌系统等。如食欲抑制剂用药对象往往是年轻人，还应考虑对内分泌系统与生殖系统的影响，而可引起α受体阻滞作用的药，则除了要考虑体位改变对血压的反射性调节、心输出量和脑血流量的影响外，还要观察药物的安定作用、抗抑郁作用等。

上述一般药理学评价中，心血管系统、呼吸系统和中枢神经系统是维持生命的重要系统，因此重要系统的安全药理学必须在临床研究前完成，以提供给临床研究参考。而追加（或）补充的安全药理学研究则需要根据情况来进行，如当其他非临床试验及临床试验中观察到或推测对人和动物可能产生某些不良反应时，应进一步追加对三大重要系统的深入研究或补充对其他器官系统的研究，并在临床研究前完成，具体的实验项目需根据具体情况来进行选择。值得注意的是，药物的安全性评价并不因药物的上市而终止，在新药上市后若发现有问题，可根据需要再进行安全药理学研究。

在设计一个新药的一般药理试验时，应该根据实际情况取舍，但最基本的应该按照新药临床前研究指导原则所规定的内容，并能反映药物作用的靶位及其所涉及的作用机制。

Summary

General Pharmacology refers to the role of a wide range of pharmacological research outside of the main pharmacodynamics, which main content includs safety pharmacology and secondary pharmacodynamic. General pharmacological evaluation only refers to safety pharmacological studies. The potential adverse effects of drugs, which are not looking forward, should be studied at the dosage of treatment or over-dose. The main subjects are to observe the adverse effects of drugs on central nervous system, heart vascular system and respiratory system. Follow-up safety pharmacology studies or supplemental safety pharmacology studies on urinary system, coagulation system, digestive system and endocrine system should be done when drugs have potential safety-related adverse events. The purpose and significance of general pharmacological evaluation is to determine the non-expected pharmacological effects which are related to human safety, to evaluate of the adverse reactions and pathophysiological role of drugs observed in toxicological evaluation and (or) clinical studied, to study the mechanism of adverse reactions of drugs.

思 考 题

1. 何谓一般药理学？一般药理学评价内容有哪些？其目的和意义是什么？
2. 一般药理学评价基本原则和基本要求是什么？

（吕 莉）

第19章　全身用药的毒性评价

教学要求

1. 掌握急性毒性评价和长期毒性评价方法
2. 熟悉全身用药毒性评价分类
3. 了解静脉注射制剂的全身毒性评价方法

案例 19-1

盐酸洛美沙星为第3代喹诺酮类抗菌药物，具有抗菌谱广、活性强、毒性作用低等优点。现要把该药开发为一临床用抗菌药品，要求进行急性毒性研究。

问题：

1. 全身用药的毒性评价一般包括哪几种？
2. 急性毒性试验常用试验方法有哪些？
3. 为了临床用药安全，如何设计上述案例盐酸洛美沙星急性毒性试验？

全身用药毒性指药物经过不同给药途径吸收入血后所引起全身各组织和器官的毒性反应。药物首要性质是安全性，怎样才能解决全身用药毒性问题，保证用药安全，是临床医生和药物开发人员应该考虑的问题。全身用药的毒性评价一般包括急性毒性评价和长期毒性评价。

第1节　急性毒性评价

一、概　　述

急性毒性试验（acute toxicity test）研究动物一次或24小时内多次给受试物后，一定时间内所产生的毒性反应。

在新药的开发过程中，通常需要进行动物急性毒性试验。急性毒性试验处在药物毒理研究早期阶段，对阐明药物毒性作用与了解其毒性靶器官具有重要意义。急性毒性试验所获得信息对长期毒性试验剂量设计和某些药物Ⅰ期临床试验起始剂量选择具有重要参考价值，并能提供一些与人类药物过量急性中毒相关的信息。

药物急性毒性试验属于安全性评价研究，必须执行《药物非临床研究质量管理规范》。

二、基本内容

急性毒性试验设计，应遵循“具体问题具体分析”的原则。根据化合物结构特点、理化性质、适应证特点和试验目的等选择合理试验方法，设计适宜试验方案，并结合其他药理毒理研究信息对试验结果进行全面评价。

（一）实验动物的选择和受试物

动物应符合国家有关规定的等级要求，来源、品系、遗传背景清楚，且具有实验动物质量合格证。采用至少两种哺乳动物。一般应选用一种啮齿类动物加一种非啮齿类动物进行急性毒性试验，如未采用非啮齿类动物，应阐明其合理性。

采用健康成年动物进行试验，如受试物拟用于儿童或可能用于儿童，必要时采用幼年动物进行试验。采用两种性别的动物进行试验，雌雄各半。若采用单性别动物进行试验，则应阐明其合理性。根据动物种属和研究目的来确定。动物数应符合试验方法及其结果分析评价的要求。动物初始体重不应超过或低于平均体重的 20%。

受试物应采用制备工艺稳定、符合临床试验用质量标准规定的样品，并注明受试物名称、来源、批号、含量（或规格）、保存条件及配制方法等，并附有研制单位自检报告。所用辅料、溶媒等应标明批号、规格和生产厂家，并符合试验要求。

（二）给药剂量水平、给药途径、给药容量

给药剂量应从未见毒性剂量到出现严重毒性（危及生命的）剂量，同时设空白和（或）溶媒（辅料）对照组。急性毒性试验重点在于观察动物出现的毒性反应，应以近似致死剂量下观察出现的毒性和剂量间的量—效关系为主。

一般认为，口服 5g/kg 或静脉注射 2g/kg 时未见急性毒性或死亡，无需再提高剂量进行实验。给药途径至少包括临床拟用途径和一种能使原形药物较完全进入循环系统的途径。经口给药前动物一般应进行一段时间（通常为一夜）禁食，不禁水，如临床拟用途径为静脉给药，则仅此一种途径即可。不同动物和给药途径下最大给药容量可参考相关文献及实际情况来确定（表 19-1）。

表 19-1　一般等容量不等浓度给药，常规给药容量（单位：ml）

	i. g.	s. c.	i. p.	i. v.
小鼠	0.2~0.4	0.1~0.2	0.1~0.2	0.1~0.2
大鼠	1~1.5	0.5~1	0.5~1	0.5~1

（三）观察时间及指标

给药后，几小时内应严密观察动物反应，以后每天上下午各观察一次，一般连续观察至少 14 天，观察时间间隔和频率应适当，以便能观察到毒性反应出现时间及其恢复时间、动物死亡时间等。观察指标通常包括一般指标、动物死亡情况、动物体重变化（给药前、试验结束处死动物前各称重一次，观察期间可多次称重）等。记录所有动物死亡情况、出现症状，以及症状起始时间、严重程度、持续时间等。

常见临床观察指征及其可能涉及的组织、器官和系统见表 19-2。该表格可作为参考，有助于对所观察到的结果进行分析和判断。

表 19-2　常见观察指征及其可能涉及的组织、器官和系统

临床观察指标		指 征	可能涉及的组织、器官、系统
1. 鼻孔呼吸阻塞，呼吸频率和深度改变，体表颜色改变	A	呼吸困难：呼吸困难或费力，喘息，通常呼吸频率减慢	
		腹式呼吸：隔膜呼吸，吸气时腹部明显塌陷	呼吸中枢，肋间肌麻痹，胆碱能神经麻痹
		喘息：用力深吸气，有明显的吸气声	呼吸中枢，肺水肿，呼吸道分泌物蓄积，胆碱功能增强
	B	呼吸暂停：用力呼吸后出现短暂的呼吸停止	呼吸中枢，肺心功能不全

续表

临床观察指标		指 征	可能涉及的组织、器官、系统
	C	发绀：尾部、口和足垫呈现蓝紫色	肺心功能不足，肺水肿
	D	呼吸急促：呼吸快而浅	呼吸中枢刺激，肺心功能不全
	E	鼻分泌物：红色或无色	肺水肿，出血
2. 运动功能：运动频率和特点的改变	A	自发活动、探究、梳理毛发、运动增加或减少	躯体运动，CNS
	B	困倦：动物出现昏睡，但易警醒而恢复正常活动	睡眠中枢
	C	正常反射消失，翻正反射消失	CNS，感官，神经肌肉
	D	麻醉：正常反射和疼痛反射消失	CNS，感官
	E	僵住：保持原姿势不变	CNS，感官，神经肌肉，自主神经
	F	运动失调：动物活动时运动不协调，但无痉挛、局部麻痹或僵直	CNS，感官，自主神经
	G	异常运动：痉挛，足尖步态，踏步、忙碌、低伏	CNS，感官，神经肌肉
	H	俯卧：不移动，腹部贴地	CNS，感官，神经肌肉
	I	震颤：包括四肢和全身的颤抖和震颤	神经肌肉，CNS
	J	肌束震颤：背部、肩部、后肢和足部肌肉的运动	神经肌肉，CNS，自主神经
3. 惊厥（抽搐）：随意肌明显的无意识收缩或惊厥性收缩	A	阵挛性抽搐：肌肉收缩和松弛交替性痉挛	CNS，呼吸衰竭，神经肌肉，自主神经
	B	强直性抽搐：肌肉持续性收缩，后肢僵硬性伸展	CNS，呼吸衰竭，神经肌肉，自主神经
	C	强直性-阵挛性抽搐：两种类型抽搐交替出现	CNS，呼吸衰竭，神经肌肉，自主神经
	D	昏厥性抽搐：通常是阵挛性抽搐并伴有喘息和发绀	CNS，呼吸衰竭，神经肌肉，自主神经
	E	角弓反张：僵直性发作，背部弓起，头抬起向后	CNS，呼吸衰竭，神经肌肉，自主神经
4. 反射	A	角膜眼睑闭合：接触角膜导致眼睑闭合	感官，神经肌肉
	B	基本反射：轻轻敲击外耳内侧，导致外耳扭动	感官，神经肌肉
	C	正位反射：翻正反射	CNS，感官，神经肌肉
	D	牵张反射：后肢从某一表面边缘掉下时收回的能力	感官，神经肌肉
	E	对光反射（瞳孔反射）；见光瞳孔收缩	感官，神经肌肉，自主神经
	F	惊跳反射：对外部刺激（如触摸、噪声）的反应	感官，神经肌肉
5. 眼检指征	A	流泪：眼泪过多，泪液清澈或有色	自主神经
	B	缩瞳：无论有无光线，瞳孔缩小	自主神经
	C	散瞳：无论有无光线，瞳孔扩大	自主神经
	D	眼球突出：眼眶内眼球异常突出	自主神经
	E	上睑下垂：上睑下垂，刺激后动物不能恢复正常	自主神经

续表

临床观察指标		指 征	可能涉及的组织、器官、系统
	F	血泪：眼泪呈红色	自主神经，出血，感染
	G	上睑松弛	自主神经
	H	结膜浑浊，虹膜炎，结膜炎	眼睛刺激（激惹）
6. 心血管指征	A	心动过缓：心率减慢	自主神经，肺心功能低下
	B	心动过速：心率减慢	自主神经，肺心功能低下
	C	血管扩张：皮肤、尾、舌、耳、足垫、结膜、阴囊发红，体热	自主神经、CNS、心输出量增加，环境温度高
	D	血管收缩：皮肤苍白，体凉	自主神经、CNS、心输出量降低，环境温度低
	E	心律不齐：心律异常	CNS、自主神经、肺心功能低下，心肌损伤
7. 唾液分泌	A	唾液分泌过多：口周毛潮湿	自主神经
8. 竖毛	A	毛囊竖毛肌收缩	自主神经
9. 痛觉丧失	A	对痛觉刺激（如热板）反应性降低	感官，CNS
10. 肌张力	A	张力降低：肌张力普遍降低	自主神经
	B	张力增高：肌张力普遍增高	自主神经
11. 胃肠指征			
排便（粪）	A	干硬固体，干燥，量少	自主神经，便秘，胃肠动力
	B	体液丢失，水样便	自主神经，腹泻，胃肠动力
呕吐	A	呕吐或干呕	感官，CNS，自主神经（大鼠无呕吐）
多尿	A	红色尿	肾脏损伤
	B	尿失禁	自主感官
12. 皮肤	A	水肿：液体充盈组织所致肿胀	刺激性，肾脏功能衰竭，组织损伤，长时间静止不动
	B	红斑：皮肤发红	刺激性，炎症，过敏

所有试验动物均应进行大体解剖，包括死亡动物、试验过程中因濒死而处死的动物以及试验结束时仍存活的动物。如组织器官出现体积、颜色、质地等改变，应记录并进行组织病理学检查。

(四) 结果处理和分析评价

根据不同剂量组各种毒性反应及发生率、动物死亡情况等，确定动物对受试物无毒性反应剂量和严重毒性反应剂量。根据所观察到的各种反应出现时间、严重程度、持续时间等，分析各种反应在不同剂量时的发生率、严重程度。判断每种反应的剂量-反应及时间-反应关系。测定最大无毒性反应剂量或最小毒性反应剂量，最大耐受剂量或近似致死量或最小致死剂量等，初步判断受试物安全范围。判断出现各种反应可能涉及的组织器官等，根据大体解剖肉眼观察和组织病理学检查结果，初步判断可能毒性靶器官。说明所使用的计算方法和统计学方法，阐述所选用方法合理性依据。

根据各种反应出现的时间、发生率、剂量-反应关系、病理学检查结果以及同类药物特点，判断所出现的反应与药物作用的相关性。总结受试物安全范围、出现毒性严重程度及可恢复性。根据不同途径给药时动物反应情况，初步判断受试物生物利用度，为剂型开发提供参考。

三、急性毒性试验常用试验方法

根据受试物特点，选择以下方法或国内外公认试验方法。常用试验方法及详细实验技术细节可参考相应文献。

(一) 最大给药量法

一般使用10~20只动物，连续观察14天。在合理最大给药浓度及给药容量前提下，以允许的最大剂量单次给药或24小时内多次给药（剂量一般不超过5g/kg体重），观察动物出现的反应。对于某些低毒受试物可采用该方法。

(二) 近似致死剂量法 (approximate lethal dose, ALD)

根据小动物毒性试验结果和受试物有关资料，估计可能引起毒性和死亡剂量范围。按50%递增法，设计出含数个剂量的剂量序列表。由剂量序列表中找出可能的致死剂量范围，在此范围内，每间隔一个剂量给一只动物，测出最低致死剂量和最高非致死剂量。用二者之间剂量给一只动物，如果该剂量下动物未发生死亡，则该剂量与最低致死剂量之间范围为近似致死剂量范围；如果该剂量下动物死亡，则该剂量与最高非致死剂量间范围为近似致死剂量范围。

动物一般采用6只健康Beagle犬或猴。犬年龄为4~6月龄，猴年龄为2~3岁，选用其他动物时应说明理由。该方法主要用于非啮齿类的动物试验。

(三) 固定剂量法 (fixed-dose procedure)

首选大鼠，给药前禁食6~12小时，给受试物后再禁食3~4小时。一般首先用雌性动物进行预试。选择5、50、500和2000mg/kg四个固定剂量进行试验，特殊情况下可增加5000 mg/kg剂量。

根据受试物有关资料，从上述四个剂量中选择一个作为初始剂量；若无有关资料可作参考，可用500mg/kg作为初始剂量进行预试，如无毒性反应，则用2000 mg/kg进行预试，此剂量如无死亡发生即可结束预试。如初始剂量出现严重的毒性反应，即降低一个档次的剂量进行预试。每个剂量给一只动物，预试一般不超过5只动物。每个剂量试验之间至少间隔24小时。观察期至少7天，如动物毒性反应到第7天仍然存在，应继续观察7天。在上述预试的基础上进行正式试验。每个剂量至少用10只动物，雌雄各半。根据预试的结果，在上述四种剂量中选择一个可能产生明显毒性但又不引起死亡剂量进行试验，如预试结果表明，5.0mg/kg引起死亡，则降低一个剂量档次进行试验。至少观察2周，根据毒性反应具体特点可适当延长。对每只动物均应仔细观察并详细记录各种毒性反应出现和消失的时间。给受试物当天至少应观察记录两次，以后可每天一次。观察记录内容包括皮肤、毛色、呼吸、循环、自主活动及中枢神经系统行为表现等。准确记录动物死亡时间。给受试物前、后各1周、动物死亡及试验结束时应称动物体重。所有动物均应进行尸检，尸检异常器官作组织病理学检查。

该方法不以死亡作为观察终点，而是以明显毒性体征作为终点进行评价。

(四) 半数致死量法

半数致死量法是一种经典急性毒性试验方法，试验结果经统计学处理可获得受试物LD_{50}。标准方法设计4~6个剂量，每个剂量10只动物，共应用80只或更多只动物。概率单位方法首先由Bliss提出，后来经Finney改良，被认为是最精确的方法，但要求至少有两组动物产生部分反应（死亡率大于0%，小于100%），这可能要求多于3组动物，直到满足标准为止。平均移动法由Thompson和Weil建立，不要求部分反应，能有效地处理全部反应；它采用少至3组，每组5只动物。

此外，还有上下法（阶梯法，序贯法，Up and down method）和累积剂量设计法（金字塔法，Pyramiding dosage design）。

案例 19-2

盐酸西替利嗪是第二代抗组胺药，为长效具选择性的强效抗变态反应药，临床上主要用于治疗过敏性皮炎、荨麻疹及过敏性哮喘等。现有复方盐酸西替利嗪凝胶剂，有效成分为莫匹罗星和盐酸西替利嗪，具有良好抗过敏作用，不良反应少，耐受性好，无油腻感，不妨碍皮肤正常功能，使用时易涂展和洗除。现要把该药开发为一临床用于治疗过敏性皮炎、荨麻疹及过敏性哮喘的药品，要求进行长期毒性研究。

问题：

1. 进行长期毒性试验必须检测哪些指标？
2. 如何设计上述案例复方盐酸西替利嗪凝胶剂长期毒性试验？

第2节 长期毒性评价

一、概　　述

长期毒性试验（long-term toxicity test）是药物非临床安全性评价的核心内容，是药物从药学研究进入临床试验的重要环节。

长期毒性试验的目的是通过重复给药的动物试验表征受试物毒性作用，预测其可能的不良反应，降低临床试验受试者和药品使用人群用药风险。通过长期毒性试验可提示临床试验需重点监测的指标；判断受试物毒性靶器官或靶组织；推测临床试验起始剂量和安全剂量范围；预测受试物可能引起的临床不良反应；为临床试验中的解救措施等提供参考。长期毒性试验的最终目的是为临床试验和临床用药服务。

对已有资料尚不能达到长期毒性试验的目的，为保证临床用药安全，就应该进行长期毒性试验；反之，则可以不必进行长期毒性试验。长期毒性试验必须执行《药物非临床研究质量管理规范》。

试验设计应该在对受试物的认知基础上，遵循“具体问题具体分析”的原则进行。应根据受试物的特点、同类化合物在国内或国外的临床使用情况、适应证和用药人群、用药方案、相关药效学、药物代谢动力学和毒理学研究信息等综合考虑。同时应遵循“随机、对照、重复”原则。

长期毒性试验是药物开发的一个有机组成部分。不能与药效学、药物代谢动力学和其他毒理学研究割裂，试验设计应充分考虑其他药理毒理研究的试验设计和研究结果。试验结果应该力求与其他药理毒理试验结果互为印证、说明和补充。

二、基 本 内 容

（一）实验动物和受试物

动物应符合国家有关规定的等级要求，来源、品系、遗传背景清楚，并具有实验动物质量合格证。采用两种实验动物，一种为啮齿类，另一种为非啮齿类。通常以大鼠和Beagle犬或猴作为实验动物。某些特殊结构受试物应选用特殊种属或品系动物进行长期毒性试验，必要时，也可选用疾病模型动物进行试验。动物年龄应尽量一致，一般大鼠为6~9周龄，Beagle犬为6~12月龄。选择正常、健康和未孕的动物，动物体重差异应在平均体重的20%之内。每个试验组应使用相等数量雌、雄动物。动物数量应能够满足试验结果分析和评价的需要。通常大鼠为雌、雄各10~30只，Beagle犬或猴为雌、雄各3~6只。应采用制备工艺稳定、符合临床试验用质量标准规定的样品。所用溶媒、辅料等应注明批号、规格和生产厂家，且符合试验要求。受试物应注明名称、来源、含量（或规格）、批号、配制方法及保存条件等，且附有研制单位自检报告。

（二）给药方案

原则上动物应每天给药，给药期限为3个月或以上的药物每周至少给药6天。特殊类型受试物可根据具体药物特点设计给药频率。给药途径应与临床用药途径一致，否则需说明原因。试验一般至少设高、中、低三个剂量给药组和一个溶媒（或辅料）对照组，必要时还应设立空白对照组或阳性对照组。高剂量原则上应使动物产生明显毒性反应，甚至出现个别动物死亡。低剂量原则上应高于动物药效学试验等效剂量，且不使动物出现毒性反应。中剂量应在高剂量和低剂量之间。给药期限与拟定的临床疗程、临床适应证和用药人群有关，如表19-3。以不同给药期限的长期毒性试验分别支持药物进入Ⅰ期、Ⅱ期或Ⅲ期临床试验（及生产）时，不同给药期限长期毒性试验内容应完整、规范，结果分析评价应科学、合理。

表19-3 长期毒性试验给药期限

药物临床疗程	长期毒性试验给药期限		可以支持的临床试验阶段
	非啮齿类动物	啮齿类动物	
2周~1个月	1个月	1个月	Ⅱ期
	3个月	3个月	Ⅲ期（及生产）
≤3个月	3个月	3个月	Ⅱ期
	6个月	6个月	Ⅲ期（及生产）
≤6个月	6个月	6个月	Ⅱ期
	9个月	6个月	Ⅲ期（及生产）
>6个月	9个月	6个月	Ⅱ期
	9个月	6个月	Ⅲ期（及生产）

注：表中长期毒性试验给药期限不包括恢复期，应根据具体情况设计恢复期。

（三）检测指标和检测时间

长期毒性试验必需检测的指标较多。血液学检测指标见表19-4。

表19-4 血液学指标

血液学指标	
血红蛋白	红细胞计数
平均红细胞容积	红细胞容积
平均红细胞血红蛋白浓度	平均红细胞血红蛋白
白细胞计数及其分类	网织红细胞计数
凝血酶原时间	血小板计数

血液生化检测指标见表 19-5。

表 19-5　血液生化指标

血液生化指标	
丙氨酸氨基转换酶	天门冬氨酸氨基转换酶
肌酸磷酸激酶	碱性磷酸酶
肌酐	尿素氮
白蛋白	总蛋白
总胆红素	血糖
甘油三酯	总胆固醇
钾离子浓度	γ-谷氨酰转移酶（非啮齿类动物）
钠离子浓度	氯离子浓度

尿液分析检测指标见表 19-6。

表 19-6　尿液分析指标

尿液分析指标	
比重	尿液外观
尿糖	pH 值
尿胆红素	尿蛋白
酮体	尿胆原
白细胞	潜血

长期毒性试验结束后，需称重并计算脏器系数的器官见表 19-7。

表 19-7　需称重并计算脏器系数的器官

长期毒性试验中需称重并计算脏器系数器官	
心脏	脑
肾脏	肝脏
胸腺	肾上腺
睾丸	脾脏
卵巢	附睾
肺脏	子宫

长期毒性试验结束后，需进行组织病理学检查的组织或器官见表 19-8。

表 19-8　需进行组织病理学检查的组织或器官

长期毒性试验中需进行组织病理学检查组织或器官	
脑（大脑、小脑、脑干）	脊髓（颈、胸、腰段）
胸腺	垂体
甲状腺	甲状旁腺
食管	唾液腺
小肠和大肠	胃
肝脏	胆囊 *
肾脏	肾上腺

续表

长期毒性试验中需进行组织病理学检查组织或器官	
脾脏	胰腺
肺	气管
主动脉	心脏
附睾	睾丸
子宫	卵巢
前列腺	乳腺
坐骨神经	膀胱
眼（眼科检查发现异常时）*	视神经*
给药局部	骨髓
淋巴结（包括给药局部淋巴结、肠系膜淋巴结）	

注：*为啮齿类动物可不进行组织病理学检查的组织或器官。

除上述必需检测指标外，还应根据受试物的特点，有针对性地增加相应检测指标。

试验期间，应对动物进行外观体征、行为活动、体重、摄食量、粪便性状、给药局部反应、血液生化学指标、血液学指标等的观测。非啮齿类动物还应进行体温、心电图、尿液分析和眼科检查。给药结束后，应对动物进行全面的大体解剖，恢复期观察动物除外，主要脏器应称重并计算脏器系数。病理学检查报告应由检查者签名和病理检查单位盖章，如发现有异常变化，要附有相应组织病理学照片。啮齿类动物对照组和高剂量给药组，以及尸检异常动物应详细检查，如某一组织发生病理改变，其他剂量组动物该组织也应进行病理学检查；非啮齿类动物对照组和各给药组主要脏器组织均需进行组织病理学检查。还应对部分动物进行恢复期观察，了解毒性反应的可逆程度及可能出现的延迟性毒性反应。恢复期长短应根据受试物代谢动力学特点、靶器官或靶组织毒性反应和恢复情况来确定。试验前，非啮齿类动物至少应驯养观察1~2周，啮齿类动物至少应适应性观察5天，应对实验动物进行外观体征、行为活动、体重和摄食量检查，非啮齿类动物还至少应进行2次体温、心电图、血液生化学指标和血液学等的检测。

（四）毒物代谢动力学

鼓励创新性药物进行毒代动力学研究。毒代动力学可以描述实验动物的系统暴露与暴露剂量、暴露时间和毒理学结果之间的关系。毒物代谢动力学系指结合长期毒性试验进行的考察药物系统暴露的代谢动力学研究。毒代动力学试验应选择合适的时间点采样测定，从而获得药-时曲线下面积（AUC）、峰浓度（C_{max}）、达峰时间（T_{max}）等参数。毒代动力学数据可以来自长期毒性试验的全部动物，也可以来自部分动物。某些药物应结合药物血浆蛋白结合率来评价系统暴露量。

（五）研究结果的分析评价

长期毒性试验是药物非临床毒理学研究中综合性最强、获得信息最多和对临床指导意义最大的一项毒理学研究。对其结果进行评价时，应结合受试物药学特点，药物代谢动力学、药效学和其他毒理学研究结果，以及已取得的临床研究结果，进行综合评价。在分析试验结果时，应关注组内动物的参数变化幅度和性别差异、参数变化的剂量-反应关系，同时综合考虑多项毒理学指标检测结果，分析其中关联和作用机制，以正确判断药物毒性反应。在分析试验结果时应综合考虑数据的统计学意义和生物学意义。具有统计学意义并不一定代表具有生物学意义。在判断生物学意义时应考虑到参数变化的剂量-反应关系以及其他相关参数的改变等。此外，毒代动力学研究可为毒性反应和毒性靶器官或靶组织的判断提供重要参考依据。在对试验结果进行分析时，应对异常数据进行合理解释。分析长期毒性试验结果的目的是判断动物是否发生毒性反应，描述毒性反应性质和程度（包括毒性起始时间、持续时间、程度以及可逆性等），以及毒性靶器官，确定安全范围，并进一步探讨可能的毒性作用机制。

第 3 节　静脉注射制剂的全身毒性评价

根据我国相关规定，静脉注射制剂必须进行全身毒性评价，主要包括血管刺激性试验、过敏性试验、体外溶血试验、热原试验等。

试验设计应遵循随机、对照、重复原则。研究过程应执行《药品非临床研究质量管理规范》（GLP）。应采用与临床应用制剂一致，符合临床用质量标准规定的受试物进行试验，同时，注明其名称、来源、含量（或规格）、赋形剂、批号、保存条件及配制方法等。所用赋形剂应标明批号、规格和生产厂家，并符合实验要求，赋形剂和杂质等的名称和量应尽可能明确，并附有研制单位质检报告。

一、血管刺激性试验（stimulation on blood vessel test）

观察动物经静脉、肌肉和动脉注射受试物后，给药部位血管炎症反应情况。

首选家兔，每组动物数不少于 3 只，雌雄不拘。设溶剂或生理盐水对照，可采用同体左右侧自身对比。用药部位可选用耳缘静脉，耳中心动脉，其他动物可选用前后肢静脉及股动脉等。按临床给药方案给受试物，给药期限根据受试物拟用于临床应用的情况来决定，多次给药一般不超过 7 天。给药容积和速率根据动物情况进行相应调整。根据受试物特点和刺激性反应情况选择适当观察时间。多次给药刺激性试验，每天给药前以及最后一次给药后 48～96 小时对动物和注射部位进行肉眼观察；单次给药刺激性试验，在给药后 48～96 小时对动物和注射部位进行肉眼观察。观察期结束时，对部分动物进行给药部位组织病理学检查。留下的动物根据受试物特点和刺激性反应情况，继续观察 14～21 天再进行组织病理学检查，了解刺激性反应的可逆程度。据肉眼观察和病理学检查结果进行综合评价。

二、过敏性试验（hypersensitivity test）

对致敏成立的动物体内，静脉注射抗原，观察抗原与 IgE 抗体结合后导致肥大细胞、嗜碱粒细胞脱颗粒、释放过敏介质而致的全身性过敏反应。通常选用体重为 300～400 克的豚鼠。每组动物数至少 6 只。设阳性、阴性对照组和受试物不同剂量组。阳性对照组给 1～5mg/只牛血清白蛋白或卵白蛋白或已知致敏阳性物质，阴性对照组给同体积的溶媒，受试物低剂量组给临床最大剂量，受试物高剂量组为低剂量的数倍量。

选择容易产生抗体的给药途径致敏，如静脉或皮下注射等，隔日 1 次，共 3～5 次。激发剂量一般为致敏剂量 2～5 倍量，给药容积为 1～2ml。一次快速静脉内给药。末次注射后第 10～14 日一次激发。观察指标：致敏期间，每日观察每只动物症状。初次、最后一次致敏和激发当日测定每组每只动物体重。激发期间，静脉注射后立刻观察至少 30 分钟，按表 19-9 详细观察每只动物的反应，症状出现及消失时间。最长观察 3 小时。

表 19-9 过敏反应症状

过敏反应症状		
0 正常	7 呼吸急促	14 步态不稳
1 躁动	8 排尿	15 跳跃
2 竖毛	9 排粪	16 喘息
3 颤抖	10 流泪	17 痉挛
4 搔鼻	11 呼吸困难	18 旋转
5 喷嚏	12 哮鸣音	19 潮式呼吸
6 咳嗽	13 紫癜	20 死亡

结果评价：可按表 19-10 判断过敏反应发生程度。计算过敏反应发生率。根据过敏发生程度和反应发生率进行综合评价。

表 19-10 全身致敏性评价标准

全身致敏性评价标准		
0	–	过敏反应阴性
1-4 症状	+	过敏反应弱阳性
5-10 症状	++	过敏反应阳性
11-19 症状	+++	过敏反应强阳性
20	++++	过敏反应极强阳性

激发注射后，如发现有过敏反应症状时，取健康未致敏豚鼠 2 只，自静脉注射激发剂量的受试物，观察有无由于受试物作用引起类似过敏反应症状，供结果评价时参考。

三、溶血性试验（体外试管法）（hemolysis test in vitro）

观察受试物是否会引起溶血和红细胞凝聚等反应。

取兔血或羊血 5~10 毫升，放入含玻璃珠的三角烧瓶中振摇 10 分钟，或用玻璃棒搅动血液，除去纤维蛋白原。加入生理盐水约 10 倍量，摇匀，1000~1500r/min 离心 15 分钟，去上清液，沉淀的红细胞再用生理盐水按上述方法洗涤 2~3 次，至上清液不显红色为止。将所得红细胞用生理盐水配成 2% 混悬液，供试验用。

取洁净试管 7 只，进行编号，1~5 号管为供试品管，6 号管为阴性对照管，7 号管为阳性对照管。按表 19-11 所示依次加入 2% 红细胞悬液、生理盐水或蒸馏水，混匀后，立即置 37℃ 恒温箱中进行温育，开始每隔 15 分钟观察 1 次，1 小时后，每隔 1 小时观察 1 次，一般观察 3 小时。

表 19-11 按下列顺序加入各种溶液

试管编号	1	2	3	4	5	6	7
2% 红细胞悬液（ml）	2.5	2.5	2.5	2.5	2.5	2.5	2.5
生理盐水（ml）	2.0	2.1	2.2	2.3	2.4	2.5	
蒸馏水（ml）							2.5
受试物（ml）	0.5	0.4	0.3	0.2	0.1		

如红细胞全部下沉，上清液体无色澄明，表明无溶血发生。若试验溶液呈澄明红色，管底无细胞残留或有少量红细胞残留，表明有溶血发生；若溶液中有棕红色或红棕色絮状沉淀，振摇不分散，表明有红细胞凝聚发生。如有红细胞凝聚现象，若凝聚物经试管振荡后又能均匀分散，或将凝聚物置载玻片上，在盖玻片边缘滴加 2 滴生理盐水，置显微镜下观察，若凝

聚物不被摇散或在玻片上不被冲散者为真凝聚，凝聚红细胞能被冲散者为假凝聚。

当阴性对照管无溶血和凝聚发生，阳性对照管有溶血发生时，若受试物管中溶液在 3 小时内发生溶血和（或）凝聚，则受试物不宜注射使用；若受试物管中溶液在 3 小时内不发生溶血和凝聚，则受试物可以注射使用。

四、热原试验（pyrogen test）

将一定剂量受试物静脉注射给予动物，观察动物体温升高情况，以评价受试物是否有致热原作用。

取家兔 3 只，测正常体温后 15 分钟以内，自耳静脉缓慢注入规定剂量并温热至约 38℃的受试物溶液。体温每 1 小时测 1 次，共 3 次，以体温中最高一次减去正常体温，即为该家兔体温升高度数。若 3 只家兔体温升高量均低于 0.6℃，但升高的总数达 1.4℃以上，或 3 只家兔中有一只体温升高 0.6℃以上时，应另取 5 只家兔进行复试，检查方法同上。复试的 5 只家兔中，体温升高 0.6℃或以上的家兔不超过一只，并且初试复试合并 8 只家兔体温升高总数不超过 3.5℃时，即认为受试物符合热原检查规定，否则，可认为受试物不符合热原检查规定。

Summary

Systemic toxicity is the toxicity reaction of all tissue organ induced by the drug that is absorbed in blood by different administration route. The evaluation of systemic toxicity mostly involve the evaluation of acute toxicity and the evaluation of long- term toxicity. Acute toxicity test that is studying the toxicity reaction in period of time after animal is once or in 24 time many a time administrated. acute toxicity test commonly must be done for the drug planed for man. Long- term toxicity test is the essence of GLP (Good Laboratory Practice for Nonclinical Safety Studies), and which is important process of the study on drug from pharmacy to clinical test. According to rule, intravenous injection must be done systemic toxicity test, which consists of stimulation on blood vessel test, hypersensitivity test, hemolysis test in vitro, and pyrogen test etc.

思　考　题

1. 如何进行急性毒性评价？
2. 如何进行长期毒性评价？
3. 静脉注射制剂的全身毒性评价方法主要包括哪几种？

（徐　彭　章常华）

第 20 章 局部用药的毒性评价

教学要求

1. 掌握皮肤用药的毒性评价和眼用药刺激性试验方法
2. 熟悉局部用药制剂分类
3. 了解喷雾剂和滴鼻剂、肌内注射剂、阴道和直肠用药制剂等毒性评价方法

案例 20-1

痤疮是一种毛囊皮脂腺炎症，多发于青年男女面部、胸部等皮脂分泌旺盛区，持续时间比较长，且易反复发作。克林霉素-过氧苯甲酰凝胶为克林霉素膦酸酯与过氧苯甲酰制成的复方制剂，临床用于痤疮治疗。要求观察该药对皮肤的刺激性与过敏反应。

问题：

1. 局部用药的毒性评价主要可分哪几种？
2. 皮肤用药的毒性评价主要分为哪几种？分别如何进行评价？
3. 如何设计上述案例克林霉素-过氧苯甲酰凝胶对豚鼠皮肤的刺激性和过敏反应试验？

局部用药毒性是指局部用药后所引起的毒性反应。常用的局部用药制剂有皮肤用药制剂、滴眼剂、喷雾剂和滴鼻剂、肌内注射剂、阴道和直肠用药制剂等。其中，肌内注射剂和透皮吸收制剂属于全身用药，而喷雾剂、滴鼻剂及应用于阴道和直肠的制剂，给药后吸收良好，容易产生全身反应，需要观察动物全身毒性反应。其他局部用药制剂先进行局部吸收试验，再根据药物从局部吸收的程度，考虑进行全身用药试验。局部用药全身毒性试验评价方法基本上与全身用药毒性评价相同。

应采用与临床应用制剂一致，符合临床用质量标准规定的受试物进行试验，同时，注明其名称、来源、含量（或规格）、赋形剂、批号、保存条件及配制方法等。所用赋形剂应标明批号、规格和生产厂家，并符合实验要求，赋形剂和杂质等的名称和量应尽可能明确，并附有研制单位质检报告。

试验设计应遵循随机、对照、重复原则。研究过程应执行《药品非临床研究质量管理规范》（GLP）。

第 1 节 皮肤用药的毒性评价

皮肤具有防护功能，但药物可对其产生损害，药物引起皮肤损害主要包括皮肤原发性刺激、皮肤致敏反应，甚至可引起皮肤癌。皮肤给药毒性评价包括皮肤给药的急性毒性试验、长期毒性试验、皮肤刺激性试验、过敏试验、光敏性试验、光毒性试验等。

一、皮肤给药急性毒性试验

皮肤给药急性毒性试验指动物完整或破损皮肤一次性接触受试物后在短期内出现的毒性

反应试验。

动物一般选择白色家兔、大鼠、豚鼠及小型猪，其中大鼠应选择SPF级动物，如选择其他动物应充分说明理由。受试物应使用临床制剂，如果为粉末状，则应用适宜的基质溶解混匀。至少设三个剂量组，另设赋形剂对照组，及必要时设空白对照组。如受试物在拟用临床给药有可能与破损皮肤接触，则另设破损皮肤组。

给药前24小时对给药区进行脱毛处理。去毛范围约为动物体表面积的10%。进行破损皮肤研究时，在脱毛部位用砂纸磨或划“井”字并以渗血为度，然后涂敷药物。应保证受试物与给药部位具有良好接触。如果是液体制剂，则应将受试物涂于敷料上，再贴于脱毛或破损皮肤区，并用半封闭的外罩固定敷料。涂敷24小时后，除去敷料，用温水或适宜溶剂除去残留受试物及赋形剂。观察指标和观察期与急性毒性试验基本相同。

二、皮肤给药长期毒性试验

皮肤给药长期毒性试验指动物完整或破损皮肤长期反复接触受试物后出现的毒性反应及可逆程度试验。

动物及受试物的要求和皮肤给药急性毒性试验基本相同。一般选择白色家兔、大鼠、豚鼠及小型猪，其中大鼠应选择SPF级动物，受试物应使用临床制剂。皮肤给药长期毒性试验设计要求和长期毒性试验相似，至少应设三个剂量组，高剂量组、中剂量和低剂量，另设赋形剂对照组，必要时设空白对照组。如受试物在拟用临床给药时有可能与破损皮肤接触，则另设破损皮肤组。如受试物可产生严重皮肤刺激性，则应在保证给药剂量前提下降低浓度给药。给药期限如表20-1：

表20-1　皮肤长期毒性试验给药期限

药物临床疗程	支持临床试验阶段	皮肤长期毒性试验需要的给药期限
2周~1个月	Ⅱ期	1个月
	Ⅲ期（及生产）	3个月
≤3个月	Ⅱ期	3个月
	Ⅲ期（及生产）	6个月
≤6个月	Ⅱ期，Ⅲ期（及生产）	6个月
>6个月	Ⅱ期，Ⅲ期（及生产）	6个月

给药前24小时进行脱毛处理。去毛范围约为动物体表面积的10%。进行破损皮肤研究时，在脱毛部位用砂纸磨或划“井”字并以渗血为度，然后涂敷药物。每天一次，每次接触至少6小时，保证受试物与给药部位具有良好接触，并避免动物食入药物。如是液体制剂，则将受试物涂于敷料上，再贴于脱毛或破损皮肤区，并用半封闭外罩固定敷料。重复给药前应用温水或适宜溶剂除去残留受试物及赋形剂。

除需增加给药部位皮肤及其周围组织，及全身皮肤变化和皮肤病理学检查外，其余指标与长期毒性试验要求相同。全身毒性反应的结果评价应根据各检测指标及病理组织学检查结果综合分析，此外，还应注意评价给药局部及其周围组织毒性反应。

三、皮肤刺激性试验

皮肤刺激性是指经皮肤给药后，在皮肤上产生的可逆性炎性病变，皮肤刺激性试验是观察动物皮肤接触受试物后能否引起红肿、充血等局部反应。若给药部位产生了不可逆性组织损伤则为腐蚀性。

试验设赋形剂对照，采用同体左右侧自身对比法。动物首选家兔，每组4~8只，雌雄各半，也可选用小型猪等其他种属动物，选择家兔和小型猪以外动物应阐明合理性。试验前24小时进行脱毛处理。去毛范围左、右各3 cm×3 cm。有损伤的皮肤不宜进行试验。进行破损皮肤的刺激性研究时，在用药部位用砂纸磨或划“井”字并以渗血为度。受试物直接涂布于一侧已去毛的皮肤上，另一侧涂布赋形剂作对照。贴敷至少4小时。贴敷结束后，除去受试物，用温水或无刺激性溶剂清洁给药部位。多次给药皮肤刺激性试验连续在同一部位给药，每次给药时间相同，期限一般不超过4周。在自然光线或全光谱灯光下观察皮肤反应。按表20-2评分标准对皮肤红斑和水肿进行评分。单次给药皮肤刺激性试验，计算每一观察时间点各组受试物及赋形剂皮肤反应积分平均分值，按表20-3进行刺激强度评价。多次给药皮肤刺激性试验，首先计算每一观察时间点各组积分均值，然后再计算观察期限内每天每只动物积分均值，按表20-3进行刺激强度评价。

表20-2 皮肤刺激反应评分标准

刺激反应	分值	刺激反应	分值
红斑		水肿	
无红斑	0	无水肿	0
轻度红斑（勉强可见）	1	轻度水肿（勉强可见）	1
中度红斑（明显可见）	2	中度水肿（明显隆起）	2
重度红斑	3	重度水肿（皮肤隆起1mm，轮廓清楚）	3
紫红色红斑到轻度焦痂形成	4	严重水肿（皮肤隆起1mm以上并有扩大）	4
最高总分值	8		

表20-3 皮肤刺激强度评价标准

分值	评价
0~0.49	无刺激性
0.5~2.99	轻度刺激性
3.0~5.99	中度刺激性
6.0~8.0	强刺激性

四、皮肤过敏性试验

皮肤过敏性试验是观察动物皮肤初始接触受试物后，再进行受试物激发接触，观察是否产生全身或局部过敏反应。需考虑做Buehler试验和豚鼠最大化试验（GPMT）。

选择成年豚鼠，雌雄不拘。设阴性对照组和阳性对照组。受试物组不少于20只、对照组不少于10只。推荐的阳性对照物有巯基苯并噻唑、二硝基氯苯、苯佐卡因、331环氧树脂等，也可以使用其他阳性对照物，但轻-中度致敏剂在不加佐剂试验中至少15%和加佐剂试验中至少30%应有反应。

1. Buehler试验 在第0，6~8和13~15天用封闭片局部给药诱导，在第27~28天未给药肋腹部贴6小时局部激发。除去封闭片24和48小时后读取结果。如结果难以判定，一周后再次激发，可采用新对照组或原来对照组。

2. GMPT试验 采用皮内注射给药，加或不加佐剂进行诱导，5~8天后再次诱导，第

20~22天给激发剂量24小时，去除激发剂量24和48小时后读取结果。如结果难以判定，一周后再次激发。

致敏后1和24小时及激发后24和48小时观察皮肤红斑、水肿和其他异常反应，按表20-4对红斑和水肿进行评分。也可根据毒性反应情况适当调整观察时间。

同时测定开始和结束时的动物体重。

结果评价：计算过敏反应发生率。根据表20-5判断过敏反应发生程度。

表20-4　皮肤过敏反应评分标准

皮肤反应强度	分值	皮肤反应强度	分值
红斑		水肿	
无红斑	0	无水肿	0
轻微可见红斑	1	轻度水肿	1
中度红斑	2	中度水肿	2
严重红斑	3	严重水肿	3
水肿性红斑	4		
总分值	7		

表20-5　皮肤过敏性评价标准

过敏反应发生率（%）	过敏反应强度	分级
0~8	弱致敏	Ⅰ
9~28	轻度致敏	Ⅱ
29~64	中度致敏	Ⅲ
65~80	强致敏	Ⅳ
81~100	极强致敏	Ⅴ

五、皮肤光过敏性试验

光敏性包括光过敏性（光变态反应）和光毒性（光刺激性）两类。

光过敏性是药物吸收光能后成激活状态，以半抗原形式与皮肤中蛋白结合成为药物-蛋白质结合物，经表皮朗格汉斯细胞传递给免疫活性细胞，引起过敏反应的作用。通常5~10天连续用药和光照射可诱导免疫系统产生光过敏反应。再次给药时，药物和光照作用24~48小时之内即会有光过敏性反应发生。光过敏性属Ⅳ型迟发型过敏反应。其发生时间较长，且有一定潜伏期。使用健康白色豚鼠，体重300~500g，每组不少于5只。设阳性对照药组、阴性对照组和受试物组。

试验方法有：①Adjuvant and Strip法。②Harber法。③Horio法：如该法操作方法是涂敷20%月桂醇硫酸钠后涂敷受试物，立即照射紫外线，每日一次共3次致敏。14天之后再次涂敷受试物，照射紫外线激发。其他的方法还有：①Jordan法。②Maurer法。③Morikawa法。④Vinson法。

皮肤光敏性试验是根据比较对照组和给药组反应进行评价的。在分析结果时，必须遵守各试验方法所记载的判定标准，对受试物的皮肤光敏性反应进行评价。阳性结果时，应追加试验。另外，光敏性是光毒性和光过敏性两类混合难分的反应。必要时追加光毒性试验。

六、皮肤光毒性试验

光毒性反应是光敏反应中最常见一种反应。光毒性反应是指药物吸收的紫外光能量在皮肤中释放导致皮肤损伤的作用。具有剂量依赖性，其临床表现为红斑、水肿、皮肤瘙痒和色素沉着。严重者可产生局部坏死、溃烂或表皮脱落。

设阴性、阳性对照组和受试物不同剂量组。阴性对照组给予赋形剂或溶媒，阳性对照组给8-甲氧基补骨脂素，受试物低剂量组给临床用药浓度，高剂量组给不引起皮肤刺激反应的浓度。选用豚鼠，雌雄各半。正式光毒试验前18~24小时，动物脊柱两侧皮肤去毛，试验部位皮肤需完好，应无损伤及异常。备四块去毛区，每块去毛面积约为2cm×2cm。按表20-6所示，在动物去毛区1和2涂敷同体积（量）的赋形剂或溶媒。3和4涂敷0.2 ml（g）受试物或阳性对照药，30分钟后，左侧铝箔覆盖，胶带固定，右侧以UVA进行照射。

表20-6 动物去毛区试验安排

去毛区编号	试验处理
1（左下区）	涂赋形剂或溶媒，不照射
2（右下区）	涂赋形剂或溶媒，照射
3（左上区）	涂受试物或阳性对照药，不照射
4（右上区）	涂受试物或阳性对照药，照射

结束后，于1、24、48和72小时观察皮肤反应，根据表20-7判定每只动物皮肤反应评分。

表20-7 皮肤反应评分标准

皮肤反应	分值
红斑和焦痂形成	
无红斑	0
非常轻的红斑，勉强可见	1
明显的红斑	2
中度至重度的红斑	3
重度红斑（鲜红色）至轻度焦痂形成（深层损伤）	4
水肿形成	
无水肿	0
非常轻度水肿，勉强可见	1
轻度水肿（边缘清晰）	2
中度水肿（皮肤隆起约1mm）	3
重度水肿（皮肤隆起大于1mm，并超过涂受试物的区域）	4

单涂受试物而未经照射区域没有出现皮肤反应，而涂受试物后经照射区域出现皮肤反应分值之和大于或等于2的动物数不少于1只时，可判为受试物具有光毒性。

案例20-2

氯霉素是一种广谱抗生素，临床曾广泛应用，目前也是眼用制剂中用量最多的抗生素之一。其水溶液稳定性较差，典型反应为水解反应，但氧化和还原反应也有发生，主要产物包括1（4-硝基苯）-2-氨基-1，3丙二醇（二醇物）、二氯乙酸、1（4-硝基苯）-2-二羟基乙酰胺基-1，3丙二醇、对硝基苯甲醛、对硝基苯甲酸、二氯乙酸水解产物、4，4′氮杂苯甲酸等。将氯霉素滴眼液高温加速破坏，经HLPC法检测到的降解产物主要为二醇物；强光照射破坏，HPLC 检测到的降解产物主要为对硝基苯甲醛，这也是中国药典规定检测的有关物质。现要考查氯霉素主要降解产物对眼的刺激作用。

问题：

1. 什么是眼用药刺激性试验？如何进行评价？

2. 如何设计上述案例氯霉素主要降解产物和辅料玻璃酸钠（SH）对兔眼的刺激作用试验？

第 2 节 眼用药刺激性试验

观察动物经眼给受试物后，眼前部表面产生的可逆性炎症反应试验。

设生理盐水对照组，可采用同体左右侧自身对比。在试验前 24 小时内检查每只动物双眼。有眼睛刺激症状、角膜缺陷或结膜损伤的动物不能用于试验。首选家兔，每组动物数不少于 3 只。给药期限根据受试物拟用于临床情况决定，连续给受试物 2~4 周，一般不超过 4 周。

根据受试物特点和刺激性反应情况选择适当观察时间。多次给药眼刺激试验，每天给药前以及最后一次给药后 1、2、4、24、48 和 72 小时检查眼部，也可根据受试物特点适当调整观察时间；单次给药眼刺激试验，给药后 1、2、4、24、48 和 72 小时检查眼部，也可根据受试物特点适当调整观察时间。如果在 72 小时未见任何刺激症状，试验可结束。如存在持久性损伤，可延长观察期限，但一般不超过 21 天。

整个观察过程应进行荧光素染色检查。采用裂隙灯进行眼刺激反应检查，也可根据刺激性反应情况采用放大镜、生物显微镜等。每次检查，都应记录眼部反应的分值（表 20-8）。

按表 20-8 的要求，将每一个观察时间每一动物的眼角膜、虹膜和结膜的刺激反应分值相加得总积分，将一组的积分总和除以动物数，即得最后分值。按表 20-9 判断其刺激程度。

表 20-8 眼刺激反应分值标准

眼刺激反应	分值
水肿	
无水肿	0
轻微水肿（含眼睑）	1
明显水肿伴部分眼睑外翻	2
水肿至眼睑近半闭合	3
水肿至眼睑超过半闭合	4
角膜	
无混浊	0
散在或弥漫性混浊，虹膜清晰可见	1
半透明区易分辨，虹膜模糊不清	2
出现灰白色半透明区，虹膜细节不清，瞳孔大小勉强可见	3
角膜不透明，虹膜无法辨认	4
虹膜	
正常	0
皱褶明显加深、充血、肿胀，角膜周围轻度充血，瞳孔对光仍有反应	1
出血/肉眼可见坏死/对光无反应（或其中一种）	2

续表

眼刺激反应	分值
结膜充血（指睑结膜和球结膜）	
血管正常	0
血管充血呈鲜红色	1
血管充血呈深红色，血管不易分辨	2
弥漫性充血呈紫红色	3
分泌物	
无分泌物	0
少量分泌物	1
分泌物使眼睑和睫毛潮湿或粘着	2
分泌物使整个眼区潮湿或粘着	3
最大总积分	16

表 20-9 眼刺激性评价标准

分值	评价
0~3	无刺激性
4~8	轻度刺激性
9~12	中度刺激性
13~16	强度刺激性

第3节 肌肉刺激性试验

观察动物经静脉、动脉或肌内注射受试物后，给药部位肌肉炎症反应情况。

设溶剂或生理盐水对照，一个临床剂量或高于临床剂量组。受试物应与临床应用制剂一致，首选家兔，也可选用大鼠。雌雄不拘。实验时分别在其左右两侧股四头肌内以无菌操作法各注入一定量受试物，注射后48小时处死动物，解剖取出股四头肌，纵向切开，观察注射部位肌肉刺激反应，按表20-10计算相应反应级，并进行局部组织病理学检查，提供病理照片。

表 20-10 肌肉刺激反应分级标准

刺激反应情况	反应分级
无明显变化	0
轻度充血，范围在 0.5cm×1.0cm 以下	1
中度充血，范围在 0.5cm×1.0cm 以上	2
重度充血，伴有肌肉变性	3
出现坏死，有褐色变性	4
出现广泛坏死	5

根据表20-10计算出4块股四头肌反应级总和。若各股四头肌反应级的最高与最低之差大于2时，应另取2只动物重新试验。在最初或重试的2只动物4块股四头肌反应级之和小于10时，可认为受试物的局部刺激实验符合规定。

第 4 节　应用于直肠、阴道制剂的毒性评价

一、直肠刺激性试验

观察动物经直肠给受试物后，直肠黏膜炎症反应情况。设溶剂或生理盐水对照，受试物应与临床应用制剂一致，选用兔或狗。动物数每组不少于 3 只，雌雄不拘。给药容积参考拟人体治疗容积或不同动物种属最大给药量。给药频率依临床应用情况而定，一般每天 1~2 次，至少 7 天，每次给药与黏膜接触至少 2~4 小时，必要时肛门可封闭一定时间。

观察给药后局部组织有无充血、水肿现象，进行肛周黏膜组织病理学检查等，临床表现、粪便、动物死亡及尸检情况。据肉眼观察和病理学检查结果进行综合评价。

二、阴道刺激性试验

观察动物经阴道给受试物后，阴道黏膜炎症反应情况。

设溶剂或生理盐水对照，选用大鼠、兔或狗。首先家兔。动物数每组不少于 3 只。给药容积可参考拟人体治疗容积或不同动物种属最大给药量。给药频率依临床应用情况而定，一般每天 1~2 次，至少 7 天，每次给药与黏膜接触至少 4 小时。

观察给药后局部组织有无充血、水肿现象，动物死亡和尸检情况，进行阴道黏膜组织病理学检查，及动物临床表现和阴道分泌物等。据肉眼观察和病理学检查结果进行综合评价。

第 5 节　滴鼻剂、吸入剂、口腔用药、滴耳剂

一、滴鼻剂和吸入剂刺激性试验

观察动物经呼吸道给受试物后，呼吸道黏膜炎症反应情况。选用家兔、豚鼠或大鼠，家兔每组不少于 3 只，豚鼠或大鼠每组 5 只，雌雄不拘，将受试物滴入或喷雾于动物，使受试物与黏膜接触至少 4 小时，给药后观察局部刺激症状（如咳嗽、哮喘、呕吐、窒息等）及全身状况（如循环、呼吸、中枢神经系统等）变化。单次给药 24 小时后或多次给药停药后 24 小时处死动物，观察呼吸道局部（鼻、喉、气管、支气管）黏膜组织有无充血、红肿现象，并进行组织病理学检查。据肉眼观察和病理学检查结果进行综合评价。

二、口腔用药、滴耳剂等刺激性试验

观察动物经口腔黏膜或外耳道给受试物后，口腔黏膜或外耳道炎症反应情况。口腔用药一般采用金黄仓鼠作试验动物，滴耳剂可选用家兔或大鼠，每组不少于 3 只，雌雄不拘。可参照上述试验，给药途径改为口腔给药或外耳道给药，观察受试物对口腔、喉黏膜以及外耳道和鼓膜的影响。据肉眼观察和病理学检查结果进行综合评价。

Summary

Local toxicity is toxic reaction induced by using drug on local . these drugs used on local in common use involve the drugs to skin, eye drops, spray, nasal drops, intramuscular injection, the drugs to vagina, and the drugs to recta. Naked eye observing and tissue sections were examined under photoelectronic microscopy are the basic methods of local stimulating test, synthesis evaluate pathological changes on local. The method and evaluation of systemic toxicity test on using drug on local are the same as the evaluation of systemic toxicity on using drug .

思 考 题

1. 如何进行皮肤刺激性和皮肤过敏性试验？
2. 如何进行眼用药刺激性试验？
3. 如何进行滴鼻剂、吸入剂、口腔用药、滴耳剂毒性评价？

（徐 彭 章常华）

第21章 药物特殊毒性研究与评价

教学要求

1. 掌握Ames试验、微核试验原理与评价方法
2. 熟悉短期致癌试验和长期致癌试验
3. 了解其他常用的致突变性、致癌性、生殖和发育毒性及依赖性研究的试验方法

新药的临床前毒理研究，通常分为一般毒理学和特殊毒理学两部分内容。前者研究药物给予达中毒量时即可表现出来的毒性反应，主要包括药物的急性毒性和长期毒性研究。后者研究药物给予较长时间或在特殊条件下才会出现的发生率低但造成严重后果的毒性反应，主要包括药物的致突变性、致癌性、生殖和发育毒性（致畸性）及依赖性的研究。特殊毒性研究的目的即是评价新药是否具有致突变性、致癌性、生殖和发育毒性及潜在的依赖性。

第1节 药物致突变作用研究与评价

一、药物致突变作用

突变是遗传物质可遗传的结构改变，分为自发突变和诱发突变。药物的致突变作用即药物引起的突变的能力，是指药物引起细胞核中的遗传物质发生改变，而此种改变可随细胞分裂过程而传递。

药物致突变的类型包括三种：①基因突变，即基因中DNA序列的改变，包括碱基置换（转换或颠换）和移码突变两种类型。②染色体畸变，即染色体结构的改变，包括缺失、重复、倒位和易位等类型。③染色体数目改变，即细胞的染色体数目不同于正常的细胞染色体数目，包括非整倍体和多倍体。

药物致突变的机制包括：碱基错配、碱基的化学结构改变或破坏、碱基被类似物取代、嵌入DNA等碱基损伤；二聚体形成、DNA加合物形成、DNA-蛋白质交联物形成等造成的DNA链受损；影响纺锤体、微管蛋白的合成、影响中心粒移位等从而影响细胞分裂过程；作用于DNA合成和修复有关的酶系等。

药物致突变后，因突变的靶细胞不同而产生不同后果。生殖细胞突变将导致遗传性疾病、生殖毒性等，且可能遗传至下一代；体细胞突变，可引起肿瘤、衰老、动脉粥样硬化、功能或结构畸形，以及一些未知疾病，其影响不能遗传到下一代。

案例21-1

用于染发、烫发、脱发、祛斑、防晒的化妆品属于特殊用途化妆品。大多配方中含有特殊功效的成分，如染发剂中含有2，4-二氨基苯甲醚和邻苯二胺，这些物质常具有强致突变性，故特殊用途的化妆品安全性日益受到重视。卫生部对特殊用途化妆品的安全性评价规定，Ames试验是试验组合中的必做项目。

问题：

1. Ames试验的原理及应用意义是什么？

2. 应用Ames试验检测具有较大细胞毒性的化妆品的致突变性时，细胞毒性可能会掩盖其致突变性，还应进行何检测？

二、致突变作用常用试验方法

目前药物致突变试验已有200多种，能反映的遗传学终点有基因突变、染色体畸变、不分离以及原发性DNA损伤4种。在评价药物的致突变性工作中，没有一种致突变试验能涵盖所有的遗传学终点，故需选择一组试验配套进行检测。选择试验组合的原则为：①应包括多个遗传学终点。②实验材料应包括原核生物和真核生物。③应同时选用体外试验和体内试验。④应包括对体细胞和生殖细胞的研究。

我国采用的新药致突变性试验主要有：鼠伤寒沙门杆菌回复突变试验；大肠埃希菌回复突变试验；哺乳动物体外细胞遗传试验；微核试验；哺乳动物体内骨髓细胞遗传试验；哺乳动物体外细胞基因突变试验；果蝇隐性伴性致死试验；啮齿类动物显性致死试验等。

知识拓展　　新药致突变试验

我国药政管理部门颁发的《新药审批办法》规定，对新药的致突变试验，首先要求在体外测试系统中测定基因突变和染色体畸变，鼠伤寒沙门杆菌回复突变试验和大肠埃希菌回复突变试验可用于测定基因突变；哺乳动物体外细胞遗传试验可用于测定染色体畸变；在体内测试系统中，选用测定体细胞染色体畸变的微核试验；必要时选用测定生殖细胞染色体畸变的显性致死试验。

（一）微生物基因回复突变试验

微生物基因回复突变试验是利用突变体的测试菌株，观察受试药物能否纠正或补偿突变体所携带的突变改变，从而判断其致突变性。常用鼠伤寒沙门杆菌和大肠埃希菌。鼠伤寒沙门杆菌回复突变试验是应用最广泛的检测基因突变的方法，由美国加州大学生物化学教授Ames BN于1979年建立，称为Ames试验，在致突变试验中为首选项目。

1. 原理　Ames试验是应用组氨酸缺陷型鼠伤寒沙门杆菌突变株作为指示微生物，观察其在受试药物作用下回复突变为野生型的测试方法。其原理是：人工诱变的鼠伤寒沙门杆菌突变株在组氨酸操纵子中有一处突变，突变的菌株必须依赖外源性组氨酸才能生长，因而在缺乏组氨酸的选择性培养基中不能存活。但致突变物可使突变型产生回复突变而成为野生型，使其恢复合成组氨酸的能力，故在加有致突变物的无组氨酸选择性培养基中突变菌株生长为菌落，如图21-1。计数诱发的回复菌落数即可判断受试药物致突变性的强弱。

野生型鼠伤寒沙门菌（原养型） ⇄（正向突变 → ；← 回复突变） 突变型鼠伤寒沙门菌（组氨酸缺陷型）

↑ 受试药物

图21-1　Ames试验原理

2. 菌株　试验中可供选择的测试菌株有多种，所携带的突变在不同基因中，各有其特性，有的测定碱基置换，有的测定移码突变，有的二者均可测定。目前常用的菌株是5个鼠伤寒沙门组氨酸缺陷型菌株 TA97、TA98、TA100、TA102 和 TA1535（表 21-1）。

表 21-1　Ames 试验常用测试菌株

菌株	突变位点	切除修复	R 因子	脂多糖突变	检出突变
TA97	D6610	△uvrB	pKM101	rfa	移码
TA98	D3052	△uvrB	pKM101	rfa	移码
TA100	G46	△uvrB	pKM101	rfa	置换+移码
TA102	G428		pKM101，pAQ1	rfa	置换+移码
TA1535	G46	△uvrB	–	rfa	置换

注：△uvrB：紫外线抗性基因突变（细菌失去对紫外线损伤的修复能力）；rfa：深粗糙型基因突变（细胞壁脂多糖的性质改变，屏障作用丧失，许多物质渗入细胞中）；R 因子质粒 pKM101：抗氨苄青霉素；rAQ1 质粒：抗四环素

3. 试验方法及结果判定　Ames 试验的操作方法分为平板掺入法、预培养平板掺入法及点试法等。

掺入法结果判定：以直接计数培养基上回复菌落数的数量而定，如背景生长良好，受试回复菌落数增加 1 倍以上（即回复菌落数大于或等于 2 倍空白对照菌落数），并有量效关系或至少某一测试点可重复并具统计学意义，即可判定受试药物为致突变阳性。

点试法结果判定：如在受试药物点样周围生长出较多密集的回复菌落，与空白对照相比有明显区别，则可初步判定受试药物为致突变阳性，但应以掺入法试验验证。

进行结果报告时，阳性结果至少应做 3 次测试，阴性结果至少进行 2 次测试，才可对受试药物做出判定。

（二）正向突变实验

正向突变指野生型基因失活的突变。正向突变实验是利用培养的哺乳动物细胞系如小鼠淋巴瘤 L5178Y 细胞系、中国仓鼠成纤维 V79 细胞株和卵巢 CHO 细胞株等，观察特定基因座位上是否诱变产生突变体，突变体的检出可依赖于细胞周期、营养需求、辐射及拟辐射物质敏感性、耐药性及溴尿嘧啶脱氧核苷依赖性等特征表现型指标的检测。最常用的基因座是 hgprt和 tk。hgprt 位于 X 染色体，tk 位于常染色体，其基因产物分别是次黄嘌呤鸟嘌呤转磷酸核糖基酶（HGPRT）和胸苷激酶（TK）。

1. 原理　以细胞的 hgprt 位点突变试验为例。细胞在正常培养条件下，对 6-巯代鸟嘌呤（6-TG）的毒性作用敏感，不能生存，在致突变物作用下，某些细胞的 hgprt 基因发生突变，不再表达 HGPRT，从而使突变细胞对 6-TG 具有抗性，故突变细胞在含有 6-TG 的选择性培养基中能够存活形成集落。可根据突变集落数，计算突变率并判断受试药物的致突变性。

2. 结果判定　若阴性对照的集落形成率低于 50%，结果应不予采用。当突变率为自发突变率 3 倍或 3 倍以上，或至少在 3 个浓度范围内突变率呈量效关系时，可判断为致突变阳性。

正向突变实验可检测出基因座位内的碱基置换、缺失、移码和重排等点突变。

（三）微核试验

微核（micronucleus）是染色体或染色单体的无着丝点断片或纺锤丝受损伤而丢失的整个染色体，在细胞分裂后期遗留在细胞质中，末期之后，单独形成一个或几个规则的次核，包含在子细胞的胞质内，因比主核小，故称为微核。可见，微核与染色体损伤有关。细胞质中微核的来源有 2 种：一是断片或无着丝粒染色体在细胞分裂后期不能定向移动遗留在胞质中，另一是有丝分裂毒物的作用使个别染色体或带着丝粒的染色体环和断片在细胞分裂后期遗留在细胞质中。

微核试验（micronucleus test，MNT）是 20 世纪 70 年代初由 Matter 和 Schmmid 建立的以微核发生率或有微核的细胞率为观察指标来评价受试药物是否具有致突变性的方法。用于微核检测的细胞很多，有植物细胞、哺乳动物细胞、非哺乳动物细胞，而最常用的是骨髓嗜多染

红细胞（polychromatic erythrocytes，PCE）。微核试验主要采用体内试验，较体外实验更符合活体的实际情况，且方法简便、快捷、可靠。应用该方法可检出致DNA断裂和非整倍体诱变的药物。

以小鼠的骨髓微核试验为例。

1. 原理 骨髓细胞微核试验是检测受试药物对PCE所产生的致染色体畸变作用，是一种快速筛查受试药物致突变性的方法。在受试药物诱导染色体发生异常时，细胞质内可存有微核，直径相当于细胞直径的1/20~1/5。

2. 试验方法及结果评价 实验动物首选NIH小鼠。实验设6组，即，3个受试药物剂量组（剂量设定为LD_{50}的1/2、1/4和1/8）、正常对照组、溶剂对照组和阳性对照组，阳性对照药物通常选用环磷酰胺。给药后不同时间点采集骨髓，涂片、Giemsa染色，计数微核及微核细胞数。

评价试验结果时，一般仅计算PCE的微核率和PCE与正染红细胞的比例。经统计学检验，试验组与阴性对照组比较具有显著性差异，可认为受试药物具有致染色体损伤的活性反应。对Giemsa染色中获得可疑阳性或弱阳性结果的受试药物，必须用荧光染色以进一步肯定或否定阳性结果。不易通过骨髓屏障的受试药物，可补充用哺乳动物胚肝细胞微核试验进一步研究。

（四）果蝇伴性隐性致死实验

1. 原理 隐性基因在伴性遗传中的交叉遗传特征是果蝇伴性隐性致死实验的主要原理，即雄蝇的X染色体传给F1代雌蝇，又通过F1代传给F2代雄蝇，使位于X染色体上的隐性基因能在半合型雄蝇中表现出来。因此，利用眼色性状由X染色体上的基因决定，并与X染色体的遗传相关联的特征作为X染色体上基因突变的标记，将野生型雄蝇（红色圆眼，正常蝇）染毒，与Basc雌蝇（淡杏色棒眼，2个X染色体上各带一个倒位防止与F1代父系X染色体互换）交配，如雄蝇经过受试药物处理后，在X染色体上的基因发生隐性致死，则可在F2代的雄蝇表现出来，并以眼色标记来判断试验结果。有隐性致死时，在F2代中没有红色圆眼的雄蝇。

2. 结果判定 以致死管数占受试染色体数的百分比为致死突变率进行结果判定。当致死突变率大于自然突变率2倍，并有量效关系时，或统计学检验确定时，判定为阳性。在F2代中有一支培养管中合计有20只以上蝇，但未发现有雄蝇为阳性，有2只以上雄蝇为阴性。仅存雌雄蝇亲代而无子代为不育。在F2代中有一支培养管中合计不足20只蝇，或有20只以上蝇，但只有1只雄蝇判定为可疑，需进一步观察F3代。

（五）体外培养哺乳动物细胞染色体畸变实验

1. 原理 每种生物的细胞都有一组形态、数目特异的染色体，通常较为稳定，但在致突变性的诱变因子作用下，染色体会发生断裂、错位修复等导致染色体畸变率升高。体外培养哺乳动物细胞染色体畸变实验常用人外周淋巴细胞、中国仓鼠卵巢（CHO）细胞及中国仓鼠肺（CHL）细胞等。

2. 试验方法及结果判定 将观察细胞停留在细胞分裂中期相，以显微镜检查染色体畸变和染色体分离异常。染色体畸变，可观察到染色体裂隙、断裂、断片、无着丝粒环、双或多着丝粒染色体、染色体粉碎等；染色体分离异常需在染毒后经过一次细胞分裂才能发现。试验需多次观察，致突变药物可能作用于细胞周期的不同时相。结果判定时，应根据畸变染色体总数和有畸变染色体细胞数，计算染色体畸变率和细胞畸变率。受试药物诱发染色体畸变在统计学上较对照组增加，并有量效关系时，认为药物致突变性阳性。

（六）显性致死试验

显性致死突变是指哺乳动物生殖细胞染色体发生结构和数目变化，出现的受精卵在着床前死亡或胚胎早期死亡。显性致死试验（dominant lethal test，DLT）是一种用于检测整体哺乳动物生殖细胞遗传性损伤的体内试验。DLT可检出单纯的染色体断裂导致的缺失和重复，或

（和）因染色体重排形成的非整倍体。

1. 原理 哺乳动物生殖细胞在受精期和减数分裂期最易发生突变，突变后失去与异性生殖细胞结合的能力，或者与异性生殖细胞结合后出现发育不正常的胚胎，以致产生总着床数减少、畸胎及早期胚胎死亡等现象。

2. 试验方法及结果判定 本试验多选用小鼠，也可选用大鼠、仓鼠、豚鼠等。对雄性动物染毒，观察一个精子发育周期的各个阶段中受孕雌鼠的胚胎早期死亡发生率的变化，进而判断受试药物是否对雄性生殖系统有损害，判定受试药物是否具有致突变作用。

当实验结果为生存仔总数减少、死亡胎仔总数增加，胚胎总着床数减少或未着床数增加，且有量效关系并具统计学意义时，判定为显性致死实验阳性。

知识拓展 **显性致死试验分析**

应用显性致死试验检查动物染毒后不同时间段的交配的显性致死情况，有助于分析精子处于何阶段受遗传毒性作用。染毒后 3 周、4~5 周、6 周及以后交配的显性致死试验结果分别反映受试药物对精子和精细胞的作用、对精细胞的作用以及对精原细胞和干细胞的作用。

（七）精原细胞染色体畸变试验

常选用小鼠。观察染毒后雄性小鼠的精原细胞，判定受试药物是否具有诱发精原细胞染色体畸变的作用。试验设 5 组，即溶媒阴性对照组、阳性对照组、受试药物 3 个剂量组（最高剂量为 1/2 LD_{50}）。当受试药物诱发的染色体畸变率与空白对照组相比具有统计学意义的增加，并有量效关系时判定为精原细胞染色体畸变试验阳性。

（八）程序外 DNA 合成试验

正常细胞在有丝分裂过程中，仅在细胞增殖周期的 S 期进行的 DNA 合成是按程序化进行的，称为程序性 DNA 合成。DNA 受损时，DNA 的修复合成发生在 S 期以外，这种合成称为程序外 DNA 合成。

程序外 DNA 合成试验（unscheduled DNA synthesis test，UDS）是观察分离或培养的细胞，在培养液中加入^{3}H-胸苷等标记的 DNA 合成原料，将受试细胞分裂阻断同步化于 G_1期，再用羟基脲抑制残存的 S 期半保留 DNA 复制，放射自显影法和液闪计数法确定^{3}H-胸苷掺入量，确定在 S 期以外是否有 DNA 合成，从而判断受试药物是否造成 DNA 损伤。常用于 UDS 的细胞包括外周血淋巴细胞、大鼠原代培养肝细胞、人成纤维细胞及 Hela 细胞等。当受试药物组与空白对照组相比具有统计学差异，并有量效关系时判定该药物程序外 DNA 合成试验阳性。

（九）单细胞凝胶电泳试验

单细胞凝胶电泳试验，又称彗星实验，是一种在单个细胞水平上检测 DNA 断裂的快速、灵敏的方法，应用广泛。其基本原理为：DNA 损伤时，断裂的 DNA 片段比大片段的 DNA 在电泳时迁移更快，电泳后因断裂的 DNA 片段较多而呈彗星状。该方法检测低水平的 DNA 损伤敏感性高，操作简便，费用低，但尚需标准化，有待于被国际组织和各国法规接受。

（十）姐妹染色单体交换试验

姐妹染色单体交换（sister-chromatid exchange，SCE）是指染色体同源座位上 DNA 复制产物的相互交换，其发生与 DNA 断裂和修复有关。姐妹染色单体交换试验是检出 DNA 损伤的灵敏方法，其基本原理为：将 5-溴脱氧尿嘧啶核苷（5-BrdU）加入分裂细胞的合成 DNA 原料中，经 2 个分裂周期后，2 条染色单体的一条的双股 DNA 链的胸腺嘧啶核苷均被 5-BrdU 取代，另一条染色单体只有一股 DNA 链被 5-BrdU 取代。5-BrdU 掺入后，对染色剂的亲和力下降，此时用染色剂处理，单股含 5-BrdU 染色单体着色深，而双股含 5-BrdU 染色单体着色浅，光镜下计数发生交换的染色单体，进而判断受试药物是否对 DNA 有损伤作用。

三、致突变试验方法的新进展

目前研究药物致突变作用的测定方法达 200 种以上，随着分子生物学、遗传学等学科的飞速发展，为药物致突变作用的检测提供了更为先进的新技术。如转基因小鼠致突变检测系统、微核自动化检测技术、荧光原位杂交技术、DNA 芯片等现代分子生物学技术在基因突变检测中应用广泛。

案例 21-1 分析

（1）Ames 试验是应用组氨酸缺陷型鼠伤寒沙门杆菌突变株作为指示微生物，观察其在受试药物作用下回复突变为野生型的测试方法。突变的菌株在缺乏组氨酸的选择性培养基中不能存活，但致突变物可使突变型产生回复突变而成为野生型，使其恢复合成组氨酸的能力，故在加有致突变物的无组氨酸选择性培养基中突变菌株生长为菌落。Ames 试验具有周期短、费用低、敏感且检出率高等优点，是药物致突变性筛检的首选试验。

（2）采用 Ames 试验检测具有较大细胞毒性的化妆品的致突变性时，其对细菌的毒性作用可能掩盖其致突变性。此时应考虑选用正向突变实验的小鼠淋巴瘤 L5178Y 细胞系 tk 位点突变实验等。Ames 试验仅能检出小的基因突变，而 tk 位点突变实验不仅能检测小的基因突变及染色体小的缺失，还能检测大的染色体畸变，其致突变检测敏感性高于 Ames 试验。

四、致突变试验中的一些问题

（一）设立阴性和阳性对照

应进行对照进行正确的鉴别，同时减少甚至消除实验误差。设立对照使得实验组与对照组的非处理因素处于相等状态，在进行结果判定时才可认为是由处理因素所致。进行药物致突变性评价时应设立阴性对照和阳性对照。

阴性对照是未处理对照，即不加任何处理或溶剂对照。阴性对照除无处理因素外，其他实验条件均与实验组相同，可获得实验的基础数据。如 Ames 试验的阴性对照的设立可获得细菌自发回复突变率，同时证实了实验中无除处理因素以外的引起回复突变率变化的其他因素。

阳性对照是用某种已知的能产生阳性结果的药物作对照。设立阳性对照可证明实验方法的可靠性，验证实验操作人员在本实验条件下完成操作和鉴定药物突变性的能力，还可证实经过一定时间后实验的重复性。如当 Ames 试验的阳性对照组未能出现阳性结果时，则应怀疑实验数据的可靠性，分析实验材料等是否存在问题。

（二）体外试验的活化系统

由于受试微生物和培养的哺乳动物细胞缺乏整体动物体内的代谢条件，故在体外实验条件下必须加入代谢活化系统以利于检出受试药物的致突变性。

1. 哺乳动物细胞介导 使用完整细胞与受试细菌或细胞共培养即构成一种活化系统。如使用大鼠肝原代细胞。哺乳动物细胞介导的活化系统因细胞具有完整的细胞结构、各种酶及内源性辅助因子，代谢能力强于无细胞系统的 S9，但不如体内活化系统。

2. S9 S9 指经酶诱导剂处理后制备的肝匀浆经 9 000g 离心后获得的上清液，添加适当的缓冲液和辅助因子而成。S9 含有混合功能氧化酶（MFO），是国内常规应用于体外致突变试验的代谢活化系统。S9 随肝匀浆的物种来源、诱导剂特性而有差异，同时常含有大量亲核物质影响其代谢活化效果。

3. 纯化酶和基因工程 采用纯化细胞色素 P450、谷胱甘肽转移酶及过氧化物水解酶，可严格控制代谢产物诱发突变的条件，但技术难度大。应用基因工程技术，将人类细胞色素 P450 基因插入到嵌合细胞内，使细胞获得代谢活化系统，再进行致突变试验。

上述代谢活化系统并不能完全取代整体哺乳动物代谢。

（三）试验结果的判定及其在毒理学安全性评价中的作用

试验结果的判定对受试药物致突变性的毒理学安全性评价至关重要。各种致突变试验都有其特定的遗传学终点，所获得的实验数据以阳性结果或阴性结果进行判定。

在判定阳性或阴性之前，首先应检查实验质量控制情况。包括：①设立阴性对照和阳性对照。②盲法观察。③受试药物上限浓度应达到毒性浓度或饱和浓度。④试验资料进行合理的统计学分析。⑤试验结果的重现性。⑥体外检查测试系统应具有代谢活化系统等。

阴性结果判定应满足以下条件：①最高剂量应包括受试药物溶解度许可和（或）灌胃量许可的最大剂量。②各剂量组的组间距不应过大，以防漏检仅在狭窄剂量范围内有致突变作用的受试药物。如满足上述条件试验结果仍显示阴性者，才可判定为致突变试验阴性。

阳性结果判定：实验组与对照组比较有统计学显著性差异，且具有量效关系，即随剂量增加，致突变作用增强。判定为致突变试验阳性即表示该受试药物具有致突变性，指示因所做致突变试验的遗传学终点不同，其表示的含义不同。

第 2 节 药物致癌作用研究与评价

药物致癌作用是指药物引起或诱导正常细胞发生恶性转化并发展成为肿瘤的过程。药物的致癌过程大致可分为引发、促长和进展三个阶段。药物致癌的机制至今尚未完全阐明，但在研究中形成了多种假说，如：体细胞突变学说、癌基因学说、表观遗传学说、细胞异常增殖学说、免疫缺陷学说等。

案例 21-2

专家提醒喜食腌渍食品的消费者，因腌渍产品中含有亚硝酸盐，长期食用有致癌作用。

问题：

1. 如何评价腌渍食品中亚硝酸盐的致癌作用？
2. 药物致癌作用的评价中，动物试验和人群流行病学调查的关系如何？

评价药物致癌危险性是一项复杂、耗时、耗力的工作，主要包括人群流行病调查和动物致癌试验两类研究。前者的研究受多种因素影响，后者工作量大、周期长且费用高。因此，目前通常先进行药物构效关系分析、短期的致突变试验预测药物的致癌性，明确是否需进行致癌试验。

我国《药品注册管理办法》中要求符合下述情况之一的新药需做致癌性试验：①新药结构与已知致癌物质有关，代谢产物与已知致癌物质相似。②在长期毒性试验中，发现有细胞毒性作用或能使某些脏器、组织细胞异常显著活跃的新药。③致突变试验结果为阳性的新药。

药物致癌作用的评价包括定性和定量两方面，定性即确定药物是否具有致癌作用，定量即进行量效关系分析，推算人类可耐受的危险度剂量或实际用药剂量下可能发生致癌的危险度。常用的评价方法包括构效关系分析、致突变筛检试验、细胞恶性转化试验、哺乳动物短期和长期致癌试验、转基因动物模型以及流行病学调查等。

一、构效关系分析

构效关系分析是利用理论计算和统计方法研究药物结构与效应之间的关系，一般是从一种同系药物入手，找出该类药物化学结构中与致癌性关系最密切的结构，以及该结构发生改变时对药物致癌性所产生的影响。构效关系分析具有快速、经济、高效的特点，但目前还没有一个完备的构效关系分析系统。

二、致突变筛检试验

大多数致癌药物具有致突变性，所以可将致突变筛检试验作为短期致癌药物筛检试验。致突变试验方法详见本章第一节。致突变筛检试验阳性的药物提示其可能是具有致突变性同时具有致癌性的药物，也可能是具有致突变性但不具有致癌性的药物；而筛检试验阴性的药物提示其可能为不具有致突变性也不具有致癌性的药物，或不具有致突变性但具有致癌性的药物。致突变筛检试验具有方法简便、周期短、费用低的优点，但无法检出无致突变性但具有致癌性的药物是其缺点。

三、细胞恶性转化试验

又称细胞转化试验，是指受试药物对体外培养细胞诱发的与肿瘤形成有关的表型改变，包括细胞形态、细胞增殖能力、生化表型等变化，以及将细胞移植于动物体内能形成肿瘤的能力。

目前细胞恶性转化试验主要采用三类细胞：①动物原代细胞，如叙利亚仓鼠胚胎细胞（SHE 细胞）、小鼠皮肤或大鼠支气管上皮细胞、人类成纤维细胞等。②细胞系，如 BALB/C-3T3、BHK-21 和 C3H10T1/2 细胞系。③病毒感染细胞，如大鼠 RLV/RE 细胞（白血病病毒感染的大鼠胚体细胞）、仓鼠 SA7/SHE 细胞（腺病毒感染的 SHE 细胞）。

该试验为对药物致癌性的初步筛选，其观察终点是细胞恶变。细胞转化试验阳性表明受试药物具有诱导细胞表型、生长特性发生改变的能力，提示其具有致癌作用的可能性。但本试验为体外试验，不能代替整体试验，并仍存在假阳性及假阴性的问题，需进一步做相关试验。

四、哺乳动物短期致癌试验

哺乳动物短期致癌试验又称为有限动物试验，即试验在有限的短时间（数月）内完成而不需终生，亦指观察的靶器官限定为一个而不是机体全部组织和器官。目前国内外较常用的哺乳动物短期致癌试验有四种，即小鼠肺肿瘤诱发试验、大鼠肝转变灶试验、小鼠皮肤肿瘤诱发试验和雌性 SD 大鼠乳腺癌诱发试验。

1. 小鼠肺肿瘤诱发试验 一次或多次给予受试物后，或一次给予受试物一至两周后持续多次给予促癌剂，16 至 30 周左右结束试验，如受试物具有诱发肿瘤作用，可在肺组织发现肿瘤。该试验典型的启动剂为乌拉坦，促进剂为二丁基羟基甲苯（BHT）。

2. 大鼠肝转变灶诱发试验 肝癌发生过程有几种明显的肝细胞病灶，较早发现的是转变灶，进一步发展成为瘤性结节。肝转化灶是癌前病变，表现有 γ-谷氨酰转肽酶活性升高，G6P 酶和 ATP 酶活性降低，以及铁摄取能力降低。可用组织化学或免疫化学方法将转变灶和结节中的谷氨酰转肽酶和胚体型谷胱甘肽转移酶染色，显色表明有肝癌细胞生化表型的癌前细胞。该试验典型的启动剂为二乙基亚硝胺（DEN），促进剂为苯巴比妥（PB）。

3. 小鼠皮肤肿瘤诱发试验 小鼠皮肤表面涂抹某些致癌物能诱发乳头状瘤或癌，皮下注射可诱发肉瘤。一般9个月左右结束试验，如在启动后加用佛波醇酯（TPA），则缩短至20周左右。该试验典型的启动剂为致癌性多环芳烃，促进剂为佛波醇酯。

4. 雌性大鼠乳腺癌诱发试验 多环烃芳香胺、氯烷、亚硝基脲等能在9个月以内诱发乳腺癌。

此四个试验不是成组试验，应根据受试物的特点选择使用。四个试验中任一试验得到阳性结果的意义与长期动物致癌试验相似，但阴性结果并不能排除受试物的致癌性。由于肺和肝是最常见的肿瘤发生器官，也是许多致癌物的靶器官，因此小鼠肺肿瘤和大鼠肝转变灶试验的应用价值较高。

五、哺乳动物长期致癌试验

哺乳动物长期致癌试验又称哺乳动物终生试验，是目前公认的确证药物具有动物致癌作用的经典方法。药物致癌作用具有潜伏期长的特点，若用流行病学调查方法确证一种新药的致癌性，一般需要人类接触受试药物20年后才能进行，而在啮齿类动物进行1~2年的试验即相当于人类大半生的时间。此外，流行病学调查不易排除混杂因素的影响，而动物试验则能严格控制实验条件。因此哺乳动物长期致癌试验在药物毒理学安全性评价中占有十分重要的地位。

1. 动物的选择 致癌试验中选择动物需考虑物种、品系、年龄和性别、自发肿瘤率较低，最重要的是实验动物对诱发肿瘤的易感性，如大鼠对诱发肝癌敏感，小鼠对诱发肺肿瘤敏感。目前实验动物多选择大、小鼠，有时也选用仓鼠。因为这些啮齿类动物对多数致癌物易感性较高，寿命相对较短，费用也较低，生理和病理学资料较完备。通常使用断乳或断乳不久的动物，以保证有足够长的与药物接触和发生癌症的时间，而且幼年动物解毒酶及免疫系统尚未完善，对致癌作用比较敏感。性别一般是选用雌雄各半。为避免假阴性，每组动物数较一般毒性试验为多，一般每组最少50只动物。

2. 给药方案的设计 给药途径和方法应与临床用药相一致。口服给药的药物一般采用将药物掺入饲料中、溶于饮水中，或用管饲法连续给予动物的方式给药。其中，混入饲料中的受试药物的掺入浓度要定期监测，观察其均匀性和稳定性，且最高浓度不应超过5%。

为观察到剂量—反应关系，一般设高、中、低三个剂量组。推荐以最大耐受剂量（MTD）作为高剂量。最大耐受剂量是由90天毒性试验来确定的，此剂量应使动物体重减轻不超过对照组的10%，并且不引起死亡及导致缩短寿命的中毒症状或病理损伤。中、低剂量组则按等比级数下推，如分别为上一个剂量水平的1/2或1/3。低剂量组应不影响动物的正常生长、发育和寿命，即不产生任何毒性效应。但低剂量组应高于人的给药剂量，一般不低于高剂量的10%。中剂量组介于高、低剂量之间。同时应设阴性（溶剂或赋形剂）对照组，阴性对照组除不给受试药物外，其他条件均与试验组相同。必要时可设阳性对照组，阳性致癌物最好与受试药物的化学结构相近。

原则上实验期限要求长期或终生。不同物种寿命长短不一，观察时间要求不同。一般情况下小鼠最少1.5年，大鼠2年；可能时分别延长至2年和2.5年。一般主张连续给药直至试验结束。

因致癌试验周期长，所以动物的饲养对实验成败至关重要，应尽量避免和减少由于饲养不当造成的动物死亡。动物房应恒温恒湿，动物饲料和饮水中不能含有亚硝胺、黄曲霉素和杀虫剂等可能的致癌物质，并应注意自然存在于饲料中各种酶的诱导剂和抑制剂也可能影响实验动物肿瘤的发生或其他一些参数的变化。

3. 结果的观察、分析与判定 每天观察受试动物一次，主要观察其外表、活动、摄食情况等。在实验最初三个月每周称体重一次，以后每两周称体重一次。经饲料或饮水给予受试药物时，应记录食物消耗量或饮水量，以计算受试药物的摄入量。观察时要注意有无肿瘤出现，详细描述肿瘤出现的时间、大小、形状及质地。记录动物死亡时间，老年动物多病易死亡，应加强巡视，对死亡动物应及时尸检，防止尸体组织自溶。

知识拓展　　长期致癌试验尸检中需检查的器官与组织

尸检中需要检查与固定的器官和组织包括：肾上腺、大脑、盲肠、结肠、软骨结节、十二指肠、食管、眼睛、胆囊、心脏、空肠、肾脏、喉咙、肝脏、支气管、乳腺、下颌淋巴结、肠系膜、鼻腔、卵巢、胰腺、甲状旁腺、垂体、前列腺、直肠、唾液腺、坐骨神经、精囊、皮肤、脊髓、脾脏、胸椎脊椎骨髓、股骨、睾丸、大腿肌肉、组织团块可疑肿瘤、甲状腺、胸腺、膀胱、子宫等。

统计各种肿瘤的数量（包括良性和恶性肿瘤）及任何少见的肿瘤、患肿瘤的动物数、每只动物的肿瘤数及肿瘤潜伏期。

（1）肿瘤发生率：肿瘤发生率（%）=（实验结束时患肿瘤动物总数/有效动物总数）×100%，式中有效动物总数指最早发现肿瘤时存活动物总数。

（2）肿瘤的潜伏期：肿瘤潜伏期即指从给予受试药物起到发现肿瘤的时间，因为内脏肿瘤不易觉察，通常将肿瘤引起该动物死亡的时间定为发生肿瘤的时间。

（3）肿瘤多发性：多发性是指一个动物出现多个肿瘤或一个器官出现多个肿瘤。计算每组平均肿瘤数，或每组发生2个以上肿瘤的动物数或比例。

应对试验结果进行仔细的统计学分析，注意有无剂量-反应关系，给药组与对照组作显著性检验。给药组存在剂量-反应关系，并与对照组呈显著性差异时，可判为阳性结果，但阳性结果的评定应当慎重。

有学者认为对的确定只要有一种动物试验结果为阳性，甚至是哺乳动物短期致癌试验阳性，即可认为有致癌作用；有的学者则要求在多种或多品系动物试验中，或在几个不同实验中，特别是不同剂量或不同给药途径见恶性肿瘤发生率增高；或在肿瘤发生率、出现肿瘤部位、肿瘤类型或出现肿瘤的年龄提前等各方面极为明显突出，才能确定为药物具有致癌性。

六、转基因动物模型在药物致癌作用评价中的应用

转基因动物是指将目的基因导入动物受精卵中，使其与细胞核染色体整合，从而获得携带外源基因并能表达和遗传的动物，为快速检测致癌作用药物、研究药物致癌作用机制提供了新手段和方法。

利用转基因动物的致癌检测模型可了解基因的改变与肿瘤的关系，进而了解药物的致癌作用机制，目前已应用于药物致癌作用评价中。已建立的检测或研究模型有：①过量表达癌基因的转基因动物模型，如TG，AC小鼠、HK-*fos*转基因小鼠、*ras*-H2转基因小鼠、携带激活的H-*ras*原癌基因小鼠等。②基因敲除动物致癌检测模型，用同源重组的方法将一段DNA整合到抗肿瘤基因，使该抗肿瘤基因不能表达具有正常功能的蛋白质，用这种方法培养的动物称基因敲除动物，目前在这方面研究最多的是p53。

传统致癌试验一般需一年以上，以带有某种致癌基因的转基因动物致癌试验3个月左右就能完成，而且比较敏感，可节省人力物力。转基因动物为解决致癌毒性研究中长期存在的一些问题提供了可能性，转基因动物模型必将在毒理学安全评价中发挥更大的作用，但在推广应用前还需要进行系统的标准化并逐步完善评价体系。

七、肿瘤流行病学调查

肿瘤流行病学调查是确定药物致癌性的唯一手段。通常先通过动物致癌试验，根据阳性结果检出潜在的致癌作用药物，或先进行流行病学调查或临床观察发现可疑有致癌作用药物，再进行分析性流行病学研究，即病例对照研究和队列研究。

肿瘤流行病学调查的结果为阳性，且能够重复并有剂量—反应关系，又可得到动物实验的验证，则该受试药物较易被承认为致癌药物；肿瘤流行病学调查结果如为阴性，也不能完全确定受试药物为非致癌药物。因此，当接触年限较短或剂量较低时，流行病学调查的阴性结果不能否定对同一受试药物进行另一调查的阳性结果。任何肿瘤流行病学调查，必须设计周密严谨，否则无论阳性结果或阴性结果的意义均不可靠。

案例 21-2 分析

（1）药物致癌作用的评价包括定性和定量两方面，定性即确定药物是否具有致癌作用，定量即进行量效关系分析，推算人类可耐受的危险度剂量或实际用药剂量下可能发生致癌的危险度。通常先进行药物构效关系分析、短期的致突变试验预测药物的致癌性，明确是否需进行致癌试验。

（2）评价药物致癌危险性是一项复杂、耗时、耗力的工作，主要包括人群流行病调查和动物致癌试验两类研究。前者的研究受多种因素影响，后者工作量大、周期长且费用高。肿瘤流行病学调查是确定药物致癌性的唯一手段。通常先通过动物致癌试验，根据阳性结果检出潜在的致癌作用药物，或先进行流行病学调查或临床观察发现可疑有致癌作用药物，再进行分析性流行病学研究，即病例对照研究和队列研究。

第 3 节　药物生殖毒性和发育毒性研究与评价

生殖毒性和发育毒性试验可全面反映受试药物对生殖功能和发育过程的影响，预测其可能产生的对生殖细胞、受孕、妊娠、分娩及哺乳等亲代生殖机能，以及其对子代胚胎—胎儿发育、出生后发育可能产生的不良影响。评价的主要依据是交配后母体受孕情况（受孕率）、妊娠过程情况（正常妊娠率）、子代动物分娩出生情况（出生存活率）、授乳哺育情况（哺育成活率）以及断奶后发育情况等。

知识拓展　　FDA 对药物生殖毒性和发育毒性研究要求

20 世纪 60 年代后期美国食品药品管理局（FDA）首先提出三阶段一代试验法。其中包括三个试验阶段，各有一定的试验目的，可以分别单独进行。

Ⅰ阶段试验（一般生殖毒性试验）：包括交配前到受孕用药，主要检查成年雄性和雌性生殖功能、配子的发育与成熟、交配行为、受精；受孕到着床用药，主要检查成年雌性生殖功能、胚体着床前发育、着床。

Ⅱ阶段试验（致畸试验）：从着床到硬腭闭合期间用药，研究对成年雌性生殖功能、胚体发育、器官形成期的发育毒性。

Ⅲ阶段试验（围产期毒性试验）：从着床到断乳期间对孕母（及乳母）用药，研究包括从着床到子代性成熟的母体生殖毒性（成年雌性生殖功能：妊娠、分娩和哺乳）和子代的发育毒性（胚体、胎体生长发育的改变，功能缺陷等）。

我国《新药注册管理办法》规定属注册分类 1 的化学、中药和生物制品新药应进行一般生殖毒性试验、致畸敏感期毒性试验和围产期毒性试验，分别相当于 FDA 提出的三阶段。

生殖毒性和发育毒性试验包括三代两窝生殖试验法、两代一窝生殖试验法和一代一窝生殖试验法等。进行生殖毒性和发育毒性研究通常首选三阶段一代试验法，即一般生殖毒性、致畸敏感期毒性和围产期毒性试验。

一、一般生殖毒性试验

1. 原理 在雌雄动物由交配前到交配期直至胚胎着床给药，评价受试药物对动物生殖的毒性或干扰作用，即生殖过程的第一阶段试验。评价内容包括配子成熟度、交配行为、生育力、胚胎着床前阶段和着床。对于雌性动物，应对动情周期、受精卵输卵管转运、着床及胚胎着床前发育的影响进行检查。对于雄性动物，应观察生殖器官组织学检查方法可能检测不出的功能性影响，如性欲、精子成熟度等。

2. 试验方法及评价指标

(1) 受试动物：多用性成熟的未孕大鼠，也可用小鼠或家兔。大鼠自然受孕率较小鼠高，更为理想。每组动物数不少于 20 只/性别。

(2) 分组及给药：试验设 3 个剂量组，以及赋形剂空白对照组和阳性对照药组。高剂量组可产生轻度毒性反应，或为最大耐受量，低剂量组的动物不应观察到任何中毒症状。给药途径原则上与临床拟用药途径相同。给药时间在交配前，雄性约 60~80 天，雌性约 14 天，连续给药。雄性动物给药期应持续整个交配期直至处死，雌性动物交配后继续给药至胚胎大部分器官形成期。

(3) 动物处理：将交配前完成给药的雌雄动物同笼交配，雌雄比例为 1∶1 或 2∶1，次日清晨检出受孕雌鼠分笼饲养，并继续给药。确定受孕的方法是行阴道涂片检查有精子或检查阴道有阴栓者，记为妊娠 0 日。雌性动物于妊娠第 14 日处死一半，另一半自然分娩；雄性动物于交配成功后处死。

(4) 检测指标：雌性动物观察一般状况、体重变化、交配行为，妊娠第 14 日处死的孕鼠剖开子宫，观察记录黄体数、着床数和吸收胎数，并计算受孕率、死胎数、活胎重量、外观和内脏及骨骼的变化，必要时进行组织学检查。雄性动物剖检附睾和睾丸，称重并计算器官重量系数，观察精子活动度、数量和形态，睾丸组织做病理学检查；仔鼠计数死活情况，观察体重、有否外观畸形，记录生存情况，剖检内脏是否畸形。

1) 受孕率：反映雌性动物生育能力以及雌性动物受孕情况。

受孕率 (%) = (妊娠雌性动物数/交配雌性动物数) ×100%

2) 正常分娩率：反映雌性动物妊娠过程是否受到影响。

正常分娩率 (%) = (正常分娩雌性动物数/妊娠动物数) ×100%

3) 幼仔出生存活率：反映雌性动物分娩过程是否正常，如分娩过程受到影响，则幼仔往往在出生 4 天内死亡。

幼仔出生存活率 (%) = (出生后 4 天存活幼仔数/分娩时出生幼仔数) ×100%

4) 幼仔哺乳成活率：反映雌性动物授乳哺育幼仔的能力。

幼仔哺乳成活率 (%) = (21 天断奶幼仔存活数/出生后 4 天幼仔存活数) ×100%

二、致畸敏感期毒性试验

1. 原理 妊娠动物自胚胎着床至硬腭闭合阶段给药，评价受试药物对妊娠动物、胚胎及胎仔发育的影响。致畸敏感期毒性试验即生殖过程的第二阶段试验，其试验内容包括受试药物对妊娠动物的毒性、胚胎胎仔死亡、生长改变和结构变化，目的在于确定药物是否具有胚胎毒性或致畸性。

2. 试验方法及评价指标

(1) 受试动物：首选大鼠，也可用小鼠或家兔。每组孕大鼠、小鼠20只，孕兔12只。

(2) 分组及给药：分组原则与一般生殖毒性试验相同。给药途径原则上与临床应用一致，但不宜采用腹腔注射，口服制剂除灌胃给药外，还可在严格测定其消耗量的前提下自由摄取或拌入饲料中给药。于胚胎器官形成期连续给药，大、小鼠孕后6~15天，家兔6~18天。如拟深入研究何种器官对药物更为易感，则应在上述期间将药物每日分别给予一批动物，每批动物只给药一次，最后可以根据畸形出现的情况，确定受试物的主要靶器官。

(3) 观察内容：①孕鼠体重，有无阴道出血、外观变化及毒性死亡等对孕鼠的毒性。②孕鼠剖腹检查：自然分娩前1~2日（大鼠在受孕后第20天，小鼠第19天，家兔在第29天）处死动物，剖腹取出子宫及胎仔，记录黄体数、活胎数、活胎重、死胎数等。③胎鼠外观及器官组织检查：外观检查包括体表检查，头部、躯干、四肢、尾、肛门等的畸形检查，骨骼检查等。以上检查只能检出结构与形态异常的畸形，不能检出可能发生的生化功能或神经行为缺陷。因此有人主张将试验雌鼠保留1/4左右，待其自然分娩，并将出生幼仔饲养观察至少到断奶，以便检查可能存在的先天缺陷和生理功能异常。

(4) 评价指标：主要计算畸胎总数和畸形总数。计算畸胎总数时，每一活产幼仔出现一种或一种以上畸形均作为一个畸胎。计算畸形总数时，在同一幼仔每出现一种畸形，即作为一个畸形。并应对剂量效应关系加以分析。

1）活产幼仔平均畸形出现数=畸形总数/活产幼仔总数

2）畸胎出现率（%）=（出现畸形的胎仔总数/活产胎仔总数）×100%

3）母体畸胎出现率（%）=（出现畸胎的母体数/妊娠母体数）×100%

三、围产期毒性试验

1. 原理　从胚胎着床到幼仔断奶这段时期给药，检测受试药物对妊娠及哺乳期动物、胚胎发育以及子代出生后生长发育的不良影响，试验应持续观察至子代性成熟阶段。围产期毒性试验为生殖过程的第三阶段试验，其评价内容主要检测受试药物对妊娠动物的毒性、出生前和出生后子代死亡情况、生长发育的改变及子代的功能缺陷。

2. 试验方法及评价指标　受试动物选择、试验分组及给药方案的原则均与致畸敏感毒性试验相同。给药时间为：大鼠、小鼠于妊娠第15天开始给药，至分娩后21天（小鼠）和28天（大鼠）；家兔于妊娠第22天开始给药，至分娩后31天。

检测内容包括：母鼠观察体重、饮水量、摄食量、妊娠分娩时间、产仔数、受孕率、死亡率等；仔鼠观察和检查：①一般指标，如测试外观畸形数、外观畸形率、出生存活率、断乳成活率、性别比例、生长指数等。②生理发育指标，如耳廓分离、出毛、门齿萌出、张耳、睁眼、睾丸下降、阴道张开等。③仔鼠断乳前神经行为测试指标，如平面翻正、运动状况、负趋地性、悬崖回避、触须定位、空中翻正、视觉定位等。④仔鼠断乳后行为测试指标，如光电活动笼测试、转棒试验、游泳衰竭时间测试、Y型迷宫试验、生殖行为试验等。

根据上述结果，结合病理组织学检查，对围生期给药的毒性影响及程度做出综合评价。

第4节　药物依赖性研究与评价

药物依赖性评价是用来评价药物具有依赖性的潜力的试验。药物依赖性包括躯体依赖性和精神依赖性，评价药物依赖性的方法分为躯体依赖性试验和精神依赖性试验。我国药政部门在新药审批办法中规定，凡是作用于中枢神经系统的药物，如中枢抑制药、中枢兴奋药以及化学结构与人体具有依赖性倾向的药物有关的新药，都需进行药物依赖性评价。

一、躯体依赖性试验

戒断症状是躯体依赖性的特征性表现，也是动物试验观察的重要指标。根据新药所属类别的不同，评价其是否具有躯体依赖性，应分别进行不同试验。如镇痛药需进行自然戒断试验或替代试验以及催促试验；镇静催眠药需进行自然戒断试验或替代试验和诱导试验。

1. 自然戒断试验 常选用大鼠、小鼠和猴三种动物作为受试动物。一般要求大鼠180~220g，每组至少10只，雌雄各半；小鼠20~24g，每组至少20只，雌雄各半；猴3~5kg，每组3~5只，雌雄均有。

受试药物设3个剂量组，同时须设赋形剂空白对照组和阳性对照组。镇痛药的阳性代表药选用吗啡，镇静催眠药的阳性代表药选用苯巴比妥钠或巴比妥钠。受试药物高剂量组的设定，对依赖性潜力低的药物应选用接近毒性反应的剂量，对毒性低的药物选用最大耐受量；而低剂量组一般采用临床用药剂量；高、低剂量之间插入一个中间剂量。采用1~2种给药途径，其中一种必须与临床给药途径相同。药物以恒量或剂量递增的方式给予。

受试动物连续给药一段时间后逐渐增加剂量，增至一定剂量后停止递增，给药剂量稳定一段时间后突然中断给药。定量观察并记录动物所出现的戒断症状，与同类代表药物相比较，按照戒断症状的严重程度（用分级记分法进行统计学处理）判断受试药物的依赖性潜力。

给药组戒断症状存在剂量—反应关系，并与空白对照组呈显著性差异时，可判为阳性结果。

2. 替代试验 亦称交叉身体依赖性试验或单次剂量抑制试验。实验动物的选择、给药方案及实验分组原则均与自然戒断试验相同。受试动物先应用同类具有躯体依赖性的代表药物（如吗啡、苯巴比妥钠或巴比妥钠）使动物产生躯体依赖性，之后停药并换之以受试药物，观察记录动物是否发生戒断症状及其发作程度。若受试药物替用后动物不出现戒断症状，则说明受试药物产生类似于代表药物的躯体依赖性。由于有些非同类药物（如可乐定）也有可能抑制代表药的戒断症状，所以必须鉴别替代药物抑制戒断症状的机制。

3. 催促试验 实验动物的选择、给药方案及实验分组原则亦与自然戒断试验相同。首先在短时间内以较大剂量、多次递增方式给予动物受试药物，然后应用阿片类拮抗剂纳洛酮或环丙羟丙吗啡催促动物产生戒断症状。若出现吗啡样戒断症状，说明受试药物与吗啡属同类型药物。催促试验戒断症状发作快，症状重且典型，持续时间短，便于观察比较，但只适用于有竞争性受体拮抗剂的阿片类药物。

4. 诱导试验 多数镇静催眠药无竞争性受体拮抗剂，因此不可能进行催促试验，而采用诱导试验。诱导试验的实验动物的选择、给药方案及实验分组原则均与自然戒断试验相似，以动物发生惊厥作为实验指标。在自然戒断试验中，动物需进行长时间给药才有可能在停药后出现自发性惊厥。而在诱导试验中，可以应用多种方法诱发惊厥，如听源性发作、戊四氮惊厥等。诱导试验中，阈下刺激不会引起正常动物惊厥发作；而对镇静催眠药产生躯体依赖性的动物，在停药期间阈下刺激则可能诱发惊厥发作，出现反跳性兴奋。

二、精神依赖性试验

药物产生精神性依赖及药物引起的欣快、满足感等主观效应是导致药物滥用的主要原因。对药物的觅药行为和用药行为的“强化效应”的研究以及对药物引起的主观性效应的研究是评价药物引起精神依赖性潜力的重要内容。常用的试验方法包括：评价觅药行为和用药行为的强化效应的自身给药实验，测定药物主观效应的药物辨别实验，以及判定药物奖赏效应和厌恶效应的条件性位置偏爱实验。

1. 自身给药实验　该实验是利用操作式条件行为原理，动物在做出程序所设定的动作后，即可获得一定量的药物。自身给药实验较好地模拟了人类的用药行为，故在成瘾研究中得到了广泛的应用，也是当前国际上较为通用的评价药物依赖性潜力的实验方法之一。目前自身给药实验中已普遍引进了计算机实时监控自身给药实验系统。几乎可以涉及所有的临床给药途径，最常用的是静脉给药，该途径较好地模拟了人类阿片类药物的使用方式。给药程序可分为简单程序、累进比率和二次程序等。

（1）简单程序：分为有固定比率和固定间隔。固定比率可以反映药物的激发作用，只反映用药的启动反应，对强迫性用药行为和强烈的药物渴求反映不够。间隔程序描述动物碰触开关行为与获得强化药物的时间延迟关系。固定间隔可以反映药物的非特异性作用，在实验中设定时间间隔，动物在间隔期的反应不会得到奖赏，而非间隔期的行为则可获得奖赏。

（2）累进比率：一般呈指数式上升，根据动物的断点来表现药物的强化属性。在累进比率实验中，动物每要获得下一个注射单位剂量，就必须倍增其踏板次数，以获得最后一剂的踏板数作为衡量该药的强化效应。因此，累进比率实验可用来定量比较各药的强化效应的强度。改进后的每日比率累进法，以每日所能达到的最高比率值为实验数据，缩短了实验周期，且较经典累进比率实验更符合精神依赖性药物维持的基本原理。

（3）二次程序：二次强化程序将觅药行为与用药行为分离，动物碰触觅药杆并不能直接得到药物，而是获得按压给药杆的机会，按压给药杆之后获得奖赏，能较好模拟人类为获得药物所作的努力。二次程序多用于灵长类动物。

2. 药物辨别实验　利用操作式行为的技术可以测定药物的辨别刺激性。首先应用训练药训练动物对其产生主观性效应，然后给予受试药物观察动物的反应，如果动物对受试药物的反应与其对训练药的反应一样（称“泛化”），即可认为受试药物也具有相似的主观性效应。

3. 条件性位置偏爱实验　条件性位置偏爱实验是一种判定药物奖赏效应的行为药理学方法。是将环境刺激与作为条件性强化的受试药物搭配，使动物在环境刺激和药物之间建立联系，形成操作性行为，从而观察动物对搭配环境的偏爱程度来测定受试药物的强化效应。与自身给药和药物辨别实验方法相比，条件性位置偏爱实验具有设备简单，省时省力，不易受其他因素影响的特点，不仅能考察药物的奖赏效应，而且能考察药物的厌恶效应，是评价药物精神依赖性潜力的有效方法。

Summary

Special toxicology studies of new drugs refer to studying the low incidence but with serious consequences of toxicities appearing after given drugs for a long period or under special conditions. The studies include drug mutagenicity, carcinogenicity, reproductive and developmental toxicity (teratogenicity) and dependent research.

思　考　题

1. 常用的致突变试验有哪些？简述其实验原理。
2. 致突变试验为何要求选择配套试验进行？选择试验组合的原则是什么？
3. 常用的致癌试验有哪些？
4. 评价药物发育毒性的试验方法有哪些？

（吕　莉）

第4篇　临床药物毒理学与药物不良反应监测

第22章　临床药物毒理学概论

教学要求

1. 掌握药物毒性防治基本要求
2. 熟悉药物中毒的诊断

临床药物毒理学（clinical drug toxicology）是从临床角度研究药物对人体的毒性作用及其防治的科学。其主要内容是阐明临床用药过程中，药物中毒的临床表现及其机制，为诊断及防治提供理论依据。并有助于制订合理的治疗方案，防治药物中毒和药源性疾病。

药源性疾病（drug-induced disease，DID）是指人类在预防用药、治疗或诊断用药的过程中，由于药物本身的作用或药物相互作用所引起的与治疗目的无关的不良反应，致使机体组织器官产生功能性或器质性损害而出现病理状态。它是药物作为致病因子产生的疾病，是药物不良反应在一定条件下产生的结果。

药物引起的机体毒性作用、临床症状及其机制，在之前的药物对靶器官的毒性作用的有关章节中已经阐述。本章主要讨论药物中毒的临床诊断与防治。

第1节　药物中毒的诊断

案例 22-1

患者，女性，16岁。3天前与家人吵架后口服氯丙嗪40片，被家属发现时昏迷不醒，小便失禁，发现9小时后送至当地医院，予洗胃后补液2天。其间出现发热，体温高达39℃，四肢强直。入院后诊断氯丙嗪中毒、恶性综合征（NMS）、吸入性肺炎。给予吸氧、降温、补液、抗脑水肿、纳洛酮静脉滴注、抗生素治疗吸入性肺炎（洗胃所致）等治疗。入院第4天起患者神志转清，对答切题。住院1周后四肢肌张力正常。

问题：

1. 如何诊断？
2. 怎样治疗患者？

药物中毒引起机体功能性或器质性病理状态，在诊断上与一般疾病的诊断过程基本相同，要特别注意以下问题。

第一，必须追溯用药史 先应详细询问病史，如发病情况，病前的身体状态，发病与服药的关系，发病前的用药史，包括用药时间、停止用药、重新用药、剂量、剂型等情况，药物过敏史以及家族史。如果不能追溯出明确的用药史，药物中毒或药源性疾病不能成立。

第二，必须确定用药品种、时间、用药剂量和临床症状发生的关系，弄清临床症状与可疑药物之间的因果联系。不同的药物，引起的中毒症状（毒性反应）出现的时间迟早不同，有的很快，如青霉素引起的过敏性休克，用药后几秒钟就会出现；一些药物引起的肝炎，可在用药后 1 个月出现。一些药物引起的中毒症状或病情的轻重可随着药物剂量大小而变化，在临床上，可根据症状是否随药物剂量的增减而出现相应的变化来判断引起中毒的药物。患者关键体征和精神异常是中毒严重性的重要指征，也有助于提示中毒药物的种类。巴比妥类、吗啡类药物可引起呼吸抑制，拟肾上腺素药物可引起心动过速和高血压等。有些特异性中毒症状也有助于中毒药物的诊断，如吗啡可引起针尖样瞳孔。

第三，要排除药物以外的因素。

第四，应根据用药的时间顺序确定最可疑的中毒药物，有针对性地停用最可疑的药物或引起相互作用的药物，观察停药后症状的变化，分析确定致病的药物。

第五，还要根据药物对机体损害的特性，进行必要的实验室检查。有些药物引起的毒性或药源性疾病不易被发现，只有通过流行病学的调查才能确诊。如“反应停”引起畸胎，就是通过流行病学调查才确诊的。

案例 22-1 分析

氯丙嗪是常见的抗精神病药物，其药理作用主要是阻断脑内多巴胺受体，此外尚可阻断 α 受体和 M 受体。恶性综合征（NMS）是氯丙嗪等抗精神病药物引起的最严重的不良反应，发病率约为 0.02%～3.23%。

NMS 的发病机制普遍认为主要是抗精神病药阻滞中枢黑质纹状体通路的多巴胺受体。有人提出 5-羟色胺和多巴胺的平衡是影响 NMS 发病重要因素。

NMS 防治的基本措施是早期诊断、停止诱发药应用，加强监护和护理，积极降温、补液支持，积极治疗并发症。溴隐亭等多巴胺受体激动剂可在症状较重的患者身上应用，对于伴有显著肌强直和高热患者可考虑使用骨骼肌松弛剂。NMS 的并发症中病死率最高为横纹肌溶解症，可高达 50%。

第 2 节　药物毒性的防治

出现药物中毒或药源性疾病后，应及时就诊，其治疗原则包括：及时停用可疑药物，清除未吸收的药物；减少吸收、加速毒物排泄；应用特效药拮抗中毒药物；对症治疗等。

一、一般处理原则

1. 停用致病药物，清除未吸收的药物　一旦明确中毒或致病的药物，应立即停药，以免病情进一步加重。停药后，一些残留在体内的药物可能继续吸收，为了排出这部分药物，对经皮肤和黏膜途径给药的，要清除、清洗皮肤和黏膜上的药物；对经消化道途径给药的神志清醒的患者，均应用催吐、洗胃的方法消除胃内药物，常用洗胃液的作用和注意事项见表 22-1。

表 22-1　用于药物中毒的常见洗胃液的作用及注意事项

洗胃液品种	作用及应用	注意事项
1∶5000～1∶2000 高锰酸钾溶液	具有氧化性，可破坏生物碱及有机物，用于巴比妥类、阿片类、烟碱、奎宁、毒扁豆碱等药物中毒	刺激性很强，未溶解的高锰酸钾颗粒不得与胃黏膜及其他组织接触

续表

洗胃液品种	作用及应用	注意事项
药用炭∶鞣酸∶氧化镁 = 2∶1∶1 混合物 5g，加温水 500ml	具有吸附、沉淀或中和中毒药物的作用，用于口服药物中毒，如卡马西平、氨苯砜、苯巴比妥、奎宁、洋地黄、茶碱、水杨酸等药物中毒	用本品内服或洗胃后，须用清水洗去，不应留置胃内。
3% 过氧化氢溶液 10ml，加入 100ml 水中	具有强氧化作用，可氧化中毒药物，常用于阿片类及高锰酸钾等药物中毒	易产生气体并对黏膜有刺激作用
1% ~2% 氯化钠溶液或生理盐水	常用于中毒药物不明的急性中毒	不得使用热溶液，以免扩张血管，促进中毒药物吸收
3% ~5% 鞣酸溶液	可使大部分无机及有机化合物产生沉淀，阻止吸收。如阿朴吗啡、生物碱及洋地黄等	浓茶亦有此作用，不宜在胃内滞留

2. 减少吸收、加速毒物排泄　要清除经口进入的中毒药物，除催吐、洗胃外，还要导泻和洗肠，促进药物从肠道尽快排出，减少中毒药物在肠道的吸收。

导泻通常采用硫酸钠或硫酸镁 15~30g 溶于 200ml 水中内服。但中毒药物本身会导致严重腹泻者、具有腐蚀性药物中毒或患者极度衰弱者禁用。镇静催眠药中毒时应避免使用硫酸镁导泻。洗肠可用 1% 盐水，1% 肥皂水或清水，必要时可将药用炭加于洗肠液中，以吸附中毒药物促其排出。

促进中毒药物排泄：由于大多数药物进入机体后由肾脏排泄，因此，可通过利尿来加速中毒药物的排泄。通常为静脉补液后，静脉注射呋塞米 20~40mg 或其他利尿药。强效利尿药容易导致电解质紊乱，应在密切观察下使用。通过碱化尿液可促进弱酸性药物的排泄，因为碱化尿液提高原尿 pH，使弱酸性药物解离度提高，肾小管重吸收减少，排泄增加。这样碱化尿液疗法，患者要有充足的尿量才能产生较好的效果，同时要密切观察尿液 pH 等的变化。此法对水杨酸类药物和巴比妥类等弱酸性药物中毒效果良好。虽然酸化尿液也能促进苯丙胺、苯环利定等弱碱性药物的排泄，但同时存在明显的不良反应，如急性肾功能衰竭、酸碱和水盐代谢失衡等。因此，酸化尿液治疗已不再推荐作为中毒治疗的干预措施。

血液净化：血液净化疗法可以迅速清除体内毒物，适用于毒性强烈或大量毒物突然进入体内，在短时内导致患者心、肾等重要脏器功能受损的患者，可使其预后大为改观。血液净化的主要方法有血液透析、腹膜透析、血液灌注、血液滤过和血浆置换等。

对血液透析疗法显示明显效果的药物包括：苯丙胺类、氨基糖苷类抗生素、碘化物、异烟肼、阿替洛尔、二甲双胍、甲氨蝶呤、苯巴比妥等巴比妥类药物、水杨酸盐类、茶碱等。

3. 应用特效药拮抗中毒药物　对于诊断明确的药物毒性反应，尤其是急性中毒的情况下，使用一些特效药物进行解救是重要的治疗措施。

（1）物理性拮抗：如药用炭吸附中毒药物，减少中毒药物的吸收。

（2）化学性拮抗：如肝素中毒时，可用鱼精蛋白对抗。因为肝素是大分子多糖硫酸酯，带强大的负电荷，而鱼精蛋白是带强大正电荷的蛋白，能与肝素形成稳定的复合物，使肝素抗凝血作用消失。

（3）生理性拮抗：如组胺可兴奋支气管平滑肌上的 H_1 受体，引起其收缩，肾上腺素可兴奋 β_2 受体，使支气管松弛。

（4）药理性拮抗：如去甲肾上腺素外漏到血管外的组织时，引起组织坏死，可在局部浸润性注射 α 受体阻断药酚妥拉明进行拮抗。苯二氮䓬受体激动药地西泮中毒时，可用其受体阻断药氟马西尼拮抗治疗。阿片受体阻断药纳洛酮可用于急性阿片类药物中毒以及酒精中毒和成瘾的治疗。

二、对症治疗

1. 过敏反应　过敏反应不严重者，停药后反应迅速消失，无需特殊治疗。过敏反应严重或持续时间长的患者应给予药物治疗，非特异性抗过敏治疗包括使用钙剂、维生素C，抗组胺药，呼吸困难者可用氨茶碱治疗。严重反应的患者还可应用肾上腺皮质激素（如氢化可的松、地塞米松）治疗；喉头水肿应及时做气管切开术，以防窒息危及生命。肾上腺素对喉头水肿与支气管痉挛是非常有效的。

2. 休克　药源性休克的治疗原则与其他病因所致休克一致，去除可疑药物（去除病因），维持充足的血容量，保护重要脏器功能，给予糖皮质激素治疗。

3. 维护呼吸功能　药物引起呼吸功能受损或功能障碍时，维护和恢复呼吸功能非常重要。主要是保持呼吸道通畅、吸氧，也可使用尼可刹米、洛贝林、二甲弗林等呼吸兴奋剂，还要防治肺部感染。

4. 维护心血管功能　维护心血管功能包括充足的血容量，稳定的血压，纠正各种心律失常。血压升高患者可给予小剂量的抗高血压药或血管扩张药；血压降低患者如停药不能改善血压，可酌情使用升压药；心电图明确诊断心律失常患者应首先纠正离子紊乱，必要时给予药物治疗。

5. 解除平滑肌痉挛　使用解痉药可以缓解一些由于平滑肌痉挛引起的症状，如气道阻塞引起的哮喘可用茶碱类药物治疗，胃肠道痉挛引起的腹泻可用阿托品类药物治疗。

6. 纠正水、电解质平衡失调和酸碱平衡紊乱　利尿药常见的不良反应是引起水、电解质紊乱，出现恶心、呕吐、肌肉痉挛、感觉异常、体位性低血压，甚至心律失常。因此，用药过程中要注意K^+、Na^+、Cl^-等离子变化，必要时补充钾盐或与保钾利尿药合用，防止低血钾。一些药物可引起肾功能障碍、呕吐及腹泻等，从而造成体内酸碱平衡失调。严重的酸中毒患者，可给予碳酸氢钠等碱性药物治疗；对于代谢性碱中毒，在病因治疗的同时，可酌情给予精氨酸或氯化铵等酸性药物治疗。

Summary

People who appeared to be drug poisonings or drug-induced diseases should be promptly treated. The treatment principles include: timely discontinuation of suspicious drugs, removing non-absorbed drugs, reducing toxicant absorption, accelerating poison excretion, adopting specific medicines to antagonize drug poisoning and symptomatic treatment etc.

思考题

1. 药物中毒诊断时应注意什么？
2. 药物中毒后，应如何处理？

（谭毓治　王素军）

第23章 我国上市后药品不良反应报告制度与安全性监测体系

教学要求

1. 掌握药品不良反应报告制度与监测体系
2. 熟悉药品不良反应的分类、研究目的及方法，药品不良反应发生的机制及处理
3. 熟悉药品不良反应的定义

案例 23-1

氯碘喹啉，1933 年问世作为抗阿米巴药物及预防旅行者腹泻的常用药，并认为本品极少被肠道吸收和毒性最小。1955 年日本医生发现许多亚急性脊髓视神经病（subacute myelooptic neuropath，SMON）的患者临床表现为腹痛、腹泻、双足麻木刺痛等，约 5% 可发展为瘫痪，40% 病例有视力、视野障碍，严重者失明。1964 年以后，随应用本药的人数增多，患者亦不断增加，1970 年 SMON 发病率达高峰，引起日本政府关注，组织医疗专家对病因进行流行病学调查，至 1971 年查清，氯碘喹啉与本病互为因果关系，在日本因此药致 SMON 患者达 11000 人之多，死亡数百人。

问题：

1. 氯碘喹啉作为临床用药为什么会产生如此严重后果？
2. 如何防止此类事件的发生？

第 1 节　药品不良反应

一、概　　述

（一）药品不良反应及发生频率

药物是人类战胜疾病的重要工具和维系健康、提高生存质量的重要物质。但药物有如“双刃剑”，合理用药可以提高对疾病的疗效、促进康复，提高健康水平；不合理用药、滥用药物、误用药以及药品质量不佳，可导致药源性疾病的发生，产生药害。世界卫生组织对药品不良反应（adverse drug reactions，ADRs）定义为：正常剂量的药物用于预防、诊断、治疗疾病或调节生理机能时出现的有害的与用药目的无关的反应。我国国家食品药品监督管理局颁布的《药品不良反应报告和监测管理办法》中对药品不良反应明确定义为：合格药品在正常用法用量下出现与用药目的无关的或意外有害反应。药品严重不良反应是指因服用药品引起以下损害情形之一的反应。①引起死亡。②致癌、致畸、致出生缺陷。③对生命有危险并能够导致人体永久性的或显著的伤残。④对器官功能产生永久性损伤。⑤导致住院或住院时间延长。

随着药品种类的不断增加和用药普及率提高，药品不良反应发生率也有日益增加的趋势。

据国外文献报道，因药品不良反应而住院的患者占 30%；在住院期间因发生药品不良反应而延长住院时间的占 15%~30%，甚至引起死亡。据有关部门报道我国每年有约 500 万人，因药品不良反应而住院，约有 18 万~19 万人死亡，相当于主要传染病死亡人数的 10 倍。我国药品不良反应发生率占住院患者的 10%~30%。门诊治疗患者中，药品不良反应发生率高达 32%，患者出院后进行用药治疗，其药品不良反应发生率高达 41%，由此可见药品不良反应在临床疾病发生中占有相当大的比例，而且还有不断增加的趋势，因此加强药品不良反应的监测和防治是医务工作者和药品管理者的历史责任。

案例 23-1 分析

氯碘喹啉引起的亚急性脊髓视神经病就是典型的药品不良反应，其发生的原因可能是药物临床前安全性评价不完全、或用药过程中出现剂量或联合用药的不合理现象。要防止此类事件的发生，须加强药物研制过程中药物毒理学安全性评价研究，在用药过程中应加强药品不良反应的监测和报告，完善药物研制、评价、使用全过程严格的管理制度。

（二）药品不良反应研究目的、内容及方法

1. 药品不良反应的分类

（1）根据不良反应与药物剂量的关系：①A 型不良反应：与药物剂量大小有直接关系，其发生与药物的体内浓度高低密切相关。如药物引起的过度作用，副作用，毒性反应，首剂效应等。A 型不良反应发病率较高、死亡率低。通常可在药物毒理学研究中发现，其发生可以预测，A 型不良反应是与治疗目的无关的药物药理学现象作用的延伸，是药物或其代谢产物引起的毒性作用。②B 型不良反应：某些药物的不良反应的发生与药物剂量无关，发生率较 A 型低，但死亡率较 A 型高，预测性差或不可预测，属于机体对药物的特异质或特异性反应。主要包括遗传药理学不良反应和药物变态反应等。

（2）根据药品不良反应表现分类：①过度作用（over effect）：药物在一般情况下产生治疗效应，适度地调节机体功能，使其趋向正常。但药物有时会出现过强的效应而致不良反应，如镇静药引起的嗜睡，降压药引起的血压过低，降糖药引起的低血糖等。②副作用（side reactions）：当一种药物是有多种作用时，除治疗作用之外的其他作用都可以认为是副作用。如阿托品用于解除消化道痉挛 引起口干，心悸，尿闭，视力模糊等副作用。副作用一般为一过性，药物治疗作用消失后，副作用也消退，但有时不然，可造成严重后果。③毒性反应（toxic reactions）：毒性是指可造成机体某种功能或器质性损害效应，一般分为可逆性损害和非可逆性损害。例如某些抗肿瘤药引起的骨髓抑制作用，氨基糖苷抗生素所致的耳聋，中药关木通所致的肾损害等。这里的毒性作用指一般毒性，不包括致突变，致畸和致癌作用。④首剂效应（first-dose response）：某些药物在开始应用时由于机体对药物作用尚未适应，而引起强烈反应。若一开始即按常规剂量，可导致过度作用。如哌唑嗪、可乐定，开始按常规剂量给药可致血压骤降反应。对于这类药，宜小量开始，逐渐加至正常量，使机体适应。⑤遗传药理学不良反应（phcrmaccgenetical ADR）：指由于遗传因素使机体某些酶缺乏或不足，或酶的遗传多态性引起的药物代谢不同，而产生药品不良反应。例如对异烟肼代谢酶存在着酶的遗传多态性，可分为快乙酰化型和慢乙酰化型，快型易产生肝损害，慢型易产生周围神经炎。体内葡萄糖-6-磷酸脱氢酶（G-6-PD）缺乏者接触某些药物，例如伯氨喹、奎尼丁、某些磺氨类药物、氯霉素等药物可产生溶血性贫血。⑥药物变态反应（allergic ADR）：又称药物过敏反应。是外来的抗原性物质与体内抗体间所发生的非正常免疫反应，即药物及其代谢产物作为抗原或半抗原与机体所发生的超常免疫反应，引起机体不同程度的组织损伤或功能障碍。可分为全身性反应和皮肤反应两大类。⑦致突变作用（mutation）：某些药物可引起机体细胞内

的遗传物质，染色体、基因、DNA 损伤，产生染色体畸变，基因突变和 DNA 断裂和交联，发生在体细胞可产生致癌作用，发生在胚胎细胞可产生致畸胎作用，作用于生殖细胞可致子代的显性或隐性死亡或产生遗传性疾病。由于机体有完整的 DNA 损伤修复系统，这种损伤造成严重后果的机率是相对较少的。⑧致癌作用（carcinogenises）：某些药物由于能损伤遗传物质产生致突变作用或启动癌基因而产生致癌作用。例如，某些抗恶性肿瘤药既有治疗肿瘤的作用，同时又有诱发肿瘤的作用，例如环磷酰胺，长春新碱、苯丙氨酸氮芥、砷化物、白消安等。⑨致畸胎作用（taretogenisis）：某些药物作为致畸原在胎儿细胞分化和器官形成期，亦称致畸敏感期作用于孕妇可对胚胎产生致畸作用，因此孕妇在妊娠的 18 天至 3 个月内应尽量不用药或少用药，以减少药物致畸作用的几率，常见具有致畸作用的药物有：叶酸拮抗剂，雄激素类，各种抗癌药，华法林，苯妥英钠等。⑩继发反应（secondary reactions）：这种反应不是药物本身的效应，而是药物作用所诱发的反应。如长期应用广谱抗生素引起的菌群失调而致的二重感染，阿司匹林诱发 Reyes 综合征等。后继反应，亦称后作用，是停药后遗留的生物效应，它可能是短暂的，亦可能是较长时间的。例如，巴比妥类药物在用药次晨的宿醉现象是暂时的，而长时间应用糖皮质激素停药后数周肾上腺皮质功能才能恢复正常，其后作用时间较长。⑪药物依赖性（drus dependence）：某些药物经较长时间应用，停药后产生心理上渴求，称为心理依赖性，有些药物停药后产生生理上依赖性，此种依赖性通常称为成瘾性。具有生理依赖性药物长期应用可成瘾，停药后体内不能维持正常生理功能，发生戒断综合征，轻者不适，重者出现惊厥，甚至死亡，如吗啡、阿片制剂。⑫停药综合征（withdrawal syndrome）：或称撤药反应。由于药物较长期应用，致使机体对药物的作用已适应，一旦停用该药就会使机体处于不适应状态，主要表现为是病状反跳。例如，一些抗心律失常药，β-受体阻滞剂，血管扩张药等骤然停药常导致症状严重恶化。继发反应和撤药反应不是药物本身直接引起，但是属于已知的、可预报的，因而可归在 A 类不良反应中。

2. 研究药品不良反应的目的 研究药品不良反应的目的就是探讨药品不良反应产生的原因、机制，如何及时监测和报告不良反应的发生，对药品不良反应如何早期发现，早期诊断，早期治疗和预防，为减少药品不良反应对人体健康的危害服务，充分发挥药物的治疗作用，尽量减少和预防药品不良反应的发生。另一方面通过研究药品不良反应的机制和致病原因，可为副作用的正用，为老药新用，开发新用途，开发新药提供一种新思路、新途径。

3. 药品不良反应的研究内容和方法

（1）研究内容：主要包括药品不良反应的致病原因；产生药品不良反应的机制；如何早期及时监测报告不良反应的发生；不良反应的早期诊断、早期治疗、早期预防；如何降低或减少药品不良反应所致的药源性疾病的发生率，达到保持就医者的健康之目的。

（2）研究方法：药品不良反应的研究主要采用临床流行病学的研究方法，一般分为描述性研究，分析性研究和实验性研究三种方法。

1）描述性研究根据世界卫生组织和我国的药品不良反应监测报告管理规定，收集药品不良反应监测报告网络的资料、调查药品不良反应的发生率和死亡率，特别要注重年龄、性别、种族、职业、不同国家和地区、不同社会阶层人口亚群药品不良反应的发生情况。重点描述药品不良反应发生的时间、发生率、死亡率、临床症状特点，直接致死原因及预防措施等。

2）分析性研究又分病例对照研究，列队研究。① 病例对照研究：基本方法是在怀疑是某种不良反应或药源性疾病时，则在有这种反应的患者和没有这种反应的患者中比较可疑药物的应用情况。如不良反应确由这种药物引起，则有这种反应的患者会比未用这种药的对照组患者有更高的用药率，这种研究是回顾性，可提示药物与不良反应的因果关系，“反应停”致畸事件就是用该方法发现的。② 队列研究：有回顾性和前瞻性两种。回顾性研究是系统收集过去药物治疗时出现的不良反应，并将发生这种不良反应的患者根据是否用过被监测的药物分组，然后比较两组患者的不良反应发生的差异，用以确定药物的常见不良反应，及各种不良反应的发生率，促进不良反应发生的因素等；前瞻性队列研究是从预先对设定的用药和不用药人群比较和观察。这种方法较回顾性为优，主要是能定向地、有目的地提供随访患者而能收集到全部资料，队列研究基本上广泛用于新药上市后的监测，因此可以在新药上市后数月或数年可发现少见的不良反应或以前未知的不良反应。

3）实验研究　主要是用于药品不良反应发生机制的研究，或干扰试验，防治实验，目的是探讨发生的不良反应的机制，发病病因，探索诊断治疗指标和有效方法。

二、药品不良反应发生的原因和机制

案例 23-2

2006年4月30日，某医院传染病科大夫像往常一样查房，一些肝病患者的异常反应引起了她的注意。查房时陆陆续续发现一些患者尿少，最开始有4例，其中有一例肝病并不重，从常识来看，不可能出现肝肾综合征。第二天，出现相同症状的肝病患者增加到了11人。于是，院方立即组织多学科的专家会诊，结果发现，所有出现不良反应的患者，都注射过同一种药物——某制药有限公司生产的亮菌甲素注射液。至5月7日，已有4名不良反应患者死亡。

问题：

1. 是什么原因导致患者用“亮菌甲素注射液”后出现急性肾衰？
2. 为什么上市药品还能出现如此严重的不良反应？

（一）药品不良反应发生的原因

1. 药物方面原因

（1）药品上市前安全性评价存在问题：新药安全性评价的资料大部分来自毒理学动物试验资料，由于所用动物种属、种系与人类的差异，用动物试验资料外推到人存在着不确定性，又由于动物实验多为小样本，要推导到总体亦存在不确定性，因而用动物试验结果对其不良反应的评价就存在片面性或遗漏。在临床评价药物安全性时试验对象又经过严格的筛选，一般不包括老年人、婴幼儿、孕妇、哺乳期妇女及患有严重肝肾疾病的患者，也不包括合并用药或其他疗法对药物安全性的影响。而且Ⅱ期临床试验一般要求达300例则可上市，因此临床评价的结果也存在片面性，不可能万无一失。当大量上市广泛使用时，未经临床试验的人群如使用，难免会出现安全评价中未观察到的不良反应。

（2）用药方法和剂量的影响：不良反应的发生率与用药剂量、用药频度和用药途径有关。例如，长期每天3~4次给予口服青霉素，再障贫血发生率明显提高，给药频度减少，再障发生率明显降低。用药剂量大，不良反应发生率高，例如口服阿司匹林的剂量为600~899mg/天时，耳聋发生率为0.1%，当剂量达900~1191mg/天时，耳聋发生率可达4.5%。

（3）药物相互作用可引起不良反应：某些药物通过影响另一些药物的吸收、分布、代谢、排泄，改变药物的血药浓度，使药物产生不良反应。例如，普鲁本辛可使地高辛在小肠停留时间延长，增加吸收，可引起地高辛中毒。保泰松能使甲苯磺丁脲从蛋白结合部位置换出来，使游离血药浓度升高，导致低血糖。又如磺胺药与氨甲蝶呤同服产生严重骨髓抑制，红霉素、四环素与氨茶碱同服可致氨茶碱毒性增强。

（4）药品质量的影响：药品在生产、运输、保管过程中混入杂质或药品分解可产生不良反应，如青霉素中的聚合物青霉烯酸、青霉噻唑蛋白，可致青霉素过敏性休克。四咪唑中右旋咪唑量升高可致“脑炎”发病率升高，四咪唑中的右旋体是致“脑炎”的直接原因。又如氯贝特不纯，所含氯苯酚是致皮炎的物质。四环素保存不当发生降解，生成一种棕色黏性物质可引起范康尼综合征。

案例 23-2 分析

前面提到的“亮菌甲素注射液”，厂家在生产过程中使用两种辅料，一个是丙二醇，一个是聚乙二醇四百。丙二醇是注射剂里经常用的辅料，聚乙二醇四百则比较少用。经过排查，没有证据表明聚乙二醇四百有毒性。又经过进一步检验，终于找到了聚乙二醇四百可能降解的产物里有二甘醇，二甘醇具有较大的肾毒性。聚乙二醇四百在降解过程中会产生微量的二甘醇，二甘醇在注射液中的含量不应该高于聚乙二醇四百的含量，然而经检测，这批注射液二甘醇的含量却高于聚乙二醇四百，怀疑在生产过程中可能用二甘醇代替了丙二醇，通过进一步的红外光谱仪分析，广东药检所最终确定该药厂生产的亮菌甲素注射液里含有大量工业原料二甘醇，导致患者急性肾衰竭死亡。这是一起使用工业二甘醇代替丙二醇的生产假药案，是药品质量问题。

（5）药物的剂型和添加剂对不良反应的影响：同种药物剂型不同，生物利用度不同，血药浓度不同，至药效强度不同，若血浆浓度增加过快易造成不良反应。药物中赋型剂的改变可引起不良反应，例如 1968 年澳大利亚发生苯妥英钠胶囊中毒事件，其原因是制药厂将乳糖代替硫酸钙作为填充剂。由于乳糖能增快苯妥英钠在胃肠液的溶解速度，使吸收过快过多，导致血药浓度过高而中毒。又如某些胶囊药的着色剂可引起固定性药疹等。

2. 机体方面的原因

（1）人种的差异：对药物的敏感程度、药物代谢酶的含量及酶的基因多态性可因人种不同而异。有色人种与白色人种之间对药物毒性敏感程度明显不一致，如甲基多巴所至溶血性贫血反应，在不同种族发生率不同，高加索人服用此药后直接抗球蛋白试验阳性率为 15%，而中国人、非洲人服用此药无阳性反应。药物代谢的人种差异和个体差异主要是代谢酶系存在着遗传多态性所致。

（2）年龄、性别：婴幼儿由于血-脑屏障及各器官的功能和某些药物代谢酶尚未发育成熟，因而对药物的不良反应敏感性较成人高，因此同一药物对婴幼儿的不良反应发生率远高于成人。这方面最危险的药物有氯霉素，磺胺类，新生霉素，巴比妥类及吗啡类药物。另外，由于老年人药物代谢动力学和药效动力学的改变及机体生理功能下降，因此亦易发生药品不良反应，例如老年患者应用强心苷，抗生素，皮质激素，抗凝剂，安定药等不良反应显著增加。

女性的药品不良反应发生率要高于男性，例如氨基比林，保泰松，氯霉素引起的急性粒细胞减少症女性是男性的 3 倍；氯霉素等对骨髓抗代谢作用的药物引起的全血细胞减少女性比男性敏感得多，尤其青年女性抗氯霉素不良反应的能力更差。在住院和门诊患者中，药品不良反应发生率女性明显高于男性。药物引起皮肤变态反应发生率，女性高于男性 50%，女性对地高辛，肝素，卡托普利的毒作用也表现得比男性更敏感。

（3）妊娠与哺乳：妊娠和哺乳期的生理变化可影响药物的体内过程，妊娠时血浆容量可增加 40%，组织液容量在前 6 个月中成比例减少，从第 7 个月开始组织液容量快速增加，然后在产后两个月内慢慢减少达正常。心输出量和肾血流量在妊娠期增加，肾小球滤过率增加 50%，某些药物的肾清除率增加，妊娠期肝对药物的硫酸化和氧化作用降低，这些生理变化一般引起药物效应降低和剂量依赖性不良反应减少，但药物对肾、肝不良反应可增加，妊娠期药物的不良反应最显著的特点是药物通过胎盘可损伤胎儿的生长发育，特别是某些药物可引起胎儿畸形。这是妊娠期用药最容易发生的不良反应，必须给予高度的警惕和注意。哺乳期用药不良反应主要是某些药物可通过婴儿哺乳，母亲乳汁内药物及其代谢产物的影响对婴儿产生药品不良反应甚至影响婴儿的发育。

（4）疾病状态影响药品不良反应的发生：有严重心血管疾病、肝、肾功能不全及某些代谢性疾病患者由于药物代谢和排泄功能改变，使药物在体内作用时间延长，甚至造成药物蓄积，易导致药品不良反应的发生。

3. 用药方面的原因

（1）用药不当：没有根据患者的年龄、性别、生理状态及疾病状况正确调节用药量，而仍按常规用量，导致对每个个体来说药物用量过大或用药时间长，造成药物相对过量或在体内蓄积而产生药品不良反应。

（2）药物配伍不当：没有注意药物的相互作用，配伍不当导致产生药品不良反应。如乙酰唑胺与水杨酸并用导致嗜睡，大小便失禁；左旋多巴与噻嗪或丁酰苯类抗精神病药合用时，可诱发帕金森综合征。

（3）用法不当：很多药物不能同时静注和静脉滴注，否则可造成严重不良反应。

（4）选药不当：医生对患者的病史，特别是过敏史，家族遗传史，以往用药史了解不详细，对药物的毒副作用和禁忌证认识不足，特别是忽视了患者的严重疾病史（例如肝、肾病史）而选药不当，可造成严重药品不良反应的发生。

（5）药物滥用：由于我国处方药和非处方药管理不严格，例如抗生素以往在任何药店均可购到，患者在应用药物时可以自行选用或加大药量或者医生滥用抗生素等药物，造成药品不良反应不断发生。

4. 遗传因素　特异质反应是指机体由于缺乏某种酶，而对药物导致的特殊不良反应。例如环氧化物水解酶活性有显著的遗传性个体差异，缺乏这种酶的个体不能使环氧化物代谢产物解毒，因而发生过敏反应综合征。遗传性谷胱甘肽转移酶缺乏患者，氟烷引起的肝损害有两种类型，一种是轻度，由氨基转移酶和谷胱甘肽转移酶障碍和缺乏引起肝损害，另一种则可能是免疫损害，发生率仅为1/3500～1/3000，导致严重肝坏死。

5. 免疫因素　药物过敏反应是临床上最常见的药品不良反应。在各种药品不良反应中，药物过敏反应约占1/4，也是死亡率较高的一种药品不良反应，药物过敏反应属B型不良反应。药物过敏反应受机体和药物两个因素影响，具有过敏体质的人，有药物过敏史的人及特异质体质的人易发生药物过敏反应。药物因素一般有四种情况。①蛋白质类药物为完全性抗源。②药物及代谢产物为半抗源与内源性蛋白质结合形成完全抗原。③药物或其代谢产物参与或加强变异性自身抗原和抗体反应。④药物或其代谢产物引起自身抗体的生成，机体产生过敏反应。

（二）药品不良反应发生机制

1. A型不良反应发生的机制

（1）药物吸收：药物的脂溶性，脂/水分配系数，药物的结构与分子大小，药物的剂型及赋型剂性质，药物的吸收部位，胃肠道运动速度，胃肠内容物质和胃肠道内pH等均影响药物的吸收速率，给药时间、间隔、给药途径及方式亦影响药物的吸收。同一药物不同个体的吸收速率可有很大差异，处方药忽视了上述因素，没有注意给药的个体化，因此产生药物血药浓度过高，达峰时间提前易产生A型药品不良反应。例如胍乙啶，口服有效剂量是10～500mg/d，有3%～27%被吸收，个体用量吸收率差异甚大，如不个体化给药就易发生A型不良反应。

（2）药物分布：药物分布特点决定和影响药物在体内的动力学特点。同时心血管功能，肾脏功能，器官血液流量均影响药物在体内分布。如药物在体内生物半衰期较长，而给药间隔较短，器官血液流量变化，肾脏排泄功能因血液流量而减少，使药物在体内蓄积，因而易产生A型不良反应。例如，利多卡因经肝脏代谢解毒，当肝脏血流量减少时其消除率降低，血浆药物半衰期延长易发生A型不良反应。

（3）药物血浆蛋白结合率：体内血浆蛋白含量下降使之与其结合的药量减少，游离型药物增加，瞬间到达靶器官的药物浓度升高，药物作用加强，易产生A型不良反应，例如癫痫合并尿毒症患者的血浆白蛋白低，苯妥英钠与白蛋白结合率下降，使血中游离的苯妥英钠浓度升高4倍，常易发生A型不良反应。

（4）药物与相关组织成分结合：有些药物与机体的特异组织结合使局部药物浓度增高产生A型不良反应，例如，氯喹和吩噻嗪类药物对黑色素有高亲合力，可大量沉积在眼部含黑色素的组织中，引起视网膜变性，又如氯霉素易在骨髓中蓄积，产生再生障碍性贫血等。

（5）药物代谢转化：肝脏是药物代谢的主要器官，代谢转化的功能又有两重性，一为解毒灭活功能，二为代谢活化功能，由于肝脏内血流量不同，肝功能受到损害，转化药物的能力下降，对于代谢解毒及灭活的药物就易产生A型不良反应。

（6）肾脏排泄功能：婴儿、老年人和肾病患者的肾小球滤过量减少，使药物及其代谢产物易在体内蓄积引起A型不良反应，例如氨基糖苷类抗生素，头孢类抗生素，地高辛等如经肾脏清除率下降，血浆药物生物半衰期延长，血药浓度升高易发生A型不良反应。

2. B型不良反应发生的机制

（1）药物的异质性：由于药物本身的特性和药物的杂质、赋型剂、添加剂的特异性质而产生毒副作用，由此引起的B型不良反应屡见不鲜。例如，药物作为抗原或半抗原，或参与机体自身免疫的调控而引起的药物过敏反应。乳糖代替硫酸钙作胶囊填充剂引起的苯妥英钠中毒，对着色剂柠檬黄过敏等均属此类。

（2）患者的异常性：特异性遗传体质 有些人由于酶的缺陷和减少对许多药物产生特殊反应。例如，G-6-PD酶缺陷的患者或乙酰化酶缺陷者易引起A型不良反应。患者免疫系统的特殊性和某些免疫功能易被激活或抑制，外原性药物作为抗原，半抗原或免疫激动剂进入机体后易产生过敏反应。

第2节　药品不良反应的报告制度

一、药品不良反应报告的范围和要求

我国药品不良反应实行逐级、定期报告制度，必要时可以越级报告。药品生产、经营企业和医疗卫生机构必须指定专（兼）职人员负责本单位生产、经营、使用药品的不良反应报告和监测工作，发现可能与用药有关的不良反应应详细记录、调查、分析、评价、处理，并填写《药品不良反应/事件报告表》，每季度集中向所在地的省、自治区、直辖市药品不良反应监测中心报告，其中新的或严重的药品不良反应应于发现之日起15日内报告，死亡病例须及时报告。《药品不良反应/事件报告表》的填报内容应真实、完整、准确。新药监测期内的药品应报告该药品发生的所有不良反应；新药监测期已满的药品，报告该药品引起的新的和严重的不良反应。

药品生产企业除按规定报告外，还应以《药品不良反应/事件定期汇总表》的形式进行年度汇总后，向所在地的省、自治区、直辖市药品不良反应监测中心报告。对新药监测期内的药品，每年汇总报告一次；对新药监测期已满的药品，在首次药品批准证明文件有效期届满当年汇总报告一次，以后每5年汇总报告一次。

进口药品自首次获准进口之日起5年内，报告该进口药品发生的所有不良反应；满5年的，报告该进口药品发生的新的和严重的不良反应。此外，对进口药品发生的不良反应还应进行年度汇总报告，进口药品自首次获准进口之日起5年内，每年汇总报告一次；满5年的，每5年汇总报告一次。进口药品在其他国家和地区发生新的或严重的不良反应，代理经营该进口药品的单位应于不良反应发现之日起一个月内报告国家药品不良反应监测中心。

药品生产、经营企业和医疗卫生机构发现群体不良反应，应立即向所在地的省、自治区、直辖市（食品）药品监督管理局、卫生厅（局）以及药品不良反应监测中心报告。省、自治

区、直辖市（食品）药品监督管理局应立即会同同级卫生厅（局）组织调查核实，并向国家食品药品监督管理局、卫生部和国家药品不良反应监测中心报告。

个人发现药品引起的新的或严重的不良反应，可直接向所在地的省、自治区、直辖市药品不良反应监测中心或（食品）药品监督管理局报告。

省、自治区、直辖市药品不良反应监测中心，应每季度向国家药品不良反应监测中心报告所收集的一般不良反应报告；对新的或严重的不良反应报告应当进行核实，并于接到报告之日起3日内报告，同时抄报本省、自治区、直辖市（食品）药品监督管理局和卫生厅(局)；每年向国家药品不良反应监测中心报告所收集的定期汇总报告。

国家药品不良反应监测中心应每半年向国家食品药品监督管理局和卫生部报告药品不良反应监测统计资料，其中新的或严重的不良反应报告和群体不良反应报告资料应分析评价后及时报告。药品不良反应监测中心应对报告药品不良反应的单位或个人反馈相关信息。

二、具体报告办法

药品不良反应的报告按着国家药品监督管理局7号令《药品不良反应报告和监测管理办法》的要求，采取自愿呈报制度和法律呈报制度相结合，每个公民、药品生产经营和使用者、患者都有义务对药品不良反应事件向国家药品监督管理部门，特别是向国家药品不良反应监测中心进行及时报告，最主要的是按“管理办法”中的规定职责进行报告，具体办法见附表1、附表2和附表3。

具体报告程序：报告主体发生（发现）ADR→填表→本单位负责ADR监测工作的有关人员和机构→当地药品不良反应监测机构（省药品不良反应监测中心）→国家药品不良反应监测中心→国际药品监测合作中心（乌普萨拉监测中心UMC）。

为进一步推进ADR监测工作，提高ADR监测工作的水平，规范ADR报告表的填写，加速ADR信息的传递，国家药品不良反应监测中心要求，药品不良反应报告表全部实行网络在线上报。全国药品不良反应监测网络网址：http：//www. adr. gov. cn。

附表1 药品不良反应/事件报告表

制表单位：国家食品药品监督管理

新的□ 严重□一般□ 医疗卫生机构□ 生产企业经营企业□ 个人□ 编码□□□□□□□□□□□□□□□□□□□

<table>
<tr><td colspan="2">患者姓名</td><td>性别：
男□
女□</td><td>出生日期：
年 月 日</td><td>民族</td><td>体重（kg）</td><td colspan="3">联系方式</td></tr>
<tr><td colspan="4">家族药品不良反应/事件：
有□ 无□ 不详□</td><td colspan="5">既往药品不良反应/事件情况： 有□ 无□ 不详□</td></tr>
<tr><td colspan="3">不良反应/事件名称：</td><td colspan="2">不良反应/事件发生时间：
年 月 日</td><td colspan="4">病历号/门诊号（企业填写医院名称）</td></tr>
<tr><td colspan="9">不良反应/事件过程描述（包括症状、体征、临床检验等）及处理情况：</td></tr>
<tr><td colspan="2">商品名称</td><td colspan="2">通用名称（含剂型，监测期内品种用*注明）</td><td>生产厂家</td><td>批号</td><td>用法用量</td><td>用药起止时间</td><td>用药原因</td></tr>
<tr><td rowspan="3">怀疑药品</td><td></td><td colspan="2"></td><td></td><td></td><td></td><td></td><td></td></tr>
<tr><td></td><td colspan="2"></td><td></td><td></td><td></td><td></td><td></td></tr>
<tr><td></td><td colspan="2"></td><td></td><td></td><td></td><td></td><td></td></tr>
</table>

续表

并用药品						

不良反应/事件的结果： 治愈□ 好转□ 有后遗症□ 表现： 死亡□
直接死因： 死亡时间： 年 月 日

原患疾病：

对原患疾病的影响： 不明显□ 病程延长□ 病情加重□ 导致后遗症□ 表现： 导致死亡□

国内有无类似不良反应（包括文献报道）： 有□ 无□ 不详□
国外有无类似不良反应（包括文献报道）： 有□ 无□ 不详□

关联性评价	报告人： 肯定□ 很可能□ 可能□ 可能无关□ 待评价□ 无法评价□ 签名： 报告单位： 肯定□ 很可能□ 可能□ 可能无关□ 待评价□ 无法评价□ 签名： 省级药品不良反应监测机构 肯定□ 很可能□ 可能□ 可能无关□ 待评价□ 无法评价□ 签名： 国家药品不良反应监测中心： 肯定□ 很可能□ 可能□ 可能无关□ 待评价□ 无法评价□ 签名：

单位名称： 部门： 电话： 报告日期： 年 月 日
报告人职业（医疗机构）： 医生□ 药师□ 护士□ 其他□ 报告人职务职称（企业）：
报告人签名：

不良反应/事件分析

(1) 用药与不良反应/事件的出现有无合理的时间关系？ 有□ 无□
(2) 反应是否符合该药已知的不良反应类型？ 是□ 否□ 不明□
(3) 停药或减量后，反应/事件是否消失或减轻？ 是□ 否□ 不明□ 未停药或未减量□
(4) 再次使用可疑药品后是否再次出现同样反应/事件？ 是□ 否□ 不明□ 未再使用□
(5) 反应/事件是否可用并用药的作用、患者病情的进展、其他治疗的影响来解释？
是□ 否□ 不明□
(6) 用药与不良反应/事件的出现有无合理的时间关系？ 无□ 有□
(7) 反应是否符合该药已知的不良反应类型？ 是□ 否□ 不明□
(8) 停药或减量后，反应/事件是否消失或减轻？ 是□ 否□ 不明□ 未停药或未减量□
(9) 再次使用可疑药品后是否再次出现同样反应/事件？ 是□ 否□ 不明□ 未再使用□
(10) 反应/事件是否可用并用药的作用、患者病情的进展、
(11) 其他治疗的影响来解释？ 是□ 否□ 不明□

◇严重药品不良反应/事件是指有下列情形之一者：

① 引起死亡 □
② 致畸、致癌或出生缺陷 □
③ 对生命有危险并能够导致人体永久的或显著的伤残 □
④ 对器官功能产生永久损伤 □
⑤ 导致住院或住院时间延长 □

◇编码规则：

省（自治区、直辖市）	市（地区）	县（区）	单位	年代 流水号
□□	□□	□□	□□□□	□□□□□□□□□□

注：省（自治区、直辖市）、市（地区）、县（区）编码按中华人民共和国行政区划代码填写。

单位编码第一位如下填写：医疗机构 1. 军队医院 2. 计生机构 3. 生产企业 4. 经营企业 5. 个人报告单位编码一栏填写 6000

◇ **注：**通用名称一栏，首次获准进口 5 年内的进口品种用＊注明

国家药品不良反应监测中心 _ _ _ _ _ _ _ _ _ **药品不良反应监测中心**

通信地址：北京市崇文区法华南里 11 号楼二层 通信地址：
邮 编：100061 邮 编：

电 话：(010) 67164979 电 话：
传 真：(010) 67184951 传 真：
E - mail ：report@ adr. gov. cn E - mail：

新的、严重的药品不良反应/事件病例报告要求

药品生产企业报告要求
(1) 填报《药品不良反应/事件报告表》；
(2) 产品质量检验报告；
(3) 药品说明书（进口药品还须报送国外药品说明书）；
(4) 产品注册、再注册时间，是否在监测期内（进口药是否为首次获准进口 5 年内）；
(5) 产品状态（是否是国家基本药物、国家非处方药、国家医疗保险药品、中药保护品种）；
(6) 国内上年度的销售量和销售范围；
(7) 境外使用情况（包括注册国家、注册时间）；
(8) 变更情况（药品成分或处方、质量标准、生产工艺、说明书变更情况）；
(9) 国内外临床安全性研究及有关文献报道情况；
(10) 除第 (1)、(2) 项以外，其他项目一年之内如无变更，可以免报。

附表 2 药品群体不良反应/事件报告表

制表单位：国家食品药品监督管理局

商品名：	通用名（含剂型）：	规格：	生产批号：
生产单位：	使用单位：	使用人数：	发生人数：
批准文号：	监测期内药品：是 □ 否 □	计划内免疫：是□否□	事件发生地点：

序号	姓名	性别	年龄	民族	体重	用法用量	用药时间	不良反应/事件发生时间	不良反应/事件表现	不良反应/事件结果	关联性评价

上报单位： 地址： 报告日期：
报告人： 联系电话： 省级 ADR 中心（签章）：

附：1) 其他相关资料请按附录 C 要求另附页报告；
2) 典型病例请填写《药品不良反应/事件报告表》；
3) 不良反应/事件结果指治愈、好转、有后遗症或死亡。

药品群体不良反应/事件报告要求

一、医疗卫生机构报告要求：
1. 事件描述
(1) 发生时间；
(2) 地点；
(3) 涉及药品名称；
(4) 药品不良反应/事件主要表现；

（5）诊治过程；

（6）转归情况；

（7）在该地区是否为计划内免疫药品。

2. 典型病例详细填写《药品不良反应/事件报告表》

3. 报告人及联系电话

二、药品生产企业报告要求：

（1）事件发生、发展、处理等相关情况；

（2）药品说明书（进口药品须提供国外说明书）；

（3）质量检验报告；

（4）是否在监测期内（进口药是否为首次获准进口五年内）；

（5）注册、再注册时间；

（6）药品生产批件；

（7）执行标准；

（8）国内外药品安全性研究情况、国内外药品不良反应发生情况包括文献报道；

（9）典型病例详细填写《药品不良反应/事件报告表》；

（10）报告人及联系电话。

三、省、自治区、直辖市药品不良反应监测中心报告要求

（1）组织填写《药品群体不良反应/事件报告表》；

（2）整理、分析收到材料；

（3）提出关联性评价意见；

（4）密切关注事件后续发展；

（5）事件过程详细调查报告（事件发生、发展、处理、结果等）。

附表3 药品不良反应/事件定期汇总表

制表单位：国家食品药品监督管理局

汇总时间	年 月 至 年 月		
企业名称		传真	
企业地址		邮编	
联系人		电话	
商品名		通用名（含剂型）	
注册时间		再注册时间	
批准文号		国家基本药物□ 国家医疗保险药品□	
本期产量		国家非处方药□ 中药保护品种 □	
本期销量		预计使用人数	
药品成分或处方变更情况	详细情况（变化成分及原辅料名称、剂量、变更依据等）：		
执行标准（附质量标准一份）			
是否在监测期内（进口药是否为首次获准进口5年内）： 是□ 否□			
境外情况（国产药提供出口及国外使用情况/进口药提供国外使用情况）			
相关研究（文献、综述、研究报告）			
药品不良反应/事件发生情况： 有□ 无□			

报告人：　　　　　　　　　　　　　　　　　　报告日期：

药品生产企业（签章）　　　　　　　　　　　　省ADR中心（签章）

续表

药品不良反应/事件发生情况						
不良反应/事件名称	频数	信息来源				
		临床（例）	个人（例）	文献（例）	研究（例）	其他（例）
出现药品不良反应/事件总人数：						

附：1）请附汇总时间内药品说明书一份，质量标准一份；

2）品种有无不良反应/事件发生，企业均应提交汇总报告表；

3）相关研究只需列明题目、发表论文出处、研究内容论点，对应详细资料另附。

4）以上栏目如无情况说明请注明“无”，如表格空间不够可另附页说明。

第3节　药品不良反应监测体系

一、药品不良反应报告和监测体系构成

我国药品不良反应报告和监测体系由监测部门、管理部门和报告部门组成。国家食品药品监督管理局主管全国药品不良反应监测工作；省、自治区、直辖市人民政府（食品）药品监督管理局主管本行政区域内的药品不良反应监测工作；各级卫生主管部门负责医疗卫生机构中与实施药品不良反应报告制度有关的管理工作。目前，国际上通用的ADR监测的主要方法有：自发报告系统（spontaneous reporting system，SRS），处方事件监测（prescription event monitoring，PEM），集中监测系统（intensive hospital monitoring，IHM），分析流行病学（analytical epidemiology），自动记录数据库（automated database）等。

1. 自发呈报系统　由国家或地区设立专门的药品不良反应登记处，成立有关药品不良反应专门委员会或监察中心，负责收集，整理分析自发呈报的ADR资料并反馈。如英国的“黄卡系统”（yellow card system）、澳大利亚的“蓝卡系统”（blue card system）等。该报告系统的优点是：①监测范围广，能监测所有的患者（包括住院和门诊患者，以及所有上市药品，不受时间限制，可作长期观察）。②最为经济，不需要昂贵设备，耗资少，便于推广。③可发现罕见的、新的不良反应，以及特殊人群和药物合用发生的ADR。④可以及早发现潜在的ADR问题的信号，从而形成假说，提出早期警告。自发报告系统的主要缺点是漏报和不报。

2. 处方事件监测　是英国南安普敦大学教授Inman设计的一种研究ADR的方法。处方事件是指任何新的诊断、向医学专家咨询或需要住院的理由、疾病的意外恶化或好转、可疑药物反应

或应记入病历的主诉。英国政府规定，处方计价局必须将与重点药物监测药品名单有关的处方复印件交给药品调查研究中心（Drug Surveillance Researeh Unit，DSRU），后者将处方输入其数据库。对ADR作进一步调查时，DSRU根据其掌握的信息通知处方医师填写绿卡（green card）。绿卡为医疗事件的标准调查表，用于填写患者在用药过程中和用药前后发生的任何医疗事件。PEM缩短了新药首次处方时间与收到绿卡的时间，从而减少新药潜在严重不良反应可能造成的损害。在英国，PEM已成为上市后药品安全性研究的重要方法之一，对黄卡系统是一种有益的补充。PEM的优点：①迅速从所有开过监测药物的医生处获得报告。②非干预性，对医生处方习惯、处方药物无任何影响。③对所发生的ADR高度敏感。④基于人群资料，无外源性选择偏倚。⑤可探测潜伏期较长的ADR。⑥相对于前瞻性队列研究费用较少。⑦在一定时期内药物暴露和ADR发生数较为可信。缺点：①治疗分配无系统性随机，因而随机临床研究中的资料处理的统计方法不适用。②PEM研究的可信性取决于医生的绿卡回收率。

3. 集中监测系统 在一定时间、一定范围（某一地区，几个医院，或几个病房）内根据研究目的详细记录药物和药品不良反应的发生情况。根据对象分为住院患者和门诊患者，以患者为线索，了解用药及ADR情况。缺点是数据代表性较差、缺乏连续性，且费用较高，其应用受到一定限制。

4. 分析流行病学 主要应用流行病学方法，对ADR进行监测和分析。①病例对照研究（Case Control Studies）在人群中患有拟研究的疾病患者组（病例组）同没患那种疾病的人群（对照组）进行比较，研究前者拥有假说因素是否成立。拟研究的疾病为怀疑药物引起的不良反应，假说因素则是可疑药物，然后进行统计学处理，说明两组差异是否有显著性定义。②前瞻性队列研究法（Future Cohort Studies）将样品分为两个组，一组暴露于某一药物，另一组为不暴露于该药物的患者，进行观察，验证其结果的差异，即不良事件的发生率或疗效。

5. 自动记录数据库 所谓自动记录数据库是把患者分散的诊断、用药、剂量、不良反应及其他信息如收费记录等，通过患者唯一的保健号链接，储存于计算机内而形成。它是ADR监察的一种较好方法，计算机的应用，大大有利于这一系统的实施。需建立专门系统，费用昂贵。

二、药品不良反应监测部门职责

（一）国家食品药品监督管理局

负责全国药品不良反应监测管理工作，并履行以下主要职责：

（1）会同卫生部制定药品不良反应报告的管理规章和政策，并监督实施。

（2）通报全国药品不良反应报告和监测情况。

（3）组织检查药品生产、经营企业的药品不良反应报告和监测工作的开展情况，并会同卫生部组织检查医疗卫生机构的药品不良反应报告和监测工作的开展情况。

（4）对突发、群发、影响较大并造成严重后果的药品不良反应组织调查、确认和处理。

（5）对已确认发生严重不良反应的药品，国家食品药品监督管理局可以采取紧急控制措施，并依法做出行政处理决定。

（二）省、自治区、直辖市（食品）药品监督管理局

负责本行政区域内药品不良反应监测管理工作，并履行以下主要职责：

（1）根据本办法会同同级卫生主管部门制定本行政区域内药品不良反应报告及管理规定，并监督实施。

（2）会同同级卫生主管部门组织本行政区域内药品不良反应报告和监测的宣传、教育、培训工作。

(3) 组织检查本行政区域内药品生产、经营企业的药品不良反应报告和监测工作的开展情况，并会同同级卫生主管部门组织检查本行政区域内医疗卫生机构的药品不良反应报告和监测工作的开展情况。

(4) 对本行政区域内发生的药品严重不良反应组织调查、确认和处理。

(5) 对在本行政区域内已确认发生严重不良反应的药品，省、自治区、直辖市（食品）药品监督管理局可以采取紧急控制措施，并依法做出行政处理决定。

(三) 国务院卫生主管部门和地方各级卫生主管部门

在职责范围内，依法对已确认的药品不良反应采取相关的紧急措施。

(四) 国家药品不良反应监测中心

承办全国药品不良反应监测技术工作，在国家食品药品监督管理局的领导下履行以下主要职责：

(1) 承担全国药品不良反应报告资料的收集、评价、反馈和上报工作。

(2) 对省、自治区、直辖市药品不良反应监测中心进行技术指导。

(3) 承办国家药品不良反应信息资料库和监测网络的建设及维护工作。

(4) 组织药品不良反应宣传、教育、培训和药品不良反应信息刊物的编辑、出版工作。

(5) 参与药品不良反应监测的国际交流。

(6) 组织药品不良反应监测方法的研究。

(五) 省、自治区、直辖市药品不良反应监测中心

在省、自治区、直辖市（食品）药品监督管理局的领导下承办本行政区域内药品不良反应报告资料的收集、核实、评价、反馈、上报及其他有关工作。

药品不良反应监测中心的人员应具备医学、药学及相关专业知识，具有正确分析药品不良反应报告资料的能力。

三、药品不良反应监测部门相关法律责任

药品不良反应是药物本身存在的非医生错误用药，滥用药及职业责任及职业道德所致的对患者的损害。因此临床用药产生的药品不良反应医生不承担法律责任。但医疗部门，药品生产者，药品审批机构，处方责任者，药师和处方执行者必须对药品不良反应的监测、报告、治疗和预防负有相应的责任，只有从药物研制、审批、生产到临床应用各环节加强药品不良反应的监测和报告，加强药品不良反应管理，才能减少药品不良反应的发生几率，使药品不良反应危害降到最低。

1. 药物生产和使用部门的相关责任

(1) 生产者的责任：在欧共体国家和我国，制药业有责任提供患者想知道的某一药物的安全性方面的资料。生产者应合法地、合理地、忠实地、切合实际的报告药品不良反应。制药企业有责任提醒用药者注意药物的危害性，告诉处方者如何使用药物。

(2) 审批机构的责任：审批机构有责任确保产品的试验具有科学满意的试验设计，保证实施和整个研究及生产过程的科学性，真实性。产品只有在实验结果达到规定可行的质量标准方能获得生产许可证。在获得不良反应报告后，审批机构有责任对报告的情况作出反应，必要时可撤销批准文号，停止药品生产。

(3) 处方者的责任：处方者应仔细考虑下列问题：① 患者是否必须用某种药物。②用药带来的好处是否超过可能发生不良反应的危险性。③是否有达到相同疗效更安全的药品和方

法可以替代。④为什么这种特殊病例更可能遭受不良反应，特别注意特异质患者，过敏患者和部分敏感患者不良反应的发生带来的危害。处方者必须警惕和提醒患者可能发生的不良反应，及用药注意事项和禁忌。处方必须正确、清楚、不能有含糊及易曲解之处发生。

（4）药师的责任：药师对患者负有关照责任，他既要监督非处方药的出售，又要严格按医师处方安全正确地发药。发现处方有问题必须与医生联系，共同商讨解决。

（5）执行者责任：护士投药和注射给药必须严格正确执行医嘱和操作规程，错误给药可带来灾难，护士在用药前必须认真核对药物，核实处方和给药途径及操作程序保证不出差错。

2. 对药品不良反应监督管理者责任及处罚 根据我国《药品不良反应报告及监测管理办法》中第五章第27、28条规定如下：

（1）第27条：省级以上（食品）药品监督管理部门对药品生产、经营企业和除医疗机构外的药品使用单位有下列情形之一的，视情节严重程度予以责令改正、通报批评或警告，并可处以一千元以上三万元以下罚款；情节严重并造成不良后果的，按照有关法律法规的规定进行处罚。

1）无专职或兼职人员负责本单位药品不良反应监测工作的。

2）未按要求报告药品不良反应的。

3）发现药品不良反应匿而不报的。

4）未按要求修订药品说明书的。

5）隐瞒药品不良反应资料。

医疗机构有以上行为之一的由（食品）药品监督管理部门移交同级卫生主管部门进行处理。

（2）第28条：（食品）药品监督管理部门及其有关工作人员在药品不良反应监测管理工作中违反规定，延误不良反应报告，未采取有效措施控制药品不良反应重复发生并造成严重后果的，依照有关规定给予行政处分。

第4节 药品不良反应的评价和控制

一、药品不良反应评价和控制的法律规定

药品不良反应评价和控制在《药品不良反应报告和监测管理办法》中的第22条至26条有明确的规定，在评价中要求严格执行。

（1）第22条：药品生产、经营企业和医疗卫生机构应经常对本单位生产、经营、使用的药品所发生的不良反应进行分析、评价，并应采取有效措施减少和防止药品不良反应的重复发生。

（2）第23条：省、自治区、直辖市药品不良反应监测中心应及时对药品不良反应报告进行核实，做出客观、科学、全面的分析，提出关联性评价意见，并将分析评价意见上报国家药品不良反应监测中心，由国家药品不良反应监测中心作进一步的分析评价。

（3）第24条：根据分析评价结果，国家食品药品监督管理局可以采取责令修改药品说明书，暂停生产、销售和使用的措施；对不良反应大或者其他原因危害人体健康的药品，应当撤销该药品批准证明文件，并予以公布。

已被撤销批准证明文件的药品，不得生产或者进口、销售和使用；已经生产或者进口的，由当地（食品）药品监督管理部门监督销毁或者处理。

（4）第25条：对已确认发生严重不良反应的药品，依照《药品管理法》第71条的有关规定进行处理。

（5）第26条：国家食品药品监督管理局定期通报国家药品不良反应报告和监测情况。

二、药品不良反应评价要点

药品不良反应的评价是核准药品与不良反应之间的因果关系，是确定药品不良反应并加

以预防的关键步骤。医生或专家在进行药品不良反应评价时，必须彻底了解患者的治疗全过程的用药情况和各种检查资料，因此在评价药品不良反应时，必须有完整、准确、真实的临床记录和病志，认真排除药品以外的其他因素，评价时必须注意以下各点：

(1) 仔细询问患者用药史：患者用药包括患者门诊用药和住院用药，但往往忽视或遗漏患者自选用药，特别是非处方用药、中成药，患者易于遗漏，为防止有些药物过敏反应，更应询问患者近几个月的用药史，因为ADR有潜伏期存在，A型不良反应潜伏期决定于药品的药理作用、用药剂量、剂型、给药频率和疗程；B型反应的潜伏期，如果不良反应属于变态反应，其潜伏期决定于患者是否处于致敏状态。在致敏状态下，用药在数分钟至几小时间发生过敏反应。如果患者的致敏状态是在用药中形成，第一次用药至发生反应的潜伏期较长，甚至可在20日以上，所以应注意了解患者较长时间的用药史，防止遗漏致病药品。

(2) 注意排除原有疾病引起的并发症与不良反应相混淆。

(3) 必须了解患者的遗传特征和过敏史：患者本人或家族人群有药物过敏史，易发生药物过敏反应。有某些遗传缺陷的患者可对药物发生特异质反应，产生相应的药品不良反应。

(4) 注意对原有疾病的诊断和检验过程中可能产生的症状、反应与药品不良反应相鉴别。

(5) 注意排除由于手术等其他治疗方法影响产生的反应与药品不良反应相鉴别。

(6) 注意由于某些生活习惯，如吸烟、饮酒等引起的反应与药品不良反应相区别。

(7) 注意由患者的精神、心理因素引起的反应与药品不良反应相区别。

(8) 注意识别不良反应是由单种药物引起的，还是由于药物相互作用所致。

(9) 注意药品不良反应的发生与用药之间的时序相关。

(10) 是否由上述多种因素综合作用产生的可能性。

三、药品不良反应因果关系评价原则

目前，各国进行因果关系分析评价方法和标准不尽相同，就标准性和可靠性而言，全世界还没有一个统一的、标准的、公认的方法。我国药品不良反应监测中心参照原卫生部监察中心参考国外经验并结合国情制定了因果关系分析评价标准，便于对全国ADR报告的统一评价，但这一标准亦在不断修订和完善。

(1) 开始用药的时间和可疑ADR出现时间有无合理性的时序关系：要有用药在前，ADR在后的明确关系，而且看出现ADR与用药间隔长短是否合理。各种ADR出现的潜伏期长短不一，要根据不同药品，不同给药途径，不同ADR的具体情况进行判断。在报告时，应尽可能明确，具体地注明用药时间和ADR出现的时间。

(2) 可疑的ADR是否符合该药已知的ADR类型：可疑ADR如果符合该药品已知的ADR类型，有助于确定因果关系。但是如果不符合，也不能轻易否定，因为许多药品的ADR尚未完全被人们所发现，使用多年的老药常有新的ADR出现。

(3) 所怀疑的ADR是否可用患者的疾病状况，并用药、并用疗法或曾用药、曾用疗法所解释：治疗疾病过程中，经常会同时或先后使用多种药物和疗法，许多ADR是由于药物的相互作用，或药物与其他疗法的相互作用所引起。报告时要尽可能的详细说明并用药，并用疗法，曾用药、曾用疗法的使用情况和临床过程，以利于确证ADR发生的真正用药。

(4) 停药或降低用药剂量后，可疑ADR是否消失或减轻：发现某些药品不良反应与某药关系可疑时，如果停药或减少药物用量，该不良反应消失和（或）减轻，有利于因果关系分析评价和判定。

(5) 再次接触可疑药品后是否再次出现同样反应：如果停药后，药品不良反应消失，再次应用（不危及患者安全）可疑药物，不良反应再现，可以肯定该不良反应由所怀疑的药物引起，因果关系可以肯定。有时不做再给药试验仔细询问患者的药品不良反应的既往史，也能了解到有用的相关信息。

根据因果关系评价的五个基本原则，我国把因果关系分为 5 级：肯定、很可能、可能、条件、可疑，判定标准如下：

1. 肯定（definite）

(1) 药品不良反应的发生与用药后符合合理的时序关系。

(2) 从血液、体液组织内测得的药物浓度获得证实。

(3) 符合被怀疑药物的反应特点或过去已有相关不良反应的报告。

(4) 停止用药不良反应即可改善或消除，或再次使用又发生相同不良反应。

(5) 出现的不良反应不能由患者的疾病或其他药物或化学物质所解释。

2. 很可能（probable）

(1) 在药物应用后不良反应出现有一个合理的时间顺序。

(2) 符合该药物的已知反应特点。

(3) 经停药给予证实，但未经再给药证实。

(4) 患者的疾病或其他药物不能解释。

3. 可能（possible）

(1) 有合理时间顺序性。

(2) 可能符合，也可能不符合已知的反应方式和反应特点。

(3) 可能由患者的临床表现或已知的药物反应特征解释。

4. 条件（conditional）

(1) 药品不良反应的发生与用药时间顺序合理。

(2) 与药物已知不良反应不相符合。

(3) 不能用疾病和其他药物来解释。

5. 可疑（doubtful） 不良反应很可能是由被怀疑药物以外的其他因素引起。

四、药物不良反应的控制

（一）治疗原则

(1) 药物不良反应的处理：原则上是若怀疑出现的不良反应是由药物引起而又不能确定为某种药物时，应首先停用相关药物，如出现为 B 型不良反应，必须停药。如出现的为 A 型不良反应一是停药，二是可适当减少药物用量和频率，或调整无此不良反应药理作用相同或相似的药物继续治疗。停药或减量后药物不良反应减缓或消失有助于提出此不良反应为该药所引起。

(2) 根据不良反应的病情采取相应的治疗方案，一般的不良反应停药后会在一定时间内自行消除，症状严重时同时致病药物已明确，应首先选用特异性拮抗药物进行治疗，其他症状可对症治疗。如果发生的是严重过敏反应如过敏性休克，应及时抢救，并将发生过敏反应药物告知患者，防止日后再度发生。

（二）药物不良反应的预防

(1) 认真贯彻国家食品药品监督管理局《药品不良反应报告和检测管理办法》，按管理办法要求加强药品不良反应的及时、准确报告和监测工作。

(2) 预防药品不良反应药品质量是关键，在药品研制、开发和新药审批过程中必须严把质量关，必须对生产药品的原料药、辅药、赋型剂、添加剂及新药本身，做好药理学，药效学，特别是毒理学安全性评价，科学、实事求是地报告新药可能存在的不良反应及防治办法，在研制开发和生产过程中严格实行 GLP 和 GMP 的有关规定。

(3) 加强药品说明书的管理 在新药上市的说明书中，已往药品生产厂家有意无意抬高药物的治疗效应和拓展其使用范围，却讳言其各种不良反应，或轻描淡写。致使医生无所嘱，患者无所遵。因此加强说明书的管理和不断修订说明书的不良反应，对预防药物不良反应发生十分重要。说明书内容齐全，在临床用药过程中药厂不断补充新的药物不良反应，提醒和警示医患是减少药物不良反应发生的核心。

(4) 加强对已知的药物不良反应的预防：根据药品说明书指出的不良反应和在实行全国联网药物不良反应的监测报告制度的基础上，对某些药物的不良反应在用药前一般已有了解和掌握，因此预防已知药物的不良反应发生是预防药物不良反应发生的重要内容。

1) 正确诊断疾病和判定病情，正确选用无不良反应或不良反应较少的药物，不滥用药物，不要随意加大药物用量和延长疗程。

2) 了解所用药物的不良反应及与其他药物配伍时产生和可能产生的相互作用而产生的药物不良反应，严格用量，用法，合理配伍，严防药物相互作用产生的不良反应。

3) 了解药物不良反应的原因，根据不良反应发生的原因，正确选用药物，药物治疗实现个体化，防止不良反应发生。

4) 患者必须严格按医嘱用药，不能自选用、私用非处方药，自行加大药量，不突然停药。

(5) 加强对未知药物不良反应的预防：临床药物不良反应的发生诱因很多，药物种类繁多有许多药物的不良反应很难预测，预防未知不良反应的发生相当困难。因此要求医生必须正确，合理选用药物，不滥用药物，用药必须考虑到可能诱发产生不良反应的诱因，加强药物不良反应的监测报告制度，才能有效的预防药物未知的不良反应的发生。

总之，正确诊断疾病和病情，科学合理选用治疗药物，不滥用药物，注意联合用药的相互作用，加强引起药物不良反应的诱因的监护，争取患者合作，提高药品质量，加强药品毒理学安全性评价，严格新药审批制度，严格执行 GMP 和 GLP 管理体系，是预防和减少药物不良反应发生的关键。

Summary

Drugs as the important matter for the treatment of diseases and maintaining physical health in the use of the process is also accompanied by risks.

This chapter explains concept, type, cause, causal relation appraisal principle and control system of adverse drugs reaction (ADRs). The main contents include ADRs and the frequency, class, research purposes, contents and methods. cause and mechanisms of ADRs, reports and request of ADRs, reports and monitoring system of ADRs and legal responsibilities, evaluation of ADRs and control law, the evaluation points, the principle of causality assessment and how to prevent and control ADRs. We have a comprehensive understanding for ADRs through this chapter learning, and in order to better guard against drug risk prevention work.

思　考　题

1. 什么是药品不良反应，其发生的原因是什么？
2. 应如何对药品不良反应进行监测和管理？
3. 你认为现行药品不良反应报告制度有何优缺点？
4. 如何有效规避药品不良反应的发生？

（段志文）

第24章 药品生产企业在药品风险管理中的责任和作用

教学要求

1. 掌握GMP的主要内容、要求
2. 熟悉我国药品生产企业实施GMP的重要意义
3. 了解药品生产企业在药品风险管理中的责任和作用

案例24-1

2008年10月5日上午，某医院在使用某制药企业生产的“刺五加注射液”对19名患者进行治疗时，有6人出现全身不适、恶心、胸闷、寒颤等严重不良反应，至10月8日有3人救治无效死亡。

近百年来，世界范围内药品致死、死残等药害事件频频发生，其原因有药品自身质量问题、用药者问题、药品经营者问题、处方者问题。因药品质量问题而导致的不良反应占绝大多数，那么，作为药品提供者的生产企业，在防范药品不良反应中应承担怎样的责任、义务？

案例24-1分析

“刺五加”是一种中药注射剂，主要成分为中药五加科植物刺五加，具有平补肝肾、益精壮骨的作用，用于肝肾不足所致的短暂性脑缺血发作、脑动脉硬化、脑血栓形成、脑栓塞等，也可用于冠心病、心绞痛合并神经衰弱和更年期综合征。据中国药品生物制品检定所检验初步结果显示，发生严重不良反应的“刺五加注射液”部分样品有被细菌污染的问题，这批药从颜色上看深浅不一，有的看上去有些混浊，有的有橡皮鼓包。为什么质量问题这么明显的产品，居然还能堂而皇之地用于患者疾病治疗，可见质检等过程存在明显漏洞，可能存在把关不严问题。

由此看来，严把药品质量关是防范药品风险的根本，药品生产企业在生产的各个环节应严格遵守《药品生产质量管理规范》，生产合格药、放心药。

第1节 药品生产质量管理规范

《药品生产质量管理规范》（Good Manufacture Practice，GMP）是国家药品监督管理局颁布、自1999年8月1日起施行的药品生产和质量管理的基本准则，是一套适用于制药、食品等行业的强制性标准，要求企业从原料、人员、设施设备、生产过程、包装运输、质量控制等方面按国家有关法规达到卫生质量要求，形成一套可操作的作业规范，帮助企业改善企业卫生环境、及时发现生产过程中存在的问题，加以改善，确保最终产品的质量符合法规要求。本规范共14章、88条，主要内容如下。

一、机构与人员

（一）机构

药品生产企业应建立生产和质量管理机构。

（二）人员

(1) 企业主管药品生产管理和质量管理的负责人：应具有医药或相关专业大专以上学历，有药品生产和质量管理经验。

(2) 药品生产管理部门和质量管理部门的负责人：应具有医药或相关专业大专以上学历，有药品生产和质量管理的实践经验，有能力对药品生产和质量管理中的实际问题做出正确的判断和处理。药品生产管理部门和质量管理部门负责人不得互相兼任。

(3) 药品生产操作及质量检验的人员：应经专业技术培训，具有基础理论知识和实际操作技能。从事高生物活性、高毒性、强污染性、高致敏性及有特殊要求的药品生产操作和质量检验人员应经相应专业的技术培训。

二、厂房与设施

（一）厂区布局

药品生产企业必须有整洁的生产环境，厂区的地面、路面及运输等不应对药品的生产造成污染，生产、行政、生活和辅助区的总体布局应合理，不得互相妨碍。

（二）厂房

厂房应按生产工艺流程及所要求的空气洁净级别进行合理布局。同一厂房内以及相邻厂房之间的生产操作不得相互妨碍；厂房应有防止昆虫和其他动物进入的设施；厂房必要时应有防尘及捕尘设施。按功能进行区划，分为生产区、储存区和洁净室（区）。

三、设　备

设备的设计、选型、安装应符合生产要求，易于清洗、消毒或灭菌，便于生产操作和维修、保养，并能防止差错和减少污染。与药品直接接触的设备表面应光洁、平整、易清洗或消毒、耐腐蚀，不与药品发生化学变化或吸附药品。设备所用的润滑剂、冷却剂等不得对药品或容器造成污染。与设备连接的主要固定管道应标明管内物料名称、流向。纯化水、注射用水的制备、储存和分配应能防止微生物的滋生和污染。储罐和输送管道所用材料应无毒、耐腐蚀。管道的设计和安装应避免死角、盲管。储罐和管道要规定清洗、灭菌周期。注射用水储罐的通气口应安装不脱落纤维的疏水性除菌滤器。注射用水的储存可采用80℃以上保温、65℃以上保温循环或4℃以下存放。用于生产和检验的仪器、仪表、量具、衡器等，其适用范围和精密度应符合生产和检验要求，有明显的合格标志，并定期校验。生产设备应有明显的状态标志，并定期维修、保养和验证。设备安装、维修、保养的操作不得影响产品的质量。不合格的设备如有可能应搬出生产区，未搬出前应有明显标志。生产、检验设备均应有使用、维修、保养记录，并由专人管理。

四、物　　料

药品生产所用物料的购入、储存、发放、使用等应制定管理制度，应符合药品标准、包装材料标准、生物制品规程或其他有关标准，不得对药品的质量产生不良影响。进口原料药应有口岸药品检验所的药品检验报告。中药材应按质量标准购入，其产地应保持相对稳定。待验、合格、不合格物料要严格管理。不合格的物料要专区存放，有易于识别的明显标志，并按有关规定及时处理。对温度、湿度或其他条件有特殊要求的物料、中间产品和成品，应按规定条件储存。固体、液体原料应分开储存；挥发性物料应注意避免污染其他物料；炮制、整理加工后的净药材应使用清洁容器或包装，并与未加工、炮制的药材严格分开。麻醉药品、精神药品、毒性药品（包括药材）、放射性药品及易燃、易爆和其他危险品的验收、储存、保管要严格执行国家有关的规定。菌毒种的验收、储存、保管、使用、销毁应执行国家有关医学微生物菌种保管的规定。物料应按规定的使用期限储存，无规定使用期限的，其储存一般不超过三年，期满后应复验。储存期内如有特殊情况应及时复验。

五、卫　　生

药品生产企业应有防止污染的卫生措施，制定各项卫生管理制度，并由专人负责。药品生产车间、工序、岗位均应按生产和空气洁净度级别的要求制定厂房、设备、容器等清洁规程，内容应包括：清洁方法、程序、间隔时间，使用的清洁剂或消毒剂，清洁工具的清洁方法和存放地点。生产区不得存放非生产物品和个人杂物。生产中的废弃物应及时处理。更衣室、浴室及厕所的设置不得对洁净室（区）产生不良影响。工作服的选材、式样及穿戴方式应与生产操作和空气洁净度级别要求相适应，并不得混用。洁净工作服的质地应光滑、不产生静电、不脱落纤维和颗粒性物质。无菌工作服必须包盖全部头发、胡须及脚部，并能阻留人体脱落物。不同空气洁净度级别使用的工作服应分别清洗、整理，必要时消毒或灭菌。工作服洗涤、灭菌时不应带入附加的颗粒物质。工作服应制定清洗周期。洁净室（区）仅限于该区域生产操作人员和经批准的人员进入。药品生产人员应有健康档案。直接接触药品的生产人员每年至少体检一次。传染病、皮肤病患者和体表有伤口者不得从事直接接触药品的生产。

六、档案资料

(1) 药品生产企业应有生产管理、质量管理的各项制度和记录：厂房、设施和设备的使用、维护、保养、检修等制度和记录；物料验收、生产操作、检验、发放、成品销售和用户投诉等制度和记录；不合格品管理、物料退库和报废、紧急情况处理等制度和记录；环境、厂房、设备、人员等卫生管理制度和记录。

(2) 产品生产管理文件主要有：生产工艺规程、岗位操作法或标准操作规程：生产工艺规程的内容包括：品名，剂型，处方，生产工艺的操作要求，物料、中间产品、成品的质量标准和技术参数及储存注意事项，物料平衡的计算方法，成品容器、包装材料的要求等。

(3) 岗位操作法的内容包括：生产操作方法和要点，重点操作的复核、复查，中间产品质量标准及控制，安全和劳动保护，设备维修、清洗，异常情况处理和报告，工艺卫生和环境卫生等。

(4) 标准操作规程的内容包括：题目、编号、制定人及制定日期、审核人及审核日期、批准人及批准日期、颁发部门、生效日期、分发部门，标题及正文。

(5) 批生产记录内容包括：产品名称、生产批号、生产日期、操作者、复核者的签名，有关操作与设备、相关生产阶段的产品数量、物料平衡的计算、生产过程的控制记录及特殊问题记录。

(6) 产品质量管理文件主要有：药品的申请和审批文件；物料、中间产品和成品质量标准及其检验操作规程；产品质量稳定性考察；批检验记录。

七、生产管理

生产工艺规程、岗位操作法和标准操作规程不得任意更改。如需更改时，应按制定时的程序办理修订、审批手续。每批产品应按产量和数量的物料平衡进行检查。如有显著差异，必须查明原因，在得出合理解释，确认无潜在质量事故后，方可按正常产品处理。批生产记录应字迹清晰、内容真实、数据完整，并由操作人及复核人签名。记录应保持整洁，不得撕毁和任意涂改；更改时，在更改处签名，并使原数据仍可辨认。批生产记录应按批号归档，保存至药品有效期后一年。未规定有效期的药品，其批生产记录至少保存三年。在规定限度内具有同一性质和质量，并在同一连续生产周期中生产出来的一定数量的药品为一批。每批药品均应编制生产批号。

八、质量管理

药品生产企业的质量管理部门应负责药品生产全过程的质量管理和检验，受企业负责人直接领导。质量管理部门应配备一定数量的质量管理和检验人员，并有与药品生产规模、品种、检验要求相适应的场所、仪器、设备。

质量管理部门的主要职责：制定和修订物料、中间产品和成品的内控标准和检验操作规程，制定取样和留样制度；制定检验用设备、仪器、试剂、试液、标准品（或对照品）、滴定液、培养基、实验动物等管理办法；决定物料和中间产品的使用；审核成品发放前批生产记录，决定成品发放；审核不合格品处理程序；对物料、中间产品和成品进行取样、检验、留样，并出具检验报告；监测洁净室（区）的尘粒数和微生物数；评价原料、中间产品及成品的质量稳定性，为确定物料储存期、药品有效期提供数据；制定质量管理和检验人员的职责。

九、投诉与不良反应报告

企业应建立药品不良反应监察报告制度，指定专门机构或人员负责管理。对用户的药品质量投诉和药品不良反应应详细记录和调查处理。对药品不良反应应及时向当地药品监督管理部门报告。药品生产出现重大质量问题时，应及时向当地药品监督管理部门报告。

十、自检

药品生产企业应定期组织自检。自检应按预定的程序，对人员、厂房、设备、文件、生产、质量控制、药品销售、用户投诉和产品收回的处理等项目定期进行检查，以证实与本规范的一致性。自检应有记录。自检完成后应形成自检报告，内容包括自检的结果、评价的结论以及改进措施和建议。

第2节　药品生产企业在药品风险防范中的责任和作用

一、药品生产企业应承担起社会责任

药品是用来预防、治疗、诊断人体疾病或调节人体生理机能的，其不良反应有的可以预见，

有的不可预见，由于科技发展水平的限制，在药品研制与开发、药品非临床安全性研究等过程中存在局限性，不可能把每种药品所有不良反应均能预见到，所以，一种药品在为人们带来预期有益作用的同时，也往往伴随着发生有害作用的潜在风险。制药企业作为药品的供应者，开展药品风险防范与管理属于社会责任的范畴，企业在创造利润、对股东承担法律责任的同时，还要强调要在生产过程中对人的价值的关注，强调对消费者、对环境、对社会负责。

二、加强风险防范意识 完善风险管理体系

近几年，我国因药品质量问题引发的诸多严重药害事件，引起了社会各界的广泛关注，药品安全问题日显突出。而在药品安全和商业利益面前，一些企业往往把商业利益放在第一位，缺乏承担药品安全第一责任人的意识。分析国内发生的药害事件不难发现，许多制药企业对于突发的药害事件都缺乏防范措施和主动处理风险的行为。制药企业掌握着药品安全性以及副作用的信息。目前，世界上许多发达国家实行药品生产企业不良反应强制报告制度，在美国、澳大利亚、英国等国家的药物不良反应数据库中，来自企业的报告数量占主要的。而我国来自企业的药品不良反应报告数量不到5%，绝大部分报告来源于医疗机构。药品风险防范是一个长期过程，若生产企业忽视ADR信息的收集和报告，未能建立有效的药品风险管理体系，那么潜在的药品不良反应发生时危害性会更加严重。“齐二药”事件和“欣弗”事件，正是由于制药企业风险管理意识薄弱，导致数十名患者失去生命，企业也遭遇了灭顶之灾。

三、积极开展上市后研究

药品上市后研究是指按照确定方案，对已批准上市药品的安全和有效性所开展的研究。药品风险伴随着药品的使用而出现，药品上市后应考察广泛使用条件下药品的疗效和安全性、评价在普通或者特殊人群中使用的利益与风险关系、研究药物相互作用、发现非预期不良反应及其危险因素、研究药品长期疗效和毒性、调整给药剂量、优化给药方案等。药品的销售量越大、使用时间越长，其发生ADR的风险越高。药品生产企业应安排专人进行药品上市后的研究工作，通过大规模临床试验/验证、ADR监测以及定期检索文献收集上市药品ADR信息，对安全性资料不足的上市药品进行上市后安全性研究，及时预防风险，这样可以维护产品竞争力，降低企业利益风险，使企业取得最大社会效益和经济效益。

Summary

Pharmaceutical producing enterprises is the direct providers. Drug quality is directly related to safety of the public administration. This chapter is focused on the quality standard of drug manufacturing enterprises. Drug manufacturers should take the initiative to take up and shoulder social responsibilities, to strengthen risk prevention awareness and to improve risk management system, and actively have drug research about the listing of drugs to prevent drug risk. quality produce, the use of safe drugs. Finally, qualitied and safe drugs is manufactured by enterprises.

思　考　题

1. 药品生产企业如何保证药品质量？
2. 药品生产企业在药品风险防范中应承担什么样的责任与义务？
3. 你认为是否有必要通过立法形式规范企业的药品风险防范行为，为什么？

（段志文）

第25章 医疗机构在药品风险管理中的责任和作用

教学要求

1. 掌握医疗机构在药品风险管理中的地位
2. 熟悉医疗机构中药品不良反应报告、监测办法和程序
3. 了解医疗机构在药品风险防范中的作用及做法

案例 25-1

2006年10月，记者为了考察医师防控药品风险的意识和能力，请药学专家根据药物相互作用设计了三组可导致重、中、轻三种程度的不良反应“问题处方”，以自己或患者亲属的身份到北京市50家医院请医师点名开药，结果令人难以置信。50家医院中94%的医师没有识别出记者提供的可致严重药物不良反应的“问题处方”。83.3%的医师在开出问题处方时无任何医嘱。

问题：

1. 是什么原因使记者能够顺利开出问题处方？
2. 医生对药品风险防范意识差的根源是什么，应如何解决？

药品风险管理是一个极为复杂系统工程，需要技术部门与行政部门共同参与，构成有效的风险防范体系，涉及药品监管部门、药品生产企业、药品经营企业、药品使用单位，乃至社会公众。医疗机构作为药品使用单位，在药品风险管理链条中是不可或缺的重要组成部分，有必要从药品的购进、使用、监测以及召回等环节加强医疗机构的药品风险管理工作。调查显示，我国医疗机构的药品销售量占全国市场份额的85%以上，也就是说，医疗机构是我国药品消费的主要场所，也是药品不良反应发生最多的场所。因此，医疗机构明确自身在药品风险防范中的地位和作用，积极参与药品不良反应的监测、报告和研究，对于保护公众健康意义重大。

第1节 医疗机构在药品风险管理中的责任

一、医疗机构在药品风险防范中的法律责任

我国《药品管理法》明确规定：医疗机构必须经常考察本单位使用的药品质量、疗效和反应，发现可能与用药有关的严重不良反应，必须及时向当地药品监督管理部门和卫生行政部门报告。《药品不良反应报告和监测管理办法》明确规定：医疗机构必须指定专（兼）职人员负责本单位使用药品的不良反应报告和监测工作，发现可能与用药有关的不良反应应详细记录、调查、分析、评价、处理，并应采取有效措施减少和防止药品不良反应的重复发生。所以，进行药品不良反应报告和监测，是医疗机构进行药品风险管理重要的工作内容，是医疗机构履行其法律义务的直接体现。

二、医疗机构药品不良反应监测方法

(一) 建立组织机构、制定报告制度

各医疗机构应建立健全组织机构，成立由院长和各相关科室负责人组成的药品不良反应报告和监测工作领导小组，成立由临床科室主任组成的专家组，依据《药品不良反应报告和监测管理办法》，结合单位实际情况，制定工作规范、制约措施、报告制度。

(二) 成立药品不良反应监测专门机构

根据自身情况在药剂科、临床药学部或相应部门成立药品不良反应监测站（组或点），设专（兼）职人员负责药品不良反应资料的收集、汇总、报告工作。监测站点人员由各临床科室负责人或学术带头人、护士长或责任护士构成，并带动全体医务人员参与。

(三) 加强宣传、提高认识、普及监测知识

目前，有些医疗机构的领导和医护人员对药品不良反应报告和监测工作认识不足，缺乏有效的管理措施和运行机制，使药品不良反应不能及时上报。因此，有必要在医疗机构开展药品不良反应报告与监测的宣传、培训和教育工作，以专题报告、培训班、印发手册等多种形式进行宣传，使广大医护人员充分认识药品不良反应监测的重要意义，促进合理用药，降低药品不良反应的发生率。

(四) 深入基层、及时收集上报

专、兼职药品不良反应人员应认真负责，定期或不定期深入医疗一线，及时督促、了解、收集药品不良反应资料。药品不良反应资料来源可由医生护士主动向各信息收集站或专职收集员报告（目前比例较少）；出现注射反应或“输液”反应，同批药品经检验符合质量标准，由临床药学室向专职收集员报告；患者使用药品以后出现不良事件，医生需要退、换药品时实行强制填报而获得；专职收集员下临床收集不良事件信息。

第2节　医疗机构在药品风险管理中的作用

据国内外有关文献报道，药品不良反应的发生率在住院患者中为10%～20%；住院患者因药品不良反应死亡者为0.24%～2.9%；因药品不良反应而住院的患者为0.3%～5.0%。目前，许多医疗机构在临床上用药上出现不规范现象，主要表现有：①医师对药物的适用人群不熟悉，给患者使用了慎用药品。②医师对药物的相互作用不了解，合并使用了不宜联用的药品。③医师开具处方时没有考虑药物浓度的影响，超出常规的用药浓度。④医师凭经验开具处方时，没有考虑患者的用药环境，中西药或单复方重复给药。⑤医师没有按照药品说明书上载明的适应证和用法用量来开具处方，超范围、超剂量使用药品，给药间隔也不合理等等。这些行为在很大程度上增加了医疗机构药品使用的风险。因此，医疗机构应当重视药品使用风险，规范医生的用药行为，防范或减少不规范用药带来的风险。

案例25-1讨论

本案例中记者之所以能顺利开出“问题处方”，与医生缺乏用药风险防范意识直接相关，另外，医生缺乏药品不良反应基本知识，没有注意药品合用带来的风险，不能及时发现药品的不合理配伍，这种现状对用药治病的患者来说，存在极大的用药安全隐患。因此，医生应担负起应负的责任，对民众负责、对社会负责，最大限度地维护生命与健康。

一、严格药品采购程序，加强药品验收和储存管理

合格的药品是医疗机构安全用药的前提，《药品管理法》等法律法规对医疗机构药品的购进、验收有明确的规定，目的就是为了防止不合格药品进入临床。药品在有效期内的质量与其储存条件密切相关，尤其是注射剂和生物制品，其储存条件比较严格，如果储存不当则会导致原本合格的药品变质失效。因此，医疗机构必须完善药品的采购、验收和储存制度，严格按制度执行，做好各项工作记录，保存好档案资料，做到有据可查，从根本上降低用药风险。

二、医生要重视药品说明书，合理处方

药品说明书载有药品安全性和有效性的信息。它可以指导医师和患者安全、合理地使用药品。《处方管理办法》明确指出，药品说明书是医师开具处方的依据，处方中药品的用法用量应当按照说明书常规的用法用量使用，特殊情况需要超剂量使用时，应当注明原因。然而，药品说明书是由药品生产企业提供的，滞后于医学实践，说明书的信息不一定能涵盖该药品目前的所有治疗信息。临床实践中的习惯用药可能并不完全等同于合法用药，因此，医师要重视说明书中的不良反应提示，做好临床用药方案的风险评估，在治疗过程中有前瞻性救治措施。

三、医生要恪守职业道德，合理配伍药品

目前，许多医疗机构都将利益分配与医师的开药费直接挂钩，医生受利益驱使，开“大处方”、开新药、开贵药的现象屡禁不止，这就使得患者在治病时同时应用几种甚至十几种药品，因药品间的相互作用、不合理配伍而出现不良反应。药品不良反应的发生率与同时用药种类成正比，用药种类越多，发生率越高（表25-1）。因此，临床医生应以患者为本，恪守职业操守，合理配伍药品，降低用药风险。另外，针对医生缺乏药品风险防范意识及相关专业知识，医疗机构应加强宣传教育，增强医生对药品的风险防范意识。

表25-1 合用药品数量与药品不良反应发生率关系

合用药品数（种）	不良反应发生率（%）
2~5	4.2
6~10	7.4
11~15	24.2
16~20	40
>20	45

四、加强药品不良反应监测和评价

因药品非临床安全性研究的局限性，使许多药品在上市前未观察到的罕见、迟发的不良反应和药物相互作用，在临床使用过程会逐渐暴露出来。因此，医疗机构要重视药品不良反应的监测和评价工作，补充药品上市前评价不足，发现药品上市前评价未发现问题，这也是医疗机构的重要工作内容。医疗机构应：①设立药品不良反应监测办公室，由分管院领导及

有关医务、药学及护理专业技术人员组成监测机构。②制定药品不良反应监测报告程序和要求，严格按照《药品不良反应报告和监测管理办法》实行逐级、定期报告制度，真实、完整、准确地填报《药品不良反应事件报告表》，定期通报药品不良反应信息情况。③开展药品不良反应监测的人员培训，正确评价因果关系，了解国内外 ADR 监测工作的最新进展等。

五、建立药品召回制度和不良事件核查制度

在医疗实践中，若发生、发现或高度怀疑药品质量存在问题，或者发生、发现、高度怀疑不良反应或不良事件与药品使用相关时，应立即停止使用该药品，按药品不良反应报告监测程序逐级上报；同时，医疗机构还应依据国家药品召回管理办法的要求，收回存在安全隐患的药品，及时通知药品生产企业或者供货商。收回的药品由医院指定专人负责，妥善保管，避免高风险药品在临床中的再次使用，切实保障患者用药安全。

如果发生了与药品使用相关的不良事件，医院要按照既定的制度进行核查，查清不良事件发生的原因、相关责任，建立有效的防范措施。根据核查结果，分析事件原因，吸取事件教训，采取适当的防范措施，杜绝类似事件的再次发生，对事件的直接责任者给予处罚和教育。

生命所系、性命攸关，医疗机构在应用药品维系生命。而药品却存在各种不良反应，医疗机构作为防范药品风险的重要环节，须树立正确的风险意识，在人力、物力和财力上保障风险防范机构的运行，有计划、分步骤地建立和健全医院药品风险管理系统，加强监测人员对 ADR 信息的综合分析能力，为药品风险决策提供服务，为人类健康做出贡献。

Summary

Medical institutions is the main channel for drug sales. Health care workers should shoulder social responsibilities about prevention and control of drug risk

This chapter discusses the legal responsibility of medical institutions in prevention and control of drug risk and monitoring methods about adverse drug reactions in medical institutions. Medical institutions should take up responsibilities of drug risk control to better serve the society from many aspects such as strict drug procurement procedures, strengthening the inspection and storage of medicines management, the stress on that doctors should pay attention to drug manual, rational prescription, the rule that doctors should abide by professional road, rational combination drugs, strengthening the adverse drug reaction monitoring and evaluation, the establishment of a recall system for drugs and adverse events verification system etc.

思 考 题

1. 医疗机构应如何发挥在防范药品风险中的作用？
2. 为什么说医生在防范药品风险中起着举足轻重的作用？
3. 针对目前药物乱用问题，你认为应该采取什么样的有效措施防范风险？

（段志文）

参考文献

安艳．2006. 砷致癌作用机制研究进展．中国地方病防治杂志，21（4）：221~223
安永寿，柴文玲，安永贵等．2006. 环磷酰胺长期应用诱发膀胱癌的危险．罕少疾病杂志，（4）：45~47
贲雅利，张立杰，董春娥．2007. 药物可致男性不育症．中国全科医学，（4）：300~301
陈灏珠．2002. 实用内科学．第11版．北京：人民卫生出版社
陈巧云，王楠，李治．2007. 药物致男性生殖系统损害的回顾性分析．药学实践杂志，（4）：196~199
陈文，刘清华，江发寿等．2004. 甘辛喷雾剂的鼻黏膜纤毛毒性评价．中国医院药学杂志，24（11）：669~671
陈燕，李新刚．2003. 药物与白血病．临床内科杂志，（9）：449~451
杜光，宗凯，聂建军等．2007. 克林霉素-过氧苯甲酰凝胶对皮肤刺激和过敏反应试验. 中国医院药学杂志，27（10）：1484
顾祖维．2005. 现代毒理学概论．北京：化学工业出版社
胡建明．2000. 林可霉素致过敏性休克1例．中国现代应用药学杂志，17（1）：77
黄进，刘静，丁丽等．2008. 甲巯咪唑治疗不当引起再生障碍性贫血和甲状腺危象导致死亡．药物不良反应杂志，10（1）：36~38
霍艳，李波．2006. 药物免疫毒性评价技术要求的国内外进展［J］．中国药学杂志，41（20）：1525~1529
李达圣，Kanehisa M，Tatsuya T 等. 2002. 砷对人淋巴细胞 DNA 氧化损伤的作用．中华预防医学杂志，36（1）：12~15
李大魁．2007. 国家执业药师资格考试应试指南药学综合知识与技能．北京：中国中医药出版社
李冬梅，韩晓冬．2004. 雌激素对雄性生殖功能的影响．中华男科学，10（3）：211~214
李端．2006. 药理学．第6版．北京：人民卫生出版社
李惠平，马力文，张淑兰等．2006. 绝经前乳腺癌化疗致闭经的观察及临床意义．中华肿瘤杂志，（11）：848~851
李丽华，赵祎镭，吴兴．2008. 塞来昔布引起急性渗出性多形性红斑．药物不良反应杂志，10（1）：63
李艳红，博晓真．2007. 砷的致癌性研究进展．中国地方病防治杂志，22（4）：264~267
李毅，陈淑珍，甄永苏．2007. 六种抗肿瘤药物影响小鼠精子生成过程的定量组织学比较．中国药理学与毒理学杂志，21（1）：34~38
林海霞，常艳，马璟等．2007. 药物免疫毒性研究进展［J］．毒理学杂志，21（4）：341.
楼宜嘉．2007. 药物毒理学．第2版．北京：人民卫生出版社
吕秋军．2007. 新药药理学研究方法．北京：化学工业出版社
乾圜，刘昕．2000. 雌激素诱发 DNA 股间交联及其致癌和促癌协同作用．科学通报，（15）：1623~1627
盛琪，陈宝安，蒋仲元．2003. 抗肿瘤药物治疗银屑病诱发白血病146例临床分析．皮肤病与性病，（1）：5~7
世凯，许菲菲．2005. 兜铃酸致癌性研究进展．国外医学．泌尿系统分册，（2）：256~260
苏宁，姚全胜．2005. 新药毒理实验动物组织病理图谱．南京：东南大学出版社
谭毓治，季晖，刘铮等. 2009. 药物毒理学. 北京：科学出版社
唐小江，李来玉，夏昭林．2005. 临床毒理学．北京：化工出版社
王水良．2001. 药物代谢酶基因多态性与肿瘤易感性．国外医学遗传学分册，2（3）：161~166
王心如．2005. 毒理学基础．第4版．北京：人民卫生出版社
魏秀春，柳月安，房居高．2002. 维生素C作用的防癌与致癌双重性．肿瘤防治杂志，（4）：340~341
吴汉斌，吴杲．2005. 药物代谢中的药酶特性与临床研究近况．药学服务与研究，5（1）：73~76
肖瑛，任进．2004. 乙醇中毒的最新研究进展．卫生毒理学杂志，18（4）：321~323
徐启彬．2007. 乙醇对多系统功能的影响的研究进展．职业与健康，25（1）：78~80
杨朋彬，张晓丽，徐燕．2005. 导致男性性功能障碍和促乳腺发育的药物．药学实践杂志，（4）：213~215
叶任高，陆再英．2004. 内科学．第6版．北京：人民卫生出版社
余帮，金志军．2007. 卵巢癌化疗继发性白血病．国外医学（妇产科学分册），（4）：260~262
袁素华，凌沛学．2007. 氯霉素及其主要降解产物滴眼液的家兔眼刺激试验．食品与药品，9（02A）：25
曾祥周，涂涛，邝少轶．2005. 克林霉素磷酸酯-过氧苯甲酰凝胶皮肤刺激及过敏试验. 中国热带医学，5（2）：269
张爱华．2008. 毒理学基础．北京：科学出版社
张蕊，陈泽莲，唐尧等．2007. 螺内酯致勃起功能障碍1例．中国药业，（15）：40~40
张欣，吴宜林．2008. 化疗导致卵巢功能损害防护研究的进展．医学与哲学（临床决策论坛版），（4）：48~49
张奕，蒋新国．2001. 鼻腔给药系统的鼻黏膜毒性及解决途径．中国医药工业，32（7）：323~325

赵晋，古芳，谭毓治 . 2007. 滴通鼻炎水对黏膜纤毛的毒性评价 . 广东药学院学报，23（3）：296~298

周立国. 2009. 药物毒理学. 第 2 版. 北京：中国医药科技出版社

周宗灿 . 2006. 毒理学教程 . 第 3 版 . 北京：北京大学医学出版社

庄志雄 . 2006. 靶器官毒理学 . 北京：化学工业出版社

Curtis D. Klaassen 主编 . 黄吉武，周宗灿主译 . 2005. 卡萨瑞特道尔毒理学——毒物的基础科学 . 第 6 版. 北京：人民卫生出版社

Hou M, Chrysis D, Nurmio M, et al. 2005. Doxorubicin induces apoptosis in germ line stem cells in the immature rat testis and amifostine cannot protect against this cytotoxicity. Cancer Res, 65（21）：9999~10005

Ketterer B. 2001. A bird's eye view of the glutathione transferase field. Chem Biol Interact, 138：27~42

Langezaal I, Coecke S, Hartung J. 2000. Whole blood cytokine response as a measure of immunotoxicity. Toxicol in vitro, 15：313~318

Liu XP, Goldring CE, Copple IM et al. 2007. Extract of Ginkgo biloba induces phase 2 genes through Keap1-Nrf2-ARE signaling pathway. Life Sci. 80（17）：1500~1591